VERSUS

Prozess- und Operations-Management

Strategisches und operatives Prozessmanagement in Wertschöpfungsnetzwerken

Prof. Bruno R. Waser · Prof. Dr. Daniel Peter

5., vollständig überarbeitete und erweiterte Auflage

Versus · Zürich

Bibliografische Information der Deutschen Nationalbibliothek

Die Deutsche Nationalbibliothek verzeichnet diese Publikation in
der Deutschen Nationalbibliografie; detaillierte bibliografische Daten
sind im Internet über http://dnb.dnb.de abrufbar.

Weitere Informationen zu Büchern aus dem Versus Verlag unter
www.versus.ch

Umschlagbild und Kapitelillustrationen: Susanne Keller
Satz und Herstellung: Versus Verlag · Zürich
Druck: Comunecazione · Bra
Printed in Italy
Gedruckt auf Magno Natural chlorfrei

Förderung nachhaltiger Waldwirtschaft
www.pefc.org

ISBN 978-3-03909-271-0

Vorwort zur 5. Auflage

Die 4. Auflage dieses Lehrbuchs erfreute sich grosser Beliebtheit und wird sowohl an höheren Fachschulen als auch an Fachhochschulen erfolgreich eingesetzt.

Die Autoren bedanken sich für die vielen positiven Rückmeldungen und Verbesserungshinweise. Viele wertvolle Anregungen haben wir von den Studierenden und Dozierenden an der Hochschule Luzern – Wirtschaft wie auch von Dozierenden anderer Hochschulen erhalten.

Neben einer stärkeren inhaltlichen Abstimmung der einzelnen Kapitel wurden in dieser Auflage zusätzlich die Themenfelder «Internationalisierung» und «Nachhaltigkeit» erweitert und vertieft. Zudem wurden innovative Aspekte (u.a. digitale Güter, Industrie 4.0) verstärkt aufgegriffen, um den aktuellen Entwicklungen bezüglich Leistungsangeboten und Leistungserstellung Rechnung zu tragen.

Wir bedanken uns beim Versus Verlag für die Begleitung des Buchprojektes, insbesondere bei Judith Henzmann, welche sich mit grossem persönlichem Engagement für das Gelingen des Projektes einsetzte.

Luzern und Zürich, im Juni 2016

Prof. Bruno R. Waser, Prof. Dr. Daniel Peter

Vorwort zur 4. Auflage

Zweck dieses Buchs ist die Zusammenfassung aller relevanten und aktuellen Erkenntnisse zu Prozess- und Operations-Management mit dem Ziel einer umfassenden Einführung in das strategische und operative Management von Unternehmensprozessen im Allgemeinen und des Schlüsselprozesses Leistungserstellung im Speziellen. Diese Publikation wurde erstellt, weil in dieser kompakten Form über die gesamte Themenbreite kein deutschsprachiges Buch verfügbar ist. Zu den einzelnen Themenbereichen ist jedoch eine grosse Auswahl an Literatur vorhanden (siehe Literaturverzeichnis).

Das vorliegende Buch basiert auf einem Skript für den Bachelor-Studiengang «Business Administration» an der Hochschule Luzern – Wirtschaft von Prof. Bruno R. Waser und themenspezifischen Ergänzungen durch Prof. Dr. Daniel Peter. Obwohl das Buch ursprünglich für das Grundstudium in Betriebswirtschaft verfasst wurde, eignet es sich – als fundierter Einstieg in das Thema Prozess- und Operations-Management – sowohl für Studierende anderer Aus- und Weiterbildungsveranstaltungen als auch für Personen in der Praxis.

Ein wesentliches Element zur Vertiefung einer Thematik bildet, neben der theoretischen Behandlung, der Praxisbezug. Entsprechend sind Praxisbeispiele und -konzepte ein wesentlicher Bestandteil dieses Buchs. Zudem wurden zu den einzelnen Kapiteln Lernkontrollfragen zur Überprüfung des eigenen Verständnisses relevanter Aspekte von Prozess- und Operations-Management zusammengestellt, welche via Buch-Website www.prozess-operationsmanagement.ch abgerufen werden können.

Alle in diesem Buch enthaltenen Informationen wurden nach bestem Wissen erstellt und mit Sorgfalt verifiziert. Dennoch sind Fehler nicht ganz auszuschliessen. Aus diesem Grund sind die in diesem Dokument enthaltenen Verfahren und Daten mit keiner Verpflichtung oder Garantie irgendeiner Art verbunden. Die Autoren übernehmen infolgedessen keine daraus folgende oder sonstige Haftung.

Unser Dank geht an die Kolleginnen und Kollegen der Fachgruppe Management. Sie sind uns mit inhaltlichen Anregungen zur Seite gestanden, haben die Skripte im Unterricht erprobt und uns konstruktive Rückmeldungen zu Inhalt und Struktur des Buchs geliefert. Danken möchten wir ebenfalls dem Versus Verlag für die professionelle Begleitung. Speziell möchten wir Judith Henzmann für die ausgesprochen angenehme und inhaltlich fundierte Zusammenarbeit danken.

Luzern und Zürich, im Mai 2013

Prof. Bruno R. Waser, Prof. Dr. Daniel Peter

Inhaltsverzeichnis

Kapitel 1
Bedeutung der Leistungserstellung für die Wertschöpfung

In diesem Kapitel wird in einem ersten Schritt der Aufbau des Buchs dargestellt. Sodann werden die wichtigsten historischen Entwicklungsetappen von der handwerklichen Fertigung hin zu globalen, nachhaltigen Leistungserstellungssystemen präsentiert. Zudem wird aufgezeigt, dass die Leistungen heute zunehmend in einem Netzwerk von verschiedenen Akteuren erstellt werden und zwischen den Akteuren unterschiedliche Leistungsströme bestehen. Abschliessend wird der Zusammenhang zwischen der Wertschöpfungskette, den Prozessen und dem Unternehmenserfolg dargelegt.

1.1   Aufbau und Inhalt des Buches

Das Fachgebiet «Prozess- und Operations-Management» wird oft vor dem Hintergrund eines produzierenden Unternehmens (Hersteller von Investitions- oder Konsumgütern) und hauptsächlich auf einer operativen Ebene betrachtet. Die Problemstellungen im Rahmen des strategischen und operativen Managements von Geschäftsprozessen im Allgemeinen und des Leistungserstellungsprozesses im Besonderen werden nicht nur in Produktionsbetrieben, sondern auch in Dienstleistungsunternehmen angetroffen. Dies unter Berücksichtigung der Realitäten, dass einerseits alle unter wirtschaftlichen Gesichtspunkten funktionierenden Organisationen über einen operativen Bereich verfügen und andererseits Leistungsangebote heute eine Kombination von Dienst- und Sachleistungen sind (z.B. Automobilkauf = Kauf + Beratung + Wartung). Im Weiteren ist zu beachten, dass eine starke Verflechtung zwischen dem Industrie- und Dienstleistungssektor besteht und produzierende Betriebe für viele Dienstleistungsunternehmen wichtige Partner in ihren Wertschöpfungsnetzwerken darstellen.

Mit dem zunehmend internationalen Wettbewerb wird die effiziente und effektive Gestaltung des Leistungserstellungsprozesses, als Hauptprozess der Wertschöpfungskette einer Marktleistung, zur zentralen Herausforderung für Unternehmen. Im Rahmen der Globalisierung verlagern sich Absatz- wie auch Beschaffungsmärkte zunehmend in attraktivere Wachstumsregionen. Diese Veränderungen erfordern von den Unternehmen strategische Entscheidungen bezüglich der optimalen Gestaltung ihrer Wertschöpfungsketten, unter Berücksichtigung der Unternehmensstandorte, der Beschaffungs- und Absatzmärkte sowie der unternehmensspezifisch relevanten Wettbewerbsfaktoren wie Qualität, Preis, Zeit, Flexibilität, Service und vor allem auch Innovation und Technologie. Entsprechend gehen Experten davon aus, dass die Bedeutung des Prozess- und Operations-Managements in den nächsten Jahren markant steigen wird.

Aus diesen Gründen wird im Rahmen dieses Buches Prozess- und Operations-Management aus einer integralen **am Markt, den Ressourcen und der Wertschöpfungskette orientierten Sicht** sowie aus einer **strategischen und operativen Perspektive** behandelt.

Das Buch besteht aus acht Kapiteln, Berechnungshinweisen von ausgewählten Kennzahlen und einem detaillierten Glossar:

- Kapitel 1: Bedeutung der Leistungserstellung für die Wertschöpfung
- Kapitel 2: Grundlagen Prozess- und Operations-Management
- Kapitel 3: Überbetriebliche Leistungserstellungssysteme
- Kapitel 4: Materialwirtschaft und Logistik
- Kapitel 5: Innerbetriebliche Leistungserstellungssysteme
- Kapitel 6: Strukturierung und Konzipierung des Leistungsangebots
- Kapitel 7: Planung und Steuerung der Leistungserstellung

- Kapitel 8: Prozessqualität und Prozessoptimierung
- Kapitel 9: Berechnung ausgewählter Leistungskennzahlen
- Glossar

Kapitel 1 gibt eine Einführung in die Thematik Prozess- und Operations-Management, indem der Begriff in der historischen Entwicklung verortet wird. Moderne Unternehmen sind im Rahmen von Leistungsströmen in ein Netzwerk von verschiedenen Partnern eingebunden und bilden dadurch ein sogenanntes Leistungserstellungsnetzwerk (als Teil eines Wertschöpfungsnetzwerks). Die verschiedenen Akteure des Wertschöpfungssystems werden detailliert vorgestellt. Ausgetauscht werden im Rahmen des Netzwerks unterschiedliche Wirtschaftsgüter. Diese umfassen sowohl Sach- und Dienstleistungen wie auch digitale Produkte, wobei diese von den Unternehmen entlang von Wertschöpfungsprozessen bereitgestellt werden. Gerade innovative Unternehmen schaffen heute Wettbewerbsvorteile, indem die Wertschöpfungsprozesse de-konstruiert werden und sich dadurch neue Geschäftsmodelle definieren lassen.

Das **Kapitel 2** nimmt eine Definition der beiden konstitutiven Elemente Prozessmanagement und Operations-Management vor. Dabei wird die strategische Bedeutung beider Konzepte für die Erreichung und die Festigung von nachhaltig verteidigungsfähigen Wettbewerbspositionen dargelegt. Neben der Präsentation der verschiedenen Prozessebenen wird auch ein Schwerpunkt auf die Verbindung von Kernkompetenzen mit den Prozessen diskutiert. Aufbauend auf der Definition von Operations-Management wird die Operations-Strategie als Begriff eingeführt und anhand von konkreten Praxisbeispielen illustriert.

Leistungen werden heute vorwiegend in Leistungserstellungsnetzwerken, welche aus mehreren Akteuren bestehen, erstellt. Im **Kapitel 3** wird das Konzept des Managements der Zulieferkette (Supply Chain Management) eingeführt. Zudem werden fokussierte Vertiefungen bezüglich Make-or-Buy wie auch der Internationalisierung von Wertschöpfungsnetzwerken vorgenommen. Ebenfalls wird die Intensität der Kooperation zwischen den verschiedenen Akteuren des Leistungserstellungsnetzwerkes thematisiert und die Möglichkeiten des IT-Einsatzes dargestellt.

In den **Kapiteln 4 und 5** wird der Fokus der Betrachtung von der überbetrieblichen Perspektive in das Unternehmen verschoben. So werden die Themen Materialwirtschaft und Logistik durch den Gegenstand (Materialarten sowie logistischer Fluss) sowie durch wesentliche Instrumente (ABC-Analyse, XYZ-Analyse, Produktgruppenportfolio, Zweck und Formen von Lagern und Lagerbeständen sowie das Bestandsmanagement) eingeführt. Für die Gestaltung der innerbetrieblichen Leistungssysteme stehen der Führungsperson mehrere konzeptionelle Möglichkeiten zur Verfügung. Obwohl sich die verschiedenen möglichen Leistungserstellungssysteme (u.a. Massenproduktion, Toyota-Produktionssystem, Gruppenarbeit bei Volvo, logistikfokussierte Fabrik in Smartville) in den letzten Jahrzehnten drastisch geändert haben, sind in der Industrie immer noch alle Ausprägungen anzutreffen.

Die Produktgestaltung sowie die Planung und Steuerung wird in den **Kapiteln 6 und 7** vertieft behandelt. Die Produktgestaltung wird aus einer betriebswirtschaftlichen Perspektive aufgegriffen. Dabei werden die Themen Nummernsystem, Produktmodell, Gestaltung des Leistungsangebots sowie des Produktlebenszyklus thematisiert. Ebenfalls werden Möglichkeiten zur Reduktion der Time-to-Market durch Simultaneous Engineering, die Möglichkeit der Individualisierung durch Modularisierung sowie der Gestaltung der Produkt-Dienstleistungs-Kombination zur Stärkung der unternehmerischen Wettbewerbsposition dargestellt. Die Planung und die Steuerung der Leistungserstellung wird als mehrstufiger Prozess eingeführt und weiter ausdifferenziert. Dabei stehen die Fragen der Ermittlung der optimalen Losgrösse, der Termin- und Kapazitätsplanung usw. im Vordergrund der Betrachtung. In einem abschliessenden Punkt wird der IT-Einsatz im Rahmen der Produktionsplanung und -steuerung dargelegt.

«Qualität ist, wenn der Kunde wiederkommt und nicht das Produkt.» Im **Kapitel 8** wird der Qualitätsbegriff definiert, und es werden verschiedene Qualitätsmanagementkonzepte (u.a. ISO-Normenreihe, EFQM-Modell) eingeführt. Der Stellenwert der ökonomischen, sozialen und ökologischen Nachhaltigkeit ist seit Jahren in den Vordergrund der Betrachtung getreten. Hierzu müssen entsprechende Kennzahlen definiert und auch auf der Basis eines Benchmarking-Konzepts verglichen werden können. Diese Fragestellungen werden ebenfalls im Kapitel 8 behandelt.

Im Anhang des Buches findet sich sowohl eine umfassende und kommentierte Zusammenstellung der wichtigsten Leistungskennzahlen für das Prozess- und Operations-Management als auch ein detailliertes Glossar der wichtigsten Begriffe.

1.2   Historische Entwicklung

Wer an Leistungserstellung und speziell Produktion denkt, meint oft industrielle Unternehmen und deren Produkte. Deren Erzeugnisse wie Autos und Flugzeuge, Computer und Fernseher, Mobiltelefone und digitale Produkte haben unsere Lebenswelt stark verändert. Dies ist jedoch nur ein Teil der Wahrheit. Historisch gesehen haben nicht die Produkte, sondern viel stärker die Produktionsmethoden den Fortschritt bestimmt. Die Entwicklung des Fabriksystems und der Transportsysteme sowie in den letzten Jahrzehnten der Informations- und Kommunikationstechnologien haben den Lauf der Geschichte stärker beeinflusst, als uns die oft an Schlachten und einzelnen Herrschergestalten festgemachte Historie ahnen lässt.

Das heutige hohe Leistungsniveau der Wirtschaft ist nicht zuletzt das Ergebnis einer 250-jährigen Entwicklungsgeschichte, welche mit der industriellen Revolution begonnen hat. Durch unzählige Erfindungen und Innovationen konnte eine wirtschaftliche Entwicklung realisiert werden, welche eine zunehmend bessere Lebensgrundlage für viele Menschen darstellt. Die Herausforderung liegt dabei in einer nachhaltigen Weiterentwicklung im Interesse aller gesellschaftlichen Anspruchsgruppen der jeweiligen Volkswirtschaften.

Die bisherige und künftige Entwicklung kann in verschiedene Perioden unterteilt werden, die in den nächsten Abschnitten vorgestellt werden.

1.2.1 | Von der handwerklichen Produktion zum Fabriksystem

Die vorindustrielle Gesellschaft war von der landwirtschaftlichen und handwerklichen Lebensweise geprägt. Eine wichtige Voraussetzung für bahnbrechende Erfindungen und die industrielle Revolution in Mittel-England war die gesellschaftliche Entwicklung in Grossbritannien, das den anderen europäischen Ländern voraus war. So legte bereits 1215 die Magna Carta, eine der ersten Grundrechtserklärungen der Moderne, Bürgerrechte fest. Dadurch bekamen persönliche Freiheit und Rechtssicherheit früher als in anderen Ländern einen hohen Stellenwert. Die daraus resultierende gesellschaftliche Toleranz, vor allem auch gegenüber Freidenkern aus dem In- und Ausland, förderte zusammen mit der Einführung des Patentrechtes im Jahr 1624 die Entwicklung von neuartigen Verfahren und Maschinen.

Der englische Bürgerkrieg im 17. Jahrhundert hatte zudem die Abschaffung der absoluten Monarchie und die Errichtung einer Republik zur Folge. Dies führte zur Verteilung des Landes auf mehrere Tausend Grossgrundbesitzer. Der grosse Bedarf an Nahrungsmitteln und die Verfügbarkeit von Kapital förderte das unternehmerische Handeln in der Landwirtschaft, welches durch den Einsatz von neuen Methoden und Maschinen zu Produktivitätssteigerungen und dadurch zu genügend und erschwinglichen Lebensmitteln führte. In der Folge wurden viele in der Feldbestellung arbeitende Menschen beschäftigungslos und versuchten mittels Heimarbeit ihren Lebensunterhalt zu bestreiten. Daraus entwickelte sich, neben dem bedeutenden Landwirtschaftssektor und dem freien Handwerk, eine ländliche Textilproduktion in Form eines Verlagssystems. Dies bedeutete, dass von Verleger bereitgestellte Rohstoffe (Wolle und Flachs) durch eine grosse Zahl verarmter Bauernfamilien, nach Bedarf und ohne soziale Absicherung, mittels Spinnen und Weben weiterverarbeitet wurden. Diese Heimarbeitenden bildeten denn auch ein wichtiges Arbeitskräftepotenzial für die neuen, zentralisierten Fabrikationsstätten in der beginnenden Industrialisierung.

Die vorindustrielle technische Produktion war bis ins 18. Jahrhundert eine handwerkliche Fertigung, wobei in organisatorischer Hinsicht das Zunftsystem bestimmend war. Die Zünfte bestimmten Herstellungsverfahren, Werkzeugarten, Werkzeuggebrauch, ja sogar die Produktionsmengen. Sie garantierten einerseits dem Handwerker soziale Bindung und die Sicherung seines Betriebs, andererseits hemmten sie die Erfindertätigkeit und den technischen Fortschritt.

Bindeglied zwischen handwerklicher Produktion im Sinne des Zunft- und Verlagssystems sowie der industriellen Produktion in Fabriken war das bereits stärker zentralisierte Manufaktursystem. Diese Manufakturen zeichneten sich durch räumliche Konzentration, Mechanisierung und einheitliche Arbeitsabläufe aus, die jedoch nur ab einer bestimmten Produktionsmenge und mit entsprechendem Kapitaleinsatz erfolgreich betrieben werden konnten. Das dazu erforderliche Kapital kam hauptsächlich von den Eigentümern und Pächtern der Landwirtschaftsbetriebe, die einen Teil ihrer Erträge den Erfindern und den Neuunternehmern zur Verfügung stellten.

Ein weiterer begünstigender Faktor für die industrielle Entwicklung in Grossbritannien war der Status Englands als Kolonialmacht. Wichtige Rohstoff- und Absatzmärkte konnten dadurch relativ einfach erschlossen werden. Teil dieser Entwicklung war das Vorhandensein von ausreichend Handelsschiffen und deren bewaffneter Schutz bei der Verteilung der Waren auf dem Weltmarkt.

Im Zuge eines stetigen Wachstums kam es in der britischen Baumwollindustrie, aufgrund steigender Löhne und der billigeren Konkurrenz aus Indien, zu Absatzproblemen, die mit der bestehenden Technik und Organisation der Manufakturen nicht gelöst werden konnten. Dies gab den Anstoss für Investitionen zur Erhöhung der Produktivität und dadurch zur Entwicklung von mechanischen Spinnmaschinen (durch Richard Arkwright und Samuel Crompton) sowie programmierbaren und maschinellen Webstühlen (durch Edmond Cartwright sowie Joseph-Marie Jacquard)[1].

Alle betrieblichen Produktionsmittel dieser Zeit wurden mit Wasserkraft über Transmissionsriemen angetrieben. Der aufgrund der zunehmenden Mechanisierung zusätzlich erforderliche Energiebedarf konnte mit einer von Thomas Newcomen 1712 konstruierten und von James Watt 1764 weiterentwickelten leistungsfähigen Dampfmaschine befriedigt werden. Dieses neue Antriebssystem ermöglichte wiederum die Entwicklung produktiverer Maschinen, nicht nur für die Herstellung grosser Mengen von standardisierten Produkten, sondern auch für den Transport (Dampfeisenbahn und -schifffahrt) von Rohstoffen sowie Zwischen- und Fertigprodukten. Gleichzeitig entstand mit der Entwicklung des «Puddelofens» (1784) zur Erzeugung von Schmiedeeisen die Stahlindustrie, welche in der Folge die Entwicklung und Herstellung von Maschinen und Infrastrukturen (z. B. Eisenbahnnetz, Brücken) aus Eisen ermöglichte.

---

1 Joseph-Marie Jacquard verbesserte 1805 den von Edmond Cartwright 1785 entwickelten vollmechanisierten Webstuhl weiter, indem er Jacques de Vaucansons Steuerungstechnik basierend auf hölzernen Lochkarten in Cartwrights Maschine einbaute.

Mit der industriellen Revolution, die in Mittel-England[1] ihren Ursprung hatte und zwischen 1780 und 1820 ihren Höhepunkt erreichte, änderten sich mit den neuen Produktionstechniken auch die Produktionsmethoden. Der Übergang von der Manufaktur zur Fabrik vollzog sich zuerst in der baumwollverarbeitenden englischen Textilindustrie ab etwa 1800 bis 1820. Charakteristisch war neben technischen Merkmalen – wie Nutzung der Dampfmaschine als zentraler Antrieb für die weiterentwickelten Textilmaschinen – insbesondere das System der Arbeitsorganisation, d. h. die Ausrichtung der Arbeitsprozesse an die Maschinen und die Verteilung auf Hunderte von Arbeitenden (v. a. Frauen und Kinder). Industrielle Arbeit wurde mit der Fabrik an einem Ort konzentriert und mit dem Takt der Maschinen synchronisiert. Wirtschaftliche Folgen dieser Entwicklung waren die kostengünstige Produktion grosser Mengen, der Rückgang der Preise industrieller Erzeugnisse und ein auf Massengüter eingestelltes Verteilungs- und Vermarktungssystem.

Die zunehmende Industrialisierung erforderte zunehmend mehr Energie, was unter anderem in einer (bis heute erkennbaren) massiven Reduktion der Wald-flächen in Schottland resultierte. Mit der Entdeckung des Verfahrens, Steinkohle in Koks umzuwandeln, stand ein neuer, nahezu unbegrenzter und äusserst effek-tiver Brennstoff für den Antrieb von Dampfmaschinen sowie zur Herstellung von Eisen zur Verfügung.

Der technische Fortschritt brachte weitere Veränderungen und einen nachhal-tigen Aufschwung in vielen Wirtschaftsbereichen mit sich. Neben der Textil-industrie wurden in der chemischen Industrie, der Nahrungsmittelindustrie und anderen Wirtschaftszweigen grosse Produktivitätsfortschritte erzielt. Die für die Massenproduktion erforderliche Konzentration von Produktionskapazitäten för-derte den Ausbau der Verkehrsinfrastruktur (Schienennetz und Schifffahrts-kanäle) und forcierte die Urbanisierung und das Bauwesen. Gleichzeitig setzte die Produktion von Leuchtgas aus Steinkohle ein, was die Beleuchtung von privaten und öffentlichen Räumen ermöglichte.

Obwohl die neue Organisationsform eines arbeitsteiligen, mechanisierten Fa-briksystems bald auch theoretisch begründet wurde, beispielsweise durch Charles Babbage (u. a. Erfinder der ersten mechanischen Rechenmaschine[2]) in «On the

---

1 Die Schweiz gehörte, zusammen mit Belgien und noch vor Deutschland und Frankreich, zu den am frühesten industrialisierten Ländern. Belgien konnte sich auf reiche Vorkommen an Eisenerz und Steinkohle und ein starkes traditionelles Textilgewerbe stützen. Die Schweiz dagegen musste sich, aufgrund mangelnder Rohstoffe, auf Nischenprodukte bei der Textilherstellung (Leinen, Baumwolle, Seide, Wolle) konzentrieren. Deren Mechanisierung führte wiederum zum Aufbau der Maschinenindustrie (Textilmaschinen, Wasserturbinen und Generatoren) sowie der chemi-schen Industrie (Herstellung von Farbstoffen).

2 Charles Babbage entwickelte in den Jahren 1820 bis 1822 die erste mechanische Rechenmaschine «Difference Engine No. 0» sowie fünfzehn Jahre später zusammen mit Ada Lovelace, die u. a. für die Programmierung verantwortlich war, die «Analytical Engine», einen Vorläufer des modernen Computers.

Economy of Machinery and Manufactures» im Jahr 1832, entstanden die meisten technischen Erfindungen dieser Zeit ohne direkten Beitrag der Wissenschaft. Sie beruhten auf der Arbeit von Erfindern und Konstrukteuren, die sich die notwendigen theoretischen Kenntnisse meist im Selbststudium erarbeitet haben. Nur zögernd wandte sich die akademische Wissenschaft der technischen Entwicklungsarbeit zu. Daraus entstanden die Ingenieurwissenschaften, die jedoch erst Anfang des 20. Jahrhunderts als solche Anerkennung fanden.

Mit den sozialen und ökologischen Folgen der Industrialisierung haben sich damals nur wenige auseinandergesetzt. So wurden durch diese Entwicklung viele Handwerks- und Heimarbeitsplätze vernichtet, was in den betroffenen Regionen zu Einkommensverlusten und zu Protesten, mit teilweiser Zerstörung der neuen Maschinen[1], führte. Zugleich verschlechterten sich durch die Fabrikarbeit und die Urbanisierung[2] die Arbeits- und Lebensbedingungen. Frauen- und Kinderarbeit waren die Regel, überlange Arbeitszeiten und hohe Arbeitsintensität, gepaart mit katastrophalen Lebensumständen (Beeinträchtigungen der Luftqualität, Lärmbelästigung, Abfall in Flüssen und Strassen, schlechte hygienische Situation), führten zu Unfällen, Krankheiten und in der Folge zu einer überdurchschnittlichen Sterblichkeit[3].

> *«Die Menschen sind in Folge dieser Einflüsse sehr bald aufgerieben. Die meisten sind mit vierzig Jahren arbeitsunfähig, einige wenige halten sich bis zum fünfundvierzigsten, fast gar keine bis zum fünfzigsten Jahre. Dies wird, ausser durch allgemeine Körperschwäche, zum Teil auch noch durch eine Schwächung des Gesichts hervorgebracht, welche die Folge des Mulespinnens ist, wobei der Arbeiter seine Augen auf eine lange Reihe feiner, parallel laufender Fäden heften und sie dadurch sehr anstrengen muss. Aus 1600 Arbeitern, die in mehreren Fabriken in Harpur und Lanark beschäftigt wurden, waren nur zehn über 45 Jahre.»*
> *Friedrich Engels, 1845 in «Die Lage der arbeitenden Klasse in England»*

Diese unmenschlichen Arbeits- und Lebensbedingungen hatten heftige Auseinandersetzungen zur Folge. Die zunächst noch rechtlosen Arbeiter traten in den Arbeitskämpfen erstmals als geschlossene Gruppe auf. Dies führte zur Gründung

---

1 Neben den «Maschinenstürmen» in England (Luddismus) kam es zu ähnlichen Protesten in anderen von der Industrialisierung betroffenen Regionen wie in Deutschland (Weberaufstand) und der Schweiz (Usterbrand).
2 Zwischen 1800 und 1870 verdoppelten sich die Einwohnerzahlen der Städte. 1850 lebten über 50 Prozent der Bevölkerung Britanniens in urbanen Regionen. Die grössten Städte (mehr als 100 000 Einwohner) waren damals London, Birmingham, Edinburgh, Glasgow, Liverpool und Manchester.
3 Diese gesellschaftliche Entwicklung widerspiegelte sich wiederum in der Literatur, so beispielsweise in Charles Dickens' «Oliver Twist», Mary Shelleys «Frankenstein», Upton Sinclairs «The Jungle».

von emanzipatorischen Bewegungen (Gewerkschaften, Frauenrechtsbewegung, neue politische Parteien, Genossenschaften) und durch deren Engagement zu neuen sozialen und politischen Rechten (Bürgerrechte, Sozialgesetzgebungen).[1]

Dabei ist hervorzuheben, dass es schon damals Unternehmer gab, die sich ihrer gesellschaftlichen Verantwortung bewusst waren. So beispielsweise Robert Owen (1771–1858), der sich vom Lehrling in einem Textilgeschäft zum Fabrikleiter einer Spinnerei in Manchester hocharbeitete. 1799 konnte er in der Nähe von Glasgow die Baumwollspinnerei in Lanark übernehmen und führte aus der Überzeugung, dass schlechte Arbeitsbedingungen keine Voraussetzung für eine effektive Produktion sind, menschenwürdige Anstellungsbedingungen[2] ein. Durch Owens soziale wie auch technische Massnahmen entwickelte sich New Lanark von einer wenig erfolgreichen Textilfabrik zu einem Musterbetrieb für die gesamte damalige Wirtschaft.

1.2.2 Massenfertigung und Scientific Management

Der Übergang von der ersten zur zweiten industriellen Revolution am Ende des 19. Jahrhunderts wurde wiederum durch neue Technologien und Energiesysteme geprägt. Ein entscheidender Schritt in der Entwicklung der industriellen Produktion war die Erfindung des Elektrodynamos (Patentanmeldung durch Werner von Siemens 1866) und der Verbrennungskraftmaschine (Patentanmeldung durch Rudolf Diesel 1892). Durch die Nutzung neuer fossiler Brennstoffe (Erdöl statt Kohle) und den Einsatz elektromechanischer Antriebsmaschinen wurde es möglich, die Produktivität erneut zu vervielfachen. Diese zweite industrielle Revolution wurde von der (elektromechanischen) Automatisierung und Rationalisierung der Arbeitsabläufe bestimmt.

Ausgehend von England und Schottland begann das Fabriksystem auch in andere Länder auszustrahlen. Wichtig wurde insbesondere die Entwicklung der Massenproduktion in den lange unter enormem Arbeitskräftemangel leidenden Vereinigten Staaten von Amerika ab Mitte des 19. Jahrhunderts. Die technische

---

1 Der erkämpfte freie Samstagnachmittag förderte wiederum die Freizeitaktivitäten. So entstanden in dieser Zeit die ersten Fussballvereine (1857 FC Sheffield) sowie erste Einrichtungen des Massentourismus (Seebäder wie Blackpool).

2 Die erste mechanische Baumwollspinnerei Schottlands wurde ab 1784 unter der Leitung von David Dale (Owens Schwiegervater) und Richard Arkwright (Entwickler der mechanischen Spinnmaschine) in Lanark südlich von Glasgow errichtet. Mit der Übernahme durch Robert Owen verkürzte er die Arbeitszeit von üblichen 13 bis 14 Stunden auf 10,5 Stunden und verbot die Arbeit durch Kinder unter zehn Jahren. Er liess eine Werkssiedlung mit Schule, Arztpraxis, Sparkasse, Genossenschaftsladen (Konsum) mit Bäckerei, Versammlungsräumen und Werkswohnungen bauen. In New Lanark erhielten die Kinder Schulunterricht und die Arbeitenden Abendkurse, Kulturangebot, kostenlose Gesundheitsvorsorge und Lebensmittel zum Selbstkostenpreis.

Entwicklung ermöglichte zugleich eine Steigerung der Komplexität der Produkte[1] und der Produktionsprozesse. Unabdingbare Voraussetzung war die entsprechende Entwicklung und Verbreitung präziser und schnell arbeitender Werkzeugmaschinen. Bereits ab 1890 fand eine Automatisierung von Arbeitsprozessen statt. Durch die Spezialisierung der Funktionen von Werkzeugmaschinen konnten die Arbeitsschritte stetig vereinfacht und automatisiert werden. Ausserdem wurden die Werkzeuge wie auch die Materialien verbessert. So führten auf der Pariser Weltausstellung im Jahr 1900 die Amerikaner Frederick W. Taylor und Maunsel White ihren Schnelldrehstahl (bestehend aus Chrom und Wolfram) vor, welcher eine Steigerung der Schnittgeschwindigkeit von 60 Fuss pro Minute auf 300 bis 400 Fuss pro Minute ermöglichte und die Leistung der Werkzeugmaschinen um ein Mehrfaches erhöhte. Parallel zur Weiterentwicklung der betrieblichen Produktionsmittel wurde auch das Telefon- und Telegraphennetz durch die Edison Electric Light Co. (später Edison General Electric Co.) und Westinghouse Electric Company (mit dem Erfinder Nikola Tesla) ausgebaut.

Der Betriebsingenieur Frederick Winslow Taylor (1856–1915) setzte sich – aufbauend auf Vorleistungen anderer Ingenieure, die seit den 1880er Jahren in der American Society of Mechanical Engineers (ASME) erbracht worden waren – 1895 in seiner Schrift «The Principles of Scientific Management» mit der Rationalisierung von Arbeitsabläufen wissenschaftlich auseinander. Sein Konzept basiert auf der Idee der Zerlegung der Arbeitsabläufe in planerische und ausführende Tätigkeiten. Letztere wurden weiter in kleine beherrschbare Teilschritte unterteilt. Durch die Analyse und Standardisierung der Arbeitsabläufe sowie das Eliminieren von überflüssigen Bewegungen und versteckten Pausen konnte der Output weiter maximiert werden.

Zugleich erforderte die rasante Zunahme von Einwanderern in die Vereinigten Staaten von Amerika, die Lebensmittelherstellung zu industrialisieren. Mit der Einführung einer auf Förderanlagen basierenden Fliessbandarbeit in den Schlachthöfen von Cincinati und Chicago wurde eine weitere drastische Rationalisierung in der Organisation der industriellen Produktion vorbereitet. Herausragendes Beispiel für diesen Wandel wurde die Massenfertigung in der amerikanischen Automobilindustrie. Die durch Henry Ford initiierte Einführung der Fliessbandproduktion für die Ford-T-Modelle im Jahre 1914 ermöglichte eine kostengünstige Massenproduktion von Automobilen (siehe 5.2.1 «Massenproduktion bei Ford», S. 147). Zugleich veränderten sich die Arbeitsbedingungen, einerseits durch die Aufteilung der Arbeit auf einzelne repetitive mechanische und manuelle Bewegungsabläufe sowie andererseits durch eine Verkürzung der Arbeitszeiten und Erhöhung der Löhne. Dies hatte den positiven Nebeneffekt, dass ein vermehrter Konsum von erschwinglichen Massengütern möglich wurde.

---

1 Konsumgüter wie Uhren, Nähmaschinen, Motorfahrzeuge sowie Investitionsgüter wie Maschinen und Schienenfahrzeuge.

Aufgrund der erhöhten Nachfrage konnten wiederum die Produktionskapazitäten ausgeweitet und neue Arbeitsplätze geschaffen werden.

Mit der Weiterentwicklung und dem ökonomischen Erfolg der Fliessbandproduktion durchlief die westliche Industriewelt in den Folgejahren eine stürmische Phase der Rationalisierung. Auf breiter Front wurden die Erkenntnisse von Henry Ford sowie die Ideen von Frederick W. Taylor in der Industrie eingeführt und die betriebliche Leistungserstellung vermehrt nach wissenschaftlichen Erkenntnissen organisiert. Dies auch während des Ersten und Zweiten Weltkrieges, welche aufgrund ihrer menschenverachtenden Ideologien und zerstörerischen Kräfte eine konstruktive gesellschaftliche Entwicklung auf Jahrzehnte hinaus hemmten.

Umso mehr entwickelte sich die Wirtschaft ab Mitte des 20. Jahrhunderts, mit entsprechender Nachfrage nach Konsumgütern, Tourismus und Medien. In Zusammenhang mit der Massenproduktion wurden neue Techniken wie statistische Qualitätskontrollen, Materialbedarfsplanung, Lernkurvenkonzept, Netzplantechnik, Prognoserechnungen usw. entwickelt und eingesetzt. Parallel dazu gewann der Einsatz von Datenverarbeitungsanlagen zunehmend an Bedeutung.

1.2.3 Prozessorientierung und Informationstechnologie

Mit der Verbreitung der Massenproduktion wurde neben der Wirtschaftlichkeit die Qualität der Leistungserstellung immer wichtiger. Die immer höher werdenden Anforderungen an die Fertigungsgenauigkeit bei gleichbleibender Qualität konnten nur durch numerisch gesteuerte (NC-)Maschinen befriedigend gelöst werden. Der deutsche Computerpionier Konrad Zuse (1910–1995) baute 1936 die erste programmgesteuerte Rechenanlage (Z1). Als 1938 die Atomspaltung gelang, neigte sich das Zeitalter, in dem die mechanische Welt als Modell galt, dem Ende zu. Mit der grundlegenden Idee, die Geometrie eines aerodynamischen Profils durch Zahlen auszudrücken und diese Zahlen direkt zur Steuerung einer Werkzeugmaschine zu verwenden, löste John T. Parsons Ende der 1940er Jahre in den USA das Problem der Fertigungstoleranzen. Unterstützt vom elektromechanischen Rechenlocher IBM 602A, entwickelte Parsons Datensätze zum Anfertigen von zweidimensionalen Schablonen für die Formbestimmung bei der Herstellung von Hubschrauber-Rotorblättern. 1948 erhielt Parsons von der amerikanischen Luftwaffe den Auftrag, für die Flügelprofile eines neuen Hochgeschwindigkeitsflugzeuges eine in drei Achsen numerisch gesteuerte Fräsmaschine zu entwickeln. In Zusammenarbeit mit dem Massachusetts Institute of Technology (MIT) entwickelte seine Firma die erste numerische Maschinensteuerung.

Durch den direkten Übergang von der elektromechanischen Relais-Technik zur elektronischen Halbleitertechnik – das heisst ohne den im Maschinenbau problematischen Zwischenschritt der Röhrentechnik – kam Anfang der 1960er Jahre der Durchbruch zugunsten der NC-Maschinen. Sie erwiesen sich insbesondere in der Fertigung von Klein- und Mittelserien als besonders flexibel und wirtschaftlich. Ausserdem traten die hohen Investitionskosten hinter die in den 1960er Jahren stark steigenden Lohnkosten zurück. Die Automatisierungseffekte, die durch programmgesteuerte Maschinen erzielt wurden, erlaubten eine Überwachung von mehreren Maschinen durch eine Person, was angesichts des Arbeitskräftemangels bei Facharbeitern aus der Sicht des Unternehmens eine besondere Entlastung darstellte. Zusammen mit der Technik der Verkettung von Maschinen über Fördereinrichtungen wurde dadurch eine breite industrielle Entwicklung in Richtung einer automatisierten Fabrik angestossen.

Parallel zur rasanten Entwicklung der Mikroelektronik[1] und Datenverarbeitung setzte sich ab den 1950er Jahren der Computereinsatz nicht nur in der Fertigung (DNC, CNC) sondern auch in der Planung und Steuerung der Produktionsabläufe (PPS-Systeme) durch. Gleichzeitig wurden computergestützte Hilfsmittel (CAE-/CAD-Systeme) für die Entwicklung und Konstruktion von Produkten entwickelt und eingesetzt. In der Folge wurden in den 1980er Jahren CIM-Konzepte (Computer-Integrated Manufacturing) entwickelt, welche den direkten Austausch von Daten zwischen Entwicklung/Konstruktion, Produktion und Administration ermöglichten.

Die computergesteuerte Automatisierung veränderte die Anforderungen an die Organisation und die Qualifikation der Mitarbeitenden. In der 1990 durch Womack et al. veröffentlichten MIT-Studie «The Machine that Changed the World» wurde aufgezeigt, dass japanische Unternehmen im Vergleich zu ihren westlichen Konkurrenten qualitativ wesentlich besser und kostengünstiger produzierten. Die höhere Produktivität von rund 30 Prozent begründete sich vor allem in einer effizienteren und effektiveren Prozess- und Arbeitsorganisation. Als Folge begrenzter Ressourcen sowie der Notwendigkeit zur Fertigung von kleinen Losgrössen für den Binnenmarkt hatten japanische Unternehmen Produktionskonzepte entwickelt, welche durch die Optimierung der Produktions- und Zulieferprozesse sowie durch ein hohes Qualitätsbewusstsein und eine hohe Flexibilität der Mitarbeitenden einen wettbewerbsentscheidenden Vorteil in den Exportmärkten erzeugten. Das im Westen unter dem Namen «Lean Production» bekannte Produktionssystem wurde erstmals im japanischen Toyota-Konzern durch den Produktionschef Taiichi Ohno eingeführt (siehe 5.2.2 «Toyota-Produktionssystem», S. 150).

Seit Beginn der 1980er Jahre sahen sich, aufgrund des Erfolgs der japanischen Konsumgüterindustrie, viele westliche Unternehmen gezwungen, die Prinzipien der schlanken Produktion zu übernehmen und anzuwenden. Dadurch kamen die

---

1 Der Transistor wurde 1945–1947 durch William B. Shockley, John Bardeen und Walter H. Brattain in den Bell Laboratories entwickelt, wofür sie im Jahr 1956 den Nobelpreis für Physik erhielten. Der integrierte Schaltkreis (Integrated Circuit) wurde 1958 von Jack Kilby bei Texas Instruments entwickelt; im Jahr 2000 wurde ihm dafür der Nobelpreis für Physik verliehen.

auf den Prinzipien des Scientific Management basierenden funktionalen Aufbau-
organisationen unter Druck und wurden vermehrt durch prozessorientierte Konzepte abgelöst. Dabei stand eine ganzheitliche Sicht der Leistungserstellung im
Vordergrund, bei der die eigenen Geschäftsprozesse Teile eines übergeordneten
Wertschöpfungsnetzwerkes sind. Begleitet wurde die Einführung prozessorientierter Organisationskonzepte durch rasante technologische Entwicklungen in den
Bereichen Miniaturisierung (Mikrotechnologie[1]), Informations- und Kommunikationstechnologien sowie neuartige Verfahren und Materialien. Diese beinhalteten wiederum beträchtliche Innovationspotenziale für Produkt- und Prozessinnovationen und lösten zusammen mit den Ende des zweiten Jahrtausends beginnenden globalen Veränderungen eine neue Dynamik in der Wirtschaft aus.

1.2.4 Globalisierung und Nachhaltigkeit

Mit dem Zusammenbruch des Sowjet-Imperiums und der Öffnung Chinas wurden
auch die internationalen Handelshemmnisse schrittweise abgebaut. Zusammen
mit der zunehmenden Verbreitung des World Wide Web sowie einer leistungsfähigen Logistik wurde die Grundlage für eine dynamische Internationalisierung
und Globalisierung der Wirtschaft geschaffen.

Ein wesentlicher Meilenstein in der Entwicklung der Informations- und
Kommunikationstechnologie war 1989 die Entwicklung des HyperText Transfer
Protocol (HTTP) sowie des Uniform Resource Locator (URL), basierend auf dem
im Jahr 1969 aus dem Arpanet[2] entstandenen Internet, durch Physiker des For-
schungszentrums CERN in Genf unter der Leitung von Tim Berners-Lee. Durch
diese weltweite Vernetzung wurden und werden, zusammen mit den gleichzeitig
stattfindenden Entwicklungen in anderen Technologiebereichen, neue Möglichkeiten zur Gestaltung von innovativen Geschäftsmodellen geschaffen.

Die andauernde Entwicklung der Informations- und Kommunikationstechnologien beeinflusst und verändert die Strukturen und Prozesse der globalen
Wertschöpfungsnetzwerke (siehe 1.4.3 «De-Konstruktion von Wertschöpfungsketten», S. 36). Die weltweite Verfügbarkeit von Informationen und somit auch
Produkt- und Prozessdaten, welche in Verbindung mit innovativen Leistungs-

---

1 Dank der Mikrotechnologie lassen sich nicht nur kleine, sondern auch günstige und energiespa-
rende Geräte bauen. Die verschiedenen Teilgebiete der Mikrotechnologie entwickeln sich mit
ähnlich hoher Schnelligkeit. Das Tempo beschreibt das bekannte Moore'sche Gesetz für die
Mikroelektronik. Nach ihm verdoppelt sich die Anzahl der Funktionen und damit die Leistungsfähigkeit von integrierten Schaltkreisen alle 18 Monate. Dies bei gleichbleibendem Preis.
2 Das ARPANET war ein Projekt der Advanced Research Project Agency (ARPA) des US-Vertei-
digungsministeriums. Es wurde zur Vernetzung von Universitäten und Forschungseinrichtungen
benutzt. Ziel des Projekts war zunächst, die knappen Rechenkapazitäten der teuren Grossrechner
sinnvoll zu nutzen, zuerst in den USA, später weltweit.

erstellungssystemen und neuartigen Prozesstechnologien/Fertigungsverfahren[1] genutzt werden können, bieten grosse Potenziale und vielfältige Chancen in Zusammenhang mit der Flexibilisierung und Individualisierung von Produkten und Prozessen. Zugleich nimmt der Anteil an digitalen Produkten zu, was wiederum die Kostenstrukturen (Entwicklungskosten vs. Reproduktions- und Vertriebskosten) und somit die Geschäftsmodelle entscheidend beeinflusst.

Mit der wirschaftlichen Globalisierung steigt auch der Verbrauch an natürlichen Ressourcen, was zur Verknappung nicht erneuerbarer Rohstoffe und verstärkter Belastung der Umwelt führt. Die daraus resultierenden Engpässe sowie die Abhängigkeit von wenigen Produzenten erfordern sowohl aus ökonomischen als auch aus ökologischen Gründen eine effiziente und effektive Nutzung der verfügbaren materiellen Ressourcen (siehe 4.4 «Effiziente und effektive Nutzung materieller Ressourcen», S. 111). Deshalb wird eine nachhaltige Leistungserstellung und Produktnutzung für den langfristigen Unternehmenserfolg zunehmend eine Notwendigkeit. Dabei helfen neue Technologien («Cleantech»), qualitativ und nachhaltig bessere Leistungsangebote mit weniger Ressourcen und Emissionen herzustellen.

Die grössten Zukunftschancen werden jene Unternehmen und Gesellschaften haben, denen es gelingt, materielle und immaterielle Ressourcen im Hinblick auf eine nachhaltige, das heisst wirtschaftlich und gesellschaftlich tragfähige Entwicklung verantwortungsvoll einzusetzen. Entsprechend beruhen die Leistungsfähigkeit und der Erfolg von Unternehmen auf der kreativen und nachhaltigen Umsetzung neuester Erkenntnisse sowie auf am Gemeinwohl ausgerichteten Rahmenbedingungen.

1.3   Leistungsströme in der Wirtschaft

Die in einem Wirtschaftssystem involvierten Unternehmen lassen sich aus der Sicht der Leistungserstellung in verschiedene Unternehmenstypen unterteilen, die in unterschiedlichen Wertschöpfungsnetzwerken Leistungen zum Nutzen ihrer Kunden erbringen.

Die Leistungsangebote der einzelnen Unternehmen bestehen aus materiellen und immateriellen Produkten, welche sie in die vielfältigen Wertschöpfungssysteme einbringen. Wie ▶ Abb. 1 zeigt, pflegen alle Unternehmen beschaffungs- und absatzseitige Beziehungen mit zahlreichen unterschiedlichen Unternehmen. Daraus resultiert eine Verflechtung zwischen dem Industrie- und Dienstleistungs-

---

1   Treiber dieser Entwicklung sind aus heutiger Sicht Produktionssysteme basierend auf vernetzten «intelligenten» Maschinen und Robotern bzw. Konzepten wie «Industrie 4.0» sowie Fertigungstechnologien wie beispielsweise additive Fertigung bzw. «3D-Druck».

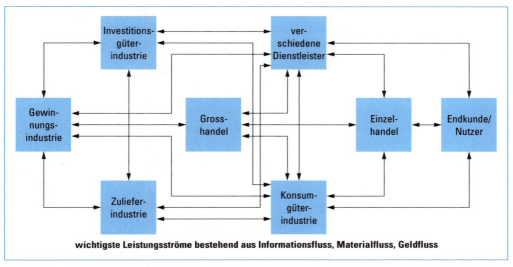

▲ Abb. 1 Wichtigste Leistungserbringer und Leistungsströme (basierend auf einem Modell von Hässig 2000)

sektor wie auch eine Verschmelzung von Sach- und Dienstleistungen in sogenannten hybriden Geschäftsmodellen. Das heisst, immer mehr Industrieunternehmen verkaufen auch Dienstleistungen und werden so zum Anbieter kompletter
Leistungsangebote (siehe 6.7 «Erhöhung der Wertschöpfung durch hybride Leistungsangebote», S. 181). Zudem kaufen Sachgüter produzierende Unternehmen
Vorleistungen aus anderen Bereichen, insbesondere auch von den Dienstleistungsunternehmen. Die Industrie wird dadurch für andere Branchen auch ein
wichtiger Absatzmarkt und eine Drehscheibe für die Wertschöpfung. Durch diesen Effekt der Nettokäufe ist die gesamtwirtschaftliche Bedeutung der Industrie
entsprechend höher, als es ihr eigener Beitrag zur Wertschöpfung ausdrückt.

Aussagekräftiger als die Beobachtung der Anteile der Industrie- oder Dienst-
leistungsbranchen an der gesamtwirtschaftlichen Beschäftigung oder Wertschöpfung ist ein Blick auf die tatsächlichen Aktivitätsschwerpunkte (Industriepro-
dukte, Dienstleistungen oder integrierte Industrie-Dienstleistungs-Produkte) der
Unternehmen.

1.3.1 Industrielle Unternehmen

Der industrielle Sektor umfasst die Gesamtheit aller produzierenden Unternehmen, die Rohstoffe fördern und verarbeiten sowie Halbfabrikate und Fertigprodukte in Form von Konsum- oder Investitionsgütern herstellen.

Industrieunternehmen, aufgrund der erzeugten Güter auch Sachleistungs-
betriebe genannt, lassen sich entsprechend ihrer Position in den wirtschaftlichen
Leistungsströmen in folgende vier Gruppen von Leistungserbringern aufteilen:

1. **Gewinnungsindustrie:** Gewinnung und Aufbereitung von Primärrohstoffen
   (z.B. Erdöl, Kohle, Getreide) sowie Sekundärrohstoffen (rezyklierte/wieder-
   aufbereitete Materialien) für die Wiederverwendung in einem neuen Wert-
   schöpfungskreislauf («cradle to cradle»).
2. **Zulieferindustrie:** Verarbeitung von Rohmaterialien, Teilen und Baugruppen.
3. **Investitionsgüterindustrie:** Entwicklung und Herstellung von Investitionsgütern
   (z.B. Maschinen, Computer), welche während ihrer Nutzungszeit zur Erzeugung neuer Konsum- oder Investitionsgüter eingesetzt werden.
4. **Konsumgüterindustrie:** Entwicklung und Herstellung von Konsumgütern (z.B.
   Bekleidung, Lebensmittel), welche der direkten Bedürfnisbefriedigung dienen
   und für den Gebrauch oder Verbrauch (siehe 1.3.4 «Güter», S. 30) bestimmt sind.

Das wesentliche Merkmal industrieller Unternehmen ist eine identische Reproduzierbarkeit der Produkte, deren Herstellung auf klaren technischen Spezifikationen wie zum Beispiel Stücklisten, Rezepturen, Konstruktionszeichnungen,
Arbeits- oder Operationsplänen beruhen. Ein weiteres Charakteristikum ist die
Lagerbarkeit der erzeugten Sachgüter, das heisst die Trennung von Produktion
und Konsum, wodurch eine (internationale) Handelbarkeit der Produkte möglich
wird. Das gilt auch für technische Dienstleister, wie beispielsweise die Informa-
tik- und Telekommunikationsbranche.

Obwohl in den 1970er Jahren in den westlichen Ländern der industrielle Sektor
seinen Spitzenplatz in Sachen Beschäftigung an den Dienstleistungssektor abge-
geben hat, ist die industrielle Wertschöpfung weiterhin essenziell für die einzelnen Volkswirtschaften. Dies nicht zuletzt aufgrund der bezüglich Wertschöpfung
starken Abhängigkeiten zwischen den einzelnen Sektoren. Im Weiteren kann eine
zunehmende Verlagerung Richtung hochwertige Güter und industrielle Dienstleistungen (Engineering/F&E, Steuerung Zulieferketten bzw. Wertschöpfungsnetzwerke, Vermarktung, Services) festgestellt werden.[1]

---

1   So hat beispielsweise die Schweiz im OECD-Vergleich 2011 den dritthöchsten Anteil von qua-
    lifizierten Dienstleistungen in der Industrie. Zudem ist die Schweiz gemäss dem «WEF Global
    Competitiveness Report 2011–2012», gemessen an der Industrieproduktion pro Kopf, das am
    stärksten industrialisierte Land der Welt. Dies ist einerseits auf die starke Deindustrialisierung der
    anderen westlichen OECD-Länder zurückzuführen sowie andererseits auf die guten Rahmen-
    bedingungen (duale Berufsbildung, flexibler Arbeitsmarkt, Innovationsfähigkeit, politische Sta-
    bilität) des Werkplatzes Schweiz.

1.3.2 Dienstleistungsunternehmen

Der Dienstleistungsbereich umfasst eine Vielfalt von Unternehmen, welche sich dadurch auszeichnen, dass ihre primäre Leistung aus immateriellen Gütern besteht. Typische Dienstleistungsbereiche und -branchen sind:

- **Handel:** z.B. Grosshandel, Einzelhandel.
- **Logistikdienstleister:** z.B. Spediteure, Lager- und Umschlagsbetriebe, öffentlicher Verkehr.
- **Technische Dienstleister:** z.B. Architektur- und Ingenieurbüros, IT-Dienstleister.
- **Tourismus:** z.B. Reisebüro, Hotellerie, Gastronomie, Transport.
- **Gesundheitswesen:** z.B. Spitäler, Ärzte, Pflegeheime, Kuranstalten.
- **Bildungswesen:** z.B. Hochschulen und andere Bildungsinstitutionen.
- **Finanzsektor:** z.B. Banken, Versicherungen.
- **Wirtschaftsberatung:** z.B. Treuhänder, Notare.

Dienstleistungsbetriebe gehen, aufgrund der Wertschöpfungspotenziale und des verstärkten Wettbewerbs, vermehrt dazu über, ihre Leistungserstellung nach industriellen Prinzipien und Methoden zu organisieren, um dadurch die Effektivität und Effizienz ihrer betrieblichen Abläufe zu steigern. So erbringen auch Dienstleistungsunternehmen ihr Leistungsangebot standardisiert und reproduzierbar, wie zum Beispiel Unternehmen des öffentlichen Verkehrs durch die fahrplanmässige Bereitstellung der Transportmittel.

1.3.3 Prozessorientierte Sicht

Wie die Beispiele zeigen, können Unternehmen auch aufgrund der Eigenart ihrer Prozesse oder Produkte betrachtet werden. Dabei tritt die Zuteilung zu einem Sektor in den Hintergrund und die einzelnen Unternehmen werden anhand anderer prozessrelevanter Kriterien klassifiziert:

- Kerngeschäft: z.B. Industrieproduktion, Dienstleistungen, Handwerk.
- Leistungsangebot/Leistungserstellung: z.B. kundenindividuelle Einzelprodukte/-projekte oder standardisierte Massenprodukte.
- Charakter der Produkte: z.B. Verwendbarkeit über einen längeren Zeitraum oder kompletter Verbrauch beim Einsatz.
- Hauptkunden: z.B. Unternehmen oder Konsumenten/Endverbraucher.

Diese Klassifizierung zeigt, dass eine Einteilung in Industrie- und Dienstleistungsunternehmen aus der Sicht des Prozess- und Operations-Managements nur beschränkt Sinn macht und für die Gestaltung der Wertschöpfungskette und Leistungserstellungsprozesse entscheidender ist, ob ein Unternehmen mit industriellen Verfahren erstellte Standardleistungen anbietet, mit typischen Merkmalen wie Reproduzierbarkeit und wiederholenden Aufträgen, oder individuelle Leistungsangebote, welche in Form von kundenspezifischen Aufträgen oder Projekten abgewickelt werden.

1.3.4 Güter

Ein **Gut** ist gemäss Duden (Begriffswörterbuch) ein Besitz, der einen materiellen oder immateriellen Wert darstellt. Güter können in mehreren Dimensionen klassifiziert werden (▶ Abb. 2):

- Wertbestimmung eines Gutes: **Realgüter** sind materielle und immaterielle Produkte. Im Gegensatz zu Realgütern existieren **Nominalgüter** nur in virtueller Form, beispielsweise als Darlehens- oder Beteiligungswerte, als Forderungen bzw. Verbindlichkeiten oder in Form von Bargeld. In der Regel besteht ein direkter Bezug zwischen Real- und Nominalgütern, da beim Kauf und Verkauf von Realgütern meistens auch Nominalgüter involviert sind.
- Natur eines Gutes: **Materielle Güter** (Konsum- oder Investitionsgüter) werden hauptsächlich durch Unternehmen im industriellen Sektor hergestellt oder gehandelt. **Immaterielle Güter** werden nicht nur von Dienstleistungsunternehmen im tertiären Sektor, sondern auch im primären (Land- und Forstwirtschaft) und sekundären (verarbeitendes Gewerbe, Industrie) Sektor erbracht oder gehandelt. Weitere immaterielle Güter sind sogenannte **ideelle Güter** (beispielsweise Schutzrechte wie Patente oder Nutzungsrechte wie Lizenzen/Konzessionen) und **digitale Güter**[1]. Dabei ist zu beachten, dass ideelle wie digitale Güter einen relativ hohen Fixkostenanteil («First-Copy Costs» resultierend aus dem Entwicklungsaufwand), jedoch geringe variable Kosten (für Anpassung, Reproduktion und Vertrieb) haben, mit entsprechenden Auswirkungen auf die Geschäftsmodelle (siehe 1.4.3 «De-Konstruktion von Wertschöpfungsketten», S. 36).
- Fokus der Leistungen: **Dienstleistungen** können auf Objekte oder auf Lebewesen bezogen erbracht werden. Das Spezielle bei der Dienstleistungserbringung an Lebewesen ist, dass im Gegensatz zu allen anderen Leistungsarten der Mensch oder das Tier als externer Faktor in die Leistungserbringung integriert ist.

---

1 Digitale Güter sind beispielsweise Programme (Mobiltelefon-Apps), Informationen (MP3-Musik, E-Paper, E-Books) oder von privaten wie öffentlichen Organisationen gesammelte Daten («Big Data»). Digitale Güter sind oft Teil von hybriden Produkten, d.h. Kombinationen aus materiellen und immateriellen Leistungen (siehe 6.7 «Erhöhung der Wertschöpfung durch hybride Leistungsangebote», S. 181).

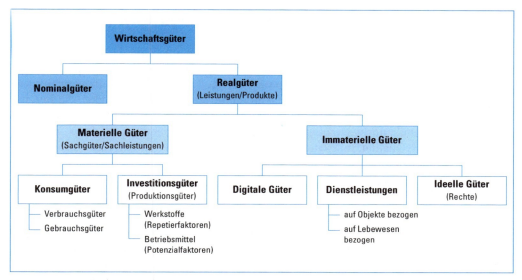

▲ Abb. 2   Unterteilung wirtschaftliche Güter

- Nutzung eines Gutes: Ein **Investitionsgut** unterscheidet sich von einem **Konsumgut** insofern, als der Nutzer des Investitionsgutes seinerseits ein Hersteller eines anderen Gutes ist und das Investitionsgut zu dessen Entwicklung und Herstellung nutzt. Die Abgrenzung zwischen Investitionsgut und Konsumgut ist nicht immer trennscharf. Wird zum Beispiel ein Auto von einer Privatperson gekauft, so liegt ein Konsumgut vor. Kauft hingegen ein Unternehmen denselben Typ Auto für seine Geschäftstätigkeit, so handelt es sich um ein Investitionsgut.
- Nutzungsdauer eines Gutes: **Verbrauchsgüter** sind Güter, die durch die Nutzung aufgebraucht respektive verbraucht werden, wogegen **Gebrauchsgüter** während längerer Zeit der gleichen Bedürfnisbefriedigung dienen, wie zum Beispiel Haushaltgeräte und betriebliche Produktionsmittel (**Betriebsmittel** wie Maschinen, Computer, Transportmittel). **Werkstoffe** beinhalten Betriebsstoffe, Hilfsstoffe und Rohstoffe. Deren Bestand wird durch den Verbrauch bzw. Transformation während der Leistungserstellung reduziert.

Eine weitere Unterteilung kann anhand der Entstehung eines Gutes vorgenommen werden: Ein **Erzeugnis** ist gemäss Duden etwas, was als Ware oder Ähnliches hergestellt worden ist. Ein **Produkt** ist gemäss derselben Quelle etwas, was als Ergebnis menschlicher Arbeit (auch indirekt mit Hilfe von Maschinen) aus bestimmten Materialien hergestellt wird. Aus betriebswirtschaftlicher Sicht entspricht ein Produkt einem Realgut und kann sowohl ein Sachgut (Investitions- oder Konsumgut) als auch eine Dienstleistung sein. Ein **Artefakt** ist ein durch menschliches Können geschaffenes Kunstprodukt bzw. Kunsterzeugnis.

1.4   Unternehmensprozesse – Teil eines Wertschöpfungsnetzwerks

Veränderungen im Unternehmensumfeld haben im Verlaufe der letzten Jahrzehnte dazu geführt, dass die Bedeutung der Ablauforganisation und somit die Gestaltung von Unternehmensprozessen im Vergleich zur Aufbauorganisation enorm gewachsen ist. Steigende Anforderungen seitens der Kunden, die Internationalisierung der Märkte sowie die rasante Entwicklung der Informations- und Kommunikationstechnologie haben zur Folge, dass Faktoren wie Preis, Zeit, Flexibilität, Qualität, Innovation, Service zunehmend zu wettbewerbsentscheidenden Differenzierungsmerkmalen geworden sind.

Wettbewerbsfaktoren

Die in diesem Buch genannten Wettbewerbsfaktoren (Differenzierungsfaktoren, Erfolgsfaktoren) sind wie folgt zu interpretieren:

- Der **Preis** eines Leistungsangebots wird primär durch den Markt bzw. den Kundennutzen definiert (Preis-Leistungs-Verhältnis) und bedingt entsprechende Kostenstrukturen. Dabei ist zu beachten, dass tiefe Kosten, zur Erzielung eines hohen Ertrages und zur Ermöglichung von Investitionen in Produkt- und Prozessinnovationen, immer relevant sind.
- Der Wettbewerbsfaktor **Zeit** umfasst einerseits die Dauer/Geschwindigkeit (beispielsweise Durchlaufzeit, Lieferfrist) und andererseits die Termintreue/Terminzuverlässigkeit. Kurze Durchlaufzeiten vermindern die Bindung von Kapital und Kapazitäten und sind entsprechend stets anzustreben.
- Bei der **Flexibilität** wird zwischen Produktflexibilität (in Bezug auf Produktspezifikation, Variantenvielfalt) und Prozessflexibilität (in Bezug auf Lieferfrist/-termin oder Volumen/Menge) unterschieden.
- Die **Qualität** ist, entsprechend dem ganzheitlichen Verständnis von Qualität im Sinne von TQM (siehe 8.4 «Total Quality Management», S. 221), in einem erweiterten Sinn zu verstehen und umfasst auch Dimensionen wie Kundenorientierung, Zuverlässigkeit, Nachhaltigkeit etc.
- **Innovation** ist die zentrale Grundlage für wettbewerbsfähige Leistungsangebote und umfasst materielle und immaterielle Produkt- und Prozessinnovationen.
- **Service** beinhaltet begleitende Nebenleistungen (vor, während, nach dem Kaufentscheid) eines Leistungsangebots.

Die einzelnen Wettbewerbsfaktoren sind gemäss ihrer Bedeutung für das Unternehmen zu bewerten. Dabei ist zu berücksichtigen, inwieweit die Faktoren eine Grundvoraussetzung oder ein Wettbewerbsvorteil sind. Gemäss Hill (1993) sind die Wettbewerbsfaktoren in marktqualifizierend (Market Qualifier) oder auftragsgewinnend (Order Winner) zu unterteilen, wobei Order Winners die entscheidenden, differenzierenden Faktoren sind.

Diese Wettbewerbsfaktoren werden massgebend von der effektiven und effizienten Gestaltung des Leistungserstellungssystems eines Unternehmens geprägt. Ein wichtiger Ansatzpunkt, um entsprechende Wettbewerbsvorteile erreichen zu können, ist die prozessorientierte Betrachtung aller Aktivitäten zur Erbringung einer Marktleistung.

Dies bedeutet in der Konsequenz, dass die Organisationsstrukturen eines Unternehmens sich primär an der horizontalen Perspektive (Ablauforganisation) auszurichten haben. Oder wie dies Harvard-Professor Alfred D. Chandler im Jahr 1969 formulierte:

«*Structure follows process follows strategy.*»

Dieser Leitsatz basiert auf einer Studie[1], in der Chandler 1962 untersuchte, wie verschiedenste Unternehmen aufgrund zunehmend komplexer werdenden Geschäftsfelder ihre Strukturen veränderten, um weiterhin einen effizienten Ressourceneinsatz sicherzustellen. Dabei zeigt sich, dass für die erfolgreiche organisatorische Entwicklung von Unternehmen die Strukturen an den Prozessen ausgerichtet werden müssen und diese wiederum eng von strategischen Entscheidungen abhängig sind.

1.4.1 Wertschöpfungskette als Netzwerk

Im Rahmen der Unternehmensstrategie werden anhand der Marktchancen sowie der verfügbaren materiellen und immateriellen Ressourcen die Kernkompetenzen und Alleinstellungsmerkmale festgelegt.[2] Dabei wird entschieden, welche Leistungen mit welchen Wettbewerbsfaktoren und Differenzierungsmerkmalen in welchen Zielmärkten angeboten werden sollen. Zugleich werden die strategisch relevanten Geschäftsprozesse bestimmt und dadurch festgelegt, auf welches Segment der Wertschöpfungskette sich ein Unternehmen konzentrieren soll und welche Leistungen im Markt beschafft und abgesetzt werden sollen.

Das Konzept der betrieblichen Wertkette[3] wurde erstmals in den 1980er Jahren von Michael E. Porter veröffentlicht. Porter definierte die Wertkette als Gesamtheit der Primär- und Sekundärprozesse, die in einem Unternehmen zur Schaffung von Mehrwert führen. Dabei tragen primäre Prozesse unmittelbar zur Wertschöpfung bei und dienen der direkten Befriedigung von Kundenbedürfnissen, während

---

1 Alfred D. Chandler Jr. fasste 1962 die Erkenntnisse seiner Studie «Strategy and Structure: Chapters in the History of the Industrial Enterprise» mit den Worten «Structure follows strategy» zusammen, welche er 1969 aktualisierte.

2 Siehe dazu auch Prahalad/Hamel (1991).

3 Das Grundmodell der Wertkette wurde von Michael E. Porter, Universitätsprofessor für Wirtschaftswissenschaft an der Harvard Business School, erstmals 1985 in seinem Buch «Competitive Advantage» veröffentlicht.

die sekundären Prozesse die primären Aktivitäten unterstützen und somit einen indirekten Beitrag zur Wertschöpfung leisten. Da das Modell von einem hohen Eigenleistungsanteil ausgeht, werden in seiner Wertkette ausschliesslich die intraorganisationalen Bereiche berücksichtigt. Gemäss aktueller Definition umfasst der Begriff Wertschöpfungskette («value chain») jedoch sämtliche Wertschöpfungsstufen, die zur Erbringung einer bestimmten Leistung gegenüber einem Kunden erforderlich sind, und zwar über alle Phasen eines Produktlebenszyklus – das heisst von der Planung über die Erstellung und Nutzung bis zur Beendigung eines Leistungsangebots.

Heute erbringen die wenigsten Unternehmen sämtliche zur Befriedigung eines Kundenbedürfnisses erforderlichen Leistungen selber, sondern kooperieren dazu mit anderen Unternehmen. Entsprechend ist jedes Unternehmen in eine betriebsübergreifende Wertschöpfungskette, bestehend aus einem internationalen Netzwerk von Zulieferern (inklusive Dienstleister) und Abnehmern eines Endproduktherstellers, eingebettet (▶ Abb. 3).

Dies hat zur Folge, dass für den Markterfolg eines Unternehmens nicht nur die optimale Gestaltung der unternehmensinternen Prozesse, sondern der gesamten Wertschöpfungskette, inklusive der zwischenbetrieblichen Geschäftsprozesse (siehe 3.4 «Supply Chain Management», S. 85), wettbewerbsentscheidend ist. Umfassend betrachtet bedeutet dies:

Nicht einzelne Unternehmen, sondern Wertschöpfungsketten bzw. -netzwerke stehen zueinander im Wettbewerb.

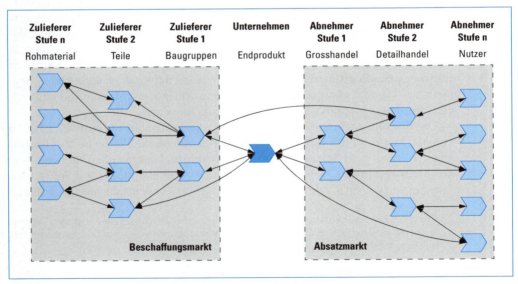

▲ Abb. 3   Wertschöpfungskette als Netzwerk mit mehreren Zuliefer- und Abnehmerunternehmen

1.4.2	**Integration entlang der Wertschöpfungskette**

Wie bereits erwähnt, ist die Positionierung innerhalb der Wertschöpfungskette ein unternehmensstrategischer Entscheid, welcher sich aufgrund veränderter Wettbewerbssituation und/oder strategischer Neuausrichtung verändern kann. Beispiele sind Auslagerungen von Teilprozessen aufgrund der Konzentration auf Kernkompetenzen oder verstärkte Kunden- und Marktnähe durch zunehmende Bedeutung von After-Sales-Dienstleistungen. Dies hat zur Folge, dass sich der unternehmensspezifische Anteil innerhalb einer Wertschöpfungskette verändert, das heisst der Grad der Integration in einer Wertschöpfungskette vergrössert oder verkleinert wird.

Grundsätzlich gilt: Je höher der Eigenleistungsanteil in einer Wertschöpfungskette ist, umso höher ist der Grad der Integration respektive der Wertschöpfungstiefe. Umgekehrt bedeutet dies, dass mit wachsendem Anteil zugekaufter Leistungen der Integrationsgrad sich reduziert, weil dadurch der eigene Wertschöpfungsanteil am spezifischen Leistungsangebot sinkt.

In diesem Zusammenhang wird auch von «vertikaler Integration»[1] gesprochen. Dabei werden aufeinanderfolgende Wertschöpfungsstufen, die in einem Käufer-Verkäufer-Verhältnis stehen (z.B. die Zusammenführung der Rohstoffgewinnung mit der Erzeugung von Halbfabrikaten oder der Produktion mit dem Vertrieb), zusammengefasst. Erhöht ein Unternehmen den Grad seiner vertikalen Integration, indem es Aufgaben eines Lieferanten übernimmt, so spricht man von Rückwärtsintegration, übernimmt es die Aufgaben eines Kunden, so spricht man von Vorwärtsintegration.

Im Gegensatz dazu versteht man unter einer «horizontalen Integration» die Zusammenführung von Unternehmen, die im selben Markt tätig sind und ergänzende Produkte anbieten (Fusion mit dem Ziel, den Markt zu dominieren). Als «diagonale Integration» (Diversifikation) wird die Zusammenführung von Unternehmen, deren Erzeugnisse sowohl produktions- als auch absatzmässig nichts oder fast nichts miteinander zu tun haben, verstanden.

---

1 Die Bezeichnung «vertikal» wurde aufgrund einer hierarchischen Betrachtung der Leistungserbringung festgelegt. Bei einer wertschöpfungs- oder prozessorientierten Betrachtung entspricht dies einer horizontalen Ausweitung der Geschäftstätigkeit.

1.4.3	**De-Konstruktion von Wertschöpfungsketten**

Ein vielversprechender Ansatz zur Entwicklung innovativer Geschäftsmodelle ist die «De-Konstruktion von Wertschöpfungsketten».

De-Konstruktion hat als konzeptionelle Idee ihre Wurzeln beim Ökonomen Joseph A. Schumpeter[1], der das Prinzip der kreativen Destruktion als einen unternehmerischen Motor, um die Wirtschaft zu erneuern, postulierte. Die schöpferische und kreative Unternehmerpersönlichkeit wagt es, altbewährte Pfade zu verlassen und Neuland zu betreten sowie zielorientiert bestehende Strukturen in Frage zu stellen und radikal neu zu gestalten. Basierend auf der Logik der Destruktion – es ist grundsätzlich möglich, für jede einzelne Aktivität, für die ein Markt besteht, ein separates Geschäft zu betreiben – werden bestehende Wertschöpfungsketten in einzelne Aktivitäten aufgeteilt (Destruktion) und kreativ zu neuen Geschäftsmodellen zusammengefügt (Konstruktion).

Unter dem Aspekt der Konfiguration der Wertschöpfungsaktivitäten – der Frage also, welche Wertschöpfungsstufen wie bearbeitet werden sollen – können nach Heuskel (1999) vier grundlegende Wertschöpfungsarchitekturen unterschieden werden:

1. **Integratoren** stellen weitgehend das klassische Geschäftsmodell eines Unternehmens mit voll integrierter Wertschöpfungskette dar. Die Integration kann sinnvoll sein, um hohe Transaktionskosten zwischen den einzelnen Wertschöpfungsstufen durch Internalisierung zu verringern, kann aber auch dazu dienen, den Zugang zu kritischen Ressourcen oder Vertriebskanälen zu sichern. Die Grenzen einer solchen integrierten Wertschöpfungskette können sich jedoch, durch Auslagerung an Lieferanten oder Ergänzung um nachgelagerte Dienstleistungen, verschieben.

2. **Schichtenspezialisten («layer-player»)** sind Unternehmen, die sich auf eine oder wenige Stufen der Wertschöpfungskette konzentrieren. Diese spezielle Tätigkeit bieten sie über Branchengrenzen hinweg an und erzielen so Spezialisierungs- und Grössenvorteile. Ein Beispiel hierfür sind Outsourcing-Dienstleister, die zum Beispiel die Lohnbuchhaltung, die Verwaltung der IT-Systeme/ Rechenzentren oder andere Dienstleistungen übernehmen, welche Unternehmen bisher selbst ausgeführt haben.

3. **Orchestratoren («orchestrators»),** auch als virtuelle Unternehmen bezeichnet, bieten aus Sicht der Kunden dieselbe Leistung wie traditionelle Anbieter an. Sie führen jedoch nicht alle wertschöpfenden Aktivitäten selbst durch, sondern

---

1 Joseph Alois Schumpeter (1883–1950) war ein österreichischer Ökonom und Autor mehrerer Bücher, u.a. «Die Theorie der ökonomischen Entwicklung». Seine Begriffe «Innovation» und «schöpferische Zerstörung» sind heute Allgemeingut in wirtschaftswissenschaftlichen wie auch wirtschaftspolitischen Debatten.

erzeugen den Mehrwert durch die Koordination von Partnern entlang der gesamten Wertschöpfungskette. Selbst ausgeführte Wertschöpfungsstufen sind Design, Entwicklung, Produktmanagement, Marketing und Distribution, klassische Stufen wie die Herstellung der Produkte werden von externen Partnern übernommen.

4. **Pioniere («market-makers»)** bieten eine Leistung über Branchengrenzen hinweg an. Allerdings handelt es sich dabei nicht um eine bestehende, sondern um eine neu geschaffene Wertschöpfungsstufe. Pioniere bieten meist innovative Leistungen an und versuchen, ihren Standard im neu geschaffenen Markt zu etablieren.

Nicht zuletzt dank den neuen Möglichkeiten der Informations- und Kommunikationstechnologien wurden in den letzten Jahren verschiedene innovative Geschäftsmodelle entwickelt. Abhängig der verwendeten Systematik wird daraus eine unterschiedliche Anzahl von Mustern für Geschäftsmodell-Innovationen[1] abgeleitet. Zugleich zeigen empirische Studien, dass ein Grossteil dieser neuen Geschäftsmodelle nicht wirklich neuartig sind, sondern oft auf bestehenden Mustern aus anderen Branchen basieren und/oder Elemente bereits bestehender Geschäftsmodelle neu kombinieren bzw. de-konstruieren.

Wird die Vielzahl von verschiedenen Konzepten zur Geschäftsmodellierung analysiert, so können die folgenden Elemente für die Beschreibung von Geschäftsmodellen identifiziert werden:

- **Kunden:** Wer sind unsere Zielkunden, welches die relevante Kundensegmente?
- **Leistungsangebot:** Welche Leistungen bieten wir den Kunden an, was ist der Kundennutzen unserer Leistungen?
- **Leistungserstellung:** Wie erbringen wir unsere Leistung, welche Prozesse und Aktivitäten, welche Ressourcen und Fähigkeiten sind dazu erforderlich?
- **Ertragsmodell:** Wie wird Ertrag generiert, welche Kostenstruktur (Entwicklungskosten vs. Reproduktionskosten) und Umsätze sind dazu erforderlich?

Das Geschäftsmodell und damit verbunden die strategische Positionierung innerhalb einer Wertschöpfungskette bestimmt nicht nur das Leistungsangebot und das Ertragsmodell eines Unternehmens, sondern auch die für die Leistungserstellung erforderlichen Geschäftsprozesse. Das heisst, die Gestaltung der Wertschöpfungskette ist von zentraler Bedeutung für den Unternehmenserfolg und das inner- und überbetriebliche Prozess- und Operations-Management ein Erfolgsfaktor für die nachhaltig erfolgreiche Entwicklung eines Unternehmens.

---

1 Osterwalder/Pigneur (2011) unterscheiden zwischen 5 Mustern, während Gassmann/Frankenberger/Csik (2013) zwischen 55 Mustern von Geschäftsmodell-Innovationen differenzieren.

| **1.4.4** | **Prozessorientierte Managementsysteme** |

Mit der zunehmenden Bedeutung prozessorientierter Organisationsgestaltung sowie der integralen Betrachtung aller Unternehmensaktivitäten wurden in den letzten Jahrzehnten sogenannte integrierte Managementsysteme entwickelt. Diesen liegen prozessorientierte Modelle, wie beispielsweise das FAU-Modell[1], das EFQM-Modell (siehe 8.5.2 «EFQM-Modell for Excellence», S. 224) oder das St. Galler Management-Modell[2], zugrunde.

Das prozessorientierte St. Galler Management-Modell basiert auf dem in den 1960er Jahren an der Universität St. Gallen entwickelten Gestaltungsrahmen für systemorientiertes Management (▶ Abb. 4).

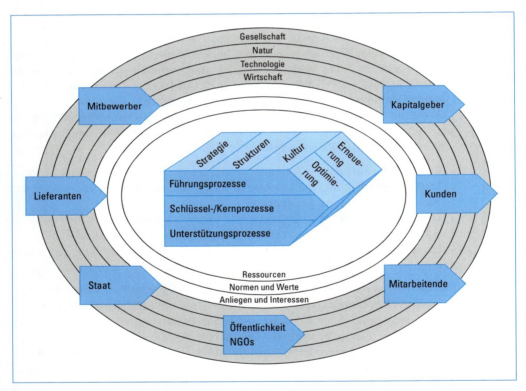

▲ Abb. 4   St. Galler Management-Modell nach Rüegg-Stürm 2002

---

1   Das FAU-Modell ist ein Unternehmensprozessmodell, das aus Führungs-, Ausführungs- und Unterstützungsprozessen besteht.
2   Das St. Galler Management-Modell wurde 1972 von Hans Ulrich, dem Wegbereiter der systemorientierten Managementlehre im deutschsprachigen Raum, gemeinsam mit Walter Krieg erstmals publiziert und später von Knut Bleicher (1991) und Johannes Rüegg-Stürm (2002) weiterentwickelt.

Im St. Galler Management-Modell werden je drei zentrale Begriffskategorien unterschieden, welche einerseits das Umfeld und andererseits die Innensicht eines Unternehmens darstellen. Das Umfeld eines Unternehmens umfasst die Kategorien Umweltsphären (Gesellschaft, Natur, Technologie, Wirtschaft), Anspruchsgruppen (Kunden, Lieferanten, Kapitalgeber, Mitarbeitende, Mitbewerber, Staat, Öffentlichkeit, Nichtregierungsorganisationen) sowie Interaktionsthemen (Ressourcen, Normen und Werte, Anliegen und Interessen). Die Innensicht beinhaltet die Kategorien Ordnungsmomente (Strategien, Strukturen, Kulturen), Unternehmensprozesse (Führungs-, Schlüssel-, Unterstützungsprozesse) sowie Weiterentwicklung (Erneuerung, Optimierung) derselben.

Das St. Galler Management-Modell betrachtet ein Unternehmen primär als ein System von Prozessen. Dabei wird, analog zum Wertkettenmodell von Porter oder dem FAU-Modell, zwischen verschiedenen Kategorien von Geschäftsprozessen unterschieden:

- Die **Führungsprozesse** (auch Managementprozesse genannt) umfassen alle grundlegenden Aufgaben, die mit der Gestaltung, Lenkung (Steuerung) und Entwicklung von zweckorientierten soziotechnischen Organisationen zu tun haben. Dabei wird unterschieden zwischen normativen Orientierungsprozessen (beispielsweise generelle Ziele und Geschäftspolitik des Unternehmens, Leitbilder und Werte, Normen und Spielregeln), strategischen Entwicklungsprozessen (beispielsweise Unternehmensstrategie mit Teilstrategien, Geschäftsplan) und operativen Führungsprozessen (beispielsweise Führung der Mitarbeitenden, finanzielle Führung, Qualitäts- und Prozessmanagement, Ressourcen-/Budgetplanung).
- Die **Schlüssel- oder Kernprozesse** (auch Primär-, Ausführungs-, Leistungs- oder Wertschöpfungsprozesse genannt) verkörpern die unmittelbar auf Kundennutzen ausgerichteten Kernaktivitäten eines Unternehmens. Sie umfassen die Kundenprozesse (Markenführungsprozesse, Kundenakquisitionsprozesse und Kundenbindungsprozesse), die Leistungserstellungsprozesse sowie die Innovationsprozesse (zur Produkt- oder Prozessentwicklung).
- Die **Unterstützungsprozesse** (auch Sekundär- oder Supportprozesse genannt) beinhalten unternehmensinterne Dienstleistungen für einen effizienten und effektiven Vollzug der Prozesse. Dazu gehören zum Beispiel Prozesse wie Personalwesen, Ressourcenbewirtschaftung oder Informationsverarbeitung.

Die Begriffe Geschäftsprozesse wie auch Kernprozesse werden, abhängig vom verwendeten Prozessmodell, auch als Bezeichnung für die Schlüsselprozesse verwendet. Dabei ist zu berücksichtigen, dass die Bezeichnung **Geschäftsprozesse** oft als Synonym für den übergeordneten Begriff Unternehmensprozesse bzw. Arbeitsprozesse verwendet wird. **Kernprozesse** dagegen sind im Grunde nur jene Prozesse, die auf spezifischen Stärken (Kernkompetenzen) basieren und das Unternehmen von Mitbewerbern differenzieren (siehe 2.1.2 «Prozesse als Kernkompetenz eines Unternehmens», S. 50). Dies sind oft die Schlüsselprozesse, können jedoch auch Führungs- oder Unterstützungsprozesse sein.

Für eine differenzierte Betrachtung von Schlüssel- oder Kernprozessen spricht auch die «Make-or-Buy»-Frage. Grundsätzlich sollten Kernprozesse nicht ausgelagert werden (siehe 3.2 «Eigenleistung oder Fremdbezug», S. 73).

1.4.5	**Unternehmenserfolg dank innovativen Prozessen**

Der Erfolg von Unternehmen hängt hauptsächlich von der Marktakzeptanz der angebotenen Sach- und Dienstleistungen ab. Dabei wird oft vergessen, dass wettbewerbsentscheidende Merkmale des Leistungsangebots durch die innovative Gestaltung des Leistungserstellungsprozesses bestimmt werden.

Wie im Abschnitt 1.2 «Historische Entwicklung» aufgezeigt, haben historisch gesehen nicht primär Erzeugnisse, sondern viel stärker die Evolution der betrieblichen Produktionsmittel und die daraus resultierenden neuen Produktionsprozesse die Wirtschafts- und Kulturgeschichte bestimmt. So beweisen bis heute erfolgreiche Firmen, dass die Gestaltung innovativer Prozesse als Kernkompetenz einen wesentlichen Beitrag zur Realisierung kundenindividueller Leistungsangebote und zum Unternehmenserfolg leisten kann.

Dieser Zusammenhang lässt sich eindrücklich an folgenden Beispielen verdeutlichen:

- Amazon
  - Im Jahr 1994 gegründetes US-amerikanisches Internet-Versandhaus, das weltweit seine Produkte auf länder- und sprachspezifischen Plattformen anbietet und heute Marktführer im Online-Versandhandel ist.
  - Das ursprüngliche Produktangebot bestand aus Büchern, CDs, Videos und wurde seither kontinuierlich zu einer breit gefächerten Produktpalette erweitert.
  - Aufbau eigener Logistikzentren. Vertriebsabkommen (als Logistikdienstleister) mit Circuit City (Elektronik), Toys'R'Us (Spielwaren) und Target (Warenhaus). Diese Allianzen bringen Amazon.com jährlich rund 250 Millionen US-Dollar Zusatzeinnahmen.
  - Individuelle Beratung dank Kundenprofilen basierend auf kollaborativem Filtern. Höchster Wert aller Serviceunternehmen beim «American Customer Satisfaction»-Index. Patente für «1-Click-Order» sowie Bewertungs- und Nutzerrezensionssystem.
  - Ausweitung des Geschäftsmodells Richtung Web-Services (z.B. Cloud Computing). Heute ist Amazon ein namhafter Anbieter von IT-Dienstleistungen.

- Dell
  - US-amerikanischer Computer-Hersteller, 1984 gegründet von Michael Dell. Direktverkauf über Internet, Telefon oder Post, ursprünglich ohne Zwischenhandel.
  - Mass Customization: kundenindividuelle, massgeschneiderte Konfiguration und Bestellung eines Personal-Computers basierend auf Standardkomponenten.
  - Kundensegmentierung (Transaktionskunden vs. Beziehungskunden): Privatkunden, Mittelstand (Firmen bis 200 Mitarbeiter), öffentlicher Sektor, Grosskunden.
  - Build-to-Order: Endmontage des Personal-Computers erst auf Bestellung.
  - Supply Chain Management: Enge Zusammenarbeit mit Kernlieferanten mit Inventory Visibility (Bestands- und Auftragsdaten online einsehen) und Just-in-Time-Anlieferung.
  - Dell befindet sich seit einigen Jahren in einer Phase der Neuorientierung, da wesentliche Trends (u. a. Tablet, IT-Services) zu wenig beachtet wurden.

  Siehe auch 3.6.3 «Praxisbeispiel Dell», S. 102.

- Southwest Airlines (Ryanair, EasyJet etc.)
  - Billigfluggesellschaft(en), die durch Reduktion des Leistungsumfangs die Flüge billiger anbieten als traditionelle Luftfahrtgesellschaften.
  - Einheitliche Flugzeugflotte (nur ein Flugzeugtyp), die gut ausgelastet ist.
  - Niedrige Ticketpreise, Zusatzleistungen nur gegen Bezahlung («No frills»-Konzept). Buchung fast ausschliesslich über das Internet.
  - Nutzung kleinerer Flughäfen, «Point-to-Point»- anstatt «Hub-and-Spoke»-System (Drehkreuzkonzept). Kurzstrecken (durchschnittliche Flugzeit 1 bis 2 Stunden).
  - Kurze Standzeiten: schnelles Ein- und Auschecken (insgesamt nur 20 Minuten).
  - Nur eine Bordklasse, enger Sitzabstand, keine Sitzplatznummerierung (für zügiges Einsteigen).
  - Mindestbesatzung, die gesetzlich gerade noch zugelassen ist. Organisation der Mitarbeitenden in Arbeitnehmervertretungen nicht erwünscht, Gewerkschaften als Verhandlungspartner nicht akzeptiert.

- Toyota
  - 1937 von den Brüdern Kiichiro und Eiji Toyoda gegründetes Automobil-Unternehmen. Seit 2008, mit Ausnahme des Jahres 2011, grösster Automobilhersteller der Welt.
  - Zur Toyota Motor Company gehören neben der Marke Toyota auch die Premium-Marke Lexus, der Kleinwagenhersteller Daihatsu, der LKW- und Busherster Hino Motors sowie die nur im nordamerikanischen Markt angebotene Marke Scion.

- Hochwertige Produkte durch hohe Qualität (regelmässig Testsieger in Kundenzufriedenheitsstudien) und Einsatz neuester Technologien (erster Anbieter von Seriefahrzeugen mit Diesel-Katalysator oder Hybridantrieb).
- Toyota-Produktionssystem, welches sich vor allem durch die ständige Verbesserung der organisatorischen Abläufe unter Mitwirkung der Belegschaft auszeichnet und unter dem Namen «Lean Production» wegweisend für moderne Produktionskonzepte (inklusive Total Quality Management, Kaizen, Supply Chain Management, Just-In-Time, Kanban) wurde.

Siehe dazu 5.2.2 «Toyota-Produktionssystem», S. 150.

- **Airbnb**
  - Die Geschäftsidee zu Airbnb (ursprünglich Airbedandbreakfast) wurde im Oktober 2007 von Brian Chesky (heutiger CEO) und Joe Gebbia (CPO) entwickelt. Im Februar 2008 stiess Nathan Blecharczyk (CTO) als dritter Mitgründer dazu.
  - Die im August 2008 in San Francisco eingetragene Firma ist ein Online-Marktplatz für die Buchung und die Vermietung von privatem Wohnraum weltweit.
  - Im Juni 2016 wurden gemäss Angaben von Airbnb Unterkünfte in 34 000 Städten und 191 Ländern auf der Plattform angeboten. Inzwischen verfügt Airbnb über 19 Niederlassungen in Städten Südamerikas, Europas und Asiens.
  - Das Geschäftsmodell von Airbnb ist ein typisches Beispiel für die De-Konstruktion von Wertschöpfungsketten (siehe 1.4.3 «De-Konstruktion von Wertschöpfungsketten», S. 36), basierend auf der weltweiten Vernetzung von Nutzergruppen über das Internet.
  - Die Dienstleistungen von Airbnb beschränken sich auf die Vermittlung von Unterkünften zwischen Gast und Gastgeber. Für die dazu erforderlichen Transaktionen (Präsentation und Zusammenführen von Angebot und Nachfrage plus Zahlungsabwicklung) kassiert Airbnb eine Vermittlungsprovision von 6 bis 12 Prozent seitens der Gäste und 3 Prozent seitens der Gastgeber.
  - Die Problematik von Plattformen wie beispielsweise Airbnb oder Uber liegt darin, dass sich die angebotenen Dienstleistungen primär über den tieferen Preis differenzieren und sich rechtlich in vielen Ländern in einer Grauzone bewegen (Einhaltung der gesetzlichen Vorgaben wie Steuerdeklaration der Einkünfte und Gewährleistung des Rechtsschutzes).

- **Fairphone**
  - 2010 aus einer Initiative für konfliktfreie Rohstoffe entstandenes Unternehmen mit Sitz in Amsterdam. Ziel war es, anhand der Lieferketten und der Produktionssysteme aufzuzeigen, welche tatsächlichen Kosten in Konsumgütern wie Smartphones stecken.

- Start-up-Finanzierung durch privates Kapital, durch Unterstützung seitens drei unabhängiger Stiftungen und durch Crowd-Funding für Entwicklung und Produktion des Fairphone 1 und 2.
- Fünf Kernbotschaften/Aktionsfelder zur Gestaltung eines nachhaltigen Wertschöpfungsnetzwerks: Bergbau (konfliktfreie Rohstoffe), Design (Langlebigkeit, Reparaturfähigkeit), Herstellung (sichere Arbeitsbedingungen, faire Löhne, Mitarbeitendenvertretung), Lebenszyklus (Benutzung, Wiederbenutzung, sicheres Recycling), Unternehmertum (Generierung sozialer Werte, transparentes Handeln).
- Neben der Sicherstellung von sozialen und ökologischen Mindeststandards in der Wertschöpfungskette von Smartphones wird durch ein modulares Produktdesign der einfache Ersatz einzelner Komponenten (Erneuerung, Reparatur) ermöglicht.

Kapitel 2

Grundlagen Prozess- und Operations-Management

In diesem Kapitel wird nach einer Einführung in die Ansätze «Prozessmanagement» und «Operations-Management» das Input-Transformations-Output-(ITO-) Konzept vorgestellt. Die verschiedenen Ressourcen, welche in den Transformationsprozess einfliessen, können sowohl materieller als auch immaterieller Natur sein. Heute geniesst die Ressourcendiskussion vor allem wegen dem Aufbau von möglichen Kernkompetenzen eine grosse strategische Bedeutung. Die Transformationsprozesse müssen so ausgestaltet sein, dass eine effiziente und effektive Leistungserstellung möglich ist. Dies gilt es sodann mit entsprechenden Leistungskennzahlen zu steuern und zu überprüfen.

2.1   Prozessmanagement

Im Gegensatz zum traditionellen Gestaltungsansatz mit Aufbau- und Ablauforganisation stellt die prozessorientierte Organisationsgestaltung die besonderen Erfordernisse eines optimalen Ablaufs von Wertschöpfungsprozessen in den Vordergrund der Betrachtung und trägt dadurch zu schnittstellenärmeren Unternehmensstrukturen bei.

Soll die Prozesssicht in entsprechende organisatorische Massnahmen umgesetzt werden, spricht man von Business Process Management (BPM) oder Prozessmanagement:

> Unter **Prozessmanagement** bzw. Business Process Management (BPM) werden alle organisatorischen Massnahmen zur Identifikation, Gestaltung, Dokumentation, Implementierung, Steuerung und Verbesserung der Geschäftsprozesse im Hinblick auf wettbewerbsrelevante Zielsetzungen wie Preis, Zeit, Flexibilität, Qualität, Innovation, Service zusammengefasst.

Mit einer prozessorientierten Organisationsgestaltung können folgende **Vorteile** erzielt werden:

- Eine kundenorientierte Prozessorganisation unterstützt die Konzentration auf wertschöpfende Aktivitäten, fördert das bereichs- und betriebsübergreifende Denken und steigert die Kundenzufriedenheit. Zugleich wird die Schnittstellenproblematik verringert und der Koordinationsaufwand reduziert.
- Durch die Ausrichtung der Unternehmensorganisation an den Geschäftsprozessen und die Übertragung von Verantwortung und Kompetenzen auf Prozessteams entstehen Freiräume für Selbstorganisation, was zusätzliche Motivationspotenziale bei den Mitarbeitenden erschliesst und zugleich zu einer Verflachung der Hierarchie führt.
- Systematisierte und dokumentierte Geschäftsprozesse ermöglichen die Reproduktion, die Rückverfolgbarkeit, die Optimierung sowie die Zertifizierung (siehe Kapitel 8 «Prozessqualität und Prozessoptimierung», S. 217) von betrieblichen Arbeitsabläufen.
- Wettbewerbsrelevante Leistungsindikatoren (siehe Kapitel 9 «Berechnung ausgewählter Leistungskennzahlen», S. 217) wie Preis, Zeit, Flexibilität, Qualität, Innovation, Service können entscheidend beeinflusst und die Effizienz und die Effektivität der Prozesse erhöht werden.
- Durch die effiziente und effektive Gestaltung und Optimierung der Prozesse sowie der damit verbundenen Informationsflüsse kann die Einführung von IT-Systemen vereinfacht und deren Nutzen erhöht werden.
- Zugleich wird durch die Prozessorientierung eine verursachergerechte Kostenerfassung (Prozesskostenrechnung/Activity-Based Costing) ermöglicht.

Die in den vergangenen Jahren zunehmende Zahl von Veröffentlichungen zum Thema Prozessmanagement erweckt den Eindruck, dass es sich bei diesem Thema um eine Neuentwicklung in der Organisationstheorie handelt. Das Primat der Prozessorganisation respektive einer prozessorientierten Organisationsgestaltung reicht jedoch bis in die Zeit der Industrialisierung zurück.

Frederick Taylors Scientific Management und Henry Fords Fliessbandproduktion (siehe 5.2.1 «Massenproduktion bei Ford», S. 147) zu Beginn des 20. Jahrhunderts sind klassische Beispiele für die Suche nach Möglichkeiten der Prozessoptimierung. Ebenso haben in den 1930er Jahren Organisationswissenschaftler wie Nordsieck auf die wechselseitige Abhängigkeit von Aufbau- und Ablauforganisation hingewiesen. Die traditionelle Betriebswirtschaftslehre vertrat jedoch die vorherrschende Ansicht, dass sich die Prozessabläufe der organisationalen Hierarchie unterzuordnen haben. In den 1980er Jahren wurde die Bedeutung der Prozessorientierung für die Qualität und den Unternehmenserfolg neu thematisiert und im Verlaufe der 1990er Jahre folgte die endgültige Anerkennung des Prozessmanagements als ganzheitliches betriebswirtschaftliches Konzept zur Steigerung der Effizienz und Effektivität von Unternehmen. Dies nicht zuletzt aufgrund der ernüchternden Produktivitätsstudie von Womack, Jones und Roos (1990; siehe 5.2.2 «Toyota-Produktionssystem», S. 150), welche eine schlechte Leistungsfähigkeit der westlichen Automobilindustrie nachwies. In der Folge wurde von Hammer und Champy 1993 der Ansatz Business Process Reengineering (siehe 8.8.1 «Business Process Reengineering (BPR)», S. 240) lanciert.

Die Merkmale eines im Unternehmen verankerten Prozessmanagementkonzepts sind die explizite Ausrichtung der Prozesse auf den Kunden, die unternehmensübergreifende Sichtweise, an den Prozessen ausgerichtete Organisationsstrukturen sowie prozessorientierte Kostenrechnungs- und Kontrollsysteme.

2.1.1 Realisierung einer strategiekonformen Prozessorganisation

Die Realisierung einer strategiekonformen Organisations- und Prozessgestaltung basiert auf verschiedenen Ursachen. Die Gründe dazu lassen sich wie folgt gruppieren:

- **Optimierung der Leistungserstellung:** Effizienz- oder Effektivitätssteigerung, Prozessoptimierung (BPR oder KVP), Zertifizierung nach ISO 9001.
- **Veränderung der IT-Infrastruktur:** Erneuerung IT-Systemplattform, Einführung/ Ablösung ERP-, CRM-, PDM-Systeme.
- **Unternehmensentwicklung:** Wachstum/Restrukturierung Unternehmen, Neupositionierung in Wertschöpfungskette, Vorwärts-/Rückwärtsintegration, Out-/ Insourcing.
- **Geschäftsmodell-Innovation:** Neues Geschäftsmodell aufgrund Market-Pull oder Technology-Push, radikale Produktinnovationen, Veränderung Leistungsangebot (hybride Produktstruktur).

Die Gestaltung der Geschäftsprozesse eines Unternehmens gehört zu den Kernaufgaben der Unternehmensführung. Entsprechend dem Chandler-Credo «Structure follows process follows strategy» sind alle Prozesse an der Strategie eines Unternehmens auszurichten. Die Verbindung zwischen einer prozessorientierten Organisation und der Unternehmensstrategie ist ein wesentliches Verdienst von Chandler (1962) wie auch von Hammer/Champy (1995), welche mit ihrem «Business Process Reengineering»-Ansatz die Ablauforganisation aus dem Schattendasein der Aufbauorganisation herausgeführt und das Thema Prozessorganisation für das Management relevant gemacht haben.

Für das Vorgehen zur optimalen Gestaltung und Optimierung der Geschäftsprozesse bestehen unterschiedliche Konzepte.[1] Diese unterscheiden sich vor allem in der Bezeichnung der Vorgehensschritte und der Zuteilung der erforderlichen Aktivitäten.

Resultierend aus den verschiedenen Vorschlägen lassen sich folgende Vorgehensschritte oder -etappen zur Entwicklung und Umsetzung einer strategischen Prozessorganisation ableiten:

1. Festlegung strategischer Rahmenbedingungen

- Festlegen strategischer Geschäftsfelder (Leistungsangebote, Zielgruppen/ Marktsegmente);
- Unternehmensstrategien (Fokus der Wertschöpfung, Alleinstellungsmerkmale);
- Analyse der zur Differenzierung erforderlichen Kernkompetenzen und Bestimmung der entsprechenden Geschäftsprozesse (Kernprozesse);
- Positionierung innerhalb der Wertschöpfungskette (Leistungstiefe/-breite);
- Quantifizieren der strategischen Zielvorgaben in Form eines strukturierten Kennzahlensystems (beispielsweise BSC).

2. Unternehmensprozessmodell (Makrodesign der Prozesse)

- Identifikation der relevanten Geschäftsprozesse pro Geschäftsfeld, Differenzierung nach Führungs-, Unterstützungs-, Schlüssel-/Kernprozessen;
- Erstellen einer Prozesslandkarte (Process Map) mit allen Geschäftsprozessen und deren Wirkungszusammenhängen;
- Festlegen des jeweiligen Prozessumfangs (Teilprozesse mit Output, Transformation, Input) und der erforderlichen Prozessflexibilität, Klärung der betroffenen Organisationseinheiten;
- Festlegen der strategiekonformen Schlüssel-Leistungskennzahlen (KPI) und Messgrössen für jeden Geschäftsprozess.

3. Prozessgestaltung (Mikrodesign der Prozesse)

- Detaillierte Modellierung der einzelnen Geschäftsprozesse (Prozessdiagramme der Subprozesse inkl. Verantwortlichkeiten);

---

[1] Zum Beispiel Konzepte der Prozessgestaltung von Scholz/Vrohlings (1994) oder Fischermanns/ Liebelt (1997).

- Identifikation der erforderlichen materiellen und immateriellen Ressourcen (Kompetenzen, Betriebsmittel inkl. IT) pro Subprozess;
- Definition der optimalen Arbeitsorganisation (Teams pro Teilprozess, Mensch-Maschine-Funktionsteilung);
- Festlegen einer an den Geschäftsprozessen orientierten Aufbauorganisation (Aufgaben und Verantwortlichkeiten der Organisationseinheiten);
- Initiieren eines strategiekonformen und mit der Arbeitsorganisation kompatiblen Prozess-Controllings.

4. **Prozessimplementierung und -optimierung**
   - Einführen der Prozessorganisation entsprechend dem Makro- und Mikrodesign der Prozesse.
   - Regelmässige Messung und Beurteilung der Geschäftsprozesse und deren Subprozesse (siehe 8.7 «Beurteilung der Leistungsfähigkeit von Prozessen», S. 234) anhand der definierten Messgrössen und Benchmarking;
   - Ableiten, Planen, Umsetzen von Verbesserungsmassnahmen (siehe 8.8 «Konzepte zur Prozessoptimierung», S. 239);
   - Durchführen von Prozessaudits basierend auf internationalen, zertifizierbaren Standards (beispielsweise ISO 9001, ISO 14000, SA8000);
   - Verifizieren strategische Zielvorgaben und Messgrössen.

Die erfolgreiche Realisierung einer strategiekonformen Prozessorganisation bedingt die Berücksichtigung einer Vielzahl von Faktoren, welche sich im positiven Fall als Erfolgsfaktoren, bei ungenügender Beachtung als Stolpersteine erweisen:

- **Anbindung an Unternehmensstrategie:** Ausrichtung des Prozessmanagements an den strategischen Unternehmenszielen; Ableitung und Priorisierung der Prozesskennzahlen abhängig von unternehmensspezifischen Wettbewerbsfaktoren; Erstellen eines Makrodesigns, welches den Gesamtkontext definiert; integrale, wertorientierte Sicht auf Material- und Informationsfluss.
- **Strukturelle Verankerung Prozessmanagement:** Legitimation und Unterstützung der Prozessorganisation durch Geschäftsleitung; Verankerung Prozessmanagement in der Organisation; Ausrichtung der Strukturen an den Prozessen; Projektleitung mit Change-Management-, Methoden- und Sozialkompetenz; Prozesspromotoren mit Prozess-Know-how und methodischen Fähigkeiten; realistischer, durch Geschäftsleitung genehmigter Projektplan (Aufgaben, Termine, Ressourcen).
- **Implementierung Prozessmanagement:** Abgleich Prozessorganisation mit Arbeitsorganisation (siehe 7.3.2 «Zielsetzung contra Zielerreichung», S. 213); Prozessmanagement-Software ermöglicht/unterstützt firmenspezifische Prozessorganisation; Prozessziele für Mitarbeitende/Teams (Detaillierungsgrad Prozessvorschriften) richten sich an Aufgabenumfang und Verantwortung der Organisationseinheiten aus.

- **Betroffene zu Beteiligten machen:** Einbezug der betroffenen Stakeholder (Prozesspromotoren im Projektteam, Teams bei relevanten Prozessen); proaktiver Umgang mit Widerständen und Ängsten; Reservation der erforderlichen Projektkapazitäten; Methodikschulung und Bereitstellen von Hilfsmitteln; Begleitung der Arbeitsteams und regelmässige Reviews der Ergebnisse.
- **Kommunikation:** Regelmässige Information aller Stakeholder über den Projektstatuts (erreichte Meilensteine, nächste Schritte, Mitgestaltungsmöglichkeiten); gezielter Mix der Kommunikationsmittel (Info-Veranstaltungen, Intranet etc.).

Um mit einer Prozessorganisation nachhaltigen Erfolg für ein Unternehmen zu erreichen, ist das Prozessmanagement nicht als organisatorisches Anhängsel, sondern als Managementinstrument zur Erreichung einer Kunden-, Wertschöpfungs- und Prozessorientierung zu positionieren. Entsprechend sind die Verantwortlichkeiten für das Prozessmanagement in einer Organisation festzulegen. Während das Management der inner- und überbetrieblichen Geschäftsprozesse von einer direkt der Geschäftsleitung unterstellten Stelle (z.B. Prozessmanagement, Qualitätsmanagement, Organisationsentwicklung) durchgeführt werden soll, liegt die Verantwortung für die einzelnen Prozesse und deren Subprozesse, inklusive kontinuierliche Verbesserung, bei den Bereichs- oder Abteilungsverantwortlichen.

| 2.1.2 | **Prozesse als Kernkompetenz eines Unternehmens** |

Geschäftsprozesse orientieren sich immer am Kunden. So werden Geschäftsprozesse einerseits durch Kundennachfragen initiiert und andererseits die Ergebnisse der Leistungserstellung den Kunden übergeben. Dabei gilt:

> Das unternehmerische **Ziel von Geschäftsprozessen** ist die Generierung von Wertschöpfung auf der Basis von erzeugtem Kundennutzen.

Im Rahmen des Prozessmanagements werden die Geschäftsprozesse eines Unternehmens ziel- und ergebnisorientiert gestaltet, verbessert und regelmässig erneuert. Wie in Abschnitt 1.4.5 «Unternehmenserfolg dank innovativen Prozessen» (S. 40) aufgezeigt, kann ein Unternehmen sich nicht nur über das Leistungsangebot, sondern auch über die Leistungserbringung von Mitbewerbern differenzieren. Dazu ist es jedoch erforderlich, jeden Prozess nach seinem Beitrag zur Erreichung der Unternehmensziele zu überprüfen, beispielsweise mittels folgender Checkliste:

1. Welcher konkrete Kundennutzen, beziehungsweise Wettbewerbsvorteil gegenüber den Mitbewerbern, ergibt sich aus dem Prozess?

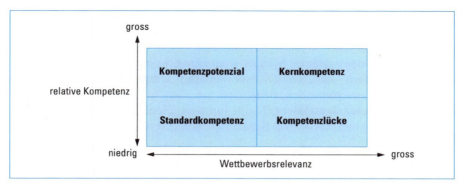

▲ Abb. 5   Kompetenz-Portfolio

2. Kann der Prozess effizienter gestaltet werden (beispielsweise durch Weglassen, Zusammenlegen, Aufteilen, Ergänzen, Parallelisieren, Überlappen, Auslagern), ohne dass ein Nachteil für den Kunden oder das Unternehmen entsteht?
3. Welche Kundenanforderungen oder Differenzierungspotenziale werden nicht oder zu wenig berücksichtigt?

Dabei sind insbesondere die Schlüsselprozesse hinsichtlich ihres Beitrags zur Strategie und erfolgreichen Marktpositionierung zu untersuchen. Die strategische Priorität eines Prozesses resultiert aus folgenden zwei Faktoren (vgl. hierzu ◄ Abb. 5):

- **Wettbewerbsrelevanz (auch relativer Kundennutzen genannt):** Ist der erzeugte Kundennutzen und die Wertschöpfung der einzelnen Geschäftsprozesse unter Berücksichtigung der Alleinstellungsmerkmale und kritischen Erfolgsfaktoren für die Wettbewerbsposition von Bedeutung?
- **Relative Kompetenz:** Ist die vorhandene Prozesskompetenz bezogen auf die strategischen Unternehmensziele beziehungsweise Wettbewerbsfaktoren wie Preis, Zeit, Flexibilität, Qualität, Innovation, Service höher als jene der Mitbewerber?

Aufgrund einer Analyse und Bewertung der einzelnen Geschäftsprozesse können Prozesskompetenzen und Prozessdefizite identifiziert werden. Diese bilden die Grundlage für Entscheidungen und Massnahmen zur Verbesserung der operativen Effizienz und Effektivität.

Die resultierenden Profile der Geschäftsprozesse werden einer der folgenden vier Stufen zugeordnet:

1. **Kernkompetenz:** Diese Prozesse werden als Kernprozesse bezeichnet und tragen wesentlich zur erfolgreichen Marktpositionierung eines Unternehmens bei. Entsprechend ihrer strategischen Bedeutung sind Kernprozesse intern zu betreiben und stetig zu verbessern.

2. **Kompetenzpotenzial:** Die entsprechenden Kompetenzen sind bezüglich ihrer Wettbewerbsrelevanz (Wert, Nutzen) weiterzuentwickeln oder alternativ auf Standardkompetenz zu reduzieren.

3. **Kompetenzlücke:** Mängel eliminieren, Kompetenz mittelfristig ausbauen oder, sofern Zulieferer/Dienstleister mit entsprechenden Kernkompetenzen im Markt vorhanden, auslagern.

4. **Standardkompetenz:** Nichts tun oder allenfalls, sofern Zulieferer/Dienstleister mit entsprechenden Kernkompetenzen verfügbar, auslagern.

Zur strategiekonformen Gestaltung und Entwicklung der Geschäftsprozesse sind aus den Unternehmenszielen abgeleitete Prozesskennzahlen zu bestimmen; mittels Monitoring und Controlling ist die Prozessleistung regelmässig zu beurteilen (siehe 8.7.1 «Process Performance Management (PPM)», S. 234).

| 2.1.3 | **Prozesshierarchie und -ebenen** |

Wie in Abschnitt 1.4.1 «Wertschöpfungskette als Netzwerk» (S. 33) dargestellt, sind die Prozesse eines Unternehmens Teil einer Wertschöpfungskette (vgl. hierzu ▶ Abb. 6). Diese bestimmt, entsprechend dem ITO-Konzept (siehe 2.3 «ITO-Konzept», S. 57),

- welche Vorleistungen dem Unternehmen von Dritten (Zulieferer/Dienstleister) zugeführt werden,
- welche Wertschöpfung im Unternehmen mit welchen Ressourcen generiert wird und
- welche Leistungen durch Abnehmer (Vertriebspartner, Endkunden) übernommen werden.

Ein Unternehmens- oder Geschäftsprozess ist eine verkettete Abfolge von Teilprozessen, die nach vordefinierten Regeln im Rahmen des Informations- und Materialflusses miteinander verbunden sind. Neben der sequentiellen Aufteilung in Teilprozesse werden Geschäftsprozesse über mehrere Prozessebenen, mit zunehmendem Detaillierungsgrad, beschrieben.

Für die hierarchische Struktur der Prozesse gibt es keine einheitliche Regelung, da der Detaillierungsgrad der Prozessstrukturierung je nach fokussierter Fragestellung unterschiedlich gehandhabt wird. Es werden jedoch immer mindestens folgende Gliederungsebenen verwendet:

- **Prozesse:** Dies sind Führungsprozesse, Schlüssel- oder Kernprozesse sowie Unterstützungsprozesse und erstrecken sich über mehrere Abteilungen respektive Kostenstellen.
- **Teilprozesse:** Hauptschritte eines Geschäftsprozesses, welche parallel (versetzt oder gleichzeitig) und/oder seriell ablaufen.

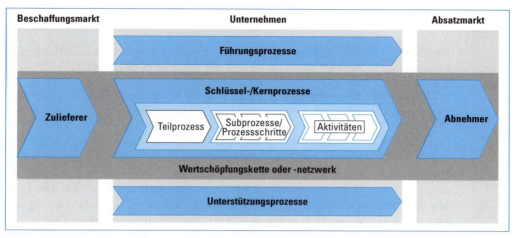

▲ Abb. 6   Prozessstrukturierung innerhalb von Wertschöpfungsketten

- **Subprozesse oder Prozessschritte** (Funktionen, Vorgänge): Der Subprozess oder Prozessschritt ist eine weitere Unterteilung eines Teilprozesses und umfasst eine Reihe von Aktivitäten, die wiederum nacheinander oder parallel ablaufen. Die Anzahl der Subprozesse hängt von der Art und dem Umfang des jeweiligen Geschäftsprozesses respektive Teilprozesses ab.
- **Aktivitäten** (Aufgaben, Operationen): Tätigkeiten, die notwendig sind, um eine Funktion zu erfüllen. Sie sind so detailliert beziehungsweise konkret, dass die betreffende Aktivität nicht weiter zerlegbar ist und Mitarbeitende oder betriebliche Produktionsmittel (Betriebsmittel) die einzelnen Arbeitsschritte ohne weitere Beschreibung ausführen können. In der Prozesskostenrechnung werden Aktivitäten einzelnen Organisationseinheiten respektive Kostenstellen zugeordnet.

Die einzelnen Prozessebenen liefern Wertschöpfungsbeiträge in die übergeordnete Ebene. Die Summe daraus ergibt das Ergebnis eines Geschäftsprozesses. Die Aufbaustruktur nach Teilprozessen, Prozessschritten und Arbeitsschritten ist notwendig, um Rollen und Verantwortlichkeiten klar zuzuordnen und um Leistungen (z. B. Prozesszeiten und -kosten) messen zu können.

Anhand des für jedes Unternehmen wettbewerbsrelevanten Geschäftsprozesses Leistungserstellung fokussieren die folgenden Abschnitte das strategische und operative Prozessmanagement des Leistungserstellungssystems eines Unternehmens.

2.2   Operations-Management

Für den Begriff Operations-Management existieren verschiedene Definitionen. Eine gebräuchliche Definition findet sich dabei in Chase et al. (2005):

> Als **Operations-Management** bezeichnet man die Gestaltung, den Betrieb und die Verbesserung des Systems der betrieblichen Leistungserstellung.

Im Rahmen der Betriebswirtschaftslehre stellt das Operations-Management neben dem Marketing- und Finanz-Management eine der drei organisatorischen Hauptfunktionen dar. Unter der Prämisse der Definition von Organisation als «zielgerichtete Handlungssysteme» hat jedes Unternehmen eine «Produktion». Mit der Leistungserstellung ist in betriebswirtschaftlicher Hinsicht ein Vorgang zu verstehen, der einen handelbaren Wert, das heisst Wertschöpfung für den Kunden in Form einer Sach- oder Dienstleistung, schafft.

2.2.1   Unternehmensstrategie und Operations-Management

Erklärtes Ziel einer Unternehmensstrategie ist es, den langfristigen Erfolg eines Unternehmens durch die Entwicklung von Erfolgspotenzialen und Wettbewerbsvorteilen sicherzustellen. Oder salopp ausgedrückt: **Eine wettbewerbsorientierte Strategie beinhaltet Differenzierung.**[1]

Die strategischen Ziele für das Operations-Management leiten sich direkt aus der Unternehmensstrategie ab (vgl. hierzu ▶ Abb. 7). Es gibt verschiedene Ansätze zur Entwicklung einer Unternehmensstrategie. Dabei stehen beim Ausgangspunkt der Strategieentwicklung der **Markt** (Market-Based View)[2] oder die **Ressourcen** (Resource-Based View)[3] im Vordergrund. Zwischen den beiden Ansätzen bestehen wechselseitige Abhängigkeiten, sodass es zweckmässig ist, die Unternehmensstrategie sowohl aus einer Outside-in- (Markt) als auch einer Inside-out-Perspektive (Ressourcen) integriert zu entwickeln.

Unter Berücksichtigung eines zunehmend turbulenteren und komplexeren Umfeldes sowie des Ziels der Entwicklung einer langfristig wirksamen Strategie

---

1 «Competitive strategy is about beeing different.» (Chase et al. 2005, S. 23)
2 Die aus den 1980er Jahren stammende Market-Based View basiert auf einem marktorientiertem Ansatz der Strategieentwicklung (Schendel & Hatten 1972, Porter 2013). Dabei wird im Rahmen einer detaillierten Branchen- und Umweltanalyse die eigene Marktpositionierung abgeleitet.
3 Die aus den 1990er Jahren stammende Resource-Based View basiert auf einem ressourcenorientierten Ansatz (Lindblom 1979, Hamel & Prahalad 1995). Dabei sollen die verfügbaren Ressourcen so weiterentwickelt und kombiniert werden, dass damit nachhaltig eine vorteilhafte Wettbewerbsposition entsteht.

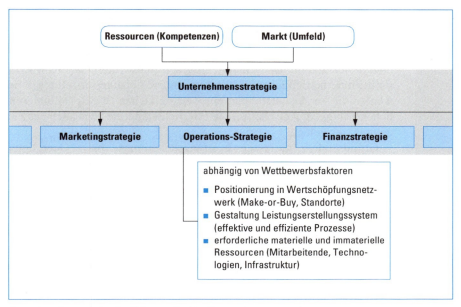

▲ Abb. 7   Operations-Strategie ist eine Teilstrategie einer Unternehmensstrategie

haben Hamel und Prahalad (1995) den Ansatz der «Resource-Based View» zur «Competence-Based View» weiterentwickelt. Die Intention dahinter ist, dass zukunftsorientierte Strategien hauptsächlich auf Kompetenzen (immaterielle Ressourcen) basieren. Durch die Identifikation und die (Weiter-)Entwicklung von einzigartigen, schwer imitierbaren **Kernkompetenzen** ist das Unternehmen für künftige Herausforderungen besser gewappnet und kann vermeiden, dass es kurzfristig ändernden Kundenbedürfnissen hinterherrennen muss.

Im Mittelpunkt steht dabei das unternehmerische Handeln, das sich der verfügbaren materiellen und immateriellen Ressourcen (siehe 2.4 «Ressourcen zur Leistungserstellung», S. 59) bewusst ist und durch wissens- und technologiebasierte Alleinstellungsmerkmale nachhaltige Wettbewerbsvorteile bei Produkten und Prozessen schafft.

| 2.2.2 | **Strategien zur Leistungserstellung (Operations-Strategien)** |

Abhängig von den strategischen Erfolgspositionen und den dazu erforderlichen materiellen und immateriellen Ressourcen eines Unternehmens wird die Strategie für die innerbetriebliche und überbetriebliche Leistungserstellung definiert. Dabei werden die zur Sicherstellung einer erfolgreichen Marktpositionierung erforderlichen Fähigkeiten des betroffenen Betriebsstandortes wie auch der Zulieferunternehmen festgelegt.

Grundsätzlich umfassen Leistungserstellungs- bzw. Operations-Strategien immer Aussagen zu folgenden Wettbewerbsfaktoren: Preis, Zeit, Flexibilität, Qualität, Innovation, Service. Resultierend aus den strategischen Schwerpunkten fokussiert sich eine Leistungserstellungsstrategie auf eine der folgenden Differenzierungen:

- **«Cost – Make it cheap»:** In jeder Branche gibt es ein Segment, in welchem allein aufgrund von Preisüberlegungen Kaufentscheidungen getroffen werden. Unternehmen, welche die Strategie «make it cheap» wählen, müssen Fixkosten reduzieren und über das Volumen («economies of scale») die notwendigen Deckungsbeiträge erwirtschaften.
- **«Product quality and reliability – Make it good»:** Qualität ist gemäss ISO 8402 «die Gesamtheit von Merkmalen einer Einheit bezüglich ihrer Eignung, festgelegte und vorausgesetzte Erfordernisse zu erfüllen». Aus Sicht des Kunden bedeutet Qualität die Übereinstimmung zwischen seinen Erwartungen und den Eigenschaften einer Leistung. Dabei ist aus Anbietersicht zu beachten, dass der Wert der Qualität durch den Kunden auch entsprechend honoriert werden muss.
- **«Flexibility and delivery speed – Make it fast»:** In einigen Märkten ist die Schnelligkeit der Auslieferung ein wesentlicher Wettbewerbsvorteil (z.B. Fast Food, Kurierdienst). Einige Unternehmen können rein kostenmässig mit ihren Mitbewerbern nicht mithalten, jedoch aufgrund einer kurzen Reaktionszeit und der Berücksichtigung spezifischer Kundenwünsche (Flexibilität) entsprechende Aufträge akquirieren.
- **«Delivery reliability – Deliver it when promised»:** Viele Unternehmen sind auf eine genaue Auslieferzeit angewiesen. Dazu ist oft die Anlieferung von Vorleistungen innerhalb eines definierten Zeitfensters erforderlich. Dies ist insbesondere deshalb wichtig, da viele Abnehmer keine grossen Lagerbestände mehr halten, was eine «Just-in-Time»- oder «Just-in-Sequence»-Anlieferung verlangt.
- **«Coping with changes in demand – Change its volume»:** Unternehmen müssen in der Lage sein, sich der verändernden Nachfrage anzupassen. Wird zu wenig produziert, geht Umsatz respektive Deckungsbeitrag verloren; wird zu viel produziert, müssen entsprechende Lagerkosten getragen werden. Unternehmen mit einem flexiblen Leistungserstellungssystem («atmende Fabrik») haben entsprechende Wettbewerbsvorteile.

- **«New technology and short time to market – Innovate it»:** Viele Kunden verlangen die technologisch neuesten Produkte. Durch die rasante technologische Entwicklung wird der Produktlebenszyklus anteilsmässig bei tendenziell steigenden Entwicklungszeiten kontinuierlich kürzer. Dazu braucht es neuartige (innovative) Entwicklungsprozesse und Produktkonzepte.
- **«Other product-specific criteria – Support it»:** Viele Produkte differenzieren sich im Wettbewerb von Konkurrenzprodukten vor allem durch die ergänzenden Dienstleistungen. Dies können zum Beispiel Hilfestellungen bei der Produktauswahl (Pre-Sales-Support), beim Kauf (Sales-Support) oder bei der Nutzung und Anwendung (After-Sales-Support) sein.

Ein Unternehmen kann nicht alle Differenzierungsfaktoren gleichzeitig erfüllen, da zwischen diesen Zielkonflikte bestehen. Es muss daher, ausgerichtet an den relevanten Wettbewerbsfaktoren, eine Priorisierung vornehmen. Untersuchungen bezüglich Operations-Strategien zeigen, dass erfolgreiche Unternehmen sich meistens über mehrere Wettbewerbsfaktoren zu differenzieren versuchen (siehe 1.4 «Unternehmensprozesse – Teil eines Wertschöpfungsnetzwerks», S. 32).

2.3 ITO-Konzept

Jede Institution (öffentlich/privat, gewinnorientiert/nicht gewinnorientiert) erbringt spezifische Leistungen gegenüber bestimmten Zielgruppen. Entsprechend kann jede Organisation als Leistungserstellungssystem betrachtet werden. Diese weisen immer eine **ITO-Struktur** (Input – Transformation – Output)[1] auf (▶ Abb. 8). Dabei ist zu berücksichtigen, dass grundsätzlich jede Beziehung bidirektional ist. Das heisst, dass sowohl beim Input wie beim Output ein Austausch von materiellen und immateriellen Ressourcen stattfindet.

Basierend auf dem systemtheoretischen Ansatz besteht der Input eines Transformationsprozesses aus **produktspezifischen** (Informationen, Material) und **prozessspezifischen** Ressourcen (Personal, firmenspezifisches Know-how und Technologien, Betriebsmittel, Betriebsstoffe, Wissen), welche wiederum aus materiellen und immateriellen Ressourcen bestehen.[2]

---

1 Auf dem ITO-Konzept basiert auch das Supply Chain Operational Reference Model (▶ Abb. 16). Darin wird der Input mit Beschaffung/Source, die Transformation mit Herstellung/Make und der Output mit Lieferung/Deliver bezeichnet. Zugleich wird auch die Rücknahme/Deliver Return bzw. Rückgabe/Source Return berücksichtigt.

2 Erich Gutenberg (1897–1984) verwendet in seinem Werk «Grundlagen der Betriebswirtschaftslehre» die Aufteilung der Produktionsfaktoren in Elementarfaktoren (objektbezogene menschliche Arbeitskraft, Betriebsmittel, Werkstoffe) sowie dispositive Faktoren (Planung, Organisation und Kontrolle); die Elementarfaktoren werden unterteilt in Potenzialfaktoren (Produktionsfaktoren, die in ihrem Bestand erhalten bleiben, beispielsweise Betriebsmittel) und Verbrauchs- oder Repetierfaktoren (Produktionsfaktoren, die restlos in die Produktion eingehen, beispielsweise Material wie Rohstoffe und Betriebsstoffe).

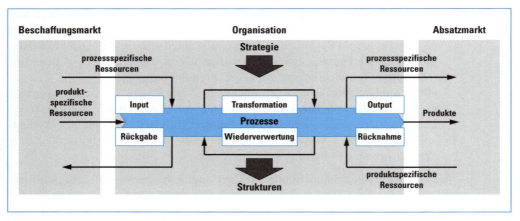

▲ Abb. 8   ITO-Struktur eines nachhaltigen Leistungserstellungssystems

Die **prozessspezifischen Input-Ressourcen** (sogenannte Potenzial- oder Produktionsfaktoren) werden im Rahmen des Transformationsprozesses genutzt, um die **produktspezifischen Input-Ressourcen** (sogenannte Repetierfaktoren) durch Veredelung oder Veränderung in eine bestimmte Output-Leistung (Produkte in Form von materiellen oder immateriellen Gütern) zu überführen. Im Weiteren berücksichtigen nachhaltige ITO-Konzepte (◀ Abb. 8) auch auf der Output-Seite prozessspezifische (beispielsweise Emissionen, transformierte Energie) und produktspezifische (Restmaterialien, Rücknahme) Ressourcen (siehe 4.4 «Effiziente und effektive Nutzung materieller Ressourcen», S. 111).

Dabei wird zwischen drei verschiedenen, kombinierbaren Arten der Transformation unterschieden:

1. **Zustandstransformation** (Herstellung von Leistungen oder Verarbeitung von Rohstoffen): Der materielle oder immaterielle Zustand des Outputs ist gegenüber dem Ursprungszustand des Input in materieller oder immaterieller Hinsicht verändert.
2. **Zeittransformation** (Lagerung von Leistungen oder Rohstoffen): Der Output unterscheidet sich hinsichtlich der Zeitachse vom Input.
3. **Ortstransformation** (Transport von Leistungen oder Rohstoffen): Der Output unterscheidet sich hinsichtlich der geographischen Lage vom Input.

Im Weiteren ist zu beachten, dass bei bestimmten Transformationsprozessen (z. B. Spitalaufenthalt, Flugreise) der Mensch (oder ein anderes Lebewesen) auch eine produktspezifische Input-Ressource ist, da die Leistungserstellung nur bei Anwesenheit des entsprechenden Lebewesens durchgeführt werden kann (siehe 1.3.4 «Güter», S. 30).

Zudem kann, analog zum SCOR-Modell (siehe 3.4.1 «SCOR-Modell», S. 86), der Prozess «Planung» hinzugefügt werden. Mit der Planung werden die prozessspezifischen Ziele und Messgrössen festgelegt und im Rahmen eines Kennzahlensystems (siehe 2.7 «Kennzahlensysteme», S. 67) überprüft.

Das ITO-Konzept wird auf jeder Prozessebene angewendet. Das heisst, «Input – Transformation – Output» werden, neben den Geschäfts- und deren Subprozessen, auch für die einzelnen Aktivitäten bestimmt. So zum Beispiel im Rahmen der Beschreibung eines Prozessablaufs gemäss ISO 9001 (siehe 8.3 «Qualitätsmanagement-Norm ISO 9001», S. 220).

2.4 Ressourcen zur Leistungserstellung

Der Begriff Ressource wird in der Umgangssprache oft in Zusammenhang mit Infrastruktur, Geldmitteln, Boden, Rohstoffen, Energie oder Personen benutzt. Im betriebswirtschaftlichen Umfeld werden die Produktionsfaktoren Arbeit, Umwelt und Kapital zusätzlich auch als Ressourcen bezeichnet. Eine alle Begriffe umfassende Definition lautet:

> **Ressourcen** sind alle dem Unternehmen zur Verfügung stehenden materiellen und immateriellen Güter, Systeme und Prozesse, welche zur Schaffung von dauerhaften Erfolgspotenzialen beitragen können und durch die Organisation kontrolliert werden.

In Organisationen werden verschiedene materielle und immaterielle Ressourcen benötigt, welche für die Leistungserstellung genutzt werden respektive in die zu erzeugende Leistung eingehen (vgl. ▶ Abb. 9).

Materielle (tangible) Ressourcen beinhalten, neben den finanziellen Mitteln, alle physisch vorhandenen Ressourcen wie zum Beispiel Immobilien (Gebäude, Grundstücke), Ausstattung (Gebäude-/Büroeinrichtung) und Betriebsmittel (Maschinen, Geräte, Computer) sowie Materialbestände (Lager). Das Vorhandensein von eigenen finanziellen Ressourcen hat den Vorteil, dass diese schnell in andere Ressourcen überführt werden können und dem Unternehmen dadurch vor allem strategischen Spielraum geben. Wettbewerbsentscheidend ist jedoch nicht, materielle Ressourcen zu besitzen, sondern diese nachhaltig nutzbringend einzusetzen, mit dem Ziel, langfristig Unternehmenserfolg zu generieren.

Humanressourcen umfassen das Wissen und die Fähigkeiten der Mitarbeitenden, deren Motivation/Leistungsbereitschaft sowie deren persönliche Netzwerke ein. Diese materiellen und immateriellen Ressourcen werden oft als Humankapital eines Unternehmens bezeichnet.

Immaterielle (intangible) Ressourcen beinhalten Bestands- (Urheberrechte/Patente, Nutzungsrechte/Lizenzen), organisationale und kulturelle Ressourcen. Bestands-Ressourcen sind beispielsweise firmenspezifische Daten/Informationen

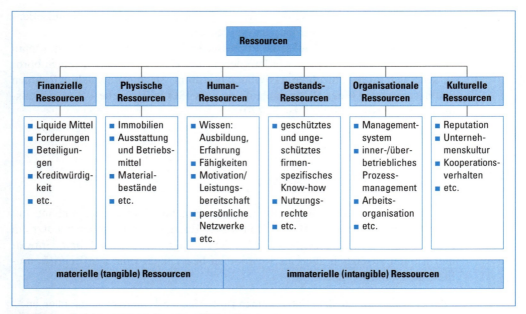

▲ Abb. 9   Typisierung unternehmensspezifischer Ressourcen

oder Technologien (Verfahren). Die immateriellen Ressourcen können im Vergleich zu den meisten materiellen Ressourcen[1] in der Regel nicht schnell beschafft oder imitiert werden, sondern müssen über einen längeren Zeitraum mit entsprechenden Investitionen aufgebaut werden. Dadurch bilden diese nur schwer handelbaren Ressourcen ein grosses **Potenzial zur Schaffung nachhaltiger Wettbewerbsvorteile.**

Die in Märkten frei verfügbaren Ressourcen werden durch Transformationsprozesse unternehmensspezifisch veredelt und bilden die Basis für potenzielle Wettbewerbsvorteile. Der effektive und effiziente Ressourceneinsatz beinhaltet grosse Wertschöpfungspotenziale und bildet die strukturelle Basis für den wirtschaftlichen Erfolg eines Unternehmens im Allgemeinen und für die Leistungserstellung im Besonderen.

Abgeleitet aus den volkswirtschaftlichen Produktionsfaktoren[2] definierte Erich Gutenberg 1951 in seinem Buch «Grundlagen der Betriebswirtschaftslehre» die betriebswirtschaftlichen Produktionsfaktoren Arbeitsleistung, Produktionsmittel

---

1   Ausnahmen bilden jene materiellen Ressourcen, welche für firmenspezifische Bedürfnisse entwickelt wurden (beispielsweise Spezial-/Sondermaschinen, kundenindividuelle IT-Lösungen).

2   1775 unterschied der schottische Philosoph und Begründer der klassischen Volkswirtschaftslehre Adam Smith (1723–1790) in seinem Buch «Der Wohlstand der Nationen» die Produktionsfaktoren Arbeit, Boden und Kapital.

und Werkstoffe (Material) für Industrieunternehmen, welche aus heutiger Sicht eine Teilmenge der betrieblichen Ressourcen umfassen und die in der damaligen Zeit noch wenig relevanten immateriellen Ressourcen zu wenig berücksichtigten.

Eine effiziente und effektive Ressourcennutzung leistet einen wesentlichen Beitrag zur Wettbewerbsfähigkeit eines Unternehmens. Die strategische Ressourcenplanung umfasst den Aufbau, die Pflege, die Kombination und den Rückzug von Erfolgspotenzialen, die das langfristige Überleben sichern. Ziel ist die Realisierung nachhaltiger Wettbewerbsvorteile im Einklang mit der Umwelt und der Gesellschaft. Die Fähigkeit, Ressourcen zielorientiert miteinander zu kombinieren, wird als Kompetenz bezeichnet. Schafft diese Kompetenz nicht nur einen Wettbewerbsvorteil, sondern generiert einen zusätzlichen Kundennutzen, so wird dies als «Kernkompetenz» bezeichnet.

Kernkompetenzen zeichnen sich dadurch aus, dass sie schwer substituier- und imitierbar sind. Ihr besonderer Wert für eine Organisation ergibt sich hauptsächlich aus dem enthaltenen, spezifischen Wissen und dem komplexen Charakter der jeweiligen Ressourcenkombination. Entsprechend fokussieren Prahalad und Hamel (siehe 2.2.1 «Unternehmensstrategie und Operations-Management», S. 54) in ihrem Kernkompetenzansatz auf jene Ressourcen, welche den Kunden einen möglichst hohen Nutzenzuwachs bringen. Das Erkennen und Entwickeln von Kernkompetenzen ist eine wichtige strategische Führungsaufgabe, um sich durch Alleinstellungsmerkmale (Unique Selling Proposition, USP) von Mitbewerbern zu unterscheiden und eine nachhaltig erfolgreiche Wettbewerbsposition zu sichern.

Die Konzentration auf Kernkompetenzen kann zu einer hochgradigen Spezialisierung führen, welche darin mündet, dass Unternehmen in einer Nische zum globalen Marktführer aufsteigen können. Diese Unternehmen sind meistens ausserhalb der Branche völlig unbekannt. Daher nennt man diese auch «Hidden Champions» (Simon 2012).

Eine zielgerichtete Kombination der Ressourcen setzt den Einsatz von Wissen voraus, wobei Wissen immer in zwei Ausprägungen vorliegt: einerseits als explizites Wissen (wie z.B. Patentschriften), das sich beschreiben und als Informationsobjekt speichern und verwalten lässt; andererseits als implizites Wissen, das an Personen gebunden ist und sich nur schwer dokumentieren lässt. Hier steht nicht die Informationsverarbeitung, sondern das Management von Humanressourcen im Vordergrund.

| 2.5 | **Effektivität und Effizienz von Prozessen** |

Die Beurteilung von Prozessen einer Organisation hat immer unter der Perspektive von zwei zentralen Aspekten zu erfolgen:

- **Effektivität** (engl. *effectiveness*): Bei der Effektivität steht die Wirksamkeit im Vordergrund. Die einzelnen Handlungen sind dann effektiv, wenn die durch Unternehmen angestrebten Ziele erreicht werden und ein entsprechend nachhaltiger Markterfolg resultiert. Dies impliziert die Entwicklung eines kundenorientierten Leistungsangebots. Peter Drucker (1973) spricht in diesem Zusammenhang von «*doing the right things*».
- **Effizienz** (engl. *efficiency*): Bei der Effizienz steht die Leistungsfähigkeit im Vordergrund. Die Leistungserstellung ist dann effizient, wenn mit einem möglichst geringen Ressourceneinsatz ein gewünschter Output erzielt wird (sogenannte Ressourceneffizienz), und dies in möglichst kurzer Zeit und bei minimaler Fehlerquote (sogenannte Prozesseffizienz). Peter Drucker bringt diese beiden Aspekte in einem Satz zum Ausdruck: «*doing the things right*».

Die Herausforderung im Prozessmanagement liegt darin, dass möglichst effizient ein Ziel erreicht werden soll, wobei die Zielerreichung Vorrang hat. Es stehen verschiedene Konzepte, Instrumente und Methoden zur Verfügung, welche die Optimierung von Effektivität und Effizienz erlauben (siehe Kapitel 8 «Prozessqualität und Prozessoptimierung», S. 217).

Um Geschäftsprozesse beurteilen zu können, sind – abgeleitet aus den strategischen Unternehmenszielen und Wettbewerbsfaktoren – Kennzahlen zu definieren, anhand deren die Effektivität und die Effizienz gemessen und beurteilt werden können. Typische Effizienzkennzahlen sind Produktivität, Rentabilität, Fehlerquote, F&E-Quote. Typische Effektivitätskennzahlen sind Umsatz, Gewinn, Kundenzufriedenheit, Qualität.

| 2.6 | **Kennzahlen zur Beurteilung der Leistungserstellung** |

Das Primärziel der Leistungserstellung ist, die von den Kunden erwünschten Leistungen (Sach- und Dienstleistungen, digitale Produkte) in der geforderten Menge und Qualität zu einem marktfähigen Preis auf einen bestimmten Zeitpunkt bereitzustellen.

Abhängig von der strategischen Marktpositionierung haben die einzelnen Wettbewerbsfaktoren (Preis, Zeit, Flexibilität, Qualität, Innovation, Service) eine unterschiedliche Bedeutung. Entsprechend sind die unternehmerischen Ziele zu identifizieren, zu gewichten und so weit zu operationalisieren, dass der Zielerreichungsgrad bewertbar wird.

Eine zweckorientierte Operationalisierung der Ziele kann erreicht werden, indem die Unternehmensziele spezifisch, messbar, erreichbar, realistisch und terminiert[1] formuliert werden. Dabei ist zu beachten, dass einzelne **Zielbereiche** auch untereinander in Konflikt stehen und somit nicht gleichzeitig maximiert werden können:

- Ein hohes Mass an Produkt- oder Prozessqualität bedeutet tendenziell mehr Aufwand, längere Durchlaufzeit und höhere Standardisierung, was die Flexibilität verringert.
- Kurze Lieferzeit bedingt höhere Kosten, da höhere Lagerbestände oder Überkapazitäten erforderlich sind. Kurze Durchlaufzeiten gefährden Qualität und Flexibilität.
- Grosse Flexibilität bezüglich Kundenwünsche führt zu höheren Kosten, da durch grosse Variantenvielfalt mehr Lager und längere Lieferfristen entstehen, da nicht alle Varianten/Komponenten bevorratet werden können.
- Tiefe Kosten führen oft zur Verknappung von Ressourcen, was eine hohe Kapazitätsauslastung und niedrige Lagerbestände zur Folge hat und somit zu langen Durchlauf- und Lieferzeiten sowie zu Einschränkungen bezüglich Qualität und Flexibilität führt.

Als Messgrössen zur Objektivierung und Visualisierung der strategischen Unternehmensziele dienen Leistungskennzahlen (Key Performance Indicators, KPI), welche firmenspezifisch festzulegen sind. Die Herausforderung liegt dabei in der Auswahl weniger, aber relevanter Kennzahlen. So hat der Verband der deutschen Maschinen- und Anlagenbauindustrie (VDMA) zwanzig Schlüsselkennzahlen[2] für den Leistungserstellungsprozess in der Industrie beschrieben, welche – um weitere dreizehn Indikatoren ergänzt – als Key Performance Indicators for Manufacturing Operations Management in die internationale Normenreihe ISO 22400-2 aufgenommen wurden (siehe Kapitel 9 «Berechnung ausgewählter Leistungskennzahlen», S. 217).

Eine der häufigsten Kennzahlen zur Beurteilung des betrieblichen Transformationsprozesses ist die **Produktivität,** das heisst das Verhältnis von betrieblichem Output zu Input.[3] Als Leistungsparameter der Produktivität werden in der Praxis unterschiedliche Produktivitätskennzahlen verwendet:

- **Arbeitsproduktivität nach geleisteten Arbeitsstunden**
  Die Berechnung der Arbeitsproduktivität nach geleisteten Arbeitsstunden ist eine gebräuchliche Messgrösse bei makroökonomischen Analysen, um den Lebensstandard eines Landes zu beziffern. Dabei wird davon ausgegangen, dass eine starke Produktivitätssteigerung über einen längeren Zeitraum via Umver-

---

1 SMART-Methodik: specific, measurable, achievable/actionable, realistic/relevant, timely.
2 VDMA 66412 (www.vdma.org), ISO 22400-2 (www.iso.org).
3 Genauer: Verhältnis von Netto-Output zu Brutto-Input, wobei die Differenz zwischen Brutto und Netto aus Abschreibungen wie Schwund oder Ausschuss besteht.

teilungstransaktionen zu einer Zunahme der Einkommen und des Lebensstandards einer Mehrheit der Bevölkerung eines Landes führt. Dies setzt jedoch entsprechende politische Rahmenbedingungen voraus.

- **Umsatz pro Mitarbeitende**

Dieses häufig verwendete Produktivitätsmass ist zwar einfach zu berechnen und im Ergebnis «Franken je Mitarbeitende» anschaulich. Es vernachlässigt jedoch unterschiedliche Fertigungstiefen und weist einem Betrieb, der umfangreiche Vorleistungen zukauft, ungerechtfertigt eine höhere Produktivität zu.

- **Wertschöpfung pro Mitarbeitende**

Hier wird vom Umsatz die Summe aller bezogenen Vorleistungen abgezogen und die daraus resultierende betriebliche Wertschöpfung durch die Anzahl der Mitarbeitenden dividiert. Damit wird der beim Messkonzept «Umsatz pro Mitarbeitende» erzeugte Fehler korrigiert. Problematisch ist hier, dass Teilzeitkräfte sowie unterschiedlich qualifizierte und entlohnte Mitarbeitende das Bild verfälschen können.

- **Wertschöpfung im Verhältnis zur Lohnsumme**

Diese Kennziffer setzt die im Betrieb geschaffenen Werte zum Aufwand ins Verhältnis, der für den Faktor Arbeit als einer der Produktionsfaktoren anfällt. Dieses Messkonzept ermittelt so korrekt das betriebliche Ergebnis bezogen auf den für den Faktor Arbeit zu treibenden Aufwand. Hoch automatisierte Betriebe werden damit in ihrer Arbeitsproduktivität niedriger und somit wenig automatisierten Betrieben gegenüber als überlegen dargestellt. Da sich die Leistungsfähigkeit eines Betriebes jedoch aus seiner Arbeits- und Anlagenproduktivität ergibt, greift auch dieses Messkonzept zu kurz.

- **Wertschöpfung im Verhältnis zur Summe aus Aufwand für Personal und für Betriebsmittel**

Bei diesem Ansatz zur Bestimmung der betrieblichen Produktivität werden die jährlich für Personal und betriebliche Produktionsmittel/Anlagen anfallenden Aufwendungen ermittelt. Die betriebliche Wertschöpfung (Umsatz minus Vorleistungen) wird zu dieser Summe ins Verhältnis gesetzt. Der sich hier ergebende Wert (Gesamte Faktorproduktivität oder Total Factor Productivity, TFP) bringt zum Ausdruck, wie hoch die Wertschöpfung im Verhältnis zur Summe aus dem Aufwand für Personal und für Betriebsmittel (Abschreibungen, Unterhalt) ist.

Mit den ersten vier Produktivitätsmassen wird ausschliesslich die Arbeitsproduktivität der Mitarbeitenden erfasst. Dies kann zu Fehlurteilen führen, da dabei der Kapitaleinsatz für produktivitätssteigernde Betriebsmittel nicht berücksichtigt wird, obwohl diese Investitionen gegebenenfalls höher sind als die damit erreichten Einsparungen an personeller Arbeitsleistung.

Um eine umfassendere und vergleichbare Produktivitätsmessgrösse zu verwenden, sollte immer mit der Gesamten Faktorproduktivität (Total Factor Productivity, TFP) gearbeitet werden.

$$\text{Gesamte Faktorproduktivität (TFP)} = \frac{\text{Umsatz} - \text{Vorleistungen}}{\text{Personalaufwand} + \text{Betriebsmittelaufwand}}$$

Ergänzend ist zu beachten, dass neben der Arbeits- und Maschinenproduktivität die Material- und Energieproduktivität einen zunehmenden Anteil der kostenrelevanten Produktionsfaktoren ausmachen und für eine ganzheitliche Beurteilung der Ressourceneffizienz diese beiden Faktoren zusätzlich mitberücksichtigt werden müssen.

Jedes Unternehmen muss die für die eigenen strategischen Ziele relevanten Kennzahlen identifizieren und bestimmen. Eine umfassende, international anerkannte Darstellung von auch Nachhaltigkeitsaspekte berücksichtigenden Leistungsindikatoren ist in den Leitfäden von GRI (Global Reporting Initiative) zu finden. ▶ Abb. 10 zeigt, gruppiert nach den Kategorien der Balanced Scorecard (siehe 2.7 «Kennzahlensysteme», S. 67), beispielhafte Leistungskennzahlen.

Finanzielle Perspektive	■ Umsatzwachstum
	■ Gesamtkapitalrentabilität (GKR) bzw. Return on Assets (ROA)
	■ Eigenkapitalquote (EQ) bzw. Equity Ratio (ER)
	■ Eigenkapitalrendite (EKR) bzw. Return on Equity (ROE)
	■ Cash Flow (Nettozufluss liquider Mittel)
	■ Nettoumlaufvermögen bzw. Net Working Capital
	■ Anlagevermögen
	■ F&E-Quote (Umsatzanteil für Investitionen in Produktinnovationen)
	■ Umsatzanteil für Investitionen in inner- und überbetriebliche Prozessinnovationen (Organisation und Technik)
	■ Kostenstruktur (Gemeinkostenanteil, Deckungsbeiträge)
	■ Auftragsbestand/Arbeitsvorrat
	■ Materialbestände (Ware in Arbeit)
	■ Nettowertschöpfung pro Produkt/Kunde/Mitarbeitenden
	■ Fehlerkosten (Summe aller Kosten zur Beseitigung von Qualitätsmängeln)
	■ Umweltkosten (Aufwendungen zum betrieblichen Umweltschutz)
	■ …
Markt- und Kunden- perspektive	■ Marktanteile nach Zielsegment
	■ Kundenzufriedenheit
	■ Kundentreue, Geschäftsentwicklung bei Altkunden
	■ Anteile A-/B-/C-Kunden
	■ Zeit zwischen Kundenanfrage und Antwort
	■ Flexibilität im Leistungsangebot (Individualisierung, Variantenvielfalt)
	■ Flexibilität im Leistungserstellungsprozess (beispielsweise Lieferfrist, Volumen/Menge)
	■ Umsatzanteil von Produkt-/Marktneuheiten
	■ Wiederholungsverkäufe in Prozent des Gesamtumsatzes
	■ …

▲ Abb. 10   Kennzahlen für den Leistungserstellungsprozess

Prozess- und Ressourcen-perspektive	■ Mitarbeitendenproduktivität (Anzahl fakturierter Arbeitszeit vs. Planarbeitszeit) ■ Gesamte Faktorproduktivität (TFP) ■ Energieproduktivität (Netto-Energieverbrauch) ■ Materialproduktivität (Netto-Materialverbrauch) ■ Recyclingquote Produkte bzw. deren Materialien ■ Wasserproduktivität (Netto-Wasserverbrauch) ■ Emission in Luft (z. B. Treibhausgase, Schwefeldioxid, Stickoxide, flüchtige organische Verbindungen [VOC], Staub, Schwermetalle) ■ Emission in Wasser (z. B. chemischer Sauerstoffbedarf, Gesamtstickstoff, Gesamtphosphor, Schwermetalle) ■ Lieferzeit, Auftragsdurchlaufzeit ■ Terminzuverlässigkeit ■ Servicegrad (Lieferbereitschaft) ■ Lagerumschlag ■ Kapazitätsauslastung (u.a. Nutzungsgrad Betriebsmittel) ■ Fehlerquote (Ausschuss/Nacharbeit) ■ Null-Fehler-Lieferung (Anteil fehlerfreier Leistungen gegenüber Kunden) ■ Innovationsquote (F&E-Aufwand vs. Ertrag mit Produkt-/Marktneuheiten) ■ Anteil zertifizierter Lieferanten (beispielsweise nach ISO 9001, ISO 14001, SA8000) ■ Null-Fehler-Beschaffung (Anteil fehlerfreier Leistungen seitens Lieferanten) ■ …
Mitarbeitenden- und Lern-perspektive	■ Mitarbeitendenzufriedenheit ■ Mitarbeitendenbindung/-fluktuation ■ sinnvolle Arbeitsinhalte (Aufgabenintegration, Polyvalenz) ■ Sicherheit am Arbeitsplatz (Unfall-/Absenzenquote) ■ transparentes Lohnsystem (u.a. Verhältnis zwischen geringstem und höchstem Gehalt) ■ Arbeitszeitmodelle ■ Aus-/Weiterbildung (Stunden pro Mitarbeitende) ■ Anteile Frauen/Männer sowie Jung/Alt ■ Anteil Auszubildende ■ Anzahl Praktika und Abschlussarbeiten ■ …

▲ Abb. 10 Kennzahlen für den Leistungserstellungsprozess (Forts.)

Ein wesentliches Element in Zusammenhang mit der Festlegung von operativen Zielen ist deren regelmässige Überprüfung bezüglich Strategiekonformität und Zielerreichungsgrad. Eine Möglichkeit, die davon abgeleiteten Leistungsparameter und Kennzahlen nicht nur intern zu definieren, zu messen und zu bewerten, sondern zu vergleichen, ist das Benchmarking (siehe 8.7.3 «Prozess-Benchmarking», S. 236).

2.7 Kennzahlensysteme

Anfang der 1990er Jahre rüttelte ein Aufsatz des Harvard-Professors Robert G. Eccles (1991) die Fachwelt wach. Der Wissenschaftler sprach aus, was vielen ohnehin klar war: Die klassischen, finanzorientierten Systeme des Controllings (z.B. Du-Pont-Schema) ergeben aus Sicht der strategischen Steuerung keinen Sinn mehr. Sein Kollege Robert Kaplan hatte diese Denkweise wesentlich mitgeprägt, verstand es aber, sie weit pragmatischer zu nutzen. 1992 stellte er zusammen mit David Norton die Balanced Scorecard (BSC) der Öffentlichkeit vor und löste damit jene Probleme, die dem klassischen Rechnungswesen zu Recht vorgeworfen wurden (Kaplan/Norton 1992): Fokussierung auf finanzielle Aspekte, Vergangenheitsorientierung, kein Bezug zur Strategie, keine Integration in das operative Geschäft und vieles mehr.

Ein Kennzahlen- und Steuerungssystem wie beispielsweise die Balanced Scorecard erweitert die Managementsicht von der rein finanziellen Perspektive auf weitere für den Unternehmenserfolg relevante Dimensionen. Aufgrund der ausgewogenen (balanced) Betrachtung kann die BSC als Instrument zur Einrichtung eines integrierten Managementsystems genutzt werden. Diese umfassende Sicht ermöglicht, über strukturelle Frühindikatoren und konkrete Massnahmen den Geschäftserfolg strategiekonform zu steuern.

Das BSC-Kennzahlensystem (Performance Measurement System, PMS) wird in vier Perspektiven dargestellt (▶ Abb. 11).

Kennzahlensysteme geben einen Orientierungsrahmen vor, in dem die individuelle Strategie eines Unternehmens optimal abzubilden ist. Entsprechend bestehen Kennzahlensysteme aus Messgrössen, die aus den firmenspezifischen Unternehmenszielen abgeleitet werden. Für den erfolgreichen Einsatz eines Kennzahlensystems sind folgende Faktoren zu berücksichtigen:

- Die Entwicklung eines Performance Measurement System ist eine Führungsaufgabe. Das Management muss die Initiative ergreifen und gemeinsam mit den Bereichsverantwortlichen das Kennzahlensystem erarbeiten, denn das System steht in engem Zusammenhang mit der Strategie und den daraus abgeleiteten Unternehmenszielen.

- Ein wirkungsvolles Kennzahlensystem besteht aus jenen relevanten Informationen, die das Management braucht, um das Unternehmen strategiekonform und zielorientiert führen zu können. Es ist anzustreben, mit möglichst wenigen Schlüsselkennzahlen die Zielerreichung und die Leistungsfähigkeit des Unternehmens sowie seiner einzelnen Bereiche zu beurteilen. Insofern besteht ein Kennzahlensystem aus den Schlüsselkennzahlen sowie weiteren, zum Beispiel im Rahmen von Projekten zur Prozessoptimierung festgelegten, spezifischen Leistungsmessgrössen.

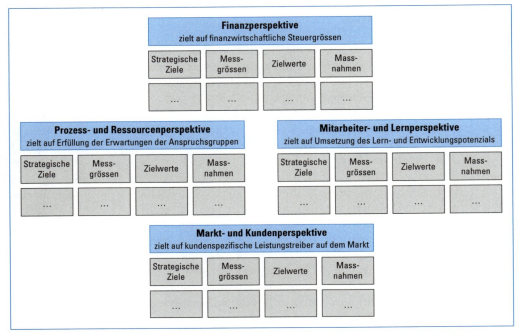

▲ Abb. 11   Balanced Scorecard (in Anlehnung an Kaplan/Norton 1992, S. 76)

- Für die Entwicklung des Systems ist ein konzeptioneller Rahmen notwendig: Egal, ob dies das Modell der Balanced Scorecard, das EFQM-Modell oder ein selbst entwickeltes oder angepasstes System ist, in jedem Fall sollte es in sich stimmig und nachvollziehbar sein.
- Kennzahlensysteme sollen nicht nur die Unternehmensergebnisse, sondern auch die Effektivität und Effizienz von Geschäftsprozessen (z.B. Leistungs-erstellungs- und Innovationsprozesse) aufzeigen. Sie machen deutlich, wo das Unternehmen steht und welche konkreten Optimierungspotenziale vorhanden sind (siehe 2.6 «Kennzahlen zur Beurteilung der Leistungserstellung», S. 62).
- Kennzahlen sollten dazu dienen, Orientierung zu geben. Sie sind kein Instru-ment, um Schuldige zu finden und zu sanktionieren.
- Gleichwohl sollen Kennzahlen mit Anerkennungssystemen verknüpft werden; Prämien für Mitarbeitende oder variable Gehaltsbestandteile sollten aus der erbrachten Leistung resultieren, welche durch Kennzahlen abgebildet wird.
- Kennzahlen sollten nach innen und nach aussen kommuniziert werden; ins-besondere sollen alle Mitarbeitenden verstehen, welcher Zusammenhang zwi-schen ihrem Aufgabenbereich und der gemessenen (Unternehmens-)Leistung besteht.

Wer also eine klare Strategie hat und seine Ziele kennt, kann mit diesen allgemei-nen Regeln sein eigenes Kennzahlensystem entwickeln und zum Leben erwecken.

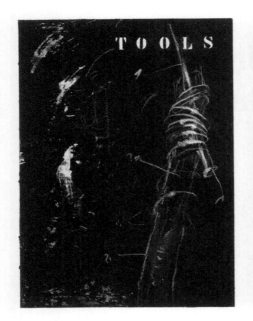

Kapitel 3
Überbetriebliche
Leistungserstellungssysteme

Im Rahmen der Leistungserstellung kooperieren Unternehmen mit einer Vielzahl von Netzwerkpartnern. Dabei müssen unter anderem die folgenden strategischen Fragen beantwortet werden: Welche Leistungen sollen in welchem Ausmass selber erbracht werden (Eigenleistung oder Fremdbezug)? Inwieweit soll die Leistungserstellung internationalisiert werden? Wie kann die Zusammenarbeit mit Netzwerkpartnern gestaltet und überwacht werden? Wie lassen sich durch den IT-Einsatz die Zusammenarbeit stärken und die Koordinationskosten reduzieren? Diesen Themen widmet sich Kapitel 3.

3.1   Leistungserstellung in Wertschöpfungsnetzwerken

Leistungen werden heutzutage in komplexen Netzwerken, verteilt über mehrere Firmenstandorte, erstellt. Dies hat grosse Auswirkungen auf das Wettbewerbsverständnis. So stehen nicht mehr nur einzelne Unternehmen zueinander in Konkurrenz, der Wettbewerb findet vielmehr zwischen den jeweiligen Wertschöpfungsnetzwerken statt (siehe 1.4.1 «Wertschöpfungskette als Netzwerk», S. 33).

Neben dem Endprodukthersteller (sog. OEM, Original Equipment Manufacturer) sind Zulieferer, Logistikdienstleister und Vertriebspartner in ein oft transnationales Wertschöpfungsnetzwerk mit mehreren vernetzten, jedoch unabhängigen Unternehmen eingebunden (▶ Abb. 12). Entsprechend wird die Wettbewerbsfähigkeit von Leistungserstellungssystemen durch eine marktgerechte Konfiguration und Koordination der Aktivitäten in den Lieferketten (Supply Chains) wesentlich mitbestimmt.

Es genügt deshalb nicht, nur die eigene Leistungserstellung anhand der Aspekte Effektivität und Effizienz zu gestalten, vielmehr ist das ganze Leistungserstellungssystem auf diese zwei zentralen Zielbereiche auszurichten. Dabei ist zu beachten, dass eine Zusammenarbeit mit anderen Unternehmen hohe Anforderungen an die Kooperationsfähigkeit, bezüglich Organisation der Auftragsabwicklung und Synchronisation der Leistungserstellungsprozesse, stellt. Ein nützliches Konzept zur Gestaltung der zwischenbetrieblichen Beziehungen, im Sinne einer Wertschöpfungspartnerschaft, ist das Supply Chain Management (siehe 3.4 «Supply Chain Management», S. 85).

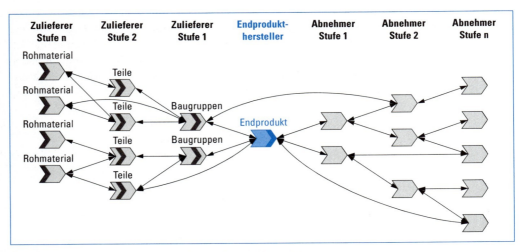

▲ Abb. 12   Leistungserstellungsnetzwerk eines Endproduktherstellers

3.2   Eigenleistung oder Fremdbezug

Im intensivierten internationalen Wettbewerb stellt sich, nicht nur für exportorientierte Unternehmen, verstärkt die Frage nach der optimalen Gestaltung der Wertschöpfungsnetzwerke für die am Markt zu erbringenden Leistungen, unter Berücksichtigung der internationalen Absatz- und Beschaffungsmärkte.

Der zunehmende Wettbewerbs- und Technologiedruck veranlasst viele Firmen, sich auf die eigenen Kernkompetenzen zu konzentrieren und einen komparativen Vorteil durch Spezialisierung zu erreichen. Mit der Reduktion der eigenen Leistungstiefe werden vermehrt andere Unternehmen in die Leistungserstellung eingebunden, wodurch deren Einfluss auf die wettbewerbsrelevanten Merkmale der Leistungserbringung zunimmt. Entsprechend müssen die externen Wertschöpfungspartner bei der Gestaltung und Optimierung der Wertschöpfungsnetzwerke mit einbezogen werden.

3.2.1   Make-or-Buy oder Out-/Insourcing

Make-or-Buy umfasst die strategische Überlegung, ob einzelne Leistungen im eigenen Unternehmen erbracht werden sollen oder ob es für eine optimale Leistungserbringung besser ist, die entsprechenden (Teil-)Prozesse an Zulieferer oder Dienstleister zu vergeben (Fremdbezug). Dabei kann es sich um Sachgüter, Dienstleistungen oder Rechte (Lizenzen) handeln.

Während bei Make-or-Buy-Überlegungen Wertschöpfungsaktivitäten betrachtet werden, die noch gar nicht im Unternehmen existieren, stehen bei Outsourcing-Betrachtungen Leistungen im Vordergrund, die im Unternehmen bereits erbracht werden. Als Outsourcing wird die Verlagerung bestehender Unternehmenstätigkeiten an Drittunternehmen bezeichnet, was eine Verringerung der eigenen Wertschöpfungstiefe zur Folge hat. Outsourcing ist somit ein strategischer Entscheid bezüglich Ort und Ressourcen eines im Unternehmen vorhandenen Teils der Wertschöpfung.

Der Begriff Outsourcing (von «outside resource using») gewann in den 1970er Jahren im Zusammenhang mit der Philosophie der Lean Production an Bedeutung. Dabei geht es primär um die Optimierung von Unternehmensfunktionen und -prozessen durch die Konzentration auf Kernkompetenzen und Beschaffung von Leistungen bei spezialisierten Zulieferern.

In Zusammenhang mit dem Outsourcing wird, abhängig von nationalen Grenzen und firmeneigenen Standorten, unterschieden zwischen

- **Domestic In-House:** Herstellung im eigenen Unternehmen und Land.
- **Onshore/Domestic Outsourcing:** Fremdvergabe innerhalb des eigenen Landes.
- **Offshore In-House** oder **Captive Offshoring:** Verlagerung an eigene Betriebsstandorte im Ausland.
- **Offshore Outsourcing (Offshoring):** Verlagerung an andere Unternehmen im Ausland.
- **Nearshore Outsourcing (Nearshoring):** Verlagerung ins nahe Ausland. Dabei sollen – durch grössere sprachliche und kulturelle wie auch räumliche Nähe, bei zugleich minimaler Zeitverschiebung – Verlagerungsrisiken minimiert werden.
- **Insourcing/Backsourcing:** Rückverlagerung von zuvor ausgelagerten Prozessen ins eigene Unternehmen.
- **Backshoring/Reshoring:** Rückverlagerung von ins Ausland verlagerten Prozessen ins Heimatland.

Im Gegensatz zum externen Bezug von Leistungen im Rahmen der Unterstützungsprozesse (z. B. Buchhaltung, EDV/IT, Gebäudeunterhalt, Verpflegung) birgt das Outsourcing von Teilen der Kern- oder Schlüsselprozesse erhebliche Risiken.[1] So wurde im Rahmen von Studien[2] zur internationalen Gestaltung der Wertschöpfungskette von Schweizer Produktionsunternehmen festgestellt, dass auf drei Firmen, welche Teile ihrer Produktion auslagern, ein Unternehmen im selben Zeitraum Teile der Produktion wieder zurückholt. Während von den Unternehmen als Auslagerungsmotiv an erster Stelle Personalkosten, gefolgt von Infrastruktur, Nähe zu Schlüsselkunden und Markterschliessung angegeben werden, sind die häufigsten Rückverlagerungsgründe mangelnde Qualität und Flexibilität, gefolgt von Logistikkosten und Koordinationsaufwand sowie wiederum Personalkosten.

| 3.2.2 | **Kriterien zur Entscheidungsfindung** |

Die Gründe für Make-or-Buy- und Outsourcing-Entscheide sind vielfältig und für jedes Unternehmen individuell zu beurteilen. Dabei stellt sich die Frage nach der optimalen Positionierung in einem globalisierten Markt, um einerseits einen möglichst hohen Kundennutzen und andererseits eine profilierte Differenzierung gegenüber Mitbewerbern zu erreichen.

Argumente für eine Verringerung der eigenen Leistungstiefe basieren primär auf zwei Gruppen von Gründen:

---

1   So bestehen im Rahmen des Risikomanagements Vorgaben, welche Unternehmensbereiche unter welchen Voraussetzungen ausgelagert werden dürfen.
2   European Manufacturing Survey – Schweiz (www.produktionsinnovation.ch). Vergleiche hierzu auch Waser/Hanisch 2002 ff.

■ **Kostenorientierte Gründe,** wie zum Beispiel verbesserte Kostentransparenz sowie Verringerung der (Fix-)Kosten oder Nutzung von Ressourcen ohne eigene Investitionen.

■ **Strategische Gründe,** wie zum Beispiel Konzentration der verfügbaren Ressourcen zur (Weiter-)Entwicklung von Kernkompetenzen oder zur Verringerung beziehungsweise Verlagerung des technologischen Risikos, aber auch zur Erschliessung neuer Märkte und zum Erreichen grösserer Nähe zu wichtigen Kunden.

Portfolioanalysen, in denen die Marktpositionierung des Unternehmens bezüglich Leistungsangebot und Leistungserstellung beurteilt wird, können für Verlage-

	Interne Leistungserbringung, falls …	Externe Leistungserbringung, falls …
Materielle Ressourcen qualifiziertes Personal, Betriebsmittel/ Infrastruktur, Finanzen/Liquidität	■ in eigener Firma vorhanden bzw. verfügbar	■ in eigener Firma nicht ausreichend vorhanden und kurzfristig nicht beschaffbar
Immaterielle Ressourcen Kernkompetenzen, Prozess-/Produkt-Know-how, Patente/Lizenzen	■ nur in eigener Firma vorhanden ■ sollen aufgebaut bzw. nicht aus der Hand gegeben werden ■ intensiver Austausch zwischen Entwicklung und Produktion notwendig	■ nur beim Lieferanten vorhanden bzw. durch Urheberrecht/Patent geschützt ■ Rechtssicherheit gegeben ■ sofortiger Einsatz intern nicht vorhandener Kompetenzen erforderlich
Qualität Einhaltung organisatorischer, technischer, ökologischer, sozialer Standards	■ Reputation/Markenwert durch Fremdbezug gefährdet ■ Prozesskompetenz wichtig	■ geforderte Mindeststandards an Produkte und Prozesse werden eingehalten ■ nur spezialisierter Lieferant kann geforderte Qualität sicherstellen
Flexibilität Eingehen auf Kundenbedürfnisse bei Produkt oder Prozess, Time-to-Market	■ schnelle Reaktion notwendig ■ entscheidendes Angebotsmerkmal	■ minimale Flexibilität erforderlich, d.h. eindeutig spezifizierbares Produkt oder Prozess
Produktivität Aufwand für Transaktion, Koordination, Logistik, Sicherstellung der Qualität, notwendige Ressourcen, Kosten-/ Preisdynamik	■ interne Produktivität höher oder gleich externe ■ relevanter Deckungsbeitrag ■ wettbewerbsfähige Kostenentwicklung (inkl. Wechselkurs Absatzmärkte)	■ externe Produktivität höher als interne ■ intern zu hohe Fixkosten ■ Automationspotenziale ausgenutzt
Marktzugang Beschaffungsmarkt, Kundennähe, Markterschliessung	■ Nähe zu Heimmarkt (= Schlüsselmarkt) ■ kein geeigneter Lieferant	■ Erschliessung neuer Märkte ■ Nähe zu bedeutenden Kunden ■ geeignete Lieferanten
Umfeld soziopolitische und rechtliche Rahmenbedingungen	■ politische Stabilität, Rechtssicherheit von hoher Bedeutung ■ Freihandelsabkommen ■ Relevanz von «local content» (z.B. «Swiss-made»)	■ nachhaltige Entwicklung möglich, Rechtssicherheit gewährleistet ■ Wegfall Handelsbarrieren ■ Importrestriktionen ■ länderspezifische Produktanpassungen

▲ Abb. 13   Kriterien zur Entscheidungsfindung bezüglich interner oder externer Leistungserbringung

rungsentscheidungen Hilfestellung geben. Dabei ist zu beachten: Je grösser das
Entwicklungspotenzial bezüglich Markt und Differenzierung, umso bedeutender
ist der entsprechende Wertschöpfungsprozess für die erfolgreiche Marktpositionierung eines Unternehmens. Entsprechend sollten diese potenzialträchtigen Geschäftsaktivitäten respektive -prozesse aus strategischen Gründen im Unternehmen behalten werden.

In Zusammenhang mit Verlagerungsüberlegungen sind die in ◄ Abb. 13 aufgeführten Kriterien unternehmensspezifisch aus strategischer und operativer Sicht
differenziert zu analysieren und zu beurteilen.

Gemäss Erfahrungen sind, vor allem bei Offshore-Outsourcing-Entscheidun-
gen, bei der Beurteilung der einzelnen Kriterien (◄ Abb. 13) folgende Aspekte
speziell zu beachten:

- **Know-how-Verlust (immaterielle Ressourcen):** Durch die Auslagerung von Teilen der Leistungserstellung geht am bisherigen Standort Know-how verloren,
  welches für Produkt- und Prozessinnovationen (Design-to-Cost/-Assembly/
  -Manufacturing) erforderlich ist.
- **Differenzierung (immaterielle Ressourcen):** Speziell bei Unternehmen mit
  schwer differenzierbaren Produkten liegt ein Wettbewerbspotenzial in der optimalen Gestaltung von innovativen Geschäftsprozessen.
- **Standards (Qualität):** Die Einhaltung von ökonomischen, ökologischen und
  sozialen Standards ist über die gesamte Lieferkette sicherzustellen, da deren
  Missachtung einen wesentlichen Einfluss auf die Reputation des Produkts und
  der Anbieterfirma bei aktuellen und künftigen Kunden hat.
- **Prozesskompetenz (Qualität):** Die Gestaltung und Weiterentwicklung sowie die
  operative Planung und Steuerung externer Leistungserstellungsprozesse ist,
  bedingt durch interkulturelle, logistische und informationstechnische Schnitt-
  stellen, anspruchsvoller als bei internen Prozessen.
- **Abhängigkeit (Flexibilität):** Durch das Outsourcing vor allem bei Kern-/Schlüs-
  selprozessen kommt es zu einer mit Risiken verbundenen Abhängigkeit von
  Drittunternehmen.
- **Vollkostenbetrachtung (Produktivität):** Neben den direkt quantifizierbaren Herstellkosten (inkl. Kostenstruktur, Kostentreiber) der Leistung sind die Transfer-
  kosten (inkl. Aufbau und Zertifizierung der Prozesse, Konformitätserklä-
  rungen), die Transaktionskosten (inkl. präzise Übersetzungen) sowie allfällige
  Folgekosten für Qualitätsmängel und Terminverzug, wie auch die meist grössere Kostendynamik am neuen Standort, mit zu berücksichtigen.
- **Beschaffungsmarkt (Marktzugang):** Es ist zu beachten, dass die Güte von Material (Materialqualität von Rohstoffen und Halbfabrikaten und somit auch Norm-
  teilen) stark variieren kann.
- **Kulturelle Werte (Umfeld):** Bei Verlagerungen ins Ausland ist zu beachten, dass
  zum Teil wesentliche kulturelle Unterschiede bezüglich gesellschaftlichem
  Stellenwert von Zuverlässigkeit, Identifikation/Loyalität, Rechtsvorstellungen,
  Schriftlichkeit, Bürokratie etc. bestehen.

3.2.3 | Praxisbeispiel BMC

BMC ist ein Schweizer Fahrradhersteller mit Sitz in Grenchen und beschäftigt rund 50 Mitarbeitende. Das Unternehmen konzentriert sich auf die Geschäftsbereiche Road Cycling, Triathlon, Mountainbiking und Cross. Die Produktpalette reicht von Rennrädern über Triathlonbikes bis hin zu Mountainbikes. Seit 2006 ist BMC eine Gesellschaft der ISH International Sport Holding AG, das Dach der beiden Marken BMC und Bergamont.

Der Ursprung der Firma geht auf das Jahr 1986 zurück, in dem eine Vertriebsgesellschaft für die Marke Raleigh Cycle Company in der Schweiz gegründet wurde. Die Marke BMC wurde im Jahr 1994 kreiert und innert weniger Jahre als Anbieter von Mountainbikes mit Dämpfungslösungen bekannt. Trotz guter Händlerbasis in der Schweiz wurden rote Zahlen geschrieben. Mit der vollständigen Übernahme der Firma im Jahr 2003 durch Andy Rihs (Mitinhaber, ehemaliger CEO, heutiger Verwaltungsrat von Sonova) erfolgte eine Neuausrichtung der Unternehmensstrategie. Es wurden gezielte Investitionen in den Bereichen Entwicklung, Design und Marketing sowie in die Erschliessung von Exportmärkten gemacht.

Nachdem die Fahrradrahmen aus Kostengründen ursprünglich in China gefertigt wurden, wurde 2010, mit Beginn der Produktion des «BMC Impec», am Standort Grenchen die weltweit erste automatische Fertigungstrasse zur Herstellung von Carbon-Rahmen eingerichtet. Vorteile der Rückverlagerung waren gemäss BMC: «Die allermeisten Rahmen entstehen in Fernost in aufwendiger Handarbeit durch Einlegen verschiedener harzgetränkter Kohlefasermatten in eine Form – mit mehr oder weniger grossen Qualitätsschwankungen und unter fragwürdigen ökologischen Bedingungen. Mit unserer robotergesteuerten Herstellung in Grenchen können wir menschliche Toleranzen ausschliessen und eine unerreichte Präzision und Konstanz erzielen.»

Dadurch wurden aufwendige manuelle Nacharbeiten überflüssig – ein gewaltiger Fortschritt angesichts der Tatsache, dass in Asien etwa die Hälfte der bis zu 50 Arbeitsstunden pro Carbon-Rahmen für das Finish aufgewendet werden mussten. Durch die Automatisierung waren pro Schicht nur noch acht Personen nötig, was den Produktionsstandort Schweiz wieder konkurrenzfähig macht – rund zehn Jahre nachdem die letzten industriellen Fahrradhersteller verschwunden sind.

Da künftig auch Mountainbikes sowie gewisse Komfort- und Lifestyle-Modelle mit der Impec-Technologie (Fahrrad mit Carbon-Rahmen) hergestellt werden sollen, kann die moderne Fertigungsstrasse ausgelastet und die nicht unerheblichen Investitionen für die Automatisierung der Produktion schneller refinanziert werden.

Weitere Informationen unter www.bmc-racing.com[1]

---

1 Quellen: Unternehmens-Website mit Medienmitteilungen, Presseartikeln und -interviews

3.3   Internationalisierung von Wertschöpfungsnetzwerken

Volkswirtschaften wie zum Beispiel die Schweiz oder Deutschland sind traditionell stark vom Aussenhandel abhängig. Seit der Öffnung Osteuropas und Chinas Ende der 1980er Jahre hat die Internationalisierung stetig zugenommen. Diese Entwicklung erfordert von vielen Unternehmen strategische Entscheidungen zur langfristigen Sicherung der Wettbewerbsfähigkeit. Diese betreffen die Marktpositionierung des Unternehmens in Bezug auf das Leistungsangebot wie auch die Leistungserstellung. Die Fähigkeit, im internationalisierten Markt erfolgreich zu bestehen, wird zu einem relevanten Erfolgsfaktor für Unternehmen jeder Grösse.

3.3.1   Stufentheorie der Internationalisierung

In Zusammenhang mit der wissenschaftlichen Betrachtung des Engagements von Unternehmen auf ausländischen Märkten wird oft die Stufentheorie der Internationalisierung von Jan Johanson und Jan-Erik Vahlne (1977/2009) zitiert (▶ Abb. 14). In dieser Betrachtung werden die möglichen Markteintrittsstrategien anhand der Ressourcenbindung im Stamm- bzw. Ausland eingeordnet. Dabei zeigt das «Uppsala-Modell», dass die Internationalisierung[1] in aufeinanderfolgenden Stufen stattfinden kann. Ein nicht unwesentlicher Aspekt dieses schrittweisen Vorgehens ist die Risikominimierung durch die Nutzung der gesammelten Erfahrungen der vorangehenden Stufen. Entsprechend führen Johanson/Vahlne die Internationalisierung von Unternehmen nicht primär auf ökonomische Faktoren zurück, sondern auf verhaltensorientierte wie Wissen, Lernen und Erfahrungen.

Diese Betrachtung des Internationalisierungsprozesses als eine Serie aufeinanderfolgender Phasen, insbesondere bei im Markt etablierten Unternehmen, wird durch verschiedene Studien bestätigt.

Zugleich zeigen andere Studien (Oviatt/McDougall 1994), dass ein zunehmender Teil der internationalisierten Unternehmen einer diskontinuierlichen Entwicklung folgen, die mit der Stufentheorie nicht in Einklang steht. Es sind dies vor allem Unternehmen («Born Globals»), die ihre Aktivitäten von Anbeginn auf einen globalen Markt ausrichten, da einerseits das Potenzial auf dem Heimmarkt sehr limitiert ist und andererseits der Logistikaufwand relativ gering ist. Dies trifft vor allem auf immaterielle Güter und speziell auf digitale Produkte zu.

Dies zeigt, dass Unternehmen ihre Internationalisierungsstrategien, unter Berücksichtigung der markt- und produktspezifischen Bedingungen, individuell festlegen müssen.

---

1   Internationalisierung betreibt ein Unternehmen, sobald es sich auf ausländischen Märkten (z.B. durch Export oder Import von Leistungen) engagiert (Gutmann 2000). Als Globalisierung wird die wirtschaftliche Verflechtung von Wirtschaftseinheiten über mehrere Länder bezeichnet (Steger 1996).

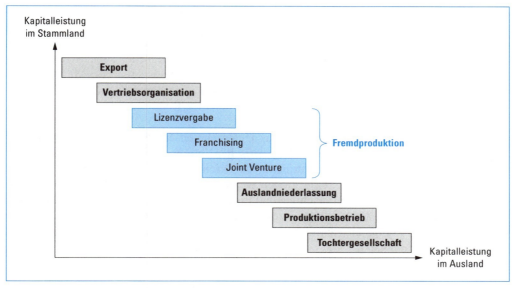

▲ Abb. 14   Uppsala-Modell von Johanson/Vahlne (2009)

3.3.2 | Ausprägung multinationaler Unternehmen

Mit zunehmender Internationalisierung der eigenen Unternehmensaktivitäten rücken verstärkt Fragen bezüglich organisatorischer Gestaltung eines multinationalen Unternehmens (MNU) in den Vordergrund. Basierend auf der Verteilung von Kompetenzen zwischen Mutterhaus und Tochtergesellschaften werden gemäss der EPRG-Typologie (Perlmutter 1969) vier grundsätzliche Ausprägungen unterschieden:

- **Ethnozentrische Orientierung:** Die Entscheidungen werden für alle Tochtergesellschaften im Mutterhaus getroffen und die Geschäftsaktivitäten zentral gesteuert. Die Schlüsselpositionen werden bevorzugt mit Personen aus dem Stammland besetzt. Länderspezifische Gegebenheiten werden minimal berücksichtigt. Entsprechend findet die Forschung und Entwicklung im Mutterhaus statt, während die Produkte – allenfalls an nationale Standards angepasst – in die einzelnen Ländermärkte exportiert werden.
- **Polyzentrische Orientierung:** Die kulturellen Unterschiede der einzelnen Ländermärkte haben Vorrang und den Tochtergesellschaften wird ein hoher Autonomiegrad zugestanden. Die Schlüsselpositionen werden überwiegend durch Führungskräfte des Gastlandes besetzt. Die Forschung und allenfalls Vorentwicklung der Hauptprodukte finden meistens im Mutterhaus statt, während in den Tochtergesellschaften durch die Entwicklung länderspezifischer Produkte

das Leistungsangebot an den unterschiedlichen Marktbedürfnissen ausgerichtet wird.

- **Regiozentrische Orientierung:** Ähnlich der polyzentrischen Orientierung, jedoch wird die Differenzierung nicht auf Länderebene, sondern auf multinationaler Ebene, in Form von Ländergruppen (beispielsweise Mitteleuropa), gemacht. Die Schlüsselpositionen werden überwiegend durch Personen aus demselben Kulturkreis besetzt. Die einzelnen Regionen arbeiten jedoch weitgehend unabhängig voneinander.
- **Geozentrische Orientierung:** Das Unternehmen entwickelt, durch das Zusammenführen der ländermarktspezifischen Interessen sowie der Ausschöpfung von Synergien, eine multinationale Orientierung mit einheitlichem globalen Image. Die Schlüsselpositionen werden unabhängig von der nationalen Herkunft besetzt. Die Forschung und Entwicklung sowie Herstellung der Produkte wird durch das Mutterhaus zentral gesteuert, wobei jeder Standort – im Sinne eines Kompetenzzentrums – für bestimmte Produkte oder Prozesse verantwortlich sein kann.

Wie den Beschreibungen der vier Ausrichtungen entnommen werden kann, ist die Ausprägung stark von der Strategie und der Konfiguration der globalen Wertschöpfungsnetzwerke abhängig.

3.3.3 Gestaltung globaler Wertschöpfungsnetzwerke

Im Rahmen der Entwicklung und Umsetzung der Internationalisierungsstrategie eines Unternehmens stellt sich vor allem auch die Frage nach der optimalen Gestaltung globaler Wertschöpfungsnetzwerke (siehe 1.4 «Unternehmensprozesse – Teil eines Wertschöpfungsnetzwerks», S. 32). Dies bedeutet, dass nicht nur die Optimierung einzelner Standorte, sondern die Wertschöpfungspotenziale des gesamten Netzwerkes ins Zentrum der Betrachtungen rücken. Dabei sind in Anlehnung an Porter (1986) sowie Friedli et al. (2013) folgende drei Ebenen zu berücksichtigen:

1. **Strategie:** Die Netzwerkstrategie leitet sich aus der Internationalisierungsstrategie eines Unternehmens ab und legt die unternehmerischen Ziele und Rahmenbedingungen für die Strategien der einzelnen Standorte fest. Das bestimmende Element sind dabei die Alleinstellungsmerkmale (USPs) und Wettbewerbsfaktoren (Preis, Zeit, Flexibilität, Qualität, Innovation, Service), welche für den Markterfolg des Unternehmens zentral sind. Zusätzlich sind die Netzwerkpotenziale (Ressourcen, Marktzugang, Umfeld) der einzelnen Standorte zu berücksichtigen.

2. **Konfiguration:** Die Konfiguration eines Wertschöpfungsnetzwerks wird durch die Prozesse zur Erbringung der verschiedenen Marktleistungen sowie die Rolle der einzelnen Standorte in der transnationalen Leistungserstellung definiert. Dabei sind die spezifischen Ausprägungen der Leistungsangebote sowie der Standorte zu analysieren und bezüglich Netzwerkstrategie zu beurteilen (siehe 3.3.4 «Konfiguration von Wertschöpfungsnetzwerken», S. 82).
3. **Koordination:** Die Koordination des Netzwerks umfasst die Organisation und das Management der weltweit verteilten Aktivitäten im Netzwerk. Dazu zählen das Festlegen der standortspezifischen Ziele und Messgrössen sowie das Monitoring und Controlling der Zusammenarbeit im Rahmen des Wertschöpfungsnetzwerks (siehe 3.3.2 «Ausprägung multinationaler Unternehmen», S. 79).

Die aufgeführten strategisch und operativ relevanten Kriterien zeigen, dass bei der Gestaltung transnationaler Wertschöpfungsnetzwerke verschiedenste Aspekte zu berücksichtigen sind. Ein zentraler Erfolgsfaktor ist dabei die klare Fokussierung der einzelnen Standorte. Aus den verschiedenen möglichen Konfigurationen sind in der Praxis vor allem folgende Standorttypen anzutreffen:

- **Marktspezialisierung:** Die einzelnen Standorte erbringen einen Grossteil der Leistung für ein bestimmtes geografisches Gebiet. Dies ist vor allem bei Gütern mit einem hohen Transportkostenanteil oder bei Leistungen, die marktspezifisch grösserer Anpassungen bedürfen, der Fall.
- **Produktspezialisierung:** Jeder oder einige wenige Standorte erstellen ein bestimmtes Produkt für das gesamte Unternehmen. Dies wird vor allem bei weltweit gleichen Leistungsangeboten zur Erzielung von entsprechenden Skaleneffekten angewendet.
- **Prozessspezialisierung:** Die einzelnen Standorte spezialisieren sich auf verfahrensspezifische, durch Kompetenzen oder Technologien definierte Stufen/Teilprozesse des Leistungserstellungsprozesses. Dies ist beispielsweise bei der Verarbeitung von bestimmten Rohstoffen bzw. von Informationen (Shared Services) oder der Fokussierung auf bestimmte Produktlebenszyklen (Produktanlauf und Markteinführung, Wartung und Erneuerung, Marktaustritt und Rückbau) der Fall.

Der resultierende Standorttyp beeinflusst die Autonomie bzw. Zentralisierung der Strukturen eines multinationalen Unternehmens. So ist beispielsweise einem Marktspezialisten eine höhere Autonomie als einem Produkt- oder Prozessspezialisten zuzuweisen (siehe 3.3.2 «Ausprägung multinationaler Unternehmen», S. 79).

Das strategische und operative Management transnationaler Wertschöpfungsnetzwerke ist eine anspruchsvolle Aufgabe und eine immaterielle Ressource, welche zu einem relevanten Differenzierungsmerkmal international agierender Unternehmen wird.

3.3.4	Konfiguration von Wertschöpfungsnetzwerken

Eine zukunftsorientierte Internationalisierungsstrategie beinhaltet auch Überlegungen zur Konfiguration transnationaler Wertschöpfungsnetzwerke. Dabei soll, neben dem Ausnutzen von Kostensenkungspotenzialen und der Erschliessung neuer Märkte, mehr Flexibilität bezüglich Ressourceneinsatz (Markt-, Produkt-, Prozesskompetenzen), Risiken (z.B. Währung/Wechselkurs) sowie regionalspezifischen Bedürfnissen erreicht werden.

Die Konfiguration von Wertschöpfungsnetzwerken basiert, unter Berücksichtigung der strategischen Zielvorgaben und Rahmenbedingungen, auf der Analyse und der Beurteilung des Leistungsangebots sowie der Standorte mit dem Ziel einer international wettbewerbsfähigen Leistungserstellung.

Mit der **Analyse und Beurteilung von Leistungsangeboten** werden die Anforderungen an die erforderlichen materiellen und immateriellen Ressourcen zur Erbringung der Leistung bestimmt. Dies erfolgt anhand folgender zwei Dimensionen bzw. Fragestellungen:

- Welche **Wertschöpfungsstufen/-prozesse** sind zur kundenorientierten Leistungserbringung über den gesamten Produktlebenszyklus (Verkauf, Vertrieb, Service, Produktion, Beschaffung, Entwicklung) für ein bestimmtes Leistungsangebot notwendig?
- Welche Bedeutung haben die unternehmensrelevanten **Wettbewerbs-/Differenzierungsfaktoren** wie Preis, Zeit, Flexibilität, Qualität, Innovation, Service bezogen auf die einzelnen Prozesse zur Erbringung des entsprechenden Leistungsangebots?

Dabei sind die Prozesse der Leistungserbringung in jenem Detaillierungsgrad darzustellen, welcher eine eindeutige Zuordnung der relevanten Wettbewerbs-/Differenzierungsfaktoren auf einzelne Teil-/Subprozesse (z.B. Beratung, Verkauf, Rohstofferzeugung, Herstellung bestimmter Baugruppen, Endmontage) ermöglicht.

Mit der **Analyse und Beurteilung der Standorte** werden die Potenziale der vorhandenen bzw. zu entwickelnden materiellen und immateriellen Ressourcen der einzelnen Wertschöpfungsstandorte bestimmt. Dies erfolgt anhand folgender zwei Dimensionen bzw. Fragestellungen:

- Welche **Wertschöpfungsstufen/-prozesse** über den gesamten Produktlebenszyklus (Verkauf, Vertrieb, Service, Produktion, Beschaffung, Entwicklung) eines bestimmten Leistungsangebots sind am jeweiligen Standort vorhanden bzw. erforderlich?
- Inwieweit sind **standortrelevante Faktoren** wie Ressourcen, Wettbewerbs-/Differenzierungsfaktoren, Marktzugang, soziopolitisches Umfeld bezogen auf die einzelnen Prozesse am jeweiligen Standort vorhanden bzw. zu entwickeln?

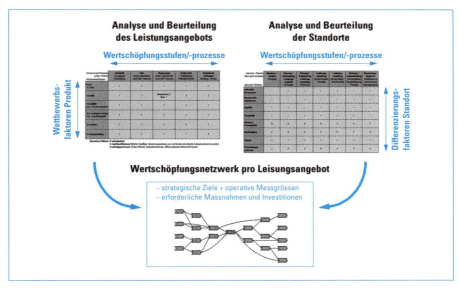

▲ Abb. 15   Konfiguration Wertschöpfungsnetzwerk

Abhängig von der eigenen Leistungstiefe und der Bedeutung der Wertschöpfungspartner ist es zweckmässig, bei der Standortanalyse und Netzwerkkonfiguration auch Schlüssellieferanten und -vertriebspartner mit einzubeziehen.

Abgeleitet aus den beiden Analysen können Wertschöpfungsnetzwerke für einzelne Leistungsangebote konfiguriert sowie Entwicklungspfade für die einzelnen Standorte definiert werden (◀ Abb. 15). Zugleich sind für die Umsetzung und Optimierung der Wertschöpfungsnetzwerke die angestrebten Ziele und Messgrössen festzulegen, die erforderlichen Massnahmen und Investitionen zu initiieren sowie adäquate Methoden zur inner- und überbetrieblichen Prozessoptimierung zu etablieren.

3.3.5   Praxisbeispiel Schindler

Der Schindler-Konzern ist ein Schweizer Unternehmen mit Sitz in Ebikon (LU), dessen Kerngeschäft im Bau und Unterhalt von Aufzügen und Rolltreppen liegt. Das Unternehmen wurde 1874 durch Robert Schindler in Luzern gegründet und begann 1892 mit der Fabrikation elektrisch betriebener Aufzüge, die sich aufgrund des damaligen Hotelbaubooms zum wichtigsten Geschäftsfeld entwickelten. 1957 zog das Stammhaus von der Sentimattstrasse in Luzern ins benachbarte Ebikon um. Die Mehrheit der Aktien liegt weiterhin bei den Familien Schindler und Bonnard, welche aktuell mit Alfred N. Schindler auch den Präsidenten des Verwaltungsrates stellt.

Heute ist Schindler nach der Otis Elevator Company der weltweit zweitgrösste Hersteller von Aufzugsanlagen sowie der grösste Hersteller von Fahrtreppen und Fahrsteigen. Schindler beschäftigt weltweit etwa 45 000 Mitarbeitende. Der Umsatz beträgt knapp 8 Milliarden CHF (2011), wobei mit einem Anteil von 51 Prozent (2011) Europa – vor Nord- und Südamerika sowie Asien-Pazifik – der grösste Markt ist. Dies vor allem aufgrund des Servicegeschäfts bei den bereits installierten Anlagen.

1906 wurde in Berlin die erste Schindler-Niederlassung im Ausland gegründet. Seither hat die Firma die internationale Präsenz kontinuierlich ausgebaut, in den letzten Jahrzehnten vor allem in den strategischen Wachstumsmärkten China, Indien, Lateinamerika und Persischer Golf.

So wurde 1980 das erste Joint Venture zwischen der Volksrepublik China und einem westlichen Industrieunternehmen gegründet. Dabei musste Schindler vertraglich zusichern, «die gesamte gegenwärtige und zukünftige Technologie» der Schindler China Elevator Company mit Sitz in Peking zur Verfügung zu stellen und «in den vorhandenen modernen Ausbildungszentren das nötige Wissen zu vermitteln».

Weil es in der chinesischen Planwirtschaft unmöglich war, nach den Regeln kapitalistischer Betriebswirtschaft Kosten und Preise zu ermitteln, handelte der damalige Schindler-Verantwortliche für China und spätere Schweizer Botschafter Uli Sigg aus, dass das Joint Venture stets 15 Prozent Gewinn zu erzielen hat. Nach einem weiteren Joint Venture im Jahr 1988 übernahm Schindler 1995 die Aktienmehrheit von Schindler China Elevator Co. Ltd. und baute in den Folgejahren weitere Standorte (Verkauf, Schulung, Fabrikation, Entwicklung) für den asiatischen und pazifischen Raum in Schanghai und Suzhou auf.

Über all die Jahre sammelte Schindler vor allem auch Erfahrungen. So waren die Produkte zunächst zu wenig auf die lokalen Bedürfnisse abgestimmt und die Produktpalette musste angepasst werden. Schindler-CEO Jürgen Tinggren 2012: «Unsere Produkte müssen widerstandsfähiger sein. Zudem braucht es weniger Auswahl bei Kabinengrössen und Fahrgeschwindigkeiten – standardisierte Produkte mit guter Qualität zu wettbewerbsfähigen Preisen sind gefragt.» Entsprechend entwickelte Schindler vor Ort ein für China konzipiertes Liftsystem: eine Basisversion ohne kundenspezifische Optionen, 20 bis 40 Prozent günstiger als vergleichbare westliche Systeme, jedoch in der gewohnten Schindler-Qualität.

Inzwischen stellt der chinesische Markt über 50 Prozent des Weltmarkts für Aufzüge und Fahrtreppen dar. Entsprechend baut Schindler seine Präsenz in Asien und insbesondere in China weiter aus.

Weitere Informationen unter www.schindler.com[1]

---

1 Quellen: Unternehmens-Website mit Medienmitteilungen, Presseartikeln und -interviews. Vgl. hierzu auch Weiss (2012), Chalupny (2012) sowie o. V. (1983).

3.4 Supply Chain Management

Der Begriff **Supply Chain Management (SCM)** wurde erstmals von Oliver und Webber (1992) verwendet. Keith R. Oliver war zu der Zeit bei einem Beratungsunternehmen tätig und begleitete 1981 das weltweit erste SCM-Projekt bei der Firma Landis & Gyr in Zug (Schweiz).

Es gibt keine einheitliche Definition von Supply Chain Management, zusammenfassend für die Vielzahl von Definitionen gilt:

> **Supply Chain Management** ist ein integrativer, prozessorientierter Managementansatz, der alle inner- und überbetrieblichen Aktivitäten entlang von Lieferketten in Wertschöpfungsnetzwerken umfasst mit dem Ziel der Ressourcenoptimierung vom Endkunden bis zum Rohstofflieferanten.

In Zusammenhang mit der Umsetzung von nachhaltigen Geschäftsmodellen und deren Lieferketten bzw. Wertschöpfungsnetzwerken entstand der Begriff **Sustainable Supply Chain Management (SSCM)**. SSCM basiert auf den Prinzipien des Supply Chain Management, beachtet jedoch gleichwertig die ökonomischen, ökologischen und sozialen Aspekte über die gesamte Lieferkette. Das heisst, bei einem nachhaltigen Supply Chain Management werden die drei Aspekte sowohl bei der Gewinnung und Herstellung als auch bei der Nutzung und Entsorgung berücksichtigt, durch neutrale Institutionen überprüft und gegenüber den Stakeholdern transparent informiert[1] (siehe 8.6 «Gesellschaftliche Verantwortung von Unternehmen», S. 227).

In der Konsumgüterindustrie spielt das Supply Chain Management vor allem als Teil des «Efficient-Consumer-Response»-Konzeptes (siehe 3.4.3 «Efficient Consumer Response», S. 89) eine wichtige Rolle. So werden im Rahmen einer marktorientierten Angebotsoptimierung die unternehmensspezifischen Leistungserstellungsprozesse in einem übergreifenden gemeinsamen Planungsprozess (Collaborative Planning, Forecasting and Replenishment CPFR) miteinander verknüpft (siehe 3.6 «IT-Einsatz im überbetrieblichen Leistungserstellungsprozess», S. 98).

---

1 Beispielsweise stellen Firmen wie Remei AG (www.biore.ch) oder Fairphone (www.fairphone.com) auf ihren Websites ihre Zulieferketten transparent dar.

3.4.1	SCOR-Modell

Eine branchenübergreifende Initiative massgebender internationaler Unternehmen (Supply Chain Council) hat 1996 mit der Erarbeitung des Supply Chain Operations Reference Model (SCOR-Modell) die Grundlage für die Darstellung, Beurteilung und Optimierung der relevanten SCM-Prozesse (Planung/Plan, Beschaffung/Source, Herstellung/Make, Lieferung/Deliver, Rücknahme/Deliver Return, Rückgabe/Source Return, Ermöglichen/Enable) geschaffen (▶ Abb. 16).

Das SCOR-Modell ist ein Referenzmodell, dem verallgemeinerte, idealisierte SCM-Prozesse zugrunde liegen. Abhängig von der strategischen Marktpositionierung und der daraus abgeleiteten Operations-Strategie (siehe 2.2.2 «Strategien zur Leistungserstellung [Operations-Strategien]», S. 56) ist das SCOR-Modell firmenspezifisch zu konfigurieren. Die SCOR-Prozesshierarchie spezifiziert die einzelnen SCM-Prozesse über mehrere Ebenen mit zunehmendem Detaillierungsgrad. Die Top-Level-Prozesse (▶ Abb. 16) werden auf Ebene 2 des SCOR-Modells in Teilprozesse aufgelöst (▶ Abb. 17).

Zur Optimierung der SCM-Prozesse beinhaltet das SCOR-Modell, neben einheitlichen Prozessbeschreibungen, Kennzahlen und Best Practices (beste Methoden). Dazu wurden pro Teilprozess Leistungskennzahlen zur Beurteilung der Zuverlässigkeit (Reliability), der Wendigkeit (Responsiveness), der Agilität (Agility), der Kosten (Cost) sowie des Kapitaleinsatzes (Assets) festgelegt. Mit-

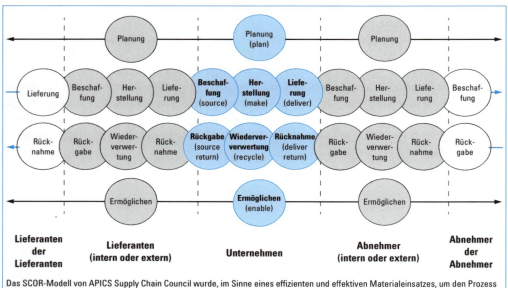

Das SCOR-Modell von APICS Supply Chain Council wurde, im Sinne eines effizienten und effektiven Materialeinsatzes, um den Prozess «Recycle/Wiederverwertung» erweitert.

▲ Abb. 16   Supply Chain Operations Reference Model Revision 11, mit den sieben Top-Level-Prozessen, ergänzt um den Prozess «Wiederverwertung (recycle)» von Komponenten/Materialien

Plan				
P1 – Plan Supply Chain	P2 – Plan Source	P3 – Plan Make	P4 – Plan Deliver	P5 – Plan Return

Source	Make	Deliver
S1 – Source Stocked Products S2 – Source MTO Products S3 – Source ETO Products	M1 – Make-to-Stock M2 – Make-to-Order (MTO) M3 – Engineer-to-Order (ETO)	D1 – Deliver Stocked Products D2 – Deliver MTO Products D3 – Deliver ETO Products D4 – Deliver Retail Products

Source Return	Recycle	Deliver Return
SR1 – Return Defective Products SR2 – Return MRO Products SR3 – Return Excess Products	R1 – Recycle Defective Products R2 – Recycle MRO Products R3 – Recycle Excess Products	DR1 – Return Defective Products DR2 – Return MRO Products DR3 – Return Excess Products

Enable								
E1 – Manage Supply Chain Business Rules	E2 – Manage Performance	E3 – Manage Data and Information	E4 – Manage Supply Chain Human Resources	E5 – Manage Supply Chain Assets	E6 – Manage Supply Chain Contracts	E7 – Manage Supply Chain Network	E8 – Manage Regulatory Compliance	E9 – Manage Supply Chain Risk

▲ Abb. 17   Prozesse und Teilprozesse des um «Recycle» ergänzten SCOR-Modells

gliederfirmen des Supply Chain Council können gegen Bereitstellung ihrer eigenen Kennzahlen die Ergebnisse anderer, in ähnlichen Bereichen tätiger Unternehmen anonymisiert einsehen und vergleichen (siehe 8.7.3 «Prozess-Benchmarking», S. 236).

Weiter enthält SCOR eine Sammlung von Vorgehensweisen (Practices) in den Kategorien aufkommend (emerging), üblich (standard) und rückläufig (declining), mit Verweis auf unterstützte Tätigkeiten und beeinflusste Kennzahlen. Schliesslich hat SCOR verschiedene Qualifikationsstufen für Mitarbeitende (People) definiert, bestehend aus Können (Skill), Erfahrung (Experience), Eignung (Aptitude), Übung (Training) und Kompetenz (Competency). Diese verweisen auf Tätigkeiten und Vorgehensweisen, in denen sie benötigt werden.

3.4.2   Bullwhip Effect

Muss der Absatz von Produkten im Rahmen der gesamten Supply Chain geplant werden, so gilt es insbesondere zu beachten, dass nur das letzte, dem Absatzmarkt am nächsten liegende Glied der Wertschöpfungskette den Marktbedarf (Nachfrage seitens Kunden) direkt beurteilen kann. Alle weiteren Planungsgrössen in der Zulieferkette sind von dieser Bedarfsprognose abhängig.

Wenn nun jeder Zulieferer in der Supply Chain nur aufgrund der Prognose oder Nachfrage seines direkten Abnehmers plant, so kann dies dazu führen, dass Nach-

frageschwankungen über die Zulieferkette verstärkt werden und sich die Absatz-
planzahlen entlang der Logistikkette pro Zulieferstufe erhöhen (▶ Abb. 18).

Diese unter dem Begriff **Bullwhip Effect**[1] bekannte Auswirkung führt dazu,
dass leichte Schwankungen in der Endkonsumentennachfrage sich über die unterschiedlichen Bedarfsverläufe in der Zulieferkette vom Einzelhandel bis zu den
Rohstoffherstellern um ein Vielfaches aufschaukeln und zu einem zentralen Problem im Management einer dynamischen Supply Chain werden.

Neben der Bevorzugung von Lieferanten mit kurzen Lieferzeiten kann der
Bullwhip Effect reduziert werden, indem der Informationsaustausch zwischen
Händler und Hersteller verbessert wird (siehe 3.4.3 «Efficient Consumer Res-
ponse», S. 89).

Wenn zum Beispiel geplante absatzfördernde Massnahmen der Händler (wie
Preisnachlässe, Promotionen) frühzeitig dem Hersteller mitgeteilt bzw. gemeinsam geplant werden (z. B. mittels Collaborative Planning, Forecasting and Replenishment, CPFR), kann dieser sich darauf einstellen und wird nicht von plötzli-
chen Grossbestellungen überrascht.

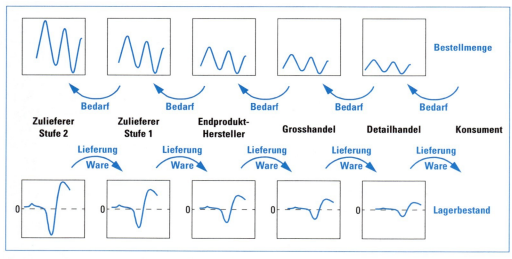

▲ Abb. 18   Entstehung und Wirkung des Bullwhip Effect

---

1   Der Bullwhip Effect (Peitscheneffekt, Whiplash- oder Whipsaw-Effect) wurde erstmals in den
    1960er Jahren durch Jay Forrester vom Massachusetts Institute of Technology thematisiert. Er
    untersuchte das Verhalten der Supply Chain bei unterschiedlichen Bedarfsverläufen und wies
    nach, dass sich die Schwankungen der Bestellungen in der Supply Chain in Richtung der Zulie-
    ferer aufschaukeln. Anfang der 1990er Jahre bestätigte der Konzern Procter & Gamble dieses
    Phänomen, indem er diesen Effekt bei der Produktion und Nachfrage von Pampers-Windeln be-
    obachtete. Obwohl die Nachfrage des Marktes konstant war, bestellte der Grosshändler sehr un-
    terschiedliche Mengen. Zudem variierte die Nachfrage von Procter & Gamble nach Vorprodukten
    noch stärker. Das heisst, die individuellen Bestellungen in der Zulieferkette hatten keinen Zusam-
    menhang mit dem ursprünglichen Bedarf an Pampers-Windeln.

| 3.4.3 | **Efficient Consumer Response** |

Efficient Consumer Response (ECR) bezeichnet eine Strategie zur absatzgesteuerten Optimierung der Lieferkette zwischen Handel und Herstellerunternehmen. ECR wird vor allem im Konsumgüterbereich eingesetzt, ist prinzipiell jedoch in allen Branchen anwendbar.

Analog zum **Supply Chain Management** kooperieren die involvierten Geschäftspartner mit dem Ziel, gemeinsam die Lieferkette – ausgerichtet am Bedarf des Endkunden – effektiv und effizient zu gestalten. Entsprechend ist ECR eine wirkungsvolle Strategie, um einen Bullwhip Effect (siehe 3.4.2 «Bullwhip Effect», S. 87) zu verhindern.

Mit **Efficient Consumer Response** wird die Steuerung der Warendistribution vom Push-Prinzip («sell what you buy») zum Pull-Prinzip («buy what you sell») gekehrt (siehe 7.2 «Konzepte zur Planung und Steuerung der Leistungserstellung», S. 204). Das heisst, statt Waren zu beschaffen (oder herzustellen) und anschliessend mit entsprechendem Aufwand zu verkaufen, sollen nur jene Waren beschafft (oder hergestellt) werden, die auch verkauft werden können bzw. für die ein entsprechender Bedarf vorhanden ist.

Die ECR-Strategie basiert auf mehreren Ansätzen, welche die Aspekte von Marketing und Vertrieb, von Herstellung und Materialwirtschaft umfassen:

- **Efficient Product Introduction (EPI)**/Effiziente Produkteinführung: Durch eine Zusammenarbeit bei der Produktentwicklung und -einführung soll die Erfolgsrate von Produkteinführungen gesteigert und Fehlschläge vermieden werden.
- **Efficient Promotion (EP)**/Effiziente Absatzförderung: Mit einer Abstimmung der Promotions-Aktivitäten zwischen Händler und Hersteller soll die Effizienz der Absatzförderung gesteigert werden.
- **Efficient Assortment (ESA)**/Effiziente Sortimentspolitik: Durch Sortiments- und Verkaufsflächenoptimierung werden eine höhere Verkaufsflächenproduktivität sowie eine erhöhte Warenumschlagshäufigkeit angestrebt.
- **Efficient Replenishment (ER)**/Effizienter Warennachschub: Abhängig von der Kundennachfrage wird durch automatische Bestellungen seitens Verkaufsstandort ein optimaler Warennachschub angestrebt. Mit der Sonderform Continuous Replenishment (CR) soll, vor allem bei Waren mit gleichmässigem Absatz, ein kontinuierlicher Nachschub sichergestellt werden.

Zur Realisierung von **Efficient Consumer Response** gehören verschiedene Elemente:

1. **Zusammenarbeit in der Wertschöpfungskette:** Entsprechend dem Konzept von Supply Chain Management soll in einer auf Langfristigkeit angelegten Kollaboration zwischen Handel (Warengruppen-Management) und Hersteller (Produkt-Management) die Wertschöpfung aller involvierten Geschäftspartner gesteigert werden.

2. **Nutzung von überbetrieblichen Logistik- und Informatiklösungen:** Durch den Einsatz von Logistikkonzepten (beispielsweise Just-in-Time und Cross Docking, [siehe 4.7 «Bestandsmanagement», S. 124, und 4.8 «Logistischer Fluss», S. 129]) sowie durch die Unterstützung durch IT-Anwendungen (beispielsweise Collaborative Planning, Forecasting and Replenishment [siehe 3.6 «IT-Einsatz im überbetrieblichen Leistungserstellungsprozess», S. 98]) soll eine absatzgesteuerte, effiziente Warenbewirtschaftung gewährleistet werden.

3. **Implementierung von Electronic Data Interchange (EDI) und GS1:** EDI (siehe 3.5.3 «Bindungsformen mit Zulieferunternehmen», S. 96) bildet als standardisierte Verbindung zwischen IT-Anwendungen die technische Voraussetzung für den elektronischen Austausch von strukturierten Geschäftsdaten zwischen Unternehmen. Mit Hilfe des GS1-Standards (siehe 6.1.2 «Globales Identifikationssystem GS1», S. 168) können Produkte und logistische Einheiten (halb-)automatisch identifiziert und der Warenfluss gesteuert werden.

Dem Nutzen von Efficient Consumer Response – optimales Bestandsmanagement und Beschleunigung des Warenflusses – stehen entsprechende Investitionen in den Aufbau und die Pflege einer partnerschaftlichen Zusammenarbeit sowie der dazu erforderlichen IT-Systeme gegenüber.

3.5	**Zusammenarbeit mit Lieferanten (Supplier Relationship Management)**

Die Potenziale der zwischenbetrieblichen Zusammenarbeit wurden in den 1980er Jahren in Zusammenhang mit der Einführung des Just-in-Time-Konzepts durch den Automobilhersteller Toyota erstmals gezielt genutzt. Seither wird auf die Bedeutung einer optimalen Gestaltung der zwischenbetrieblichen Geschäftsprozesse immer wieder hingewiesen (siehe 3.4 «Supply Chain Management», S. 85). Für die Gestaltung der Zusammenarbeit mit Lieferanten wird oft auch der Begriff Supplier Relationship Management (SRM) verwendet. Im Supplier Relationship Management werden die Ansätze des Customer Relationship Management in entgegengesetzter Richtung einer Lieferkette angewendet.

Die Ausprägung der Zusammenarbeit mit Zulieferunternehmen wird durch verschiedenste Merkmale bestimmt (▶ Abb. 19). Dabei ist zu beachten, dass beim Bezug von externen Leistungen immer eine Analyse und Beurteilung möglicher Risiken durchgeführt werden muss (siehe 3.2 «Eigenleistung oder Fremdbezug», S. 73).

Gemäss empirischen Untersuchungen kann der **Erfolg von Unternehmenskooperationen** auf folgende Faktoren zurückgeführt werden:

Merkmale	Ausprägungen	Erläuterung
Träger der Wertschöpfung	■ Eigenleistung ■ Fremdbezug	Leistung wird an eigenem Firmenstandort erbracht Leistung wird von Lieferant/Dienstleister bezogen
Geografischer Beschaffungsraum	■ Global Sourcing ■ Local Sourcing	weltweit beste Quelle einer Leistung lokale Quelle einer bestimmten Leistung
Anzahl Bezugsquellen	■ Multiple Sourcing ■ Dual/Double Sourcing ■ Single Sourcing ■ Sole Sourcing	möglichst viele Quellen einer bestimmten Leistung mindestens zwei Quellen einer bestimmten Leistung möglichst eine einzige Quelle einer bestimmten Leistung einzige Quelle für eine bestimmte Leistung
Güterkomplexität/ -struktur	■ Modular Sourcing ■ Integral Sourcing	Beschaffung von Modulen, welche noch zu montieren sind Beschaffung kompletter Produkte
Dauer und Intensität der Partnerschaft	■ Co-Distributorship ■ Co-Producership ■ Co-Makership ■ Co-Entrepreneurship	Zusammenarbeit mit Händlern im Rahmen der Beschaffung ein Ko-Produzent verfügt über Prozess-Know-how ein Ko-Hersteller verfügt über Produkt-Know-how ein Ko-Unternehmer trägt die unternehmerischen Risiken mit

▲ Abb. 19   Merkmale und Ausprägungen der Zusammenarbeit mit Zulieferunternehmen

1. **Wahl des richtigen Partners:** Es soll ein Partner gefunden werden, der a) in der Firmengrösse vergleichbar und b) in der Unternehmenskultur kompatibel ist, c) über kompatible und ergänzende Ressourcen verfügt und d) zu den bestehenden Kooperationen nicht im Widerspruch steht.

2. **Identifikation und Motivation der relevanten Personen:** Kooperationen werden, zumindest in der Initialphase, stark von Individuen im Partnerbetrieb vorangetrieben. Entsprechend soll der Kontakt über Personen erfolgen, die a) wirklich kooperieren wollen und b) firmenintern auch genügend Durchsetzungsvermögen haben, die Kooperation voranzutreiben. Diese Personen müssen mit genügend Informationen ausgestattet werden, um etwaigen Widerständen in der Partnerorganisation entgegenwirken zu können.

3. **Formulierung klarer Regeln für die Zusammenarbeit:** Neben der Kooperationsbasis (Aufgabenteilung, kritische Verbindungen, Ziele, Kooperationszeitraum, Kosten- und Gewinnaufteilung) müssen, abhängig von der strategischen Bedeutung des Kooperationspartners, auch prozedurale Aspekte (Kontrollmechanismen und Konfliktschlichtung) sowie die Notwendigkeiten interner und zwischenbetrieblicher Prozessoptimierungen besprochen werden.

4. **Management der Kooperation:** Kooperationen bedürfen einer permanenten Betreuung, um aktiv gehalten zu werden. Da Individuen eine wichtige Rolle in der Kooperation spielen, muss auch in soziale Infrastruktur investiert werden. Kooperationen sind regelmässig zu beurteilen und zu evaluieren und bedürfen dazu ausreichender Ressourcen.

Grundsätzlich kann festgehalten werden, dass eine Kooperation erfolgreich ist, wenn beide Seiten besser gestellt werden als ohne Kooperation, das heisst eine Win-win-Situation, basierend auf direkt und indirekt quantifizierbarem Nutzen, erreicht werden kann.

| **Evaluation und Bewertung von Zulieferunternehmen**

Die Auswahl der richtigen Geschäftspartner, deren Integration in das eigene Wertschöpfungsnetzwerk wie auch das Management von Versorgungsrisiken sind
wichtige Faktoren für den Unternehmenserfolg. Damit die Zusammenarbeit zwischen einem Unternehmen und seinen Zulieferunternehmen (Sach-/Dienstleis-
tungen) nachhaltig funktioniert, müssen gemeinsame Regeln vereinbart werden.
Nach den Prinzipien der Effektivität und Effizienz werden spezifische Pflichten
und Aufgaben einer Zulieferer-Abnehmer-Beziehung im Rahmen von Zusam-
menarbeitsverträgen[1] festgelegt, quantifiziert und regelmässig beurteilt. Die Ergebnisse bilden dabei die Grundlage für eine jährliche Standortbestimmung sowie
daraus resultierende Verbesserungsmassnahmen (siehe 3.5.4 «Entwicklung der
Zusammenarbeit», S. 97).

Folgende Informationen werden typischerweise zur Evaluation und **Beurteilung von Zulieferanten** verwendet:

- **Allgemeine Unternehmensdaten:** z.B. Gründungsjahr, Besitzverhältnisse, Management, Standort(e), Geschäftssprachen, Performance-Kennzahlen wie Umsatz und Produktivität (TFP) der letzten Jahre, Innovationsfähigkeit (Produkt-
  und Prozessinnovationen), Marktposition, Verhalten gegenüber Mitbewerbern,
  Kundenbeziehungen, Garantien/Produkthaftung, Zahlungs- und Lieferbedingungen.
- **Ressourcen:** z.B. Kompetenzen für Leistungserstellung und Leistungsentwick-
  lung (beispielsweise für ressourcenoptimierte Konstruktion), Kernkompetenzen (Patente, Lizenzen), Profil Leistungserstellungssystem (siehe 5.1 «Merkmale von Leistungserstellungssystemen», S. 138), Quantität und Flexibilität
  der Prozessressourcen (Betriebsmittel für Entwicklung, Erstellung, Qualitätsprüfung), Termine/Durchlaufzeiten, Kosten.
- **Managementsysteme:** z.B. Sicherung der Produkt- und Prozessqualität, Risiko-
  management, Zusammenarbeit mit Lieferanten, Einhaltung ökologischer und
  sozialer Mindeststandards, Planungs- und Controlling-System, Dokumenten-
  archivierung.
- **IT-Infrastruktur:** z.B. Programme für Planung und Steuerung der Leistungserstellung, Programme für Entwicklung, Programmschnittstellen für Datenaustausch (EDI, E-Procurement).

Für die Bewertung können sowohl quantitative als auch qualitative Verfahren eingesetzt werden. Dabei ist zu beachten, dass es eine Vielzahl von Ansätzen zur Bewertung von Zulieferunternehmen gibt. So wertet beispielsweise Glantschnig

---

1   Ein wichtiger Baustein dafür sind sogenannte Qualitätssicherungsvereinbarungen (QSV) zwi-
    schen Abnehmer und Lieferanten, in denen konkret festgehalten wird, was der Lieferant zur Qua-
    litätssicherung leisten muss und an welche (auch soziale und ökologische) Vorgaben er sich zu hal-
    ten hat. Sie sind vergleichbar mit Einkaufsbedingungen oder Allgemeinen Geschäftsbedingungen.

(1994) 129 Methoden der Lieferantenbewertung nach deren Schwerpunkten aus. Erfolgsentscheidend dabei ist, dass die zu erreichenden Ziele kompatibel zur eigenen strategischen Marktpositionierung sind sowie resultierende Schlüsselkenngrössen (KPI) festgelegt, regelmässig überprüft und daraus erforderliche Optimierungsmassnahmen gemeinsam festgelegt werden (siehe 3.5.4 «Entwicklung der Zusammenarbeit», S. 97).

3.5.2 | Klassifizierung Lieferanten (Beschaffungsportfolio-Matrix)

Mit zunehmender Anzahl der zu beschaffenden Produkte und der Zulieferunternehmen steigen die Unsicherheiten und Risiken in der Beschaffung. Dabei wird die Ausprägung der Zusammenarbeit mit den einzelnen Zulieferunternehmen zum entscheidenden Faktor für die Leistungsfähigkeit von Supply Chains. Um die erforderliche Lieferqualität sicherzustellen, muss für jedes zu beschaffende Produkt der jeweils geeignete Lieferant ausgewählt werden. Eine zielführende Methode ist die Erstellung einer Beschaffungsportfolio-Matrix (Kraljic 1985),

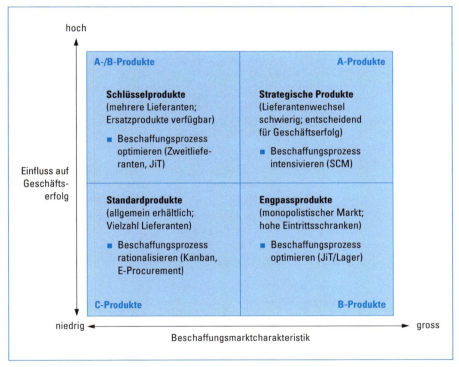

▲ Abb. 20   Produktgruppenportfolio

basierend auf einem Produktgruppen- und Lieferanten-Portfolio. Dabei ist zu beachten, dass je nach Branche und Unternehmen unterschiedliche Kriterien zur
Charakterisierung der zu beschaffenden Produkte und Lieferanten relevant sind.

In einem ersten Schritt werden mit Hilfe eines **Produktgruppenportfolios** die zu
beschaffenden Produkte bzw. Produktgruppen[1] bezüglich ihrer strategischen Bedeutung für das Unternehmen klassifiziert.

Das Produktgruppenportfolio umfasst die beiden Grunddimensionen:

- Beschaffungsmarktcharakteristik bezüglich Verfügbarkeit des zu beschaffenden Produktes (x-Achse).
- Einfluss des zu beschaffenden Produktes auf den Geschäftserfolg (y-Achse).

Daraus resultieren vier Quadranten mit den Produktkategorien Schlüsselpro-
dukte, strategische Produkte, Standard- und Engpassprodukte (◄ Abb. 20).

Abhängig von der unternehmerischen Bedeutung der zu beschaffenden Produkte resultiert eine unterschiedliche Ausgestaltung der Produktbewirtschaftung
sowie der Zusammenarbeit mit den Zulieferunternehmen.

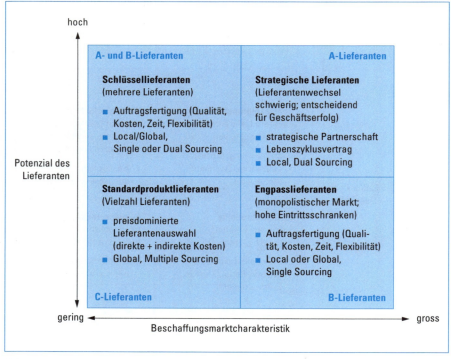

▲ Abb. 21   Lieferantenportfolio

1   Da eine Analyse des Beschaffungsmarktes für jedes einzelne Produkt sehr aufwändig ist, werden
    diese anhand gemeinsamer Merkmale (beispielsweise Technologie, Funktionalität) in Produkt-/
    Warengruppen zusammengefasst.

In einem zweiten Schritt werden mit Hilfe eines **Lieferantenportfolios** die ein-zelnen Lieferanten bezüglich ihrer strategischen Bedeutung für das Unternehmen klassifiziert.

Das Lieferantenportfolio umfasst die beiden Grunddimensionen:

- Beschaffungsmarktcharakteristik bezüglich möglicher Lieferanten für die zu beschaffenden Produkte (x-Achse).
- Potenzial des Lieferanten für eine langfristige Zusammenarbeit (y-Achse).

Daraus resultieren vier Quadranten mit den Lieferantenkategorien Schlüssel-lieferanten, strategische Lieferanten, Standardprodukt- und Engpasslieferanten (◀ Abb. 21).

Abhängig von der unternehmerischen Bedeutung eines Zulieferunternehmens resultiert eine unterschiedliche Ausgestaltung der Zusammenarbeit. Während bei Standardproduktlieferanten die Effizienz des Beschaffungsprozesses im Vorder-grund steht, konzentriert sich speziell bei strategischen Lieferanten die Zusam-menarbeit auf eine langfristige Wertschöpfungspartnerschaft.

Zudem hilft ein ausgewogenes, kompaktes Lieferantenportfolio, im Bedarfsfall den geeigneten Lieferanten für ein neues Produkt auszuwählen.

Führt man die Produktgruppen- und Lieferantenportfolios zusammen, lassen sich in der resultierenden Beschaffungsportfolio-Matrix Optimierungspotenziale bezüglich Übereinstimmung der Lieferantenkategorie mit den zu beschaffenden Produkten aufzeigen (▶ Abb. 22).

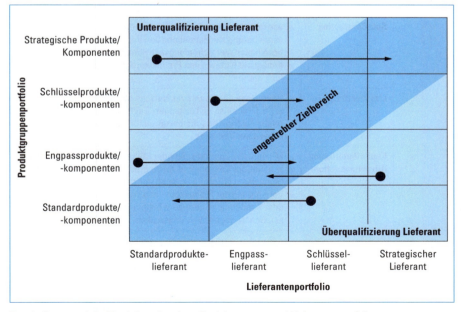

▲ Abb. 22   Beschaffungsportfolio-Matrix bestehend aus Produktgruppen- und Lieferantenportfolio

Idealtypisch positionieren sich die einzelnen Produktgruppen-Lieferanten-Zuordnungen im diagonalen Zielbereich. Aufgrund einer Minimierung der Lieferantenzahl ist es jedoch zweckmässig, von strategischen oder Schlüssellieferanten neben entsprechenden Produkten/Komponenten auch Standardprodukte zu beziehen.

3.5.3   Bindungsformen mit Zulieferunternehmen

Abhängig von der Bedeutung des Zulieferunternehmens kann bzw. muss die Zusammenarbeit mit unterschiedlicher Ausprägung der Bindung geregelt werden. In Anlehnung an Kotler/Bliemel (2001) stehen verschiedene Bindungsformen einer Zulieferer-Abnehmer-Beziehung zur Wahl (▶ Abb. 23).

Die Zulieferer-Abnehmer-Bindung wird dabei, neben der strategischen Bedeutung des Zulieferunternehmens, vor allem von der Dauer der Zusammenarbeit sowie den Kapital- und Management-Ressourcen geprägt.

Form	Ausprägung
Kauf- und Lieferverträge	■ Vereinbarung über bestimmte Liefer- oder Abnahmemengen ■ meist nur kurzfristig angelegt ■ geringer Kapital- und Managementbedarf ■ geeignet, wenn aufgrund instabiler Rahmenbedingungen die notwendige Flexibilität gewahrt werden soll
Sub-Contracting	■ vertragliche, längerfristige Zusammenarbeit, meist in Form einer Auftragsvereinbarung zur Herstellung von Vor- und Zwischenprodukten (Auslagerung bestimmter Wertschöpfungsaktivitäten) ■ ermöglicht Nutzung von Produktionskapazität in-/ausländischer Wertschöpfungspartner
Lizenzverträge	■ Überlassen des Rechts zur Nutzung bewährter Vertriebs- oder Marketingkonzepte (Franchising), Leistungen, Technologien usw. auf eine bestimmte Dauer ■ relativ niedrige Austrittsbarrieren für Lizenznehmer und somit Gefahr des Know-how-Verlustes
Kapitalbeteiligung (Direktinvestition)	■ Minderheits-, paritätische oder Mehrheitsbeteiligung möglich ■ je höher der Kapitalanteil, desto grösser Handlungs- und Entscheidungsspielraum, desto grösser aber auch der Kapital- und Managementbedarf ■ Verlagerung der Produktions- und Vertriebsstätten ermöglicht grössere Markt- oder Kundennähe, geringere Lohn- und Transportkosten sowie einen teilweisen Schutz gegen Währungsrisiken

▲ Abb. 23   Bindungsformen mit Zulieferunternehmen (Kotler/Bliemel 2001)

| 3.5.4 | **Entwicklung der Zusammenarbeit** |

Der Aufbau einer erfolgreichen Wertschöpfungspartnerschaft bedingt die gegenseitige Bereitschaft, die Effektivität und Effizienz der Zusammenarbeit zu verbessern. Dazu ist eine gemeinsame Zieldefinition, die periodische Überprüfung der Zielerreichung durch Kennzahlen sowie, daraus abgeleitet, die Optimierung der über- respektive zwischenbetrieblichen Prozesse erforderlich.

Abhängig von der Klassifizierung der Lieferanten ist die Zusammenarbeit zwischen Zuliefer- und Abnehmerunternehmen unterschiedlich ausgeprägt (▶ Abb. 24).

Die Zusammenarbeit zwischen Zuliefer- und Abnehmerunternehmen wird anhand von verschiedenen Bestimmungsfaktoren[1] bewertet, die zu einer unterschiedlichen Intensität der Zusammenarbeit führen (▶ Abb. 25).

Dabei wird zwischen vier unterschiedlichen Kompetenzstufen unterschieden:

- Stufe 1: Konfrontation
- Stufe 2: Auf Distanz halten
- Stufe 3: Gemeinsame Ziele
- Stufe 4: Volle Partnerschaft

Das Ziel einer erfolgreichen Zusammenarbeit mit Zulieferunternehmen sollte bei Schlüssellieferanten mindestens Stufe 3 und bei strategischen Lieferanten Stufe 4 sein.

Traditioneller Einkauf	**Supply Chain Management**
kurzfristige Optik, Opportunitätskooperation	langfristige Partnerschaft
preisorientiert	Gesamtkosten (Produkt- und Prozesskosten)
breite Lieferantenbasis	Single/Dual Sourcing, Modular Sourcing
viele Lieferantenwechsel	wenig Lieferantenwechsel
unzuverlässige Anlieferung	synchronisierte Anlieferung
funktionale Trennung	funktionale Integration
getrennte Produkt- und Prozessentwicklung	gemeinsame Produkt- und Prozessentwicklung
unkoordinierte Kapazitäten	koordinierte Kapazitäten
unterbrochener Informationsfluss	durchgängiger Informationsfluss

▲ Abb. 24　Unterschiede Traditioneller Einkauf vs. Supply Chain Management

---

1　Entsprechend dem Relationship Positioning Tool (RPT) der Supply Chain Management Group (SCMG), einem Spin-off der Universität Glasgow.

Faktor	Intensität der Zusammenarbeit anhand verschiedener Faktoren		
	Stufe 1 (Konfrontation)	...	**Stufe 4 (volle Partnerschaft)**
Lieferanten-beziehung	■ Misstrauen ■ breite Lieferantenbasis ■ häufiges Wechseln der Lieferanten	...	■ volles Vertrauen ■ Single Sourcing ■ Partnerschaft ■ Lieferanten-Support
Manage-ment	■ Fokus auf direkte Produktionskosten ■ kein Commitment für Partnerschaften ■ Einkauf als notwendiges Übel	...	■ Fokus auf Supply Chain ■ Konzentration auf Qualität, Kosten, Zykluszeiten, Nachhaltigkeit ■ früher Lieferanteneinbezug ■ Teilen der Einsparungen
Organisation	■ funktional ■ dezentraler Einkauf	...	■ horizontale, bereichsübergreifende Teams ■ zentrales Corporate Sourcing und dezentraler operativer Einkauf
Controlling	■ Preis	...	■ gesamte Kosten (Preis, Kosten für ungenügende Qualität sowie schlechten Lieferservice) ■ Einhaltung ökologischer und sozialer Standards
Qualität	■ keine klaren Spezifikationen ■ Wareneingangskontrolle ■ keine SPC (Statistical Process Control)	...	■ Ziel-Qualität spezifiziert ■ Qualitätsmanagementsystem, keine Wareneingangskontrolle ■ SPC
Kosten	■ der günstigste Anbieter erhält den heutigen Auftrag ■ breiter werdendes Teilespektrum	...	■ Target Costing ■ Reduktion des Teilespektrums ■ Konzentration des Geschäftsvolumens
Zykluszeiten	■ hohe Sicherheitsbestände ■ lange Durchlaufzeiten ■ keine Forecasts	...	■ Pull-System (Kanban) ■ Just-in-Time, kurze Durchlaufzeiten ■ rollende Forecasts

▲ Abb. 25   Bestimmungsfaktoren zur Beurteilung der Zusammenarbeit

3.6   IT-Einsatz im überbetrieblichen Leistungserstellungsprozess

Das Supply Chain Management lässt sich durch zwei fundamentale Eigenschaften charakterisieren: einerseits durch die Möglichkeit partnerschaftlicher Kooperation und andererseits durch den Einsatz moderner elektronischer Kommunikationsmittel. Mit Hilfe von Informationstechnologien kann eine Supply-Chain-Organisation aufgebaut werden, die eine Just-in-Time-Leistungserstellung mit minimalen Herstell- und Lagerkosten ermöglicht.

Basierend auf dem vom Supply Chain Council entwickelten SCOR-Modell wurden IT-Anwendungen den SCM-Prozessen Planen, Beschaffen, Herstellen und Liefern zugeordnet (▶ Abb. 26).

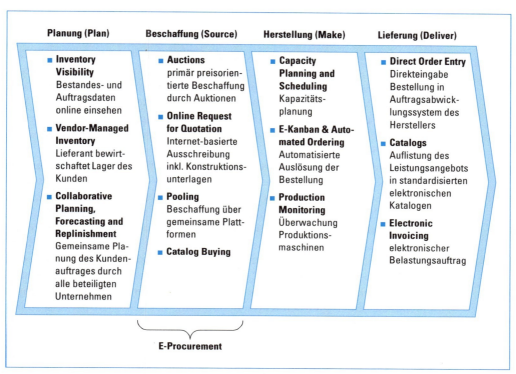

Planung (Plan)	Beschaffung (Source)	Herstellung (Make)	Lieferung (Deliver)
■ **Inventory Visibility** Bestandes- und Auftragsdaten online einsehen	■ **Auctions** primär preisorientierte Beschaffung durch Auktionen	■ **Capacity Planning and Scheduling** Kapazitätsplanung	■ **Direct Order Entry** Direkteingabe Bestellung in Auftragsabwicklungssystem des Herstellers
■ **Vendor-Managed Inventory** Lieferant bewirtschaftet Lager des Kunden	■ **Online Request for Quotation** Internet-basierte Ausschreibung inkl. Konstruktionsunterlagen	■ **E-Kanban & Automated Ordering** Automatisierte Auslösung der Bestellung	■ **Catalogs** Auflistung des Leistungsangebots in standardisierten elektronischen Katalogen
■ **Collaborative Planning, Forecasting and Replenishment** Gemeinsame Planung des Kundenauftrages durch alle beteiligten Unternehmen	■ **Pooling** Beschaffung über gemeinsame Plattformen ■ **Catalog Buying**	■ **Production Monitoring** Überwachung Produktionsmaschinen	■ **Electronic Invoicing** elektronischer Belastungsauftrag

E-Procurement

▲ Abb. 26   Typische Anwendungsbereiche von internetbasiertem SCM gegliedert nach dem SCOR-Modell

Der Einsatz von internetbasierten SCM-Anwendungen ist eine wichtige Voraussetzung für den Einsatz von Kooperationsmodellen wie Efficient Consumer Response (siehe 3.4.3 «Efficient Consumer Response», S. 89). Ein wichtiges IT-Instrument zur Optimierung der Planung innerhalb einer Supply Chain ist das Collaborative Planning, Forecasting and Replenishment (CPFR). Dabei erstellen Händler, Hersteller und Zulieferer gemeinsam eine Absatzprognose, auf die sie anschliessend ihre Planung stützen und das Entstehen eines Bullwhip Effect (siehe 3.4.2 «Bullwhip Effect», S. 87) vermeiden. Ergänzend dazu kann der Hersteller das Bestandsmanagement des Händlers ganz übernehmen (sogenanntes Vendor-Managed Inventory VMI), was weitere Prognosen überflüssig macht.

Ein internetbasiertes Supply Chain Management ist ein wesentliches Element der IT-Nutzung im überbetrieblichen Leistungserstellungsprozess, welches sich über die letzten Jahrzehnte entwickelt hat.

| 3.6.1 | Electronic Business |

Bis zu den 1970er Jahren beschränkte sich der Einsatz von elektronischen Daten-verarbeitungssystemen (EDV), aufgrund fehlender überbetrieblicher Kommuni-kationsstandards, auf die innerbetrieblichen Geschäftsprozesse Buchhaltung und Materialwirtschaft (MRP). Mit zunehmender Rechnerleistung wurden im Ver-laufe der 1970er Jahre vermehrt auch Informationssysteme für die Planung und Steuerung der Leistungserstellung (PPS-Systeme) sowie für die Produktentwick-lung (CAD) eingesetzt.

Dieser ersten Phase folgte ab den 1980er Jahren die Weiterentwicklung der Pla-nungssysteme zur Leistungserstellung in Richtung Unternehmensressourcen (ERP), deren Ausrichtung auf Geschäftsprozesse sowie die Unterstützung der zwi-schenbetrieblichen Prozesse durch EDI (▶ Abb. 27). Dabei entstand mit zuneh-mendem Einsatz von IT-Systemen in Unternehmen vermehrt der Bedarf nach der Vernetzung und Integration der verschiedenen technischen und betriebswirtschaft-lichen Informationssysteme (sogenannten Insellösungen) zu einem integrierten System. Ein Lösungsansatz speziell für Produktionsunternehmen war **Computer-Integrated Manufacturing (CIM)**, das heisst eine rechnerintegrierte Produktion. Basierend auf einer ganzheitlichen Betrachtung der Geschäftsprozesse eines

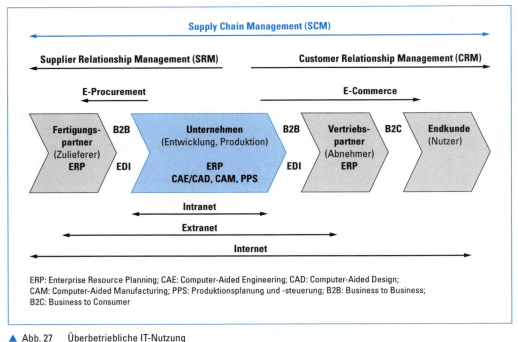

▲ Abb. 27   Überbetriebliche IT-Nutzung

Unternehmens, wurde mit CIM eine durchgängig rechnerunterstützte Informationsverarbeitung auf Basis einer bereichsübergreifenden Datenbank angestrebt.[1]

Die dritte Entwicklungsphase begann Mitte der 1990er Jahre mit der kommerziellen Nutzung des **World Wide Web** durch Unternehmen.

Unter dem Oberbegriff Electronic Business (E-Business) entstanden verschiedenste IT-Konzepte und -Lösungen zur elektronischen Unterstützung von unternehmensinternen (Intranet) und unternehmensübergreifenden (Extranet oder Internet) Geschäftsprozessen. Dabei werden, abhängig vom Empfänger, zwei Anwendungsmöglichkeiten unterschieden:

- **B2C:** Business-to-Consumer (Unternehmen zu Konsumenten/Endkunden),
- **B2B:** Business-to-Business (Unternehmen zu Unternehmen).

Auch wenn Online-Shopping (B2C) sich einer grossen Beachtung erfreut, sind aus wirtschaftlicher Sicht B2B-Transaktionen weit bedeutender. Betrachtet man die überbetrieblichen Geschäftsprozesse eines Unternehmens, so zeigt sich, dass vor allem in den **B2B-Beziehungen** (Lieferanten, Vertriebs- und Service-Partner) grosse Nutzenpotenziale liegen. Mit Hilfe von B2B-IT-Lösungen können sowohl die Beschaffungsprozesse (siehe 4.7.3 «E-Procurement», S. 126) als auch die Absatzprozesse (E-Commerce) automatisiert werden.

Aufgrund der geringeren Komplexität und Kosten werden heute für den zwischenbetrieblichen Informationsaustausch vor allem Internet- und Extranet-Applikationen eingesetzt. Internetbasierte E-Business-Anwendungen sind sehr flexibel und unterstützen alle Phasen von Geschäftstransaktionen.

3.6.2 | Electronic Data Interchange

Electronic Data Interchange (EDI) bezeichnet den elektronischen Austausch von Geschäftsdokumenten zwischen Unternehmen. EDI wurde in den 1970er Jahren entwickelt. Der Einsatz von EDI ermöglicht den asynchronen und vollautomatischen Austausch von strukturierten Dokumenten (beispielsweise Bestellungen, Lieferscheine, Rechnungen) zwischen ERP-Systemen. Durch die direkte Integration der Anwendungen werden fehleranfällige Mehrfacheingaben vermieden und ein schneller Datenaustausch ermöglicht.

Mit der zunehmenden Verbreitung von EDI wurden in den 1980er Jahren erste Standards für die Nachrichtenformate eingeführt. So etablierten sich branchenspezifische Standards wie ODETTE in der Automobilindustrie, SEDAS in der Konsumgüterindustrie und SWIFT im Bankensektor. Die Entwicklung eines internationalen, branchenübergreifenden Standards für EDI-Nachrichten wurde durch die United Nations Economic Commission for Europe (UNECE) initiiert.

---

1 Das Konzept von CIM wird unter Nutzung neuester Informations- und Kommunikations-Technologien heute unter der Bezeichnung «Industrie 4.0» weitergeführt.

Im Jahre 1987 wurde EDI for Administration, Commerce and Transport (UN/EDIFACT) durch die International Organization for Standardization (ISO) zum internationalen Standard für den elektronischen Austausch von Geschäftsdokumenten erklärt und seither fortlaufend erweitert.[1] Aufgrund der hohen Komplexität von EDIFACT wurden branchenspezifische Teilmengen des Standards, sogenannte EDIFACT-Subsets, definiert.

Inzwischen ist EDI ein weitverbreitetes Nachrichtenformat im internationalen Geschäftsverkehr und unter anderem eine Voraussetzung für den Einsatz von Efficient Consumer Response (siehe 3.6.3 «Praxisbeispiel Dell»).

3.6.3 | Praxisbeispiel Dell

© 2013 Dell. Courtesy of Dell Inc.

Die Firma Dell wird im Mai 1984 vom 19-jährigen Studenten Michael Dell mit einem Startkapital von 1000 USD in Austin, Texas, gegründet. Michael Dell hatte ein Jahr zuvor begonnen, in seinem Zimmer an der University of Texas IBM-kompatible Personal Computer (PC) aufzurüsten sowie aus Komponenten neue PCs zusammenbauen und diese 15 Prozent günstiger als die etablierten Anbieter zu verkaufen. 1985 wurde der erste eigene PC entwickelt und erzielte in seinem ersten Betriebsjahr bereits einen Umsatz von 73 Millionen USD. Drei Jahre später wird Dell international und errichtet 1987 eine erste Niederlassung für Europa in Bracknell (UK) sowie ein Montagewerk in Limerick (Irland) für die Absatzmärkte Europa, Nahost und Afrika. Der Umsatz wächst auf über 500 Millionen USD, der Gewinn auf 27 Millionen USD.

Dell konzentriert sich seit Anbeginn auf den PC-Direktvertrieb, zuerst mittels Versandkatalog und Bestellmöglichkeit per Telefon oder Fax, später über Internet. Bereits im Jahre 1994 geht www.dell.com online. Im Juli 1996 wird die Website um E-Commerce-Funktionalität erweitert und erreicht bereits im Dezember desselben Jahres 1 Million USD Umsatz pro Tag. Die Website differenziert sich von den Mitbewerbern dadurch, dass nicht einfach der Katalog ins Internet gestellt, sondern den Kunden die Möglichkeit angeboten wird, mit Hilfe eines Online-Konfigurators ihren individuellen PC aus den einzelnen Komponenten zusammenzustellen. 1998 wird Dell weltweit Nummer 2 hinter HP/Compaq und erzielt einen Umsatz von 18 Milliarden USD sowie einen Gewinn von 1,5 Milliarden USD. Dell hat zu diesem Zeitpunkt 33 Verkaufsniederlassungen mit Kunden in mehr als 170 Ländern.

---

1   UNECE-Website mit aktuellen Versionen der EDIFACT-Nachrichtentypen:
    www.unece.org/cefact.html

Das Unternehmen hat heute seinen Hauptsitz in Round Rock, Texas, und generiert einen Umsatz von über 60 Milliarden USD. Dell beschäftigt weltweit über hunderttausend Mitarbeitende und ist (hinter HP) der zweitgrösste PC-Hersteller.

Durch die Möglichkeit, die Dell-Produkte kundenindividuell zu konfigurieren, werden die Produkte erst zusammengebaut (Build-to-Order), nachdem der Kunde seine Bestellung aufgegeben hat. Dies hat zur Folge, dass nicht nur der Kundenprozess, sondern auch der Leistungserstellungsprozess sehr effizient und effektiv gestaltet werden muss. Die wichtigsten Merkmale dabei sind:

- Kundenprozess
  - Ursprünglich nur Direktverkauf: spart Kosten, schneller am Markt mit neuen Produkten, direkter Kundenkontakt.
  - Mass Customization: kundenindividuelle, massgeschneiderte Konfiguration und Bestellung von PCs basierend auf Standardkomponenten.
  - Kundensegmentierung (Transaktionskunden vs. Beziehungskunden): Privatkunden, Mittelstand (Firmen bis 200 Mitarbeiter), öffentlicher Sektor, Grosskunden.
  - Kundensupport: Durch den direkten Zugriff auf die kundenspezifischen PC-Konfigurationen können die meisten Probleme innert weniger Minuten am Telefon gelöst werden.

- Leistungserstellungsprozess
  - Build-to-Order: (End-)Montage der kundenspezifischen PCs erst nach Bestellung.
  - JiT-Beschaffung der Hauptkomponenten von wenigen Kernlieferanten wie z.B. Intel, SCI, Toshiba, Sony, Seagate. Geringerer Lagerbestand als Mitbewerber.
  - Supply Chain Management: Koordinationsmechanismus für die Produktion der PCs mit Inventory Visibility (Bestands- und Auftragsdaten online einsehen) und Just-in-Time-Anlieferung (wichtigste Zulieferer weniger als 20 Minuten Wegdistanz).
  - Finanzierung: kürzere Zahlungsfristen der Kunden (40 Tage) gegenüber Zulieferer (56 Tage).

Das Geschäftsmodell von Dell weicht in wesentlichen Punkten vom traditionellen Modell der PC-Industrie ab, führt sowohl beim Kundenprozess als auch beim Leistungserstellungsprozess zu Wettbewerbsvorteilen mit entsprechend positiven Konsequenzen auf die Wertschöpfung und bildet die Grundlage für den Unternehmenserfolg.

Aufgrund der ungenügenden Ertragslage leitete Dell im Mai 2007 eine grundlegende Änderung der Vertriebsstrategie ein. Zusätzlich zum Direktverkauf bietet Dell seither seine Produkte auch über ein Händlernetz an. Zugleich bemüht sich Dell weiterhin, über die Online-Präsenz weltweit Kleinkunden zu erreichen.

Weitere Informationen unter www.dell.com[1]

---

1   Quellen: Unternehmens-Website mit Medienmitteilungen, Presseartikeln und -interviews

FOOD

LOVE

Kapitel 4

Materialwirtschaft und Logistik

In diesem Kapitel liegt der Fokus auf Methoden und Konzepten zur Bewirtschaftung von Materialressourcen, wobei dieselben Prinzipien auch für andere materielle sowie immaterielle Ressourcen gelten. In vielen Unternehmen ist ein beachtlicher Teil des Vermögens in materiellen Lagerbeständen gebunden. Deshalb ist es wichtig, dass einerseits die verschiedenen Materialarten unterschieden werden und anderseits Instrumente zur Optimierung der Lagerbestände eingesetzt werden. Neben der Klassifizierung mittels der ABC- und XYZ-Analyse werden in der Praxis auch Portfolioanalysen vorgenommen. Lager erfüllen sehr unterschiedliche Zwecke, entsprechend sind die Lagerhaltungsmodelle und die Lagerstrategien den spezifischen Gegebenheiten anzupassen. Dazu werden Konzepte zur optimalen Gestaltung des Materialflusses (Warenumschlag, Transportstufen) und des Bestandsmanagements (Just-in-Time, Just-in-Sequence, Kanban, E-Procurement) vorgestellt.

4.1   Funktionsbereich Materialwirtschaft und Logistik

Unter der Bezeichnung Materialwirtschaft wird die integrierte Planung und Steuerung von Materialbedarf und Materialbestand verstanden. Entsprechend beinhaltet
die Materialwirtschaft alle dispositiven und integrativen Aktivitäten eines Unternehmens zur Versorgung mit und Bewirtschaftung von Material und umfasst
(siehe 3.4.1 «SCOR-Modell», S. 86) die Teilprozesse Beschaffung (Source), Herstellung (Make), Lieferung (Deliver) sowie Rücknahme (Deliver Return), Wiederverwertung (Recycle), Rückgabe (Source Return) mit den unterstützenden Dienstleistungen Lagerung, Kommissionierung, Transport (▶ Abb. 28).

Grundsätzlich zählt auch die Planung und Steuerung des Materialflusses, das
heisst die Materiallogistik, zu den Aufgaben einer integrierten Materialwirtschaft.
Mit zunehmender Bedeutung des überbetrieblichen Materialflusses organisieren
Unternehmen die Materialwirtschaft im Rahmen des Funktionsbereichs Logistik.
Dabei umfasst Logistik im erweiterten Verständnis nicht nur die Planung und
Steuerung des Transports von Material (Waren/Gütern), sondern auch von Ener-
gie, Informationen und Personen.

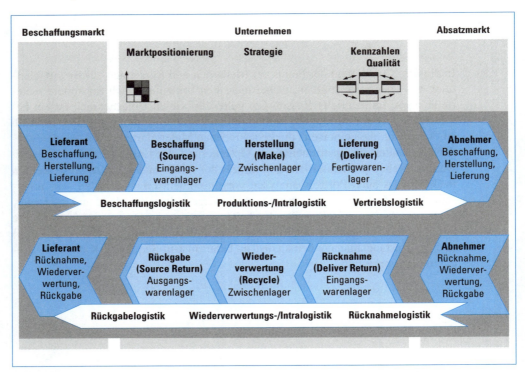

▲ Abb. 28   Logistik als Bindeglied zwischen Beschaffungsmarkt, Unternehmen und Absatzmarkt

In der betriebswirtschaftlichen Literatur findet man keine einheitliche Definition der Logistik. Versucht man eine umfassende Beschreibung, kann Logistik wie folgt definiert werden:

> **Logistik** umfasst die aus den Unternehmenszielen abgeleiteten planerischen und ausführenden Massnahmen und Instrumente zur Gewährleistung eines optimalen Flusses von materiellen, immateriellen und humanen Ressourcen entlang der inner- und überbetrieblichen Wertschöpfungskette.

Mit Hilfe der Logistik wird die optimale Versorgung eines Abnehmers nach folgenden Sachzielen angestrebt:

- Die richtigen Objekte (Material bzw. Waren/Güter, Energie, Informationen, Personen),
- in der richtigen Menge,
- zum richtigen Zeitpunkt (vereinbarter Termin),
- in der erforderlichen Qualität,
- am richtigen Ort,
- mit minimalem Ressourcenverbrauch.

Bei der Erreichung dieser Sachziele entsteht oft ein Zielkonflikt zwischen der Deckung des Bedarfs zur störungsfreien Leistungserstellung, der Minimierung der Beschaffungs- und Lagerkosten sowie der Stillstands- und Fehlmengenkosten.

Aufgrund des bedeutenden Einflusses der Materialwirtschaft/Materiallogistik auf die Wettbewerbsfaktoren Preis, Zeit, Flexibilität, Qualität, Innovation, Service ist eine regelmässige Kontrolle durch Leistungskenngrössen, wie beispielsweise den Servicegrad und die Gesamtkosten (Total Landed Cost), zur Erreichung der materialwirtschaftlichen Unternehmensziele erforderlich. Um die angestrebten Sachziele gegenüber Lieferanten verbindlich durchzusetzen, werden in sogenannten Service Level Agreements (SLA) Inhalt und Umfang der Dienstleistung sowie die Servicequalität vereinbart.

4.2 Informationslogistik

In jeder Organisation bilden Informationen eine zunehmend wichtige Ressource im Rahmen der Leistungserstellung und des Leistungsangebots. Analog zu den materiellen Ressourcen sind auch immaterielle Ressourcen wie Daten und Informationen zu bewirtschaften. Diese Aufgabe obliegt dem Informationsmanagement.

Das Teilgebiet Informationslogistik beschäftigt sich mit den Informationsflüssen innerhalb von Organisationen. Analog zu den Zielen der Logistik wird die **Effektivität und Effizienz der Informationslogistik** nach folgenden Kriterien beurteilt:

- Wirtschaftliche Bereitstellung der relevanten Informationen,
- unter Einhaltung der rechtlichen Vorgaben,
- in der richtigen Form,
- zum richtigen Zeitpunkt (vereinbarter Termin),
- in der erforderlichen Qualität,
- am richtigen Ort,
- mit minimalem Ressourcenverbrauch.

Äquivalent zu den verschiedenen Materialarten (▶ Abb. 29), welche sich unter anderem durch die Verarbeitungsstufe (Rohstoff, Halbfabrikat, Fertigprodukt) unterscheiden, wird bei Informationsmanagement und -logistik zwischen folgenden vier Stufen unterschieden, wobei die Folgestufe jeweils auf der vorangehenden aufbaut:

1. **Zeichen** (Zeichenvorrat), bestehend aus Buchstaben, Ziffern, Sonderzeichen, z. B. «1», «0», «8», «5» und «.».
2. **Daten** (Syntax) entstehen aus sinnvoll verknüpften Zeichen in Form von Worten und Zahlen, z. B. «1.085».
3. **Informationen** (Kontext) basieren auf Interpretationen von Daten und deren Beziehungen/Zusammenhängen, z. B. «1 EUR kostet 1.085 CHF».
4. **Wissen** (Vernetzung) entsteht durch Interpretation von Informationen im Kontext zu bereits vorhandenem Wissen, z. B. «Der Wechselkurs EUR/CHF schwankte in den letzten Jahren zwischen 1.2537 (23. Mai 2013) und 0.9891 (22. Januar 2015)».

Die Herausforderung liegt dabei nicht nur im Generieren von Daten («Data Warehouse», «Big Data»), sondern in der zeitnahen und zielgenauen Verknüpfung von Daten zu nutzbringenden Informationen sowie deren Vernetzung mit bestehendem Wissen.

Bei der Bereitstellung von Informationen ist, analog zu materiellen Ressourcen, zwischen prozessspezifischen und produktspezifischen Informationen zu differenzieren (siehe 2.3 «ITO-Konzept», S. 57). Das heisst, es geht einerseits um Informationen zur Unterstützung von Geschäftsprozessen sowie andererseits um Informationen als Produkt (digital oder physisch). Dabei ist zu beachten, dass mit Ausnahme von digitalen Gütern der Informationsfluss meistens mit einem Materialfluss synchronisiert werden muss.

Die nachfolgend beschriebenen Methoden und Konzepte zur Bewirtschaftung von materiellen Ressourcen (JiT/JiS, Kanban, E-Procurement) gelten, bei unterschiedlicher Infrastruktur[1], prinzipiell auch für immaterielle Ressourcen. Dabei ist zu beachten, dass im Gegensatz zu materiellen Gütern digitale Güter geringe Reproduktions- und Vertriebskosten haben (siehe 1.3.4 «Güter», S. 30).

---

1   Aufbewahrungsort: Datenspeicher statt Lager; Transportwege: IT-Netzwerke statt Luft/Wasser/ Schienen/Strassen; Transportmittel: Datenträger statt Flugzeug/Schiff/Bahn/Lastwagen, Transportbehälter: EDIFACT statt Container etc.

4.3 Materialarten

Die Materialwirtschaft befasst sich mit realen Gütern bzw. mit Materialien, die vom Betrieb zu beschaffen sind, um anschliessend im Leistungserstellungsprozess bearbeitet zu werden. Abhängig von ihrer Beziehung zu den Fertigprodukten oder dem Leistungserstellungsprozess werden unterschiedliche Materialarten unterschieden (▶ Abb. 29).

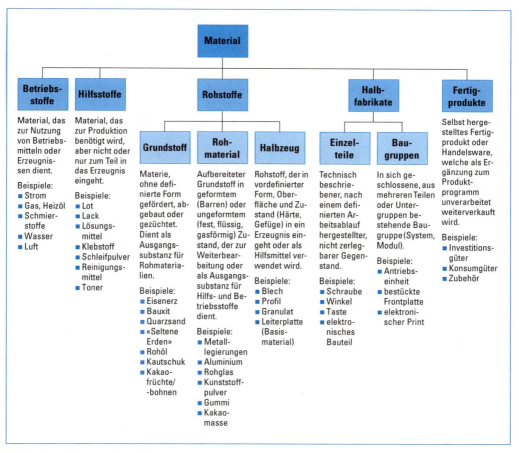

▲ Abb. 29   Gliederung Material

Rohstoffe[1] sind Materialien, die in unverarbeiteter Form beschafft werden, unmittelbar in ein Halbfabrikat oder Fertigprodukt eingehen und in der Regel einen Hauptbestandteil desselben bilden:

- Kautschuk in der Reifenherstellung,
- Getreide für Mühlen,
- Kohle und Erz für die Stahlindustrie,
- Kartoffeln für die Lebensmittelindustrie,
- Kalk für die Zementindustrie,
- Holz für die Zelluloseherstellung (Papier) und Sägereien,
- Kakao für Schokolade,
- Seltenerdmetalle für Hightech-Produkte etc.

Dabei wird abhängig von der Herkunft zwischen Primärrohstoffen (natürliche Rohstoffe wie Erdöl, Kohle, Getreide) oder Sekundärrohstoffen (rezyklierte/wiederaufbereitete Materialien) differenziert.

Hilfsstoffe sind ebenfalls im Endprodukt enthalten, haben aber eine untergeordnete Bedeutung oder erfüllen nur eine Hilfsfunktion:

- Leim, Nägel, Beschläge bei der Herstellung von Möbeln,
- Nieten und Schrauben in der Maschinenindustrie,
- Säuren, Farben, Lacke für Oberflächenbehandlung,
- Schweissdrähte, Lötzinn zum Verbinden von Metallen,
- Verpackung etc.

Obwohl die Verpackung nicht eigentlich in ein Endprodukt eingeht, ist sie insbesondere bei Konsumgütern ein wesentlicher Bestandteil des Endproduktes.

Zu den **Betriebsstoffen** werden all jene Materialien gezählt, die mithelfen, die Leistungserstellungsprozesse aufrechtzuerhalten. Sie gehen deshalb nicht ins Endprodukt ein, sondern werden benötigt, um die Anlagen, Maschinen und Prozesse zu betreiben oder zu erhalten:

- Energie (Elektrizität, Öl, Gas etc.),
- Schmierstoffe,
- Büromaterialien,
- Werkzeuge für die Wartung,
- Messgeräte etc.

Betriebsstoffe, Hilfsstoffe und Rohstoffe werden zusammen als **Werkstoffe** bezeichnet.

---

1   Es ist zu beachten, dass der Zugang zu natürlichen Ressourcen (Rohstoffen) von geostrategischer Bedeutung und oft die Ursache von wirtschaftspolitischen Konflikten (Spekulation bis zu kriegerischen Auseinandersetzungen) ist. Entsprechend nimmt der Wert und die Bedeutung einer nachhaltigen Nutzung von Primär- und Sekundärrohstoffen zu. Speziell für materiell rohstoffarme Länder wie die Schweiz bilden diese Materialien die grösste eigene Rohstoffquelle.

Bei **Halbfabrikaten** hat bereits eine betriebsinterne Verarbeitung stattgefunden. Bei Bauteilen handelt es sich um Bauteile oder Baugruppen, die in grösseren Losen hergestellt und für späteren Gebrauch an Lager gelegt werden. Bei den Halbfabrikaten wird davon ausgegangen, dass eine Zwischenlagerung nur noch stattfindet, um mit einer letzten Bearbeitungsstufe die speziellen Bedürfnisse des Endabnehmers erfüllen zu können. Ein Farbenhersteller zum Beispiel würde deshalb die einzelnen Farben in grossen Behältern lagern und bei Bestellungseingang abpacken und etikettieren. Andernfalls müssten für alle Farben und Verpackungsgrössen Lagerbestände gehalten werden, wodurch sich der Wert des Lagers und damit die Zinskosten drastisch erhöhen würden.

Fertigprodukte oder Endprodukte gehören in den Kompetenzbereich des Materialwirtschafts-Teilprozesses Vertrieb. Die Bewirtschaftung des Endproduktelagers kann aber einer zentralen Stelle zugeordnet werden. Dadurch werden materialwirtschaftliche Aufgaben über verschiedene betriebliche Funktionen zusammengefasst. Dies ist insbesondere bei einem logistischen Ansatz denkbar, bei dem der Materialfluss aus einer ganzheitlichen Sicht gesteuert wird.

Handelswaren sind Fertigprodukte, welche oft als Ergänzung des eigenen Leistungsangebotes dienen, wobei ausländische Produkte häufig an die Anforderungen des eigenen Landes angepasst werden. Dies können beispielsweise länderspezifische Vorschriften bezüglich Sicherheit oder Deklaration sein.

4.4 Effiziente und effektive Nutzung materieller Ressourcen

Die globale wirtschaftliche Entwicklung hat eine vermehrte Nachfrage nach Rohstoffen zur Folge. Dieses Wachstum führt zu einer Verknappung von begrenzt vorhandenen natürlichen Rohstoffen (beispielsweise Erdöl, Cobalt, Metalle der seltenen Erden) sowie zu steigenden und schwankenden Rohstoffpreisen. Gleichzeitig sind mit der Nutzung von Rohstoffen oft Umweltbeeinträchtigungen verbunden, von der Freisetzung von Treibhausgasen über Schadstoffabgabe in Luft, Wasser und Boden bis zur Beeinträchtigung von Ökosystemen und Biodiversität.

Diese Entwicklung erfordert von den Unternehmen ein nachhaltiges Ressourcenmanagement, um die Nutzung materieller Ressourcen über den gesamten Lebenszyklus eines Produktes effizient und effektiv zu gestalten. Dazu ist, statt einer linearen, eine zyklische Betrachtung der Ressourcennutzung erforderlich (▶ Abb. 30). Dies mit der Konsequenz, dass transformierte prozessspezifische Ressourcen (beispielsweise thermische Energie in Abluft oder Abwasser) oder produktspezifische Ressourcen (beispielsweise Restmaterial, Verpackung, Teile/Komponenten von Sachgüter) nach Gebrauch nicht entsorgt, sondern als Sekundärressourcen erneut genutzt werden.

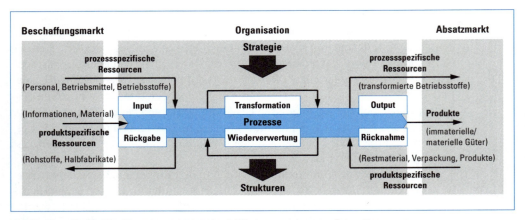

▲ Abb. 30   Nachhaltige Ressourcennutzung durch Wiederverwertung von Sekundärressourcen

Dabei sind aus Effizienzgründen die materiellen Ressourcen optimal zu nutzen sowie die eingesetzten Rohstoffe und Betriebsstoffe nach Transformation und Gebrauch möglichst wiederzuverwerten.[1] Aus Effektivitätsgründen sind keine gefährlichen Stoffe zu verwenden und möglichst keine Schadstoffe zu erzeugen sowie erneuerbare und wiederverwertbare materielle Ressourcen einzusetzen (beispielsweise Substitution durch gleichwertige Materialien[2]).

Die Bedeutung einer effizienten und effektiven Nutzung von materiellen Ressourcen wird durch die Höhe des Materialaufwands in Unternehmen deutlich. So beträgt der Materialaufwand bei produzierenden Unternehmen in der Schweiz rund die Hälfte und bei Dienstleistungsunternehmen immer noch rund ein Drittel des Umsatzes, während der Personalaufwand rund ein Viertel (Industrie) bzw. ebenfalls ein Drittel (Dienstleistungen) beträgt.[3]

Ein wichtiges Instrument, um die nachhaltige Ressourcennutzung in Unternehmen zu steigern, ist die Definition von strategischen Zielvorgaben und deren quantitative Beurteilung. Dabei bilden Kennzahlen zur Ressourceneffektivität und -effizienz die Grundlage zur Festlegung von entsprechenden Verbesserungsmassnahmen (siehe 2.6 «Kennzahlen zur Beurteilung der Leistungserstellung», S. 62).

---

1   Der Bedarf an Energie im Industriesektor macht gemäss Bundesamt für Energie knapp 20 Prozent des gesamten Endenergiebedarfes der Schweiz aus. Davon entfallen rund zwei Drittel auf thermische Energie (Raumwärme, Warmwasser und Prozesswärme), was rund einem Achtel des Gesamtenergieverbrauchs der Schweiz (inkl. Verkehr) entspricht.

2   Festigkeit, Gewicht, Korrosionsbeständigkeit, Recyclingfähigkeit, CO_2-Bilanz, Verfügbarkeit sowie Kosten/Preis sind dabei die relevanten Kriterien bei der Materialauswahl.

3   Materialaufwand der Schweiz – Umweltstatistik Schweiz, Nr. 14, Bundesamt für Statistik, Neuchâtel 2008.

| **Cradle to Cradle**

Neuere Konzepte zur Produktgestaltung, wie beispielsweise «EcoDesign» oder «Cradle to Cradle», versuchen die negativen Aspekte der Abfallerzeugung konsequent zu vermeiden und den Wert der verwendeten Rohstoffe zu erhalten. Damit soll das «Cradle to Grave»-Modell («von der Wiege bis zur Bahre») abgelöst werden, bei dem Abfall entsteht und die Umwelt mit Schadstoffen angereichert wird. Das «Cradle to Cradle»-Konzept folgt dagegen dem Grundgedanken, dass Abfall zugleich auch eine Ressource ist. Mittels «Cradle to Cradle»-Design werden Produkte und Prozesse so entworfen, dass die Regeneration und Erhaltung der genutzten biologischen und technischen Ressourcen gefördert wird. Dabei werden die nicht mehr benötigten Materialien einerseits in einem technischen Kreislauf wieder verwendet (technische Rohstoffe wie Metalle oder Kunststoffe) sowie andererseits in einem biologischen Kreislauf als Nährstoffe (organische, kompostierbare Rohstoffe) erneut genutzt (▶ Abb. 31). Die Umsetzung entsprechender Konzepte erfordert zugleich eine differenzierte Betrachtung der verwendeten Ressourcen über den gesamten Produktlebenszyklus in Form eines «Life-Cycle Thinking» bzw. «Product Lifecycle Management» (siehe 6.4 «Bedeutung der Planungs- und Entwicklungsphase für den Produktlebenszyklus», S. 175).

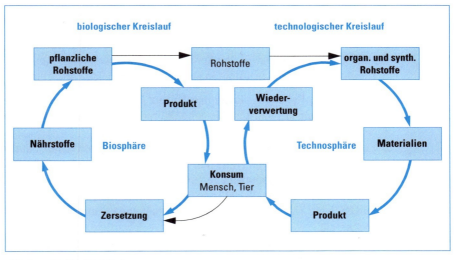

▲ Abb. 31   «Cradle to Cradle»-Kreisläufe

4.4.2 Praxisbeispiel Freitag lab.ag

1993 beginnen die beiden Grafikdesigner und Brüder Daniel und Markus Freitag mit dem Entwurf einer funktionellen, wasserdichten und robusten Tasche. Bei der Suche nach geeigneten Materialien werden rezyklierte Lastwagenplanen, Fahrradschläuche und Autogurten als preiswerte Rohstoffe evaluiert.

Dies entsprechend der Mentalität, welche Markus Freitag wie folgt erläutert: «Wir denken und handeln in Kreisläufen. Gebrauchte LKW-Planen erhalten bei uns ein nächstes Leben als Tasche. Alte, flugrostige Frachtcontainer werden zu einem Flagship-Store aufgetürmt. Wir mögen es, Gegenstände und Materialien aus ihrem angestammten Umfeld zu nehmen und in einen neuen Kontext zu setzen.» Diese und weitere Überlegungen zu nachhaltigen Produkten und Prozessen sind als Richtlinien im Mitarbeitenden-Handbuch «The Freitag-Principles» zusammengefasst.

Die Firma Freitag lab.ag zählt heute rund 150 Mitarbeitende und hat seit 2011 ihren Sitz in Zürich-Oerlikon. Sämtliche Design-, Produktions- und Administrationstätigkeiten finden im ökologisch durchdachten Firmengebäude «Nœrd» statt. Dabei wird unter anderem Regenwasser für die Produktionsprozesse wiederaufbereitet sowie die Hälfte der Wärmeenergie von Kehricht-Heizkraftwerken bezogen.

Die Herstellung der «rezyklierten individuellen Produkte» erfolgt in fünf Schritten:

1. Beschaffung Rohstoffe: Suche und Einkauf von ca. 350 Tonnen Lastwagenplanen pro Jahr, welche nach fünf bis zehn Jahren in ihrer ursprünglichen Funktion als Schutzhülle für LKW-Transportgüter ausgedient haben.
2. Zerlegung: Befreiung der Lastwagenplanen von Ösen, Riemen, Gurten und weiteren nicht verwendbaren Teilen. Zuschneiden auf standardisierte Planen von 2,4 Meter Länge, zusammenfalten und einlagern.
3. Waschen: Mit täglich 15 000 Liter Regenwasser werden die Blachen gewaschen und nach der Trocknung in farblich abgestimmten Paketen für die Bag Designer bereitgestellt.
4. Bag Design: In «Hand-, Kopf- und Baucharbeit» werden durch Designer einzigartige Taschen kreiert, basierend auf individuellen Motiven und den dazu passenden erforderlichen Zusatzmaterialien.
5. Nähen: Die einzelnen Taschenmotive werden bei erfahrenen Partnern in der Schweiz, Tschechien, Bulgarien, Frankreich, Portugal und Tunesien zusammengenäht. Abschliessend werden die Taschen bei Freitag kontrolliert und nach Farbmix sortiert.

Durch die individuelle Rezyklierung von ehemaligen LKW-Planen («Upcycling») wird jede Freitag-Tasche zu einem Unikat. Die Taschen werden in zwei Produktlinien «Fundamentals» und «Reference» über mehrere hundert Absatzpartner sowie in eigenen Freitag-Stores und einem Online-Store weltweit vertrieben.

Seit 2003 ist eine Freitag-Messenger-Bag in der Designsammlung des Museum of Modern Art (MoMA) in New York zu finden.

Nach fünf Jahren Entwicklungszeit lancierte Freitag im Herbst 2014 das eigens entwickelte und zu 100% biologisch abbaubare Material «F-ABRIC». Basierend auf natürlichen, in Europa gewonnenen Bastfasern (aus Flachs und Hanf) und Modal (aus Buchenholz) werden die langlebigen Kleidungsstücke hergestellt, die komplett kompostierbar sind. Dazu wurden ein neuer Nähfäden, Hemdknöpfe aus Steinnuss sowie wiederverwendbare Metall-Hosenknöpfe entwickelt. Dies im Sinne einer konsequenten Umsetzung der Firmenphilosophie, nachhaltige Gestaltung von Produkten und Prozessen entsprechend dem «Cradle to Cradle»-Ansatz.

Weitere Informationen unter www.freitag.ch[1]

4.5 Klassifizierung mittels ABC- und XYZ-Analyse

Zur Erfüllung der materialwirtschaftlichen Ziele bedarf es einer möglichst umfassenden und genauen Planung. Die damit verbundenen Tätigkeiten verursachen jedoch oft relativ hohe Kosten, sodass die Planung auf jene Bereiche beschränkt werden muss, in denen der daraus resultierende Nutzen den verursachten Aufwand rechtfertigt.

Speziell Produktions- und Handelsunternehmen müssen in der Regel eine Vielzahl von unterschiedlichen Materialien bewirtschaften. Aus diesem Grund lohnt sich eine intensive Materialbewirtschaftung nur bei jenen Gütern, denen wertmässig eine grosse Bedeutung für das Unternehmen zukommt. Dazu müssen Selektionskriterien und -verfahren aufgestellt werden, um jene Güter zu bestimmen, die einer genauen und umfassenden Planung bedürfen.

Eine Methode zur Aufwand-Nutzen-Optimierung ist die von der Firma General Electric im Jahre 1951 entwickelte ABC-Analyse[2], ein betriebswirtschaftliches Analyseverfahren zur Klassifizierung einer grossen Anzahl von Objekten. Dabei ordnet man zum Beispiel verschiedene Materialarten nach ihrem relativen Anteil

1 Quellen: Unternehmens-Website mit Medienmitteilungen, Presseartikeln und -interviews.

2 Die ABC-Analyse basiert auf der 80/20-Regel des italienischen Ökonomen und Soziologen Vilfredo Pareto. Pareto, der an der Universität Lausanne lehrte und 1923 in Genf starb, fand heraus, dass 20% der italienischen Familien 80% des Volksvermögens besassen.

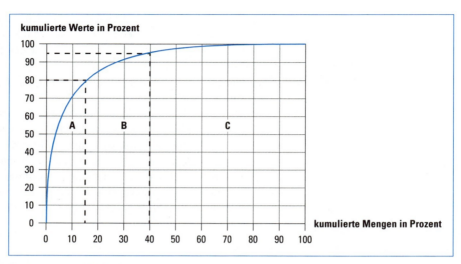

▲ Abb. 32   Ergebnisse einer ABC-Analyse

am Gesamtverbrauch in A-, B- und C-Güter (◄ Abb. 32). Verbreitet ist bei dieser dreiteiligen Klassenbildung, dass

- **A-Güter** rund 70 bis 90 Prozent des Gesamtverbrauchs*wertes,* aber nur rund 10 bis 20 Prozent der gesamten Verbrauchs*menge* aller Materialarten darstellen,
- **B-Güter** rund 10 bis 25 Prozent des Gesamtverbrauchs*wertes* und rund 30 bis 40 Prozent der gesamten Verbrauchs*menge* aller Materialarten beinhalten, und
- **C-Güter** nur rund 5 bis 15 Prozent des Gesamtverbrauchs*wertes,* dafür aber rund 50 bis 60 Prozent der gesamten Verbrauchs*menge* aller Materialarten ausmachen.

Die Prozentwerte der drei Klassen/Gruppen können je nach zu klassifizierendem Objekt und Bewertungskriterium variieren. Das heisst, jedes Unternehmen legt die geltenden Prozentzahlen selber fest.

Die ABC-Klassifikation kann auch für andere Fragestellungen angewandt werden. Dabei ist das Ziel immer, die Komplexität grosser Mengen handhabbar zu machen. So werden Kunden nach ihrem Umsatz oder Deckungsbeitrag (A-, B- und C-Kunden), Produkte nach dem Einkaufsvolumen, Verkaufs-/Umsatzzahlen oder ihrem Deckungsbeitrag (A-, B- und C-Produkte) und Lieferanten (A-, B- und C-Lieferanten) nach ihrem Einkaufsvolumen klassifiziert. Die ABC-Klassifizierung ist letztlich immer dann einsetzbar, wenn es darum geht, relative mengen- oder wertmässige Anteile einzelner Objekte zu klassifizieren.

Die einzelnen Schritte bei der Durchführung einer ABC-Analyse können wie folgt umschrieben werden:

1. Festlegung des zu analysierenden Objekts (z. B. Material oder Kunden).
2. Definition des Bewertungskriteriums (z. B. durchschnittlicher Lagerwert, erforderliche Lagerfläche, Jahresverbrauchswert).
3. Berechnung des Wertanteils jedes Objekts in Prozent der Gesamtmenge respektive des Gesamtwertes.
4. Sortieren der Objekte nach dem Bewertungskriterium in absteigender Reihenfolge.
5. Aufsummierung/Kumulierung der prozentualen Wertanteile (= x-/y-Koordinaten der resultierenden Kurve).
6. Einteilung in A-, B- und C-Objekte.

Entsprechend dem Pareto-Prinzip (80/20-Regel) sind im Falle der Materialwirtschaft Optimierungsmassnahmen, bezüglich Bestandesführung und Beschaffungsprozess, für A-Güter interessanter als für C-Güter.

So stehen bei der Beschaffungs- und Lagerplanung (wie auch -kontrolle) die **A-Güter** im Vordergrund, weil bei diesen die grössten Kosteneinsparungen zu erwarten sind. Für diese Güter ist es sinnvoll, beispielsweise

- eingehende Beschaffungsmarktanalysen zu erstellen,
- die Instrumente des Beschaffungsmarketings gezielt einzusetzen,
- genaue Analysen der Kostenstrukturen vorzunehmen,
- die optimale Bestellmenge zu berechnen,
- den fixen Lagerbestand (Sicherheitsbestand) und Meldebestand genau zu bestimmen.

Im Gegensatz dazu wird man bei den **C-Gütern** den Bewirtschaftungsaufwand möglichst klein halten, das heisst,

- die optimale Bestellmenge grob abschätzen oder lediglich die gesamte Beschaffungsmenge zu Beginn der Planperiode bestellen,
- einen höheren Sicherheitsbestand festlegen und den Lagerbestand seltener kontrollieren,
- das Beschaffungsmarketing kaum einsetzen,
- den Beschaffungsprozess, durch integrierten Einkauf und den Einsatz von Konzepten wie E-Procurement und Kanban, vereinfachen und dadurch die Beschaffungs-Fixkosten senken.

Die XYZ-Analyse klassifiziert Güter anhand ihrer Verbrauchskontinuität (respektive aufgrund der Prognostizierbarkeit des Absatzes). Dazu werden die Güter in die drei Gruppen X, Y und Z eingeteilt:

- **X-Güter** haben einen konstanten Verbrauch mit nur gelegentlichen Schwankungen und sind dadurch **gut prognostizierbar**. Beispiel: Monatliche mengenmässige Verbrauchsschwankungen unter 10 Prozent, wie beispielsweise bei Verbrauchsmaterial.

- **Y-Güter** unterliegen trendmässigen oder saisonalen Schwankungen und sind dadurch **mittelgut prognostizierbar**. Beispiel: Monatliche mengenmässige Verbrauchsschwankungen von 10 bis 50 Prozent.
- **Z-Güter** unterliegen starken Schwankungen durch unregelmässigen, zufallsverteilten Verbrauch und sind dadurch **schlecht prognostizierbar**. Beispiel: Monatliche mengenmässige Verbrauchsschwankungen von mehr als 50 Prozent, wie beispielsweise bei selten benötigten Ersatzteilen.

In der Praxis wird als Mass für die Schwankung häufig die Standardabweichung hinzugezogen.

Die XYZ-Analyse wird im Material Requirements Planning (siehe 7.1.5 «Materialbedarfsplanung», S. 193), aber auch in der Lagerplanung und in der Kalkulation angewendet. Dabei wird sie oft mit der ABC-Analyse in Form einer Matrix zusammengefasst. Diese Kombination wird auch als ABC-XYZ-Analyse bezeichnet (▶ Abb. 33).

Durch die daraus resultierende Einteilung in neun Kategorien kann die optimale Beschaffungsart (siehe 4.7 «Bestandsmanagement», S. 124) bestimmt werden. So eignet sich, aufgrund der kleinen Bedarfsschwankungen und des zugleich grossen Materialwertes, für AX- bis BY-Güter eine Zulieferung nach dem Just-in-Time-Konzept, wodurch eine Lagerhaltung vermieden werden kann. Dagegen sollen regelmässig nachgefragte Produkte, wie CX- bis CY-Güter, verbrauchsgesteuert nach dem Kanban-Prinzip beschafft werden, während AZ- bis BY-Güter typischerweise nur nach Bedarf beschafft werden. CZ- bis BY-Güter dagegen haben einen geringen Wert und sind zugleich schwierig zu beschaffen. Hier ist eine Bereinigung des Sortiments, d.h. Reduktion der Teilevielfalt durch Standardisierung, anzustreben (▶ Abb. 33).

		Verbrauchswert und -menge		
		A	**B**	**C**
Gleichmässigkeit des Verbrauchs	**X**	Just-in-Time		nach Verbrauch (Kanban)
	Y			
	Z	nach Bedarf		Bereinigung des Sortiments

▲ Abb. 33   Beschaffungsarten abhängig von der ABC-XYZ-Analyse

4.6 Lager

«Rein physisch betrachtet ist das Lager ein Ort, i.d.R. ein Gebäude oder ein Raum, in dem Güter gelagert bzw. Lagerbestände (Vorräte) gehalten werden.» (Thommen 2008, S. 389) So gesehen umfasst die Lagerhaltung den Bestand an **materiellen und immateriellen Gütern** eines Unternehmens wie beispielsweise Rohstoffe, Halbfabrikate, Fertigprodukte sowie Betriebs- und Hilfsstoffe, aber auch Daten/Informationen. Ein Lagerhaltungssystem bestimmt das Lagerhaltungsverfahren, kontrolliert die Lagermengen und legt den Zeitpunkt und den Umfang der Bestellungen fest (siehe 4.6.4 «Lagerhaltungsmodelle», S. 122).

In Dienstleistungsunternehmen werden anteilsmässig wenig materielle Güter gelagert. Neben Verbrauchsgütern wie Büromaterial werden vor allem immaterielle Güter, beispielsweise archivierte Informationen, Arbeitspendenzen, Debitorenbestände, Kundenprojekte, gelagert. Obwohl diese Art von Lagerbeständen nicht direkt sichtbar sind, handelt es sich dabei um «Ware in Arbeit» (Leistung wurde begonnen oder erbracht, jedoch noch nicht verrechnet). Unternehmen müssen deshalb versuchen, auch diese immateriellen Lagerbestände zu reduzieren.

4.6.1 Arten von Lagerbeständen

▶ Abb. 34 gibt eine Übersicht über die wichtigsten Lagerbestände im Rahmen des logistischen Flusses eines Unternehmens.

Eine zusätzliche Unterscheidung bezüglich Lagerarten erfolgt aufgrund des erst mit dem Verbrauch und nicht wie üblich mit der Lieferung verbundenen späteren Eigentumsübergangs:

- **Konsignation bzw. Konsignationslager:** Die Artikel befinden sich in einem Lager beim Abnehmer. Das Lager wird vom Lieferanten geführt, entsprechend ist die Ware weiterhin im Eigentum des Lieferanten. Erst bei der Entnahme aus dem Konsignationslager entsteht dem Abnehmer eine Verbindlichkeit gegenüber dem Lieferanten.
- **Kommissionsgeschäft bzw. Kommissionslager:** Die Artikel werden vom Lieferanten dem Abnehmer zur Verfügung gestellt, bis sie durch einen bestimmten Verkauf an Dritte verbraucht werden. Der Abnehmer verwaltet das Lager. Erst mit dem Verkauf entsteht dem Abnehmer eine Verbindlichkeit gegenüber dem Lieferanten.

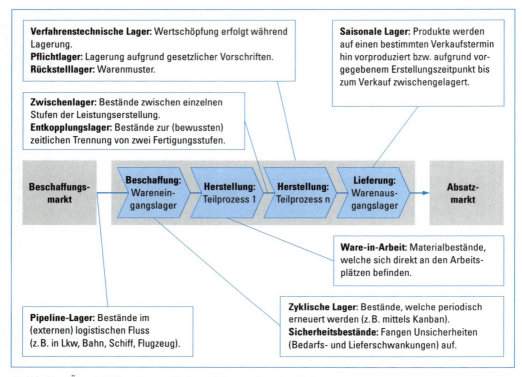

▲ Abb. 34   Übersicht über die verschiedenen Arten von Lagerbeständen

| 4.6.2 | **Zweck/Nutzen eines Lagers** |

Alle Unternehmen halten Bestände bestimmter Materialien (z.B. Heizöl) an Lager. Damit versuchen die Unternehmen folgende Vorteile einer Lagerhaltung auszunutzen:

- **Grössendegressionseffekt:** Bessere Transport- und Einkaufskonditionen bei grossen Mengen, geringere Produktionsstückkosten durch grössere Produktionslose. Allerdings sind diesen Kostenvorteilen die höheren Lagerhaltungskosten entgegenzuhalten.
- **Spezialisierung der Produktion:** Dies senkt die Produktionskosten. Beispiel: Ein Automobilhersteller bietet drei Baureihen an. Er fertigt in einem Werk alle Motoren, im zweiten alle Getriebe und montiert alle Pkws im dritten Werk. Diese kostensenkende Spezialisierung erfordert jedoch höhere Lagerbestände, als wenn jede Baureihe komplett in einem Werk entstünde.

- **Ausgleich zwischen Angebot und Nachfrage:** Manche Güter haben eine un-regelmässige Nachfrage (z.B. Saisongüter wie Speiseeis oder Feuerwerks-körper); durch Lagerhaltung können dennoch die Produktionsanlagen gleich-mässiger ausgelastet werden. Bei anderen Gütern ist das Angebot unregel-mässig (z.B. Angebot an Getreide zur Erntezeit); durch Lagerhaltung kann die Nachfrage dennoch jederzeit befriedigt werden.
- **Schutz vor Nachfrageunsicherheit:** Nicht alle Nachfrageschwankungen können so gut wie etwa bei Saisongütern prognostiziert werden. Lagerhaltung erlaubt die Lieferfähigkeit auch bei einer überraschenden Spitzennachfrage.
- **Gewährleistung der Versorgungssicherheit (materielle Liquidität):** Die Lagerhal-tung einzelner Güter sichert als Puffer deren Lieferbereitschaft. Dies hat direkten Einfluss auf die Lieferbereitschaft des gesamten logistischen Systems. Beispiele: Ausfall von Lieferanten, kurzfristige Produktionsprobleme.
- **Spekulation:** Lagerhaltung ermöglicht, einer erwarteten Preissteigerung oder Knappheit (z.B. Missernte) teilweise zu entgehen. Beispiel: Ein Unternehmen erwartet, dass ein Lieferant die Preise erhöht, und steigert deswegen vorher seine Bestellmengen.
- **Akquisitorische Funktion:** Sofortige Verfügbarkeit der von den Kunden ge-wünschten Güter, vor allem schwer verfügbare ältere (Ersatzteile) oder neue (Technologie, Mode) Produkte. Zudem lösen die Präsenz und Präsentations-form, speziell bei sogenannten Impulsgütern, den Kauf aus.

Nicht alle Güter werden bei der Lagerhaltung gleich behandelt. Bei einer selektiven Lagerhaltung werden die Güter den Lagern nach folgenden Kriterien zugeordnet:

- physikalische Eigenschaften,
- Absatz- und Beschaffungsmarktnähe,
- Artikel-Umsatz-Verhältnisse (ABC-Analyse) oder
- Verbrauchsstrukturen (Prognostizierbarkeit, XYZ-Analyse).

Für jede Güterklasse kann der Bestellvorgang anders ablaufen, die Lieferbereit-schaft unterschiedlich hoch und die Anzahl der bestandsführenden Lager ver-schieden sein.

| 4.6.3 | **Aufwand eines Lagers** |

Neben den positiven Aspekten von Lagern ist zu beachten, dass Lagerbestände zum Teil erhebliche Kosten verursachen (abhängig von der Branche ca. 30–35 % des Materialwertes bzw. ca. 6–7 % des Umsatzes).

Lagerkosten resultieren aus folgenden Positionen:

- **Gebundenes Kapital:** Der Kauf und die Lagerung (inkl. Transport) von Gütern muss vorfinanziert werden. Diese Kapitalbindung im Umlaufvermögen ist zu verzinsen.
- **Infrastruktur- und Handlingkosten:** Infrastrukturen für die Lagerung sowie die Ein- und Auslagerung der Güter müssen zur Verfügung gestellt werden. Neben den Erstellungskosten der Lagerinfrastruktur entstehen auch Wartungs- und Abschreibungskosten.
- **Bewirtschaftungskosten:** Materialbestände müssen regelmässig kontrolliert (periodische und fortlaufende Lagerbestandesüberwachung, Inventur) und bei Bedarf nachbestellt werden. Diese Kosten müssen ebenfalls dem Lager belastet werden (Bewertungsregel nach Obligationenrecht). Dies kann zu beachtlichen Bewirtschaftungskosten führen.
- **Abschreibungen aufgrund von Alterung oder Schwund:** Material an Lager verliert in der Regel an Wert. Diese Wertberichtigungen können erheblich sein. So verliert ein neuer Computer pro Woche zwischen 2 und 3 Prozent an Wert. Zum Schwund gehört im Detailhandel auch der Ladendiebstahl durch Kunden und Mitarbeitende.
- **Kosten des Fehlbestandes:** Zu tiefe Lagerbestände führen zu sogenannten Out-of-Stock-Kosten. Diese können in Form von teureren Expresslieferungen oder entgangenem Umsatz (Deckungsbeitrag) anfallen.
- **Kosten verdeckter Fehler:** Lagerbestände nivellieren die Leistungserstellungsprozesse und verdecken dadurch allfällige Schwachstellen in der Produktion.

Ein Ziel jeder Lagerhaltung ist die Minimierung der damit verbundenen Kosten bei gleichzeitiger Sicherstellung der Materialverfügbarkeit.

4.6.4 Lagerhaltungsmodelle

Grundsätzlich können zwei verschiedene Lagerhaltungssituationen unterschieden werden. In einem Einperiodenmodell werden Artikel nur während einer Periode (z.B. einen Tag) gelagert und müssen danach entsorgt werden. In einem Mehrperiodenmodell stehen dagegen die Artikel für mehrere Perioden zur Verfügung.

Einperiodenmodell

Ein klassisches Einperiodenmodell stellen Frischprodukte oder Zeitungen dar. Können zum Beispiel Tageszeitungen nicht verkauft werden, so sind diese am Abend Altpapier. Verfügt jedoch der Zeitungsverkäufer über zu wenige Zeitungen, so hat er nicht nur früher Feierabend, sondern es entgeht ihm ein Teil vom Umsatz oder genauer (da alle Kosten bereits bezahlt sind) vom Gewinn. Hier wird die optimale Lagermenge anhand des zu erwartenden Verkaufs respektive der Wahrscheinlichkeit, dass die erwartete Menge verkauft wird, berechnet.

Mehrperiodenmodell

Die Lagerhaltungsmodelle von Artikeln, welche über mehrere Perioden genutzt werden können, lassen sich in zwei unterschiedliche Ansätze unterteilen: das Bestellpunkt- und das Bestellrhythmusmodell (▶ Abb. 35).

	Bestellpunktmodell/Q-Modell (engl. fixed-order quantity model)	**Bestellrhythmusmodell/P-Modell** (engl. fixed-time period model)
Bestellmenge	konstant (optimale Bestellmenge), abhängig vom Soll-Bestand	variabel, abhängig vom bisherigen Verbrauch
Bestellzeitpunkt	beim Erreichen des Meldebestandes	regelmässig, zu einem definierten Zeitpunkt (review period)
Bestandspflege	permanent, bei jeder Warenbewegung	zum definierten Zeitpunkt wird der aktuelle Lagerbestand ermittelt
Lagerbestand	geringer als im P-Modell	höher als im Q-Modell
Arbeitsaufwand	Bestandspflege	Bestandsüberwachung
Typische Lager-artikel	teure oder kritische Artikel mit unregel-mässigem, seltenem Verbrauch ⇒ *eher A-/B-Teile*	günstige, unkritische Artikel mit regel-mässigem, kontinuierlichem Verbrauch ⇒ *eher C-Teile*

▲ Abb. 35   Bestellpunkt- und Bestellrhythmusmodell

4.6.5 | Lagerstrategien bzw. -verfahren

Mit der Lagerstrategie bzw. dem Lagerverfahren wird festgelegt, in welcher Reihenfolge Material eingelagert respektive aus dem Lager bezogen wird. Dabei wird zwischen folgenden **Lagerverfahren** unterschieden:

- First In – First Out (FIFO), gleichbedeutend mit «First Come – First Served»: Die zuerst eingelagerten Waren, werden als erstes wieder ausgelagert. FIFO ist die gängigste Strategie und dient vor allem dazu, «Lagerhüter» zu vermeiden.
- Last In – First Out (LIFO): Die zuletzt eingelagerte Ware wird auch zuerst wieder ausgelagert. LIFO ist in der Regel unerwünscht, aber aufgrund der Lagerkonstruktion bzw. bei Schüttgütern unumgänglich.
- First Expire – First Out (FEFO): Waren, typischerweise Lebensmittel, Medikamente oder Sterilgüter, werden entsprechend dem Haltbarkeitsdatum ausgelagert.

- Highest In – First Out (HIFO): Hier werden die Waren mit dem höchsten Wert zuerst wieder ausgelagert.
- Lowest In – First Out (LOFO): Hier werden die Waren mit dem geringsten Wert zuerst wieder ausgelagert.

Welche Lagerstrategie angewendet wird, hängt vor allem von der Art und Haltbarkeit der Ware sowie der Lagerkonstruktion ab.

4.7	Bestandsmanagement

Das Bestandsmanagement setzt sich mit der Frage nach dem optimalen Konzept der Wiederbeschaffung von Materialien und Waren auseinander. Dies kann entweder durch eine Bestellung bei einem externen Lieferanten oder durch einen internen Produktionsauftrag erfolgen. Grundsätzlich können dabei drei verschiedene **Beschaffungsarten** unterschieden werden:

- **Prinzip der fallweisen Beschaffung** (Order-to-Make): Bei diesem Prinzip wird der Beschaffungsvorgang erst ausgelöst, wenn ein entsprechender Materialbedarf festgestellt wird. Die Anwendung dieses Prinzips kommt nur dann in Frage, wenn das Material kurzfristig verfügbar ist und die entsprechenden Beschaffungszeiten nicht zu lang sind. Die fallweise Beschaffung eignet sich insbesondere für Aufträge respektive Güter, deren Bedarf nur schlecht prognostizierbar ist.
- **Prinzip der Vorratsbeschaffung** (Order-to-Stock): Die Vorratsbeschaffung baut für die entsprechenden Materialien Warenlager auf. Die Anwendung dieses Prinzips drängt sich insbesondere bei Verbrauchsmaterial auf bzw. wenn zufallsabhängige Bedarfsverläufe vorliegen.
- **Prinzip der produktionssynchronen Beschaffung** (Just-in-Time oder Just-in-Sequence): Die Materialbereitstellung erfolgt zeit- und mengengerecht. Die Beschaffung kann dabei so präzise vorgenommen werden, dass Lager überflüssig werden. Dieses Beschaffungsprinzip erfordert einen optimal abgestimmten Beschaffungs- und Anlieferprozess.

Die Ermittlung der Bedarfsmengen wird im Abschnitt 7.1.5 «Materialbedarfsplanung» (S. 193) behandelt. Nachfolgend werden die Konzepte zur produktionssynchronen Materialanlieferung, wie Just-in-Time oder Just-in-Sequence, Kanban sowie E-Procurement, erläutert.

4.7.1 | Just-in-Time und Just-in-Sequence

In den 1970er Jahren verstärkte sich, aufgrund einer weltweiten Rezession sowie gesättigter Märkte, der Wandel vom Verkäufermarkt zu einem Käufermarkt. Als Folge ging die Gewichtung der Unternehmensziele von einer möglichst guten Kapazitätsauslastung in Richtung kurzer Lieferfristen. Gleichzeitig mussten hohe Lagerbestände vermieden werden, da sie vor allem aufgrund technischer Neuerungen oder veränderter Kundenwünsche oft zu Ladenhütern mutierten. Somit wurden kurze Lieferfristen bei minimalen Lagerbeständen zur Erfolgsposition im unternehmerischen Wettbewerb.

Die ersten güterflussorientierte Konzepte wurden bereits in den 1950er Jahren bei Toyota in Japan entwickelt, welche unter dem Schlagwort **Just-in-Time** (JiT) zusammengefasst wurden. Gemäss der Philosophie des Toyota-Produktionssystems (siehe 5.2.2 «Toyota-Produktionssystem», S. 150) sind Lagerbestände oft ein Ergebnis von schlechter Planung, Unflexibilität und Qualitätsmängeln, das heisst ein Zeichen von Ineffizienz! Ziel von JiT ist es, Aufträge schneller auszuführen und gleichzeitig die Lagerbestände auf ein Minimum zu reduzieren. Vereinfacht kann man JiT so beschreiben:

> Durch **Just-in-Time** wird ein Produkt in der erforderlichen Menge und Qualität genau auf den Zeitpunkt fertiggestellt und an den Ort geliefert, wann und wo es benötigt wird.

Die Einführung von Just-in-Time stellt hohe Anforderungen an die Organisation des inner- und überbetrieblichen Materialflusses eines Unternehmens. Damit JiT funktionieren kann, müssen die Lagerbestände jederzeit korrekt erfasst und nachgeführt werden. Ein Hauptproblem liegt darin, dass aufgrund von unvorhersehbaren Schwankungen und Störungen es oft unmöglich ist, die Produktions- und Transportkapazitäten mit der erforderlichen Genauigkeit im Voraus zu planen und zu realisieren.

Die konsequente Realisierung von Just-in-Time kann dazu führen, dass sich Kernlieferanten direkt in der Nähe des Herstellers ansiedeln (siehe 5.2.4 «Logistikfokussierte Fabrik in Smartville», S. 157). Die Zulieferer werden dabei logistisch und informationstechnisch eng in den Montageprozess eingebunden. Dadurch können die Pufferlager sowie die Anlieferzeiten nochmals erheblich reduziert werden, und es wird möglich, die erforderlichen Komponenten **«just in sequence»** (JiS) anzuliefern. Entsprechend ist Just-in-Sequence eine Weiterentwicklung des Just-in-Time-Konzepts. Bei der Bereitstellung nach dem JiS-Verfahren sorgt der Zulieferer nicht nur dafür, dass die benötigten Module rechtzeitig in der notwendigen Menge am richtigen Ort, sondern auch in der **erforderlichen Einbau- oder Montagereihenfolge** (sequenzgerecht) direkt an den Arbeitsplatz angeliefert werden. Die Vorlaufzeit beträgt, je nach Produktionssystem, wenige Stunden bis einige Minuten.

| 4.7.2 | Kanban |

Das Kanban-Verfahren[1] wurde zusammen mit Just-in-Time im Rahmen des Toyota-Produktionssystems entwickelt. Kanban ist eine Methode für die Materialbestandsführung sowie, bei konsequentem Einsatz über alle Stufen der Wertschöpfungskette, ein Steuerungsinstrument für die Leistungserstellung (siehe 7.2.2 «Absatzgesteuerte Leistungserstellung [Pull-Prinzip]», S. 207).

Bei Kanban wird der Materialbedarf direkt von den verbrauchenden Organisationseinheiten bei den vorgelagerten (internen oder externen) Zulieferern abgerufen bzw. ausgelöst **(Hol-Prinzip/Pull-System)**. Auf diese Weise werden **selbststeuernde Regelkreise** zur Sicherstellung der Materialverfügbarkeit geschaffen, welche ohne direkten Eingriff zentraler, übergeordneter Instanzen arbeiten. Zugleich können die im Umlauf befindlichen Materialbestände reduziert bzw. auf einem niedrigen Niveau gehalten werden.

Das verblüffend einfache Konzept von Kanban basiert auf der Führung eines definierten Pufferlagers in Form von zwei Behältern pro Teil, wobei die Menge der Teile in einem Behälter dem Verbrauch während der Beschaffungszeit entspricht. Sobald der erste Behälter leer ist, wird mit der Kanban-Karte (welche alle relevanten Artikeldaten enthält) die entsprechende Behältermenge bestellt und in der Zwischenzeit der zweite Behälter benutzt.

Voraussetzung für den wirtschaftlichen Einsatz von Kanban ist ein möglichst kontinuierlicher Bedarf bzw. Verbrauch des entsprechenden Materials und damit eine Leistungserstellung bzw. Beschaffung mit häufiger Wiederholung.

| 4.7.3 | E-Procurement |

Mit der zunehmenden Verbreitung des Internets/WWW ist die elektronische Beschaffung mittels B2B-Anwendungen eine zusätzliche Option für Unternehmen, um Lagerbestände gering und Beschaffungsprozesse effizient zu halten. E-Procurement ist ein Teilgebiet von E-Business (siehe 3.6.1 «Electronic Business», S. 100) und unterstützt die Beziehungen und Prozesse eines Unternehmens zu seinen Lieferanten mittels Informations- und Kommunikationssystemen. E-Procurement beinhaltet verschiedene internetgestützte Beschaffungskonzepte:

---

1 Kanban (japanisch für Karte) steht für einen Beleg, der als Informationsträger mit allen relevanten Artikeldaten zur Steuerung des Materialbestandes eingesetzt wird. Toyota hat sich von der Schnelligkeit, mit der in US-Supermärkten die Regale aufgefüllt wurden, inspirieren lassen und übertrug die Methodik auf die direkte Anlieferung der Teile in die Automobilmontage.

- **Beschaffersysteme** oder Buy-side-Lösungen: Hier bestimmt der Einkauf das zu nutzende System und die Prozessdetails. Beispiele sind EDI oder Online-Einkaufsauktionen.
- **Lieferantensysteme** oder Sell-side-Lösungen: Hier bestimmt der Lieferant das zu nutzende System und die Prozessschritte. Beispiele sind E-Kanban für Normteile oder katalogbasierte Bestellungen für Büromaterial.
- **Marktplatzsysteme** oder Many-to-many-Lösungen: Elektronische Marktplätze bringen mehrere Lieferanten und Einkäufer zusammen. Sie werden in der Regel von spezialisierten Plattform-Betreibern angeboten. Im B2B-Bereich sind dies vor allem Online-Marktplätze, welche ihr Angebot an den Bedürfnissen einer speziellen Branche (Baugewerbe, Presseagenturen, Fotoagenturen) ausrichten.

Gemäss Fraunhofer-Institut für Arbeitsorganisation entstehen pro Bestellung unternehmensinterne Prozesskosten von 150 bis 300 CHF. Diese Kosten resultieren aus dem Aufwand für die einzelnen Prozessschritte eines Bestellvorgangs und sind weitgehend unabhängig vom Wert der Güter. Dies bedeutet, dass vor allem bei standardisierten Niedrigpreisgütern ein grosses Einsparpotenzial besteht und durch den Einsatz von E-Procurement Zeit und Kosten gespart werden können.
Typische standardisierte Güter (sogenannte Katalogware) sind

- indirekte (nicht direkt in Eigenleistung fliessende) Güter wie Investitionsgüter, Software, Büromaterial, MRO-Produkte (Maintenance, Repair & Overhaul Products) etc.,
- direkte (in Eigenleistung fliessende) Güter wie Rohstoffe, Vorleistungen, Handelsware etc.

Durch E-Procurement können Einsparpotenziale sowohl im strategischen wie operationalen Bereich ausgeschöpft werden:

- Operationale Einsparpotenziale:
  - Verringerung der manuellen administrativen Tätigkeiten,
  - Reduktion der Übertragungsfehler,
  - dezentrale Bestellung am Arbeitsplatz und/oder bei Geschäftspartnern,
  - Senkung der Bestellzeiten,
  - Senkung der Einkaufspreise durch Markttransparenz oder Auktionen.

- Strategische Einsparpotenziale:
  - Verbesserung der Kontroll- und Auswertungsmöglichkeiten,
  - Verbreiterung der Einkaufsbasis,
  - Defragmentierung der Lieferanten durch Volumenbündelung und Vereinheitlichung von Verträgen und Lieferbedingungen,
  - Möglichkeit der Einbindung von Lieferanten in Geschäftsprozesse.

| 4.7.4 | **Praxisbeispiel Bossard** |

Die Bossard-Gruppe ist eine weltweit tätige Unternehmensgruppe. Die Firma entstand aus der 1831 durch Franz Kaspar Bossard-Kolin gegründeten Eisenwarenhandlung am Kolinplatz in Zug. Durch die Reduktion der Eisenzufuhren während des Zweiten Weltkriegs suchte die Firma andere Geschäftsfelder und konzentrierte sich vermehrt auf Schrauben, Werkzeuge und Beschläge. Zunehmend wählten auch Industriefirmen Bossard als Zulieferer für Kleinmaterial, immer mehr aus der ganzen Schweiz. 1987 wird ein Teil der Inhaberaktien der Bossard-Gruppe im Rahmen eines Going-public zum Kauf angeboten, seither ist Bossard an der Zürcher Börse kotiert. Die Rezession zu Beginn der 1990er Jahre und der dadurch ausgelöste Einbruch in der Unternehmensperformance veranlasst Bossard zu einer Fokussierung auf die heutigen Kernkompetenzen in der Verbindungstechnik. Gleichzeitig expandiert Bossard international.

Heute befassen sich weltweit rund 1800 Mitarbeiter mit der Beschaffung und dem Vertrieb von Verbindungselementen aller Art und erbringen produktbegleitende Engineering- und Logistikleistungen. In den drei Wirtschaftsregionen Europa, Amerika und Asien/Pazifik zählt Bossard zu den marktführenden Unternehmen der Branche.

Bossard bietet den Kunden komplette Warenbewirtschaftungs- und Logistiklösungen im Bereich C-Teile an. Diese differenzieren sich wie folgt:

- **Bossard Code:** Kanban-Lösung mit Strichcode. Die Bestellung erfolgt nach Bedarf bei den Kunden mit mobilem Datenerfassungsgerät. Die für Bossard relevanten Informationen sind im Strichcode enthalten, welcher von den Kunden mit einem speziellen Lesegerät erfasst und übermittelt werden kann. Nach Erhalt der Bestellung wird diese durch Bossard ausgeliefert.
- **Bossard 2bin:** Kanban-Lösung mit zwei Behältern. Für jeden Artikel stehen mindestens zwei Behälter zur Verfügung, die im Kanban-Regal hintereinander angeordnet sind. Ein leerer Behälter entspricht einer Nachbestellung. Bossard holt periodisch die Leerbehälter ab. Mittels Strichcode werden die Leerbehälter identifiziert, der Bestellauftrag ausgelöst und anschliessend die wiederaufgefüllten Behälter geliefert.
- **Bossard SmartBin:** Die Artikel befinden sich in einzelnen Behältern, die auf sensorgesteuerten Wägezellen stehen und deren Gewicht laufend ermittelt wird. Die Daten werden täglich elektronisch an Bossard übermittelt. Beim Unterschreiten des Mindestbestandes wird automatisch die vordefinierte Bestellmenge an den Kunden geliefert.

- **Bossard Inventory Management (BIM):** Mit BIM bietet Bossard eine Logistiklösung für das gesamte C-Teile-Management an. BIM ist ein nach Kundenbedürfnis aufgebautes Netzwerk qualifizierter Lieferanten, die höchste Sicherheit für Prozesse, Produkte und Verfügbarkeit garantieren. BIM automatisiert die logistischen Abläufe bis zum Zahlungsverkehr und ermöglicht somit den Kunden, sich vermehrt ihren Kernaufgaben zu widmen.

Durch diese Logistikdienstleistungen bietet Bossard ihren Kunden die Bewirtschaftung sämtlicher unkritischer Teile – auch von anderen Lieferanten – mit derselben Logistiklösung. Das Single Sourcing einzelner Produkte wird zum kompletten C-Teile-Management ausgebaut.

Weitere Informationen unter www.bossard.com[1]

4.8 Logistischer Fluss

Mit der zunehmenden Globalisierung ist das internationale Handelsvolumen stark gestiegen. Diese Entwicklung wird durch den Abbau von Handelsbarrieren und durch Freihandelsabkommen sowie relativ tiefe Transportkosten verstärkt. Entsprechend hat die Bedeutung der zwischenbetrieblichen logistischen Aktivitäten zugenommen.

Mit zunehmender Komplexität der Logistikprozesse übernehmen spezialisierte Dienstleister die entsprechenden Tätigkeiten. Abhängig vom Umfang der externen Logistikleistungen wird zwischen folgenden Angebotskonzepten unterschieden:

- **First-Party Logistics (1PL):** Unternehmen führen die Logistikaufgaben mit eigenen Kapazitäten durch. Der Schwerpunkt liegt auf Transport-, Lager- und Umschlagstätigkeiten.
- **Second-Party Logistics (2PL):** Die Planung und Koordination der Logistik erfolgt durch eigene Kapazitäten, während die Transport-, Lager- und Umschlagstätigkeiten durch externe Logistikdienstleister ausgeführt werden.
- **Third-Party Logistics (3PL)/Kontraktlogistik:** Externe Logistikdienstleister übernehmen die gesamte Logistik und bieten sogenannte Mehrwertdienste (Value-Added Services) an (siehe 4.8.1 «Warenumschlag und Transportstufen», S. 130).
- **Fourth-Party Logistics (4PL)/Lead Logistics Provider (LLP):** Ein externer Dienstleister organisiert für seine Kunden die Logistik über die gesamte Wertschöpfungskette. Dabei konzentriert sich der Logistics Provider auf die Planung und Koordination der erforderlichen Logistikdienstleister (2PL), ohne eigene Logistikinfrastruktur einzusetzen.

---

1 Quellen: Unternehmens-Website mit Medienmitteilungen, Presseartikeln und -interviews

| 4.8.1 | **Warenumschlag und Transportstufen** |

Für den Transport von logistischen Einheiten (Pakete, Behälter, Paletten, Container) speziell über grössere Distanzen sind Umladevorgänge («transshipments») und/oder Zwischenlagervorgänge auf dem Weg vom Versender zum Empfänger erforderlich. Das heisst, die Warentransporte erfolgen auf direktem oder indirektem Weg:

- Direkter Weg: Transporte können unterbrochen werden, aber es sind keine Umladevorgänge oder Zwischenlagerungen notwendig.
- Indirekter Weg: Die Güter werden auf dem Weg vom Versender zum Empfänger zwischengelagert und umgeladen.

Speziell im Warenhandel wird aufgrund der Verantwortung für Kommissionierung und Lieferung an Endempfänger zwischen folgenden **Warenumschlagsarten** unterschieden:

- **Lagerhaltung:** Der Verkäufer (Lieferant) liefert die Waren in das Lager respektive Verteilzentrum des Händlers (Empfängers), welcher die Ware anschliessend selber für die einzelnen Filialen oder Endkunden kommissioniert und verteilt.
- **Cross Docking:** Bei der «Kreuzverkupplung» wird die Ware durch den Lieferanten vorkommissioniert und über Verteilzentren an den vom Händler bestimmten Endempfänger ausgeliefert. Dabei wird zwischen einstufiger (Kommissionierung für Filialen oder Endkunden) oder zweistufiger (Kommissionierung für Warenumschlags-/Verteilzentrum, auch Transshipment Point oder Docking Station genannt) Kreuzverkupplung unterschieden.
- **Direct Store Delivery (DSD):** Der Verkäufer liefert die kommissionierte Ware direkt in die Filialen des Empfängers. Dabei wird auf die Harmonisierung von Liefer- und Absatzmengen abgezielt, um suboptimale Lieferzusammenstellungen und zu hohe Lagerbestände zu vermeiden. Dies hat zwar höhere Logistikkosten für den Lieferanten zur Folge, allerdings kann dieser zugleich eine Qualitätssicherung und -kontrolle des Absatzweges vornehmen.
- **Vendor-Managed Inventory (VMI)** oder **Supplier-Managed Inventory (SMI):** Bei diesem lieferantengesteuerten Bestand übernimmt der Lieferant die Verantwortung für die Bestände seiner Produkte beim Kunden. Der Bestand beim Kunden (Konsignationslager) ist im Besitz des Lieferanten und wird von ihm verwaltet. Grundlage für die Berechnung der Lieferungen sind die Verbrauchs- bzw. Verkaufszahlen, die bei der regelmässigen Aufstockung durch den Lieferanten erfasst bzw. elektronisch übermittelt werden.
- **Drop Shipping:** Beim Streckengeschäft (Streckenhandel) hat der Zwischenhändler keinen physischen Kontakt mit der Ware. Das heisst, der Zwischenhändler erwirbt die Ware und verkauft diese an seine Kunden weiter, während die Lieferung der Ware direkt vom Hersteller oder Grosshändler zu den Endkunden (Endempfänger) erfolgt. Das Drop Shipping wird hauptsächlich im Ersatzteilgeschäft und Online-Handel angewendet.

Zugleich wird, speziell bei Tür-zu-Tür-Transporten, zwischen Zentralisierung oder Dezentralisierung der Transportaktivitäten unterschieden:

- **Zentralisierung** bedeutet, dass die Güter eines Unternehmens von einer zentralen Stelle ausgeliefert werden.
- **Dezentralisierung** liegt vor, wenn die Transportaktivitäten eines Unternehmens auf mehrere Standorte aufgeteilt werden. Das heisst, von einem zentralen Standort werden die Waren kommissioniert und über dezentrale Güterverteilzentren feinverteilt. Dieses Verteilprinzip wird auch Hub-and-Spoke-Prinzip genannt.

Die Frage der Zentralisierung oder Dezentralisierung logistischer Prozesse hängt von einer Vielzahl einzelner Komponenten (wie z.B. Relevanz einzelner Wettbewerbsfaktoren) ab und ist eine strategische Entscheidung des Unternehmens.

Bekanntestes Beispiel für dezentrale Logistik ist die Post, die an nahezu jedem Ort einen logistischen Stützpunkt unterhält; weniger bekannt sind die logistischen Strukturen grosser Unternehmen, die oft viel zentraler konzipiert sind, weil sie nur auf wenige Abnehmer, aber grössere Sendungen zielen.

Eine optimale Zentralisierungsstrategie beinhaltet erhebliche Kostensenkungspotenziale, da durch ungünstige räumliche Strukturen überproportional anwachsende Kosten entstehen können. Eine Zentralisierung ist jedoch nicht immer mit einem direkten Transportweg deckungsgleich, da oft auch bei zentralem Versand Umladevorgänge erforderlich sind. Allerdings sind dezentrale Logistiksysteme meistens auch mehrstufig.

Alle Warenumschlagsarten haben das Ziel, die Lagerhaltungskosten und logistischen Prozessschritte zu reduzieren und somit Zeit, Lagerplatz und gebundenes Kapital zu sparen. Wichtige Einflussfaktoren für die Festlegung des optimalen Warenumschlags und somit für die Anzahl Transportstufen sind:

- Unterschiede zwischen Lang- und Kurzstreckenwegen (Autobahn vs. enge Altstadtgasse);
- Unterschiede zwischen Transportmitteln (Schiff oder Flugzeug vs. Lastwagen);
- Unterschiede zwischen Transportbehältnis und Transportverpackung (Container vs. Karton);
- nationale oder regionale Anforderungen an die Produkte (Etikettierungen in Landeswährung und/oder Landessprache erst am oder nahe am Zielort);
- Erfüllung nationaler oder regionaler Sicherheits-, Qualitäts- oder Zertifizierungsanforderungen (z.B. bei Lebensmitteln, Medikamenten oder auch technischen Gütern);
- Erfüllung steuerlicher Anforderungen (z.B. Zollfreilager);
- Zahl, Standort und Grösse von Kunden;
- Anforderung an Ware bezüglich Lagerhaltung (z.B. Temperatur, Haltbarkeit).

4.8.2	**Transportmittel**

Innerhalb einer Wertschöpfungskette befindet sich oft ein grosser Teil der Lagerbestände im Logistikfluss und somit in Transportmitteln. Es bestehen verschiedene Möglichkeiten, Güter zu transportieren. Die Wahl des optimalen Transportmittels – für Güter mit grösserem Volumen und/oder über längere Strecken –
hängt, neben der Verfügbarkeit, von verschiedenen Kriterien ab (▶ Abb. 36).

	Lkw	**Bahn**	**Schiff**	**Flugzeug**
Flexibilität	sehr hoch	mittel bis hoch	mittel	mittel
Kostenstruktur (fix/variabel)	geringe Fixkosten, mitt-lere variable Kosten	hohe Fixkosten, ge-ringe variable Kosten	hohe Fixkosten, ge-ringe variable Kosten	hohe Fixkosten, hohe variable Kosten
Schnelligkeit	mittel bis hoch	mittel	gering	sehr hoch
Kapazität (Stückzahl)	kleine bis mittlere	mittlere bis grosse	sehr grosse	kleine bis mittlere
Direktbelieferung	gut geeignet	mittel bis gering	nur Schiffshäfen	nur Flughäfen
Transportrisiko	mittel bis hoch (Stau)	gering	mittel bis hoch (Piraterie, Unwetter)	gering bis mittel
Generelle Eignung	Stückgüter, individuelle Lieferungen	Rohstoffe und Mas-sengüter mit gerin-gen Anforderungen	Massengüter, weltweite Lang-streckentransporte	Mittel- bis Lang-streckentransporte hochwertiger oder eiliger Güter

▲ Abb. 36   Vergleich von verschiedenen Transportmitteln

4.8.3	**Transportbehälter**

Grundsätzlich werden drei Arten von Transportbehältern unterschieden:

- **Produktverpackung (Consumer Unit):** Verpackung, die das Produkt selbst benötigt, um Umwelteinflüssen widerstehen zu können, beispielsweise eine luft-
  dichte Lebensmittelverpackung.
- **Transportverpackung (Trade Unit):** Verpackung, die speziell dazu dient, das Produkt vor den Umwelteinflüssen während des Transportes zu schützen, und die
  mehrere einzelne Produkte für Transportzwecke zusammenfasst, beispielsweise Kartons, Kisten oder Paletten.
- **Transportbehältnis (Logistic Unit):** Jener Teil eines Transportmittels, der zur
  Aufnahme eines verpackten oder unverpackten Produktes dient, beispielsweise
  die Ladefläche oder der Tank eines Lastwagens, aber auch ein Ladecontainer
  eines Flugzeuges oder ein 20- oder 40-Fuss-Container.

Container sind nach ISO 668 normiert, haben eine Breite von 8 Fuss und sind entweder 20 Fuss (Twenty-foot Equivalent Unit, TEU) oder 40 Fuss (Forty-foot Equivalent Unit, FEU) lang. Masse 20-Fuss-Container: Innenmasse 5,89 × 2,35 × 2,39 m; Volumen rund 33 m³; Ladegewicht 24 t. Masse 40-Fuss-Container: Innenmasse 12,02 × 2,35 × 2,39 m; Volumen rund 68 m³; Ladegewicht 30 t.

▲ Abb. 37   20-Fuss-Container

Ein wichtiger Erfolgsfaktor für den effizienten Warentransport sind standardisierte Transportbehälter.

Der 1956 vom Reedereiinhaber Malcolm McLean[1] erstmals eingesetzte Container ist heute der bedeutendste Transportbehälter für den internationalen Warenverkehr. Heute wird ein Grossteil der Waren, die im internationalen Handel jedes Jahr verschifft werden, in Containern transportiert. Entsprechend werden die für den Transport auf dem Wasser, der Schiene und der Strasse oder in der Luft erforderlichen Transportmittel an den Standardmassen des Containers ausgerichtet (◄ Abb. 37).

Die internationale Normung des Containers unterstützt die Automatisierung[2] des Warenumschlags. Durch die Effizienzsteigerung der intermodalen Transporte, bei denen das Tragfahrzeug mehrmals gewechselt wird (z. B. von Schiff auf Bahn auf Lkw), konnte der Transportkostenanteil am Produktpreis von rund einem Drittel auf ein Zehntel gesenkt werden.

Container werden, als standardisierte Grossraumbehälter, inzwischen auch für andere Zwecke wie zum Beispiel als Modul für Containergebäude (Wohn-, Büro-, Schul-, Verkaufsraum) genutzt/eingesetzt.

Ein weiteres wichtiges Normelement für den Transport von Waren ist die – meistens aus Holz bestehende – Europalette/Palette, mit den Grundmassen von 0,8 mal 1,2 Meter (► Abb. 38).

---

1   Der ehemalige Lkw-Fahrer Malcolm McLean hatte 1936 die Vision, dass an Stelle einzelner Kisten mit Waren ein grosser Behälter samt Inhalt vom Lastwagen auf ein Schiff gehievt werden kann. Zwanzig Jahre später entwickelte er aus dieser Idee den Container. Gegen alle Widerstände von Reedern und Transportunternehmen legte am 26. April 1956 in Newark der mit 58 genormten, stapelbaren Boxen beladene Frachter «Ideal X» ab. Mit der innovativen Geschäftsidee und dem neu gegründeten Unternehmen Sea-Land Corporation Ltd. (seit 2006 Maersk Sealand Line) eroberte der Bauernsohn Malcolm McLean die Logistikwelt.

2   So werden gemäss WTO in den fünf grössten Containerhafen pro Jahr zwischen 32,5 Millionen (Shanghai) und 9 Millionen (Hamburg) 20-Fuss-Container pro Jahr umgeschlagen (www.wto.org).

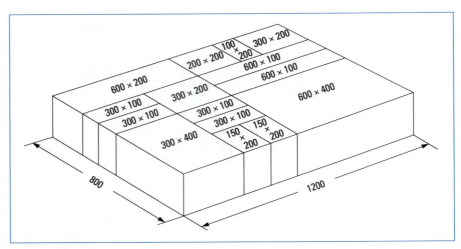

▲ Abb. 38   Standardmasse für Verpackungen basierend auf einer Palettenfläche von 1,2 × 0,8 m

Neben dem eigentlichen Zweck des Einsatzes als Bodenelement für den Transport von Gütern (z. B. mittels Hubstaplern) dient die Palette durch ihre Standardisierung als Referenzgrösse für Produkt- und Transportverpackungen wie auch für Lagergestelle/-regale.

Kapitel 5
Innerbetriebliche Leistungserstellungssysteme

In diesem Kapitel steht die innerbetriebliche Leistungserstellung im Vordergrund. Innerbetriebliche Leistungserstellungssysteme lassen sich anhand von verschiedenen Merkmalen unterscheiden. Dazu wird der morphologische Kasten zur Charakterisierung von Leistungserstellungssystemen eingeführt. Sodann werden vier innovative Leistungserstellungssysteme vorgestellt (Massenfertigung bei Ford, Toyota-Produktionssystem, Gruppenarbeit bei Volvo Uddevalla und die logistikfokussierte Fabrik in Smartville). Abschliessend wird der Ansatz ganzheitliche Produktionssysteme (GPS) eingeführt.

5.1   Merkmale von Leistungserstellungssystemen

Unter **Leistungserstellung** wird der gelenkte und zielgerichtete Einsatz von Ressourcen zur **Herstellung von Sach- und Dienstleistungen** verstanden. Im Vordergrund steht dabei die qualitäts-, kosten-, mengen- und termingerechte Leistungserbringung.

Der Leistungserstellungsprozess umfasst neben direkt produktiven auch indirekt produktive Aufgabenbereiche respektive Teilprozesse (▶ Abb. 39):

- Die **direkt produktiven Aufgabenbereiche** umfassen alle Teilprozesse zur Erbringung der angebotenen Leistungen, von der Beschaffung der erforderlichen Informationen und Materialien über einzelne Leistungserstellungsstufen bis zur Übergabe der Leistung an den Auftraggeber.
- Die **indirekt produktiven Aufgabenbereiche** umfassen planende und überwachende Teilprozesse in Bezug auf die Leistungserstellung (z.B. Arbeitsvorbereitung/AVOR) wie auch auf das Leistungsangebot (Konzeption/Entwicklung von Sachgütern und/oder Dienstleistungen).

Dabei ist zu beachten, dass Massnahmen zur Optimierung der Prozesseffizienz und -effektivität neben den direkt produktiven auch die indirekt produktiven Teilprozesse sowie deren Schnitt- bzw. Verbindungsstellen beinhalten. Sogenannte After-Sales-Services, wie Kundensupport, (vorbeugende) Wartung und Störungsbehebung/Reparatur von Sachgütern, werden dem Teilprozess der Kundenbindung und -betreuung zugeordnet.

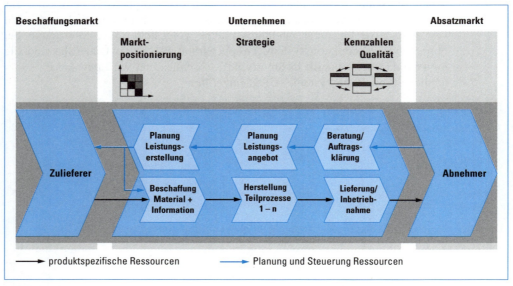

▲ Abb. 39   Typische indirekte und direkte Aufgabenbereiche der Leistungserstellung

5.1.1 Charakterisierung des Leistungserstellungsprozesses

Die Merkmale der Leistungserstellungsprozesse von Unternehmen unterscheiden sich aufgrund

- der Leistungsmerkmale (z.B. Varianz/Individualität, Struktur/Komplexität)
- und der Prozessmerkmale (z.B. Leistungstiefe, Wiederholfrequenz, Umfang/Menge).

Die daraus resultierende Vielfalt und Komplexität realer Leistungserstellungssysteme erfordert eine differenzierte Betrachtung anhand von bestimmten Produkt- und Prozessmerkmalen. Im morphologischen Kasten[1] in ▶ Abb. 40 sind die wichtigsten Merkmale enthalten, welche die Gestaltung eines Leistungserstellungssystems bestimmen. Dieses Grundschema kann um zusätzliche relevante Leistungs- und Prozessmerkmale erweitert werden.

Merkmal	Ausprägungen				
Hauptobjekt der Leistungserstellung	auf Lebewesen bezogene Dienstleistung	auf Objekte bezogene Dienstleistung	digitales Objekt (digitales Gut)	materielles Objekt (Sachgut)	
Varianz/Individualität der Leistung	kundenindividuelle Leistung	Standardleistung mit kundenspezifischen Varianten	Standardleistung mit anbieterspezifischen Varianten	Standardleistung ohne Varianten	
Struktur/Komplexität der Leistung	einteilige Leistung	mehrteilige Leistung mit einfacher Struktur	mehrteilige Leistung mit komplexer Struktur	komplexes/hybrides Leistungsangebot (Systemlösung)	
Initiierung der Leistungserstellung	Kundenbestellung/-auftrag	Kundenbestellung mit Rahmenauftrag	Kundenbestellung für konfigurierte Leistung	Lagerbestand (Prognose/Verbrauch)	
Dauer Initiierung bis Auslieferung	sofort	kurz (weniger als 1 Woche)	mittel (weniger als 3 Monate)	lang (mehr als 3 Monate)	
Tiefe der Leistungserstellung	viele Stufen (grosse Tiefe)	wenige Stufen (mittlere Tiefe)	eine Stufe (geringe Tiefe)	Handel (externe Leistungserstellung)	
Wiederholfrequenz der Leistungserstellung	einmalig	blockweise/sporadisch	regulär	kontinuierlich/gleichmässig	
Umfang/Menge (Losgrösse)	Einzelleistung/Projekt	Kleinserie/Sorten/Varianten	Serie	Charge/Los	Grosserie/Masse	Schütt-/Fliessgut
Organisation der Leistungserstellung	Baustellenorganisation	Inselorganisation	Werkstattorganisation	Linienorganisation	Fliessorganisation	

Links vertikal: *Leistungsmerkmale* (erste drei Merkmale), *Prozessmerkmale* (übrige Merkmale).

▲ Abb. 40 Morphologischer Kasten zur Charakterisierung eines Leistungserstellungssystems

---

1 Der morphologische Kasten ist eine systematisch-heuristische Kreativitätstechnik nach dem Schweizer Astrophysiker Fritz Zwicky (1898–1974). Die mehrdimensionale Matrix bildet das Kernstück der morphologischen Analyse.

Eine differenzierte Betrachtung der Leistungserstellung aufgrund unterschiedlicher Ausprägungen struktureller Merkmale

- ermöglicht die Identifikation, die Beurteilung und den Vergleich von Leistungserstellungssystemen basierend auf denselben Merkmalen,
- bildet die Grundlage für die Gestaltung von Leistungserstellungssystemen durch Aufzeigen möglicher Alternativen anhand der unterschiedlichen Merkmalsausprägungen,
- dient dem besseren Verständnis von Leistungserstellungssystemen durch die Beschreibung der Ausprägung (Typologie) anhand von typenbildenden (quantitativen und/oder qualitativen) Merkmalen.

Nachfolgend werden die einzelnen Merkmale des Leistungserstellungsprozesses für Sachgüter und Dienstleistungen sowie deren Ausprägungen im Detail erläutert.

5.1.2   Hauptobjekt der Leistungserstellung

Die Hauptobjekte von Leistungsangeboten sind in der Regel materielle (Sachleistungen) oder immaterielle (Dienstleistungen, digitale Güter) Objekte. Bei auf Lebewesen bezogenen Dienstleistungen (siehe 1.3.4 «Güter», S. 30) ist die Anwesenheit des Kunden erforderlich, da dieser direkt in die Leistungserbringung involviert ist.

5.1.3   Varianz/Individualität der Leistung

Das Merkmal «Varianz/Individualität der Leistung» drückt den Standardisierungsgrad der angebotenen Leistung aus. Bei diesem Merkmal werden vier Ausprägungen unterschieden:

- Bei **kundenindividuellen Leistungen** wird die geforderte Leistung nach individuellen, kundenspezifischen Anforderungen konzipiert und hergestellt. In der Regel hat damit jeder Kundenauftrag den Charakter einer Neukonzeption.
- **Standardleistungen mit kundenspezifischen Varianten** gehen von einer vorhandenen Grundkonzeption mit einem hohen Anteil standardisierter Komponenten/Teilleistungen aus. Um den kundenspezifischen Anforderungen bezüglich Nutzung und Einsatz der Leistung entsprechen zu können, ist das Leistungsangebot so konzipiert, dass durch die individuelle Anpassung einzelner Komponenten eine kundenspezifische Ausführung des Leistungsangebots realisiert werden kann.

- Die **Standardleistung mit anbieterspezifischen Varianten** ist gekennzeichnet durch eine hohe Varianz des Leistungsangebots. Der Kunde hat die Wahl zwischen verschiedenen, durch den Anbieter (oder Gesetzgeber) vorgegebenen Varianten des Leistungsangebots bzw. die kundenindividuelle Zusammenstellung standardisierter Teilleistungen/Komponenten nach dem Baukastensystem (Leistungsbündel).
- Die Ausprägung **Standardleistung ohne Varianten** ist gekennzeichnet durch das Fehlen jeglicher Einflussnahme der Kunden auf die Leistung. Die Konzeption der Leistung wird vom herstellenden Unternehmen in eigener Verantwortung unter Berücksichtigung der Kundenbedürfnisse und der eigenen Marktpositionierung festgelegt.

5.1.4 Struktur/Komplexität der Leistung

Das Merkmal «Struktur/Komplexität der Leistung» beschreibt den konzeptionellen Aufbau der Leistung. Die Differenzierung der Merkmalsausprägung erfolgt anhand der Anzahl der Komponenten/Teilleistungen respektive der Zahl der Ebenen (Strukturtiefe) sowie der einzelnen Positionen der Produktstruktur (Strukturbreite).

Anhand dieser beiden Kriterien können vier Merkmalsausprägungen unterschieden werden:

- **Einteilige Leistungen** (z.B. Schraube, Brot) können sowohl eine als auch mehrere Fertigungsstufen beanspruchen.
- Bei **mehrteiligen Leistungen mit einfacher Struktur** (z.B. Baukasten-Möbel, Kugelschreiber) ist die Anzahl der Fertigungsstufen gering und die Anzahl der Einzelkomponenten begrenzt.
- **Mehrteilige Leistungen mit komplexer Struktur** (z.B. Mobiltelefon, Auto) sind durch eine vielstufige und stark verzweigte Struktur mit grosser Komponentenzahl gekennzeichnet.
- **Komplexe/Hybride Leistungsangebote** (z.B. Anlagen, Rechenzentren) bestehen aus mehrteiligen Leistungen (beispielsweise mehrere Sachgüter kombiniert mit digitalen Gütern plus begleitende Dienstleistungen) und werden auftragsspezifisch geplant.

5.1.5 Initiierung der Leistungserstellung

Die Initiierung der Leistungserstellung beschreibt die Bindung der Leistungserstellung an den Absatzmarkt. Je nach der Art des Auslösens des Primärbedarfs sind dabei vier Ausprägungen zu unterscheiden:

- **Leistungserstellung auf Kundenbestellung (Engineer-to-Order/Make-to-Order):**
  Hier werden die Leistungen erst aufgrund eines konkreten Kundenauftrages
  nach den kundenspezifischen Bedürfnissen entwickelt (Engineer-to-Order/
  Design-to-Order) und/oder hergestellt (Make-to-Order/Build-to-Order).
- **Leistungserbringung auf Kundenbestellung mit Rahmenauftrag (Deliver-to-Order):**
  Hier werden die Leistungen anhand eines über längere Zeiträume laufenden
  Liefervertrages geplant und aufgrund einer Abrufbestellung bereitgestellt. An-
  passungen sind in der Regel nur in grösseren Zeitabständen erforderlich.
- **Kundenbestellung für konfigurierte Leistung (Assemble-to-Order):** Hier wird der
  Bedarf einzelner Komponenten durch eine mittelfristige Vorhersage bestimmt
  und entsprechend vorproduziert (Make-to-Stock), während die angebotenen
  Marktleistungen erst aufgrund eintreffender Kundenaufträge (Build-to-Order)
  fertiggestellt werden.
- **Lagerbestand (Make-to-Stock):** Die Leistungen werden entweder aufgrund
  eines Lagerbedarfs (Mindestbestand) oder auf Vorrat (Prognose) gefertigt. Das
  Produktionsprogramm (nach Art, Menge und Termin) wird auf der Basis von
  Absatzerwartungen autonom festgelegt. Kurzfristige Anpassungen dieses Pro-
  gramms sind nur in begrenztem Umfang erforderlich.

5.1.6	Dauer Initiierung bis Auslieferung

Das Merkmal «Dauer Initiierung bis Auslieferung» beschreibt die Zeit von der
Auftragserteilung bis Fertigstellung und Übergabe der Leistung. Je nach Dauer
der Leistungserstellung werden dabei vier Ausprägungen unterschieden:

- **Sofort:** Die Leistungserstellung erfolgt unmittelbar nach Kundenbestellung/
  -auftrag. In diesem Fall müssen sämtliche zur Leistungserbringung erforderlichen Ressourcen sofort verfügbar sein.
- **Kurz (weniger als 1 Woche):** Die Leistungserstellung erfolgt innerhalb einer
  Woche. Dies ist typisch für standardisierte Leistungen, die durch einen Geschäftspartner ausgeführt werden bzw. bei denen die erforderlichen Ressourcen teilweise beschafft werden müssen.
- **Mittel (weniger als 3 Monate):** Die Leistungserstellung erfolgt innerhalb von
  drei Monaten. Dies ist typisch für mehrteilige Leistungen mit komplexer Struktur und/oder kundenspezifischen Varianten.
- **Lang (mehr als 3 Monate):** Die Leistungserstellung erfolgt über einen Zeitraum
  von mehreren Monaten oder Jahren. Dies ist typisch für komplexe Leistungsangebote mit kundenindividuellen Varianten.

5.1.7 | Tiefe der Leistungserstellung

Die Tiefe der eigenen Leistungserstellung (Leistungstiefe) wird durch die Anzahl Stufen sowie die Anzahl aufeinanderfolgender Arbeitsvorgänge bei der Herstellung der Leistung charakterisiert. Insgesamt lassen sich vier Merkmalsausprägungen unterscheiden:

- **Viele Stufen:** Diese Leistungserstellung ist gekennzeichnet durch einen grossen Eigenleistungsanteil am Endprodukt. Der Fremdbezug wird dadurch auf ein Minimum (beispielsweise Rohstoffe, Normteile) reduziert.
- **Wenige Stufen:** Hier wird der Eigenleistungsanteil am Endprodukt auf wenige, meistens Kern-Teilprozesse reduziert. Ein Fremdbezug erfolgt in grösserem Umfang.
- **Eine Stufe:** Diese ist definiert durch einen spezifischen Teilprozess, der spezielle Kompetenzen erfordert und/oder die letzten Arbeitsvorgänge (Endmontage, Test) vor der Übergabe an den Kunden umfasst. Dies hat einen weitestgehenden Fremdbezug zur Folge.
- **Handel:** Hier findet die Leistungserstellung vollständig ausser Haus statt.

5.1.8 | Wiederholfrequenz der Leistungserstellung

Die Wiederholfrequenz charakterisiert die Häufigkeit der Erstellung derselben Leistung. Eine Differenzierung erfolgt anhand der Wiederholhäufigkeit gleicher oder ähnlicher Leistungen. Die Wiederholfrequenz hat massgebenden Einfluss auf die Gestaltung des Leistungserstellungsprozesses: Bestimmt werden die Organisation der Leistungserstellung, der Vorbereitungsgrad der Leistungserstellung sowie die Flexibilität und der Automatisierungsgrad der Betriebsmittel. Es lassen sich folgende Merkmalsausprägungen unterscheiden:

- Die **einmalige Leistungserstellung** ist gekennzeichnet durch die kundenspezifische Produktgestaltung und kleine Stückzahlen. Durch die Einmaligkeit der herzustellenden Leistung werden die erforderlichen Dokumente zur Leistungserstellung ausschliesslich für diesen Auftrag, teilweise in Form von Notizen und Skizzen, verfasst.
- Bei einer **blockweisen** oder **sporadischen Leistungserstellung** wird in einer späteren Planungsperiode eine bestimmte Mengeneinheit erneut hergestellt, und zwar ohne erkennbare Regelmässigkeit. Aufgrund der zu erwartenden erneuten Herstellung von Teilen werden die erforderlichen Dokumente zur Leistungserstellung vollständig aufbereitet.
- Im Fall der **regulären Leistungserstellung** erfolgt eine regelmässige Leistungserstellung in definierten Mengeneinheiten auf denselben Betriebsmitteln, bis

eine Umrüstung auf ein anderes Leistungsangebot nötig wird. Der hohe Anteil an Wiederholungen erfordert im Hinblick auf eine möglichst kostengünstige Leistungserstellung einen hohen Vorbereitungsaufwand. Dabei zeichnet sich ein hoher Spezialisierungs- und Automatisierungsgrad der Betriebsmittel ab.

- Die **gleichmässige** oder **kontinuierliche Leistungserstellung** ist ein Extremfall der regulären Leistungserstellung. Dabei wird eine bestimmte Leistung kontinuierlich erbracht und der Produktionsprozess nur in Ausnahmefällen (Reparatur, Wartung) unterbrochen. Entsprechend ist in der Regel die Auflagenhöhe der Herstellmenge sehr gross. Durch den hohen Grad an Wiederholungen im Leistungserstellungsprozess ist eine optimale Vorbereitung notwendig. Die Betriebsmittel sind ebenfalls hoch spezialisiert und automatisiert.

| 5.1.9 | **Umfang/Menge (Losgrösse)** |

Mit dem Merkmal «Umfang/Menge» wird die Stückzahl respektive Menge oder Losgrösse des zu erstellenden Leistungsangebots im Rahmen eines bestimmten Kundenauftrages definiert. Man unterscheidet folgende Ausprägungen:

- **Einzelleistung/Projekt:** Mit dem Auftrag wird nur eine Einheit einer bestimmten Leistung hergestellt bzw. beschafft. Dies kann zum Beispiel im Rahmen eines One-Piece-Flow-Konzepts erfolgen, bei dem jeder Produktionsauftrag eine andere Variante derselben Leistung beinhaltet, oder als Grossprojekt.
- **Kleinserie/Sorten/Varianten:** Mit dem Auftrag werden nur wenige Einheiten einer bestimmten Leistung, bzw. Sorten/Varianten eines bestimmten Leistungsangebots, hergestellt bzw. beschafft.
- **Serie:** Mit dem Auftrag werden viele Einheiten einer bestimmten Leistung hergestellt bzw. beschafft.
- **Charge/Los:** Teilmengen oder Teillieferungen eines Massenprodukts werden hergestellt bzw. beschafft. Die Menge wird durch die Ermittlung der optimalen Losgrösse festgelegt. Durch die Mengenreduktion entstehen geringere Lagerbestände.
- **Grossserie/Masse:** Mit dem Auftrag werden sehr viele Einheiten einer bestimmten Leistung hergestellt bzw. beschafft. Die Leistungserstellung findet dann meistens ohne Unterbruch statt.
- **Schütt-/Fliessgut:** Dieses Material wird nicht mehr in Mengeneinheiten, sondern an seinem Volumen gemessen. Typische Schüttgüter sind beispielsweise Baumaterial (Sand, Kies, Zement), Rohstoffe (Erz, Kohle), Lebensmittel (Getreide, Zucker, Salz, Kaffee, Mehl), Chemie/Pharma (Pulver, Füllstoffe, Granulate, Pellets). Fliessgüter umfassen neben den Schüttgütern auch Flüssigkeiten und Gase wie zum Beispiel Mineralöl, Gas, Chemikalien, aber auch Lebensmittel wie zum Beispiel Milch und Obstsäfte.

Das Merkmal «Umfang/Menge» muss nicht mit dem vorherigen Merkmal «Wiederholfrequenz» zusammenhängen. Oft findet man eine Leistungserstellung einzelner Produkte mit häufiger Wiederholung. Umgekehrt kann es durchaus eine einmalige Leistungserstellung einer Serie geben.

| 5.1.10 | **Organisation der Leistungserstellung** |

Das Merkmal «Organisation der Leistungserstellung» beschreibt die räumliche Anordnung und Zusammenfassung der Betriebsmittel, den Grad der Arbeitsteilung der Mitarbeitenden sowie die Art der Auftragsabwicklung zwischen den einzelnen Kapazitätsplätzen. Man unterscheidet im Allgemeinen folgende Merkmalsausprägungen:

- **Baustellenorganisation:** Hier finden alle Arbeitsgänge zur Herstellung einer Sach- oder Dienstleistung am Standort des Hauptobjekts der Leistung statt. Dies aufgrund der Tatsache, dass das Objekt (z. B. Bauwerke, grosse Maschinen oder Transportmittel, filigrane mehrteilige Objekte, Unternehmen bei Organisationsanalyse), beispielsweise aufgrund von Abmessung oder Gewicht, zumindest während der Leistungserstellung (Herstellung, Montage, Wartung) nicht oder nur sehr schwer verschoben werden kann. Die zur Herstellung erforderlichen Ressourcen (Personen, Betriebsmittel, Materialien) richten sich daher am Hauptobjekt der Leistung aus und werden zugeführt bzw. befinden sich schon dort. Die zu leistenden Tätigkeiten werden weitgehend durch die Mitarbeitenden vor Ort gesteuert.
- **Inselorganisation:** Hier werden mehrere Arbeitsgänge zur Herstellung einer Leistung auf demselben Kapazitätsplatz zusammengefasst. Sämtliche erforderlichen Betriebsmittel befinden sich auf der «Insel». Ihr sind auch die Mitarbeitenden als Team zugeordnet. Entsprechend werden die Bauteile/Komponenten zur Insel gebracht, welche sich durch eine hohe Kompetenz und Flexibilität bezüglich Art und Umfang der zu verrichtenden Tätigkeiten auszeichnet. Innerhalb der Insel werden die auszuführenden Tätigkeiten durch die Mitarbeitenden teilautonom geplant und gesteuert. Die Inselorganisation ist die optimale Form für Gruppenarbeit mit hoher Eigenverantwortung (siehe 5.2.3 «Gruppenarbeit bei Volvo Uddevalla», S. 153).
- **Werkstattorganisation:** Hier werden spezifische Betriebsmittel in Werkstätten örtlich zusammengefasst (z. B. Dreherei, Lackiererei, Küche, Wäscherei, Radiologie, Operationssaal). Gleiche oder ähnliche Arbeitsgänge zur Erbringung einer bestimmten Leistung werden in einem Arbeitsbereich zusammengefasst. Das zu bearbeitende Objekt wird, entsprechend den auftragsspezifischen Erfordernissen, zu den einzelnen Werkstätten gebracht.

- **Linienorganisation:** Die Betriebsmittel und Arbeitsplätze werden entsprechend der Reihenfolge der erforderlichen Arbeitsschritte zur Herstellung einer bestimmten Leistung angeordnet. Der Kundenauftrag durchläuft alle Arbeitsbereiche der Reihe nach, wobei einzelne Arbeitsplätze oder Arbeitsgänge auch übersprungen werden können.
- **Fliessorganisation:** Im Gegensatz zur Linienorganisation wird bei der Fliessorganisation die Leistungserstellung zusätzlich mit einer zeitlichen Bindung (Takt) auf einem Fliessband oder einer Transferstrasse durchgeführt.

Die Organisation der Leistungserstellung hat wiederum Einfluss auf die Festlegung der Gebäudeaufteilung und -gestaltung (Layout), in deren Rahmen die inner- und überbetrieblichen Standorte von Arbeitssystemen eines bestimmten Wertschöpfungsprozesses geplant werden.

5.2   Innovative Leistungserstellungssysteme

Veränderungen im Wettbewerbsumfeld, in der Technologieentwicklung und den Kundenbedürfnissen zwingen Unternehmen zur regelmässigen Anpassung ihrer Leistungen am Markt. Ein wichtiger Wettbewerbsfaktor ist dabei nicht nur ein kundengerechtes Leistungsangebot, sondern vor allem auch die entsprechende Gestaltung des Leistungserstellungssystems. Das heisst, neue Technologien (Technology-Push) und neue Marktbedürfnisse (Market-Pull) verändern nicht nur die Ansprüche an Produkte (Leistungsangebote), sondern auch an Prozesse (Leistungserstellung).

Seit der industriellen Revolution und den damit verbundenen technischen Entwicklungen versuchen Unternehmen, mit innovativen Leistungserstellungssystemen den Herausforderungen Komplexität, Dynamik, Innovationsdruck gerecht zu werden, um auch in Zukunft erfolgreich Kundenbedürfnisse befriedigen zu können:

- **zunehmende Komplexität** durch transnationale Wertschöpfungsnetzwerke und vermehrten Technologie-Einsatz (Produkte und Prozesse), höhere Präzision (Miniaturisierung) und zunehmende Variantenvielfalt (Individualisierung),
- **zunehmende Dynamik** aufgrund von Kurzfristigkeit (Aufträge und Produktlebenszyklen), Wandel (Umfeld) und Turbulenzen (unvorhersehbare Ereignisse),
- **zunehmender Innovationsdruck** durch höhere Anforderungen an Effektivität und Effizienz des Leistungsangebots und der Leistungserstellung.

Aufgrund der Stückzahlen und der Komplexität ihrer Produkte sind die Hersteller von Konsumgütern wie Automobile oder Computer Vorreiter bei der (Weiter-) Entwicklung innovativer Leistungserstellungssysteme. Die betriebliche Leis-

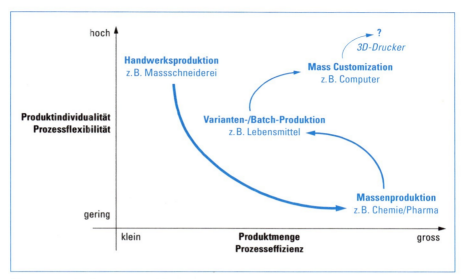

▲ Abb. 41   Übersicht über die Entwicklung von Produktionskonzepten

tungserstellung entwickelte sich mit dem industriellen Fortschritt respektive dessen Produktionskonzepten (◄ Abb. 41):

- 1914 Massenproduktion bei Ford (Abschnitt 5.2.1)
- 1975 Toyota-Produktionssystem (Abschnitt 5.2.2)
- 1989 Gruppenarbeit bei Volvo Uddevalla (Abschnitt 5.2.3)
- 1997 Logistikfokussierte Fabrik in Smartville (Abschnitt 5.2.4)

Entsprechend werden im Folgenden vier Produktionskonzepte aus der Automobilindustrie, welche die aktuellen Leistungserstellungssysteme prägten, näher erläutert.

5.2.1 Massenproduktion bei Ford

Die Entstehung und erste Entwicklung der Ford Motor Company ist in vielerlei Hinsicht ein Lehrstück zur betriebswirtschaftlichen Organisation der Arbeit. Dabei geht es hier weder um das berühmte Fliessband – das übrigens Ford nicht erfunden hat (sogenannte «conveyor systems» gab es in den USA schon vorher in Schlachthöfen, Getreidemühlen, Brauereien, der Konservendosenherstellung usw.) – noch um das erste in Grossserie hergestellte Auto[1]. Es geht vielmehr um die Frage, wie aus einem Produkt, das bis dahin in kleinen Werkstätten für wohl-

---

1 Das war in den USA das Oldsmobile «Curved Dash» des Firmengründers Ransom Eli Olds; zwischen 1900 und 1904 wurden schon 11 275 Exemplare verkauft.

habende Kunden in Einzelfertigung hergestellt wurde, ein konkurrenzfähiges Massenprodukt werden konnte.

Das Automobil, mit seinen rund 5000 Einzelteilen, war ein besonders wichtiger Kandidat für die kostensenkende Massenfertigung. Vor allem waren hier, anders als bei den begrenzten Märkten für Lokomotiven oder Werkzeugmaschinen, hohe Stückzahlen realistisch. So wurde die beginnende Massenproduktion in der amerikanischen Automobilindustrie zum herausragenden Beispiel für den **revolutionären Wandel der Produktionsmethoden**[1]. Dies galt vor allem für das von **Henry Ford** (1863–1947) im Jahr 1908 im Markt eingeführte legendäre **Modell T** («Tin Lizzy»), ein Automobil, das auch für den Arbeiter am Fliessband erschwinglich sein sollte. Dazu Henry Ford:

> *«Unsere Taktik zielt auf Preisabbau, Produktionserhöhung und Vervollkommnung der Ware. Man bemerke, dass Preisabbau an erster Stelle steht. Niemals haben wir unsere Unkosten als festen Faktor betrachtet. Daher reduzieren wir vor allem die Preise erst einmal so weit, dass wir hoffen dürfen, einen möglichst grossen Absatz erzielen zu können. Dann legen wir uns ins Zeug und suchen die Ware für diesen Preis herzustellen. Nach den Kosten wird dabei nicht gefragt. Der neue Preis schraubt die Kosten von selbst herab. Der übliche Brauch ist sonst, die Kosten und danach den Preis zu berechnen; das mag von einem engeren Standpunkt aus die korrektere Methode sein, von breiterem Gesichtspunkte aus betrachtet ist es aber dennoch falsch, denn was in aller Welt nützt es, die Kosten genau zu wissen, wenn man aus ihnen nur erfährt, dass man nicht zu einem Preis produzieren kann, zu dem der Artikel verkäuflich ist?»*   (Ford/Crowther 1923)

Obwohl der Mechanisierungsgrad und die Produktivität in der Automobilindustrie in den USA höher waren als bei den europäischen Firmen, reichte dies bald nicht mehr aus, um die steigende Nachfrage zu befriedigen. Epochal waren in dieser Hinsicht die Einrichtungen der 1910 in Betrieb genommenen **Highland Park Factory** in Detroit. Ausgelöst durch die grossen Stückzahlen behinderten sich in der Endmontage die Arbeitsgruppen und Ford musste zu einem neuen Produktionskonzept übergehen.

Henry Ford führte neue Gestaltungsprinzipien ein, indem er die Werkzeuge und Arbeiter in der natürlichen Reihenfolge der Verrichtungen anordnete sowie Transporteinrichtungen für die Zulieferung der Einzelteile und den Weitertransport der zu bearbeitenden Komponenten einführte. Aufbauend auf bereits existierenden oder neu eingeführten Fördereinrichtungen wurde, beginnend mit der Herstellung von Magnetzündungen, bald die gesamte Produktion auf Fliessbandfertigung umgestellt. Die Montage eines Fahrgestells mit Achsen, Federn und Motor konnte so

---

1   Der 1932 veröffentlichte Roman «Brave New World» von Aldous Huxley handelt im Jahre 632 nach Ford!

im Dezember 1913 **von 12,5 auf 2,6 Stunden** reduziert werden, weitere ergono-
metrische Verfeinerungen folgten. In seiner Autobiographie schrieb Henry Ford:

> *«Anfang 1914 … legten wir die Sammelbahn höher. Wir hatten inzwischen
> das Prinzip der aufrechten Arbeitsstellung eingeführt … Das Heraufrücken
> der Arbeitsebene in Armhöhe und eine weitere Aufteilung der Arbeits-
> vorrichtungen … reduzierte die Arbeitszeit auf 1 Stunde 33 Minuten pro
> Chassis.»*   *(Ford/Crowther 1923)*

Zur Einführung dieser Massenproduktion von Fahrzeugen im Fliessbandverfah-
ren gehörte ein ganzes Bündel von Einzelmassnahmen. Von grosser Bedeutung
war die **Rationalisierung der Arbeitsabläufe** unter dem Einfluss des seit 1895 durch
Frederick Winslow Taylor (1856–1915) entwickelten Konzeptes einer «wissenschaftlichen Betriebsführung», durch die Zerlegung des Produktionsprozesses in
berechenbare Elemente sowie das Erfassen und Eliminieren von überflüssigen
Bewegungen und versteckten Pausen. Die Massenproduktion im Stile Fords war
aber keinesfalls eine direkte – oder gar persönlich von Taylor geleistete – Umsetzung der Ideen einer wissenschaftlichen Betriebsführung. Die Aufteilung in
kleine, einfache Arbeitsschritte ermöglichte den Einsatz von gering qualifizierten
Mitarbeitenden. Auch bestimmte nicht das Lohnsystem, sondern der Takt der Maschinen die Arbeitsgeschwindigkeit.[1] Die anfänglich relativ hohen Löhne zielten
auf die Kompensation der eintönigen Bandarbeit. Die Fertigungsingenieure bei
Ford versuchten zunehmend, in der Produktion des T-Modells die menschliche
Arbeit durch **Werkzeugmaschinen und Förderanlagen** zu ersetzen.

Zu den kostensparenden Massnahmen Fords gehörte aber vor allem auch – und
dies ging zeitlich der Fliessbandarbeit sogar voraus – die **Vereinfachung, Standardisierung und Normung von Einzelteilen** sowie der Übergang von einem reinen
Montagebetrieb zur Eigenfertigung fast aller Teile (offenbar bestand schon damals Uneinigkeit über Wirtschaftlichkeit und Leistungstiefe). Durch sparsame
Änderungen am Modell T konnte Ford zudem einem schnellen Veralten des Fahr-
zeugs entgegenwirken. Von der Verbraucherseite her betrachtet war es aber besonders wichtig, dass Ford nicht nur ein Automobil baute und verkaufte, sondern
ein vollständiges fahrzeugtechnisches System aufbaute. Beginnend mit produk-
tionstechnisch einfachen, reparaturfreundlichen Konstruktionsprinzipien und
endend mit einer flächendeckenden Infrastruktur von Werkstätten und Ersatzteil-
lagern, dem After-Sales-Service.

1914, also im ersten Jahr nach der Einführung der Fliessbandfertigung, wurde
die Fertigung von Ford-T-Modellen um 152 Prozent auf 308 162 Wagen gesteigert. Durch die kontinuierliche Preissenkung des T-Modells von rund 850 Dollar

---

1   Charlie Chaplin kritisiert in seinem 1936 erschienenen Film «Modern Times» den durch die In-
    dustrialisierung hervorgerufenen Verlust an Individualität durch Zeitdruck und die durch Maschi-
    nen getakteten, monotonen Arbeitsabläufe.

im Jahr 1909 auf 380 Dollar im Jahr 1927, wurde das Auto auch für Ford-Arbeiter erschwinglich und Ford eröffnete sich ein neues Kundensegment. In den 1920er Jahren wurden mehr als eine Million Wagen pro Jahr gefertigt. Als die Produktion des T-Modells im Mai 1927 nach 19 Jahren eingestellt wurde, hatte Ford in seiner Highland Park Factory 15 007 033 Wagen dieses Typs produziert. Erst der VW-Käfer sollte 45 Jahre später diesen Rekord übertreffen.[1]

Mit der in anderen Sektoren vorbereiteten Mechanisierung, mit der Massen-produktion und mit der von Taylor beeinflussten Fliessbandfertigung erreichte die Industrialisierung in den USA und etwas später in Europa neue Quantitäten, aber auch Qualitäten. Methoden und Techniken der wissenschaftlichen Betriebsführung wurden weiterentwickelt und haben bis heute ihre Gültigkeit; entsprechend ver-breitet sind sie sowohl im Industrie- als auch im Dienstleistungssektor. Sobald tiefe Personalkosten vorhanden sind, werden vor allem bei variantenarmen und wenig komplexen Produkten Taylors Prinzipien angewendet, während bei hohen Perso-nalkosten und grossen Stückzahlen repetitive Tätigkeiten automatisiert werden.

5.2.2 Toyota-Produktionssystem

Anfang der 1990er Jahre erschien der Abschlussbericht einer Studie namens **«The International Motor Vehicle Programm (IMVP)»,** die unter der Leitung von James Womack und Daniel Jones am Massachusetts Institute of Technology (MIT) er-stellt wurde. Ab 1985 wurden während fünf Jahren insgesamt neunzig Montage-werke und Hunderte von Zulieferbetrieben aller grossen Automobilhersteller untersucht.

Diese Studie und das daraus resultierende Buch (Womack et al. 1990) erregten in der Automobilindustrie – aber nicht nur dort – grosses Aufsehen, enthielten sie doch die Aussage, dass japanische Unternehmen im Vergleich zu ihren westlichen Konkurrenten wesentlich besser und kostengünstiger produzierten. Die MIT-Stu-die zeigte dabei auf, dass japanische Unternehmen Wettbewerbsvorteile erzielten, weil sie schlank (im Sinne der «Lean Production»[2]) organisiert waren:

> Mit der Hälfte der Mitarbeiter in der Montage, der Hälfte an Entwicklungsstunden, einem Zehntel bis einem Drittel der Bestände, einem Fünftel der Zulieferer, der Hälfte der Investitionen in Werkzeuge und der Hälfte der Produktionsfläche produzierten sie doppelt so viele Modelle, bei gleichzeitig dreimal so hoher Produktivität und vier-mal so kurzen Lieferzeiten, wie ihre Konkurrenten in Europa und Nordamerika!

1 Bis 1978 (in Deutschland) respektive 2003 (in Brasilien) wurden insgesamt 21 Millionen VW Käfer produziert.

2 Der Begriff «Lean Production» wurde vom MIT-Forscher John Krafcik, einem Mitglied des IMVP-Forschungsteams, geprägt. «Lean Production» ist, im Gegensatz zum Begriff «Toyota-Pro-duktionssystem», in Japan relativ unbekannt.

Die schlechten wirtschaftlichen Bedingungen im Nachkriegs-Japan in Verbindung mit begrenzten Ressourcen an Maschinen sowie der Notwendigkeit zur Fertigung kleiner Losgrössen für den Binnenmarkt zwangen die Japaner, neue Wege zu gehen. Herausragendes Beispiel für die erfolgreiche Entwicklung der japanischen Automobilindustrie ist das vom obersten Ingenieur der Toyota Motor Company, Taiichi Ohno, eingeführte Produktionssystem.

Das Toyota-Produktionssystem (TPS) orientierte sich zwar an Fords Prinzip der Anordnung der Arbeitsschritte in einer Linie, löste sich aber von der Zergliederung in immer kleinere und einfachere Teilarbeitsgänge zugunsten von flexiblen Organisationseinheiten. Das Ziel war die Verbindung der Vorteile der handwerklichen Fertigung – Qualität und Individualität/Flexibilität – mit der Produktivität und den günstigen Herstellkosten der Massenfertigung. Durch die Bildung von Teams, bestehend aus vielseitig ausgebildeten Arbeitskräften, und dem Einsatz von hoch flexiblen Produktionsanlagen, kann eine Vielfalt von Modellen in kleineren Stückzahlen hergestellt werden.

Angesprochen auf das zentrale ökonomische Prinzip des Toyota-Produktionssystems, antwortete Taiichi Ohno:

«Alles, was wir tun, ist, den Zeithorizont nicht aus den Augen zu verlieren. Von dem Augenblick an, in dem wir einen Kundenauftrag erhalten, bis zu dem Moment, in dem wir das Geld kassieren. Und wir verkürzen diesen Zeithorizont, indem wir alles Überflüssige beseitigen.» (Ohno 1993)

Entsprechend basiert die TPS-Philosophie – im Gegensatz zu bisherigen Produktionskonzepten – nicht primär auf technischen Produktionsoptimierungen, sondern auf der Verbesserung des Leistungserstellungsprozesses durch eine effizientere Form der Zusammenarbeit, unternehmensintern wie auch -extern mit Lieferanten und Vertriebspartnern sowie Kunden. Die Verhinderung von Verschwendung (jap. *muda*) steht gleichrangig neben der kundenorientierten Leistungserbringung. Als Verschwendung gelten unter anderem lange Transportwege, hohe Lagerbestände, Überschussproduktion, Stillstands- und Wartezeiten, unnötige Bewegungsabläufe und fehlerhafte Produkte.

Ohno kehrte die Reihenfolge bei der Produktionsplanung quasi um, und installierte das, was heute als Pull-Prinzip oder absatzgesteuerte Produktion (siehe 7.2.2 «Absatzgesteuerte Leistungserstellung (Pull-Prinzip)», S. 207) bezeichnet wird:

«Damit die Beseitigung der Überproduktion die Kosten senkt, ist es absolut notwendig, dass die Produktionsmenge mit der benötigten Stückzahl übereinstimmt. Jedes Toyota-Werk produziert in Übereinstimmung mit der tatsächlichen Nachfrage. Autohändler im ganzen Land senden täglich ihre Aufträge an das Hauptbüro der Toyota Automobile Sales Company in Nagoya. Diese Aufträge werden per Computer nach Autotyp, Modell, Getriebeart, Farbe usw. klassifiziert. Die daraus resultierenden Daten dienen als Grundlage für die Produktionserfordernisse der Toyota-Werke.» (Ohno 1993)

Entsprechend basiert das Toyota-Produktionssystem auf folgenden vier Gestaltungselementen:

1. **Mitarbeitende:** Im Mittelpunkt stehen flexibel einsetzbare Mitarbeitende auf allen Ebenen, organisiert in Arbeitsgruppen/-teams.
2. **Materialwirtschaft und Logistik:** Einführung von Just-in-Time und Kanban, das heisst, es wird nur das beschafft oder erarbeitet, was benötigt wird, und nur zu dem Zeitpunkt, wann es benötigt wird. Das gilt für die Menge, den Beschaffungsprozess und die Produktvarianten, alles andere ist Verschwendung.
3. **Qualität:** Realisierung einer Null-Fehler-Produktion (jap. *jidoka*). Wenn ein Vorgang fehlerhaft abläuft, ist er sofort zu stoppen und es gilt, mit hoher Priorität die Ursachen zu suchen und Lösungen zu erarbeiten, um den Fehler künftig zu verhindern.
4. **Standardisierte Arbeitsprozesse:** Inner- und überbetriebliche Produktionsprozesse sind in Bezug auf den Ressourceneinsatz (Personal, Material, Betriebsmittel) kontinuierlich zu verbessern (Kaizen/KVP); Überflüssiges und Verschwendung sind zu eliminieren.

Ein wesentliches Element von TPS war die Neudefinition des Begriffs **Qualität.** Toyota entwickelte ein kundenorientiertes Qualitätssystem[1], welches die Erfüllung der Kundenwünsche und die Einführung des Null-Fehler-Prinzips beinhaltete. Auf kostenintensive und störanfällige Hochtechnologielösungen wurde verzichtet und Fehler in der Produktion durch den sofortigen Bandstopp bei Qualitätsproblemen verhindert. Die Fertigungsgruppen wurden angewiesen, die Qualitätssicherung selber durchzuführen und einen kontinuierlichen Verbesserungsprozess (jap. *kaizen*) zu realisieren, das heisst, die Ursache von Fehlern zu analysieren und Massnahmen zur künftigen Verhinderung zu initiieren. Nicht zuletzt liegt der Erfolg des Toyota-Produktionssystems vor allem in der Kommunikation und Kooperation von Teams und der Konzentration auf wertschöpfende Tätigkeiten.

1953 wurden in Japan 50 000 Autos pro Jahr produziert, 1980 waren es schon über 11 Millionen Fahrzeuge. Der Erfolg der japanischen Autoindustrie wurde bis zu diesem Zeitpunkt nicht richtig beachtet. Erst mit dem Erscheinen der MIT-Studie wurde auf die Unterschiede zwischen der Produktionsweise Japans und jener im Rest der Welt aufmerksam gemacht. In der Folgezeit wurden die unterschiedlichen Erklärungsansätze aus der MIT-Studie, unter dem Label **«Lean Production»**, von westlichen Firmen übernommen. Oft wurden jedoch einzelne Methoden isoliert eingesetzt mit dem Resultat, dass die einzelnen Aktionsprogramme nicht sonderlich erfolgreich waren.

Das Toyota-Produktionssystem ist mittlerweile weltweit zum Massstab des «schlanken Produzierens» geworden. Toyota entwickelte das Produktionssystem unter Berücksichtigung neuer Erkenntnisse, wie zum Beispiel der Gruppenarbeit

---

1   Daraus entwickelten sich die Prinzipien des Total Quality Management (siehe Abschnitt 8.4).

bei Volvo sowie neuesten technologischen Möglichkeiten, weiter und ist inzwischen (seit 2000) das bestverdienende Automobilunternehmen der Welt. Die
Firma hat 2004 Ford als zweitgrössten und im Jahr 2007 General Motors als bisher grössten Automobilhersteller überholt und wurde 2008 auch bezüglich Stückzahlen weltweit Nummer eins.

Die 2010 in den USA festgestellten fehlerhaften Brems- und Gaspedale bei
Toyota-Fahrzeugen ramponierten das Renommee der Firma stark. Entsprechend
gross war die Kritik am japanischen Vorzeigeunternehmen vor allem auch im
eigenen Land. So warf die grösste Zeitung des Landes, «Yomiuri Shimbun»,
Toyota vor, sich zu sehr darauf konzentriert zu haben, General Motors als Weltmarktführer abzulösen, und dabei die Sicherheit und Produktionsqualität geopfert
zu haben. Eine Ursache der aufgedeckten Qualitätsprobleme wurde im schnellen
Wachstum und der veränderten Unternehmensstruktur geortet. Personelle Kapazitätsengpässe wurden mit Temporärmitarbeitenden kompensiert. Zudem begann
Toyota, mit zunehmendem Export vermehrt im Ausland[1] zu produzieren. Beide
Faktoren waren der auf qualifizierten Mitarbeitenden basierenden TPS-Philosophie nicht sehr dienlich.

2011 fiel Toyota aufgrund von Produktionsausfällen, verursacht durch Natur-
katastrophen in Japan (Erdbeben und Tsunami) und Thailand (Überschwemmun-
gen), auf Platz drei zurück. Dank der weiterhin wettbewerbsfähigen materiellen
und immateriellen Ressourcen (Eigenkapital, innovative Produkte und Prozesse)
bewegt sich Toyota inzwischen wieder an der Weltspitze der Automobilindustrie.

5.2.3	Gruppenarbeit bei Volvo Uddevalla

Ende der 1960er Jahre zeichneten sich Probleme mit den tayloristischen Konzepten der Arbeitsorganisation in der westlichen Automobilindustrie ab. Hohe
Fluktuations- und Abwesenheitsquoten, Rekrutierungsprobleme sowie Streiks
gegen «den Stumpfsinn der Fliessbandfron»[2] waren die Folge. Nicht zuletzt
führte der Erfolg der japanischen Automobilproduzenten zu einer Erschütterung
der traditionellen fordistischen Produktionskonzepte in Westeuropa. In diesem
Kontext kam es zu Diskussionen um neue Arbeitsformen und in einzelnen europäischen Ländern (Deutschland, Schweden) wurden Programme zur Humanisie-
rung der Arbeitswelt initiiert.

So beschloss 1972 der schwedische Automobilhersteller Volvo, ein neues Werk
in Kalmar zu errichten, die «erste Automobilfabrik auf der Welt ohne mechanisch
geschaltete Bänder» (Berggren 1991), welches 1974 in Betrieb genommen wurde.

---

1   Toyota betrieb im Jahr 2010 weltweit 54 Werke, wovon 12 in Japan.
2   Der Spiegel 27/1973, S. 98–100: «Manchmal schlage ich irgendwas kaputt».

Basierend auf den positiven Erfahrungen im Werk Kalmar entwickelte Volvo in den 1980er Jahren, in Zusammenarbeit mit der Universität Göteborg und unter Beteiligung der Gewerkschaften, für die neu zu bauende Automobilfabrik in Uddevalla ein Produktionskonzept (Ellegård et al. 1991), welches «nicht den Menschen an die Maschinen, sondern die Maschinen an den Menschen anpassen» sollte. Dieses wurde zu einem viel beachteten Modell zur Einführung von **Gruppenarbeit** für die Fahrzeugmontage.

Die Endmontage des 1988 unter grossem öffentlichem Interesse (350 Journalisten) eröffneten Volvo-Werks Uddevalla bestand aus sechs voneinander unabhängigen Produktionseinheiten, in denen je acht Gruppen jeweils vier Fahrzeuge pro Tag komplett montierten (▸ Abb. 42).

Die Aufbauorganisation für die Produktion umfasste lediglich drei Ebenen: einen Funktionsleiter, einen Werkstattleiter und die jeweiligen Produktionsgruppen.

Mit dieser **flachen Hierarchie** war eine Erweiterung der **Autonomie** und der **Handlungsspielräume** verbunden. Die Arbeitsgruppen hatten volle Verantwortung für Qualität und Quantität, entsprechend dem internen Qualifikationsgefüge. Zudem wurden indirekte Tätigkeiten in die Gruppe integriert. Dazu zählten zum Beispiel die Qualitätskontrolle, Materialbereitstellung und -transport, Instandhaltung der Maschinen sowie Ordnung und Sauberkeit.

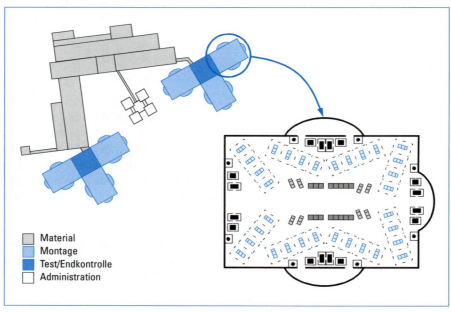

▲ Abb. 42   Fabriklayout Volvo Uddevalla

Die Montage eines Autos wurde in sieben Arbeitsabschnitte eingeteilt. Nach 16 Monaten sollten die Beschäftigten zwei bis drei Abschnitte beherrschen. Der Grad der Qualifikation wurde in der Entlohnung berücksichtigt (Polyvalenz-Lohnsystem). Viele Teammitglieder konnten in allen sieben Montageabschnitten eingesetzt werden. Die Möglichkeiten und Anforderungen der Selbstregulierung innerhalb der Arbeitsgruppen waren hoch. Die Führung wurde von monatlich wechselnden Teammitgliedern wahrgenommen, wobei eine vorgängige Qualifizierung für die Aufgabe erforderlich war. Die Teams setzten ihre eigenen Meilensteine bezüglich Massnahmen zur Erreichung der übergeordneten Ziele zu Produktivität, Qualität und Flexibilität von Volvo Uddevalla.

Bei der Zusammenstellung der Belegschaft wurde angestrebt, die Zusammensetzung der Bevölkerung widerzuspiegeln. Das heisst, mindestens 25 Prozent der Mitarbeitenden sollten älter als 45 Jahre, höchstens 25 Prozent jünger als 25 Jahre und rund 40 Prozent Frauen sein. Damit sollte ein grosses Mass an gegenseitiger Unterstützung, das sich auf das Wohlbefinden und die Produktivität auswirkt, erreicht werden.

Bis 1990 wurden in Uddevalla mit 900 Mitarbeitenden, wovon 100 indirekt produktive Arbeitsplätze, 16 000 Personenwagen produziert. Zu dieser Zeit begann eine weltweite Rezessionsperiode in der Automobilindustrie, welche Fabrikschliessungen und Personalentlassungen zur Folge hatte. Dadurch entstand auch bei Volvo ein erheblicher Kosten- und Produktivitätsdruck, der mit dem Erscheinen der MIT-Studie zur Lean Production noch erhöht wurde. Obwohl die Produktivität in Uddevalla im Vergleich zu anderen Produktionsstätten von Volvo höher war, wurde das Werk zusammen mit dem Volvo-Werk in Kalmar, unter anderem aufgrund rückgängiger Absatzzahlen der hergestellten Modelle, 1993 geschlossen.[1]

Nach einer wirtschaftlichen Erholung wurde 1995 das Werk Uddevalla durch AutoNova, einem Joint Venture von Volvo und der britischen Tom Walkingshaw Racing (TWR), für die Produktion der neuen Volvo-C70-Modelle (Coupé und Cabriolet) wieder reaktiviert. In der Mitteilung des damaligen CEO der Volvo Car Corporation (VCC), Per-Erik Mohlin, hiess es:

«The Uddevalla factory is highly suitable for the small, flexible organization that is required to produce niche cars in small series.»   *(Volvo 1995)*

---

1 Die Schliessung der beiden Volvo-Werke kann nicht auf eine mangelnde Produktivität, Qualität oder Flexibilität zurückgeführt werden. Diese war vor allem in Uddevalla, bestätigt durch mehrere interne Benchmarks, nachweislich besser als in anderen Volvo-Werken. Gemäss Berggren (1993) und Sandberg (1993) waren es primär firmenpolitische Gründe (v.a. seitens des damaligen CEOs wie auch des Hauptaktionärs Renault), bezüglich der Bedeutung und Konsequenzen des neuartigen Gruppenarbeits-Konzepts für die anderen Volvo- und Renault-Werke, welche zur Schliessung dieser zwei Produktionsstätten geführt haben.

Nach der Übernahme der VCC durch Ford im Jahr 1999 wurden die sechs Montagebereiche von Insel- auf Linienorganisation umgestellt, wobei die Gruppenorganisation, in Form einer standardisierten (statt der bisherigen teilautonomen) Gruppenarbeit, beibehalten wurde.

2003 übernahm die VCC[1] die Aktienmehrheit von AutoNova. Ab 2005 wurde das Werk Uddevalla in einem Joint Venture mit Pininfarina Sverige AB, welche die zweite Generation des C70 Cabriolet mitgestaltet hatte, geführt. Im März 2010 unterzeichnen Ford und Zhejiang Geely Holding Group Company Limited, einer der grössten privaten chinesischen Automobilhersteller, den Vertrag zur Übernahme von VCC. Im selben Monat entscheiden Volvo und Pininfarina, das Joint Venture für die Entwicklung und Produktion des C70 Cabriolet in Uddevalla nach acht Jahren Zusammenarbeit per 2013 zu beenden.

2010 stellte das Werk Uddevalla mit knapp 600 Personen noch knapp 10 000 Fahrzeuge her, was einer Kapazitätsauslastung von 65 Prozent entsprach. In der Folge gab im Oktober 2011 die VCC bekannt, dass die Produktion des Cabriolet C70 im Jahr 2013 eingestellt und das Werk in Uddevalla geschlossen werde. Dazu Stefan Jacoby, Präsident und CEO der VCC:

> *«Die tiefen Volumen im Werk Uddevalla rechtfertigen keine fortlaufende Produktion. Das Werk Uddevalla hat Fahrzeuge mit hoher Qualität hergestellt. Ein Fahrzeughersteller mit Volvos Grösse jedoch kann es sich aus finanzieller Sicht langfristig nicht erlauben, ein Werk zu führen, das ein einziges Modell bei den heutigen, geringen Volumen herstellt. Mit dem Nischenprodukt Cabriolet hat das Werk Uddevalla heute nur 65 Prozent seiner Kapazitäten ausgenutzt, was zu nicht konkurrenzfähigen Fixkosten pro Einheit führt.»*   *(Volvo 2011)*

Das auf teilautonomer Gruppenarbeit basierende, von der Monotonie des Fliessbandes wegführende **humanorientierte Produktionskonzept** war eine Pionierleistung und zeigte, dass Inselorganisation und teilautonome Gruppenarbeit vor allem bei der **Kleinserienherstellung** von variantenreichen und/oder komplexen Produkten betriebswirtschaftlich erfolgreich sind.

---

1 Die Volvo Car Corporation war ursprünglich das Kerngeschäft des schwedischen Konzerns Volvo, wurde jedoch 1999 an Ford verkauft. Im März 2010 gab Ford den Verkauf der Volvo Car Corporation an den chinesischen Fahrzeugkonzern Geely International Corporation bekannt.

| **Logistikfokussierte Fabrik in Smartville**

Mit der Planung einer Produktionsstätte für die Marktneuheit Smart wurde Mitte der 1990er Jahre von der Micro Compact Car AG[1] (MCC) ein neuartiges Fabrikationskonzept für die Automobilproduktion entwickelt, welches die Erfolgsfaktoren des Toyota-Produktionssystems mit der europäischen Arbeitskultur verknüpfen sollte. Die unter dem Namen Smartville bekannt gewordene Smart-Produktion im lothringischen Hambach ist die erste logistikfokussierte Fabrik im Automobilsektor und verbindet in einem Produktionsverbund den System-Integrator MCC mit 13 von insgesamt 59 Zulieferern vor Ort.

Die wichtigsten Elemente des neuen Smart-Produktionssystems sind:

- Absatzgesteuerte Produktion: flexible, am realen Absatz orientierte Kapazitätsplanung und Produktion («atmende Fabrik»).
- Produktionsverbund, welcher Endprodukthersteller mit Zulieferern vor Ort in einem Industriepark zusammenfasst (Logistikfokussierung).
- Arbeitsorganisation: Teamarbeit und «progrès continu» (Kontinuierlicher Verbesserungsprozess KVP).
- Qualifizierungs- und Lohnsystem: hohe Polyvalenz und Flexibilität der Mitarbeiter, qualifikations- und zielerreichungsabhängiges Lohnsystem.

Diese Kernelemente korrespondieren mit der Führungsphilosophie, dem Organisationskonzept, den Zielvereinbarungen, der Prozessgestaltung sowie dem organisatorischen Gesamtsystem, in welches die logistikfokussierte Fabrik eingebettet ist.

Kennzeichnend für die Logistikfokussierung ist die Endmontage, welche vom Automobilhersteller MCC in eigener Verantwortung durchgeführt wird, sowie ein abgestuftes Belieferungssystem. Beides findet seinen Ausdruck auch in der Anordnung der Gebäude (▶ Abb. 43).

Im Fall von Smartville wurde ein kreuzförmiges Layout für das Endmontagegebäude ausgewählt. Die Vorteile dieses Fabriktyps sind die Modularität, die Erweiterungsfähigkeit und die kurzen Wege. Mit der Ansiedlung der Schlüssel-

---

1 Die Micro Compact Car AG (MCC) wird 1994 in Biel als gemeinsame Tochtergesellschaft von Daimler-Benz und der SMH SA (Société Suisse de Microélectronique et d'Horlogerie) gegründet. Nicolas Hayek lancierte bereits in den 1980er Jahren die Idee eines «Swatchmobil», eines Innenstadtautos der völlig anderen Art mit umweltfreundlichem Elektro-Hybridantrieb, auffälligem und austauschbarem Design zu einem Preis von rund 10 000 CHF. Hayek liess zwei Prototypen bauen, neben einem sparsamen Benzinmotor mit drei Liter Benzinverbrauch auf hundert Kilometer auch einen Hybridantrieb mit vier unabhängig über Nabenmotoren angetriebenen Rädern. Hayek verhandelte ab 1992 zuerst mit Volkswagen, bevor er Anfang 1994 mit Daimler Benz AG einen Kooperationspartner aus der Automobilindustrie für das Swatchmobil fand. 1998 stieg Hayek mit seiner SMH aus der MCC AG aus, vor allem weil Daimler Benz sich weigerte, neue, benzinsparende Techniken wie einen Hybridantrieb in den Smart einzubauen.

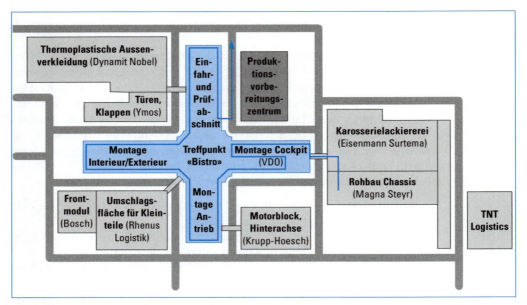

▲ Abb. 43   Fabriklayout Smartville

lieferanten vor Ort entstand ein logistikorientierter Industriepark und eine Fabrik-
struktur, die auf spezifizierte Anlieferungsflächen und prinzipielle Erweiterbarkeit optimiert ist.

Das Logistikkonzept nutzt die Möglichkeiten dieses Fabrikkonzepts optimal
aus und arbeitet nach standardisierten, einfachen und klar definierten Prozessen.
Für die Anlieferung der Komponenten wurden, abhängig von Teilevolumen und
Umschlagshäufigkeit, vier unterschiedliche Logistikprozesse definiert:

1. **Lieferung über Montagedienstleister (MDL):** MCC disponiert die erforderlichen
   Komponenten für die Montagedienstleister. Der Modullieferant produziert die
   Baugruppen, liefert diese an den Bedarfsort und montiert die entsprechenden
   Komponenten synchron zur Einbau-Reihenfolge (Just-in-Sequence) in eigener
   Regie.
2. **Lieferung über Teileumschlagsfläche (TUF):** Die Teileumschlagsfläche ist ein
   Lieferantenlager und ermöglicht einen standardisierten Anlieferprozess für alle
   Kleinteile. Ein Logistikdienstleister vor Ort liefert die Teile im Kanban-Ver-
   fahren an die Montagelinie.
3. **Direktlieferung (DL):** Die Anlieferung grossvolumiger Teile erfolgt durch Di-
   rektlieferanten von ihren externen Produktionsstätten über Andockstellen im
   Just-in-Time-Verfahren. Für die Feinsteuerung der Lkw-Wechselbehälter steht
   in Smartville ein weiterer Logistikdienstleister zur Verfügung.

4. **Lieferung über Modullieferant am Standort (ML):** Rund 80 Prozent des Material-
   volumens werden über die Modullieferanten abgewickelt, die vor Ort angesie-
   delt wurden. Der Modullieferant übernimmt die Belieferung nach Produktions-
   sequenz bis an den Einbauort. Der Transport erfolgt über Förderanlagen oder
   Flurförderzeuge. Es gibt keine Pufferbestände an fertig montierten Modulen.
   MCC ruft die Baugruppen über Impulse direkt bei den Modullieferanten ab.

Die Reduktion auf vier Anlieferprozesse erhöht zum einen die Transparenz und
erleichtert zum anderen die Steuerung der Logistikflüsse sowie die Optimierung
der Prozesse.

Die logistikfokussierte Fabrik zeichnet sich auch dadurch aus, dass in Smartville erstmals ein nachfrageorientiertes Automobil-Produktionssystem («atmende
Fabrik») realisiert wurde, welches ein elastisches Reagieren auf Nachfrageschwankungen ermöglicht. Dies wird im Wesentlichen über die Flexibilisierung
der Arbeitszeit erreicht, indem Arbeitszeit und Betriebszeit entkoppelt werden
und mit Jahresarbeitszeitmodellen und Zeitkonten gearbeitet wird. Zugleich soll
über Qualifizierungsmassnahmen eine optimale Polyvalenz der Mitarbeitenden
erreicht werden, was eine zusätzliche Flexibilisierung über die Arbeitsorganisation ermöglicht.

Unabhängig vom MCC-spezifischen Produktionskonzept ergeben sich für das
Leistungserstellungssystem die gleichen Anforderungen, die heute an alle Produktionsunternehmen gestellt werden:

- eine permanente Steigerung der Produktivität,
- bei gleichzeitig höchster Qualität und
- einer elastischen Anpassung an die Marktnachfrage durch Realisierung einer
  «atmenden Fabrik».

Branchenübergreifend interessant ist neben dem Logistikkonzept die besondere
Verknüpfung von Gruppenarbeit und KVP («progrès continu») mit einem flexiblen Arbeitszeit- und Entgeltsystem.

5.3 Ganzheitliche Produktionssysteme

Als Reaktion auf den Erfolg des Toyota-Produktionssystems (TPS) sowie auf die
unterschiedlich erfolgreichen Weiterentwicklungen durch verschiedene Firmen
aus diversen Branchen wurde durch das Fraunhofer-Institut in Deutschland das
Konzept des ganzheitlichen Produktionssystems (GPS) entwickelt.

Die GPS-Elemente stammen grossteils aus dem TPS respektive Lean-Produc-
tion-Konzept, das mit der MIT-Vergleichsstudie zu Produktionskonzepten in der
Automobilindustrie 1991 für grosses Aufsehen gesorgt hatte. Viele Unternehmen

führten in der Folge eine Reorganisation ihrer Produktion durch. Dabei sollten die Errungenschaften der 1980er Jahre, insbesondere die Team- und Gruppenarbeit (siehe 5.2.3 «Gruppenarbeit bei Volvo Uddevalla», S. 153) nicht aufgegeben werden. Nach der Euphorie der Anfangsjahre nahm das Interesse an der Weiterführung des Lean-Production-Konzeptes jedoch ab. Die Gründe dafür lagen gemäss Lay/Neuhaus (2005) zum einen in den zu hohen Erwartungen an die neuen Konzepte und zum anderen an der fehlenden ganzheitlichen Betrachtungsweise bzw. der widersprüchlichen Implementierung einzelner Methoden und Instrumente.

Ganzheitliche Produktionssysteme sind als ein Instrument zu verstehen, um organisatorische Innovationen zielgerichtet und koordiniert umzusetzen. Dabei soll individuell auf die Marktanforderungen, Leistungsangebot, Technologien sowie die Kultur des jeweiligen Unternehmens eingegangen werden.

Das GPS-Konzept lässt sich nicht nur in der Produktion umsetzen, sondern ist grundsätzlich auf alle Organisationseinheiten eines Unternehmens (beispielsweise auch Administration/Auftragsabwicklung, Entwicklung)[1] anwendbar. Dabei muss jedoch mindestens ein vollständiger, direkte und indirekte Aktivitäten enthaltender, Leistungserstellungsprozess abgedeckt werden.

Obwohl ganzheitliche Produktionssysteme individuell auf das Unternehmen zugeschnitten werden sollen, sind in unterschiedlicher Ausprägung[2] immer folgende Kernelemente enthalten:

■ **Mitarbeitende**
  □ Die Mitarbeitenden sind in Teams mit hoher Eigenverantwortung organisiert und führen ihre Arbeitsaufgaben in einem räumlich und fachlich zusammengehörenden Bereich aus.
  □ Die Mitarbeitenden sind aufgrund ihrer hohen Polyvalenz bei dispositiven wie auch operativen Tätigkeiten flexibel einsetzbar. Dies wird mit entsprechenden Qualifikationszielen und -massnahmen erreicht.

■ **Prozesse und Qualität**
  □ Standardisierte und zertifizierte Prozesse bilden die Grundlage für die reproduzierbare und fehlerfreie (Null-Fehler-Prinzip) Erstellung von Sach- und Dienstleistungen.
  □ Damit die vorgegebene Produktqualität erreicht werden kann, ist der Einsatz organisatorischer und technischer Prüf- und Sicherungsverfahren erforderlich, um allfällige Abweichungen zu erkennen und Verbesserungsmassnahmen einzuleiten.

---

1   In diesem Zusammenhang wird unter dem Sammelbegriff Lean Management neben Lean Production von Lean Administration, Lean Maintenance, Lean Development/Innovation etc. gesprochen.

2   Der Verein Deutscher Ingenieure (VDI) e.V. unterscheidet in seiner Richtlinie 2870 (Blatt 1: Ganzheitliche Produktionssysteme – Grundlagen, Einführung und Bewertung, Berlin 2012) z.B. acht GPS-Gestaltungsprinzipien: Standardisierung, Null-Fehler-Prinzip, Fliessprinzip, Pull-Prinzip, kontinuierliche Verbesserung, Mitarbeiterorientierung und zielorientierte Führung, visuelles Management, Vermeidung von Verschwendung.

- **Materialwirtschaft und Logistik**
  - ☐ Ziel der Materialbewirtschaftung ist, dass die Materialvielfalt reduziert und die benötigten Materialien «just in time» beschafft bzw. hergestellt werden. Damit sollen sowohl Liegezeiten als auch Lagerbestände reduziert werden.
  - ☐ Durch eine absatzgesteuerte Produktion und den Einsatz von entsprechenden Logistikkonzepten wie Just-in-Time und Kanban wird eine flexible, an den Bedürfnissen des Marktes ausgerichtete Leistungserstellung geschaffen.

- **Optimierung und Visualisierung**
  - ☐ Der kontinuierliche Verbesserungsprozess (KVP) dient als Instrument, mit dem Mitarbeitende, Fachexperten und Führungskräfte das Bestehende regelmässig analysieren und optimieren sowie darauffolgend neue Standards festlegen.
  - ☐ Durch Visualisierung der Zielwerte und Ergebnisse werden Abweichungen erkannt. Diese Kennzahlen messen die Leistungsfähigkeit und sind damit Ausgangspunkt und Beurteilungsgrösse von Veränderungen.

Die Herausforderung bei der Implementierung von GPS liegt nicht nur in der Realisierung optimaler Leistungserstellungssysteme, sondern vor allem darin, die **Anforderungen von Mensch, Organisation und Technik** unter einen Hut zu bringen.

Defizite liegen oft in der Nichtbeachtung des Menschen im Leistungserstellungsprozess, obwohl seine Bedeutung bezüglich Flexibilität und Innovation stetig steigt. Denn nur der Mensch kann die Kreativität liefern, auf die ein innovatives Unternehmen im Verdrängungswettbewerb des Marktes angewiesen ist. Damit die Kreativität und Leistungsfähigkeit der Mitarbeitenden jedoch wirklich erschlossen werden kann, müssen diese hinter den organisatorischen Lösungen stehen und diese «leben». Die Unterstützung der Mitarbeitenden erfordert daher ihre Einbeziehung durch Information, Partizipation und Qualifizierung, im Sinne von «aus Betroffenen Beteiligte machen».

Auch wenn das Konzept der ganzheitlichen Produktionssysteme hauptsächlich auf der Automobilindustrie basiert und in industriellen Unternehmen umgesetzt wird, ist zu beachten, dass ganzheitliche Produktionskonzepte, nicht zuletzt aufgrund der zunehmenden Wettbewerbs- und Technologieintensität, sowohl in der Landwirtschaft (Sektor 1) als auch im Dienstleistungssektor im Rahmen von Prozessinnovationen vermehrt Einzug halten.

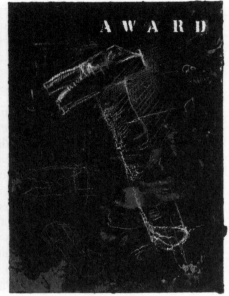

Kapitel 6
Strukturierung und Konzipierung des Leistungsangebots

In diesem Kapitel liegt der Fokus auf der Konzeption von Leistungsangeboten. Bei der Entwicklung neuer Leistungsangebote ist es wichtig, dass bereits in dieser Phase Aspekte der nachfolgenden Leistungserstellung und -nutzung berücksichtigt werden. Wichtige Aspekte für die Produktgestaltung aus betriebswirtschaftlicher Sicht werden aufgegriffen und vertieft. Dies trifft auf die Identifizierung von Artikeln, auf das Produktmodell sowie auf die Gestaltung des Leistungsangebots für den gesamten Lebenszyklus zu. Zusätzlich wird dargelegt, dass durch Simultaneous Engineering die Time-to-Market reduziert werden kann. In der letzten Zeit wurde der Markterfolg von Leistungsentwicklungen durch eine Individualisierung des Leistungsangebotes sowie durch Sachgüter-Dienstleistungs-Kombinationen erhöht.

6.1   Identifizierung von Artikeln

Der Begriff **Artikel** (engl. *item*) ist ein Sammelbegriff für jedes Gut, das in der Produktion oder Logistik im Rahmen eines Auftrags identifiziert oder behandelt wird (▶ Abb. 44).

Aus Sicht eines Unternehmens lassen sich folgende Arten von Artikeln unterscheiden:

- Ein Endprodukt geht in kein anderes Produkt als Komponente ein.
- Ein Zwischenprodukt oder ein Halbfabrikat wird an Lager gehalten oder ist ein Zwischenzustand im Verlauf der Produktion. Es kann als Baugruppe oder Teil in übergeordnete Produkte eingebaut werden und ist damit auch eine Komponente.
- Eine Baugruppe ist ein Zwischenprodukt und besteht aus mindestens zwei Komponenten.
- Ein Teil bzw. Einzelteil wird entweder produziert (Eigenteil) oder zugekauft (Kaufteil) und geht in übergeordnete Produkte ein.
- Rohstoffe (Grundstoffe, Rohmaterial, Halbzeug) gelten für das Unternehmen als unbearbeitetes Material oder Ausgangsgut für die Herstellung.

Artikel sind sich insofern ähnlich, als die Mehrzahl der grundlegenden Eigenschaften (bzw. Attribute) von gleichem Typ sind, wie zum Beispiel Identifikationsnummer, Beschreibung, Lagerbestand und Kosten.

Artikel werden oft nach bestimmten Merkmalen (z.B. Form, Material) oder ähnlicher Funktion (z.B. Schrauben) zu Artikelfamilien zusammengefasst bzw. klassifiziert (z.B. Teileklassifizierung).

Um Artikel unverwechselbar zu bezeichnen, werden Nummernsysteme verwendet, welche in unterschiedlicher Ausprägung zum Einsatz kommen.

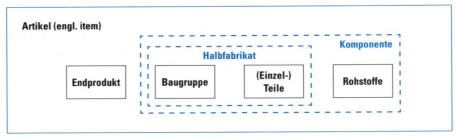

▲ Abb. 44   Arten von Artikeln

| **6.1.1** | **Nummernsysteme** |

In einem Unternehmen müssen alle materiellen und immateriellen Ressourcen unverwechselbar identifiziert werden können. Zur eindeutigen Kennzeichnung werden überbetrieblich oder firmenspezifisch genormte Nummernsysteme eingesetzt.

Vor allem in Zusammenhang mit der Einführung eines Informatiksystems für die Planung und Steuerung der Ressourcen wird die (Neu-)Definition eines Nummernsystems zur fundamentalen und unerlässlichen Aufgabe.

Folgende sogenannte Nummerungsobjekte sind davon betroffen:

- Güter: Waren, Material, Betriebsmittel, Fahrzeuge, Transportbehälter usw.
- Organisationseinheiten: Arbeitsplätze, Abteilungen, Kunden, Lieferanten usw.
- Lebewesen: Menschen, Tiere usw.
- Dokumente/Informationsträger: Bestellungen, Aufträge, Rechnungen, Projekte, Zeichnungen, Arbeitspläne, Kostenarten, Kostenstellen, Werkkalendertage usw.

Eine Nummer, die zur **Identifizierung** eines Geschäftsobjektes dient, nennt man **Identnummer.** Wichtig dabei ist, dass aufgrund der Eindeutigkeit nicht dieselbe Nummer zweimal vergeben wird, was mit Hilfe eines Nummernverzeichnisses (der belegten Nummern) oder eines computergestützten Automatismus (z. B. Vergabe der kleinsten noch freien Nummer) erreicht werden kann. Die einfachste Identnummer ist eine durch lückenloses Zählen gebildete Nummer, die sogenannte Zählnummer.

Eine Nummer die zur **Klassifizierung** eines Geschäftsobjektes dient, nennt man auch Ordnungsnummer. Im Gegensatz zu Identnummern dienen diese nicht der eindeutigen Identifizierung, sondern der Merkmalsbeschreibung und Zuordnung zu einer Gruppe (Klasse) von Geschäftsobjekten.

Da Nummernsysteme oft für einen langen Zeitraum unverändert eingesetzt werden (Erfahrungswert: 15–20 Jahre), ist der Definition dieser – für die Leistungserstellung – grundlegenden Informationsbasis entsprechende Aufmerksamkeit zu widmen. Der Aufbau des Nummernsystems wird durch einen **Nummernschlüssel** definiert. Dieser bestimmt die Struktur, die Stellenzahl und die Bedeutung einer Nummer. Folgende Anforderungen muss ein Nummernschlüssel mindestens erfüllen:

- Eindeutigkeit: Jedes Geschäftsobjekt darf nur eine Identnummer haben.
- Beständigkeit: Die Identnummer muss so lange unverändert bleiben, wie das Objekt existiert.

Im Weiteren sollten folgende **Voraussetzungen eines Nummernsystems** angestrebt werden:

- Einheitlichkeit: gleicher formaler und inhaltlicher Aufbau für alle Unternehmensbereiche.
- Erweiterbarkeit: offen für Veränderungen in Produktpalette und Teilevielfalt.
- Numerischer Aufbau: Vereinfachung maschineller Verarbeitung.
- Geringe Stellenzahl: weniger Aufwand für manuelle Erfassung sowie kleinere Fehlerquote.
- Fehlerkorrektur: Möglichkeit der automatischen Fehlererkennung (z.B. mittels Prüfziffer) während der Eingabe.
- Suchunterstützung: Möglichkeit der IT-gestützten Ähnlichkeits- und Wiederholteile-Suche.
- Teilweise sprechend: für Groberkennung und Zuordnung von Artikeln ohne Informatiksystem.

Grundsätzlich wird zwischen systematischen und systemfreien Nummernsystemen unterschieden (▶ Abb. 45).

Bei der IT-gestützten Verarbeitung von Nummernsystemen spielen **Parallelnummernsysteme** eine bedeutende Rolle. Dabei werden für die Identifizierung und

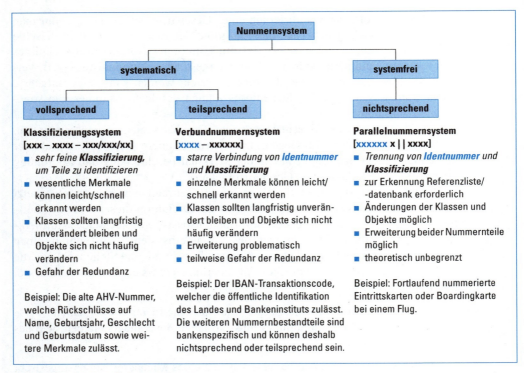

▲ Abb. 45   Arten von Nummernsystemen

Klassifizierung von Artikeln voneinander unabhängige, nebeneinander (parallel) angeordnete Nummern verwendet. (◄ Abb. 45)

Dadurch wird ermöglicht, dass ein Produkt und die dazugehörigen Unterlagen (Zeichnung, Arbeitsplan, Stückliste usw.) dieselbe systemfreie Identnummer besitzen. Ein weiterer wesentlicher Vorteil des Parallelnummernsystems besteht darin, dass die Klassifizierungen unabhängig von der Identnummer und somit veränderbar sind. Dadurch lassen sich die Klassifizierungen stets auf den aktuellen Stand bringen, ohne die eindeutige Bezeichnung und Erkennung der Objekte mit Hilfe der Identnummer zu beeinträchtigen.

Um Nummernsysteme rationell anwenden zu können, sind geeignete automatische Erfassungstechniken erforderlich. Neben den heute weitverbreiteten Strichcodes gelangen **weitere automatische Identifikationssysteme** zur Anwendung:

- Barcode-System: System mit einer Sequenz von maschinell lesbaren schmalen und breiten Strichen bzw. Lücken, welches unter anderem im Rahmen von GS1 (EAN) verwendet wird.
- Optical Character Recognition (OCR): Optische Zeichenerkennung, bei der mit einem OCR-Lesegerät alphanumerische Zeichen gelesen und interpretiert werden. Für die automatische Texterkennung wurden spezifische Schriftarten (OCR-A/ISO 1073-1 und OCR-B/ISO 1073-2) entwickelt.
- Bilderkennung: Bei der Bilderkennung versucht man, Objekte in einem Bild zu segmentieren und symbolisch zu beschreiben, um diese anschliessend anhand von Bildelementen einer bestimmten Gruppe zuzuordnen.
- Radio Frequency Identification (RFID): Mikrochip, der mit einer Antenne verbunden ist und mittels Funkverbindung gelesen und im Bedarfsfall auch verändert werden kann.
- Chipkarten – oft auch Smartcard oder Integrated Circuit Card (ICC) genannt – sind spezielle Plastikkarten mit eingebautem integriertem Schaltkreis (Chip), der eine Hardware-Logik, Speicher oder auch einen Mikroprozessor enthält.
- Biometrische Verfahren: Biometrische Erkennungsmethoden ermöglichen die rasche Messung und Auswertung biologischer Charakteristika, um Identitäten und die dazugehörigen Rechte mit den die richtige Identität aufweisenden physischen Personen zu verknüpfen.

6.1.2   Globales Identifikationssystem GS1

Das GS1-System ist ein branchenneutraler Standard zur einheitlichen, widerspruchsfreien Identifikation von Gütern im internationalen Warenverkehr, welcher durch die weltweit tätige Organisation Global Standards One (GS1)[1] verwaltet wird. Das GS1-System besteht aus Dienstleistungen und Lösungen in den Bereichen Identifikation und Transaktion von Informationen entlang der Wertschöpfungskette mittels neuester Technologien.

Mit dem Universal Product Code (UPC) wurde 1973 von IBM ein Standard zur automatischen Identifikation und Nachverfolgung von Waren und Dienstleistungen entwickelt. Im Zuge des Erfolges des UPC-Systems wurde 1977 die European Article Numbering Association (EAN) gegründet. Das Ziel war die Entwicklung eines UPC-kompatiblen Systems, welches ausserhalb von Nordamerika anwendbar ist und schliesslich zu den EAN-Codes führte. 2005 wurden die beiden Organisationen EAN International und Uniform Code Council in der GS1-Organisation zusammengeführt.

Die bekanntesten und am meisten verbreiteten GS1-Identifikationstypen sind:

- **Global Trade Item Number (GTIN):** Identifikation von Produkten und Artikeln mittels einer (üblicherweise) 13-stelligen GTIN-13-Identifikationsnummer,
- **Serial Shipping Container Code (SSCC):** Identifikation von logistischen Einheiten,
- **Global Location Number (GLN):** Adressidentifikation.

Folgende ein- bis mehrdimensionale **Strichcodes** sind Bestandteil des GS1-Systems (▶ Abb. 46):

- 1D-Codes: EAN-Barcodes basierend auf einer GTIN-13-Identifikationsnummer;
- 2D-Codes: gestapelte/stacked 1D-Barcodes, Matrix-Codes, Punktcodes;
- 3D-Codes: 2D-Codes, in denen der Farbton, die Farbsättigung oder die Farbhelligkeit die dritte Dimension darstellt;
- 4D-Codes: vierte Dimension ist die Zeit, das heisst, die Codes sind animiert.

Die im GS1-System verwendeten Identifikationsnummern werden auch zur elektronischen Datenübertragung mittels EDI (Electronic Data Interchange) eingesetzt. Der internationale Standard für den elektronischen Austausch von Identnummern EANCOM (Subset von UN/EDIFACT) bildet einen integrierten Bestandteil des GS1-Systems.

---

1 Global Standards One (GS1) ist ein internationaler Fachverband mit dem Ziel, die internationalen Waren- und Informationsflüsse zu optimieren. Er betreibt unter anderem das Kompetenzzentrum zur Verbreitung internationaler Standards wie Artikelnummern (EAN/GTIN), Strichcodes, RFID, EDI (www.gs1.org, www.gs1.ch).

▲ Abb. 46   Beispiele ein- und zweidimensionaler Codes

Zur Darstellung und rationellen Verarbeitung der GS1-Codes werden heute noch mehrheitlich Strichcodes verwendet. Zunehmend kommen jedoch auch andere Datenträger wie RFID- oder Smartcard-Technologien zur Anwendung.

6.1.3	**Radio Frequency Identification (RFID)**

Radio Frequency Identification (RFID) ist eine Methode, um Daten berührungslos und ohne Sichtkontakt lesen und speichern zu können. Ein RFID-System umfasst

- ein Nummernsystem für die zu kennzeichnenden Gegenstände,
- eine Verfahrensbeschreibung für das Beschreiben und Lesen der Informationen,
- ein an Gegenständen oder Lebewesen angebrachter Transponder (auch RFID-Etikett, -Chip, -Tag oder -Label genannt), welcher die Information bereitstellt,
- eine dazu passende Sende-Empfangs-Einheit (auch RFID-Lesegerät oder -Reader genannt)

sowie deren Integration mit einem IT-System (z.B. Kassen- oder Warenwirtschaftssystem).

Die dadurch gegebene Möglichkeit, Objekte automatisiert mittels Funkfrequenz zu lokalisieren und identifizieren, erhöht die Effizienz von Prozessen in den unterschiedlichen Branchen.

Die Transponder bestehen aus einem Mikrochip und einer Antenne (spiralförmige Kupferbahn) sowie einem Träger und eventuell einer Energiequelle. Passive Transponder beziehen ihre Energie nur aus dem elektrischen Feld des Lesegerätes. Aktive Transponder besitzen eine eigene Stromversorgung. Dadurch kann die Reichweite beträchtlich erhöht werden.

Aufgrund der fortschreitenden Miniaturisierung (Mikrotechnologie) können RFID-Transponder so klein wie ein Reiskorn sein und in Lebewesen oder Bauteile implantiert werden. Vorteile dieser Technik ergeben sich aus der Kombination der geringen Grösse, unauffälligen Auslesemöglichkeiten und geringem Preis der Transponder. Dies eröffnet neue Einsatzbereiche wie beispielsweise in der Identifikation von Bauteilen (Nutzung/Wartung, Schutz vor Fälschungen etc.).

Wesentlicher Bestandteil der auf einem Transponder gespeicherten Daten ist der elektronische Produktcode (EPC)[1], welcher eine weltweit eindeutige Identifizierung von Objekten ermöglicht. Zudem bietet die RFID-Technik gegenüber dem Barcode die Möglichkeit, zu unterschiedlichen Zeitpunkten Informationen zu beschreiben, und zwar in wesentlich grösserer Menge sowie verschlüsselt. So können zum Beispiel Zeitstempel hinterlassen, Bearbeitungszustände dokumentiert oder Transportwege aufgezeichnet werden.

Aufgrund der Initialkosten werden RFID-Systeme vor allem bei Objekten mit einer längeren Nutzungs- oder Lebensdauer eingesetzt. Beispiele:

- Logistikbranche: Hier werden zum Beispiel Transportmittel wie Container und Paletten mit RFID-Chips ausgerüstet, wodurch diese über Unternehmensgrenzen hinweg verfolgt und Warenflüsse optimiert werden können.
- Investitionsgüterindustrie: Hier werden zum Beispiel Bauteile zur eindeutigen Individualisierung (Unikat-Kennzeichnung) sowie zur Speicherung von Herstell- und Servicedaten mit RFID-Chips ausgerüstet, aber auch Maschinenwerkzeuge zur Speicherung des Werkzeugzustandes und der spezifischen Fertigungsdaten.
- Gesundheitswesen: Hier werden RFID-Chips zum Beispiel zur Identifikation von Personen, Ortung und Wartungsinformation von Geräten, Überwachung von Medikamenten und Blutkonserven, Zuordnung von Patientenakten, Dokumentation von Behandlungsprozessen usw. eingesetzt.

Mit der fortschreitenden Entwicklung von Informations- und Kommunikationstechnologien wird die automatische Identifikation und Steuerung von Produkten mittels 2D-Code oder RFID zunehmend bedeutender und bildet heute ein wichtiges Element für neue IT-gestützte Konzepte wie «Internet der Dinge» oder «Industrie 4.0».

---

1 Der EPC ist eine Ziffernfolge mit einer Länge von mindestens 64 Bit (EPC-64) oder grösser (bis zu 204 Bit). Der Nummernschlüssel enthält neben dem Produkttyp und Hersteller (14-stellige EAN-Nummer) auch die Serienummer des Endprodukts. Mit der Entwicklung des EPC gelang die Etablierung eines ersten internationalen Standards zur einheitlichen Nutzung von RFID entlang der gesamten Versorgungskette über Länder- und Branchengrenzen hinweg. Die dafür verantwortliche Organisation EPCglobal Inc. ist ein Geschäftsbereich von GS1.

6.1.4	**Kennzeichnung von Artikeln**

Neben der Identifikation von Artikeln im Rahmen der Leistungserstellung sowie der Logistik sind zusätzliche Anforderungen seitens Staat und Kunden an die Kennzeichnung[1] von Artikeln/Waren zu beachten.

Unter Berücksichtigung der international unterschiedlichen Begriffe sowie der geltenden rechtlichen Begriffsauslegung werden Kennzeichnungen in zwei Unterkategorien aufgeteilt:

- **Kennzeichnungsvorschriften (obligatorisches Labelling):** Diese sind eine zwingende Voraussetzung für das Inverkehrbringen eines Produktes aufgrund der Gesetzgebung eines Staates. Sie sind ein sicherheits-, gesundheits- oder umweltpolitisch motiviertes Mittel zur Information des Konsumenten über das Vorhandensein bestimmter, von der Gesetzgebung verlangter Aspekte des Produktes. Beispiele solcher Kennzeichnungsvorschriften sind die Etikettierungsvorschriften bei Lebensmitteln oder das CE-Zeichen[2] im EU-Binnenmarkt.
- **Labels (freiwilliges Labelling):** Labels enthalten Angaben hinsichtlich eines oder mehrerer Merkmale, welche das Produkt oder die Produktionsmethode betreffen. Labels sind ein Mittel zur Information des Konsumenten über das Vorhandensein bestimmter, vom Hersteller zusätzlich gewährleisteter (Qualitäts-)Merkmale eines Produktes, die über die rein gesetzlichen Anforderungen hinausgehen. Bei Labels wird zusätzlich zwischen staatlichen Labels (beispielsweise EU-Umweltzeichen, Blauer Engel, Nordischer Schwan) und privaten Labels (beispielsweise Bio-Knospe, FairTrade, FSC) unterschieden (siehe 8.6.2 «Instrumente zur Implementierung und Beurteilung von Nachhaltigkeit», S. 228).

---

1 Eine international einheitliche Terminologie des Begriffs «Kennzeichnung» gibt es nicht. Der häufig verwendete englischsprachige Begriff «Label» wird oft synonym verwendet mit Ausdrücken wie Deklaration, Kennzeichnung, Etikettierung, Beschriftung, Piktogramm usw. Der Begriff «Kennzeichnung» findet sich auch in der schweizerischen Gesetzgebung als Synonym zum Begriff «Beschriftung» oder «Warendeklaration» (IDARio Bericht 2000).

2 Die Kennzeichnung mit dem CE-Zeichen ist obligatorisch und bringt die Konformität eines Produktes mit den gesetzlichen Anforderungen (Richtlinie) zum Ausdruck. Das Vorliegen des CE-Zeichens ist Voraussetzung für die Inverkehrbringung (d.h. auch die Einfuhr aus Drittstaaten).

6.2   Produktmodell

Ein Produktmodell bildet als Träger aller Produktinformationen sämtliche charakteristischen Merkmale eines Leistungsangebots ab. Entsprechend stellt das Produktmodell die konzeptionelle Ausprägung eines bestimmten Leistungsangebotes dar und besteht üblicherweise aus mehreren materiellen und immateriellen Leistungen über den gesamten Produktlebenszyklus. In diesem Fall spricht man auch von einem Meta-Produktmodell.

Aufgrund der umfassenden Betrachtung beinhaltet die Konzeption eines kundenorientierten Leistungsangebots, basierend auf einem Meta-Produktmodell, ein grosses Wertschöpfungspotenzial.

6.2.1   Produktstruktur

Analog dazu, wie das Produktmodell ein bestimmtes Leistungsangebot darstellt, bildet eine Produktstruktur die Zusammensetzung einer bestimmten Sach- oder Dienstleistung ab. Die Produktstruktur, bei materiellen Produkten auch Erzeugnisstruktur genannt, zeigt die Beziehungen zwischen den einzelnen Komponenten oder Teilleistungen eines Produktes in einer hierarchischen Struktur auf. ▶ Abb. 47 zeigt zwei Beispiele von Produktstrukturen.

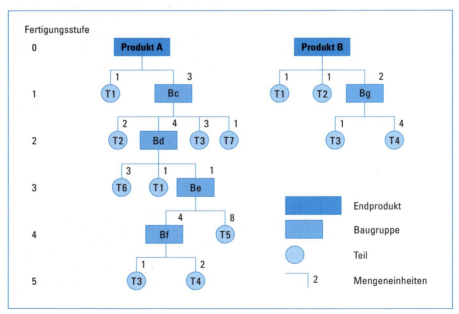

▲ Abb. 47   Beispiele von Produktstrukturen

Bei Produkten mit vielen Komponenten oder Teilleistungen werden oft auf Baugruppenebene separate Produktstrukturen erstellt und erst abschliessend die Baugruppen zu einem Endprodukt zusammengefasst (Baukastenprinzip). Die Einzelteile oder Zusammenbauten, die sich unterhalb der Gruppen in der Produktstruktur befinden, werden dagegen in Abhängigkeit von der Produktkomplexität mehr oder weniger detailliert dargestellt.

Die Reduzierung einer Produktstruktur auf die Baugruppen wird nach DIN 6789 als Erzeugnisgliederung oder auch Produktgliederung bezeichnet. Die Produktgliederung ist gewissermassen das Herzstück der Produktdatenmodellierung und muss unternehmensweit einheitlich gehandhabt werden.

Bei der analytischen Betrachtung oder Nachverfolgung der Produktstruktur von oben nach unten werden Stücklisten generiert mit Informationen über die enthaltenen Komponenten oder Teilleistungen.

| 6.2.2 | **Stückliste** |

Eine Stückliste (engl. «parts list» oder «bill of materials» [BOM]) zeigt in strukturierter tabellarischer Form auf, aus welchen Teilleistungen oder Komponenten (siehe 6.1 «Identifizierung von Artikeln», S. 164) sich ein bestimmtes Leistungsangebot zusammensetzt. Voraussetzung für die Erstellung von Stücklisten ist die Kenntnis der Struktur des Endprodukts (Produktstruktur).

In der Materialwirtschaft wird zwischen folgenden Stücklisten-Grundtypen unterschieden:

- **Mengenstückliste:** fasst den gesamten Bedarf an Baugruppen, Einzelteilen und Rohstoffen für ein bestimmtes Produkt zusammen. Die Mengenstückliste ist die einfachste Form der Stücklistendarstellung, Mengen werden über die Fertigungsstufen zusammengefasst.
- **Strukturstückliste:** beschreibt ein Produkt in seiner konstruktiven und fertigungstechnischen Gliederung. Die Strukturstückliste enthält alle Baugruppen und Teile in strukturierter Form, mehrfach verwendete Baugruppen und Teile wiederholen sich.
- **Baukastenstückliste:** Hier wird jede Gruppe einzeln entsprechend dem Baukastenprinzip behandelt. Entsprechend wird die Baukastenstückliste für mehrgliedrigere Produkte eingesetzt. Dabei entstehen mehrere Stücklisten. Die Mengenangaben beziehen sich auf eine Baugruppe.

PPS- oder ERP-Systeme speichern in der Regel Stücklisteninformationen in Form von Baukastenstücklisten, da sich daraus alle anderen benötigten Typen durch vertikale Stücklistenauflösung generieren lassen und der Pflegeaufwand am geringsten ist.

An eine Stückliste werden unterschiedliche Anforderungen gestellt. So bildet sie eine **Informationsgrundlage** zum Beispiel für

1. die Konstruktionsabteilung zur Prüfung und Durchführung von Änderungen;
2. die Materialdisposition zur Bedarfsermittlung, worauf die Einkaufs- und Lagerhaltungsplanung abstellen;
3. das Lager zur Materialbereitstellung für die Fertigung;
4. die Fertigungssteuerung zur Kontrolle, ob das Material verfügbar ist;
5. die Montagevorbereitung als Montageanleitung;
6. den Kundendienst als Ersatzteile- und Prüfliste;
7. die Rechnungsabteilung für die Vor- und Nachkalkulation.

Zur Ermittlung des Materialbedarfs wird die Stückliste nach verschiedenen Stufen «aufgelöst». Die Auflösung kann dabei sowohl nach **Dispositionsstufen** als auch nach **Fertigungsstufen** erfolgen.

- Die Montage des Endproduktes entspricht der Fertigungsstufe null. Auf jeder Fertigungsstufe werden sodann jene Baugruppen und Teile aufgeführt, welche unmittelbar in die nächste Fertigungsstufe gehen. Zusätzlich wird jeweils angegeben, wie viele Teile einer Baugruppe, eines Elementes in die nächste Fertigungsstufe eingehen.
- Die Dispositionsstufe bezeichnet dagegen die tiefste Fertigungsstufe, auf welcher ein Element verwendet wird. Dies ist insbesondere hilfreich, wenn die Frage, wann die entsprechende Teilleistung angefordert werden muss, zu beantworten ist. Diese Darstellung macht jedoch nur dann Sinn, wenn die gleichen Komponenten auf unterschiedlichen Leistungserstellungsstufen für verschiedene Endprodukte benötigt werden.

6.3 Gestaltung des Leistungsangebots

Bedingt durch die technologische und gesellschaftliche Entwicklung verändern sich der Markt und das Umfeld von Unternehmen. Um die Wettbewerbsfähigkeit zu erhalten, ist die regelmässige Entwicklung und erfolgreiche Markteinführung neuer Leistungsangebote erforderlich.

Beim Leistungsangebot wird zwischen sogenanntem Standardgeschäft (Katalogprodukte) und Applikationsgeschäft (kundenspezifische oder -individuelle Produkte) unterschieden. Der wesentliche Unterschied zwischen den beiden Varianten ist der direkte Einfluss des Kunden auf die Konzeption des Leistungsangebots (siehe 5.1.3 «Varianz/Individualität der Leistung», S. 140).

Grundsätzlich kommt der Anstoss zur Entwicklung neuer Produkte aus zwei Richtungen:

- **Markt- und/oder Kundenbedürfnisse («Market-Pull»):** Der Markt und/oder die Kunden fordern Produkte und Dienstleistungen mit wesentlich verändertem Funktionsumfang, Preis, Qualität etc.
- **Technologie-Entwicklung («Technology-Push»):** Durch die technologische Entwicklung werden Produkte und/oder Produktionsverfahren ermöglicht, die das bisherige Preis-Leistungs-Gefüge des Leistungsangebots wesentlich verändern.

Insbesondere in einem intensiven Wettbewerbsumfeld ist eine auf Innovation und Technologie ausgerichtete Strategie ein erfolgversprechender Weg, um sich dem reinen Kostenwettbewerb zu entziehen und Preise zu realisieren, welche wachstumssichernde Umsatzrenditen ermöglichen.

In vielen Fällen setzt die Entwicklung neuer Produkte oder Prozesse auch Forschung voraus, bei der es vor allem um die Klärung von Tatsachen und Zusammenhängen sowie deren praktische Anwendbarkeit geht. Aufgrund der fehlenden personellen und finanziellen Möglichkeiten bleibt eine eigene und unabhängige Technologieforschung und -entwicklung meist den Grossunternehmen oder staatlich unterstützten Forschungsinstitutionen vorbehalten. Entsprechend wichtig ist der Transfer von anwendungsorientiertem Wissen und neuesten Technologien aus Forschungsinstitutionen zu den Unternehmen.

6.4	**Bedeutung der Planungs- und Entwicklungsphase**
	für den Produktlebenszyklus

Oft steht im Zusammenhang mit Kostensenkungen von bestimmten Leistungsangeboten die Effizienz der Leistungserstellung im Vordergrund. Dabei wird häufig vernachlässigt, dass der Grossteil (rund 70%) des Ressourcenverbrauchs bzw. der künftigen Kosten eines Leistungsangebots bereits in der Planungsphase (je nach Branche Gestaltung, Konzipierung, Entwicklung oder Design genannt) fixiert wird. Das heisst, in dieser Phase wird nicht nur der Leistungsumfang (Funktion, Nutzen) eines Wirtschaftsguts festgelegt, sondern auch ein Grossteil der ökonomischen, ökologischen und sozialen Auswirkungen über den gesamten Produktlebenszyklus.

Die **Funktion** eines Wirtschaftsguts beschreibt die Gebrauchstauglichkeit, das heisst die Eignung für bestimmte Zwecke. Hier wird zwischen Primär- und Sekundärfunktionen unterschieden. Während die Primärfunktionen neutrale produktbezogene Leistungsmerkmale umfassen, beinhalten Sekundärfunktionen die sozialpsychologischen und kulturellen Eigenschaften eines Produkts, die auf individuellen Zuordnungen basieren, wie zum Beispiel der Einfluss auf den Status des Benutzers.

Der **Nutzen** eines Wirtschaftsguts beschreibt die subjektive und individuelle Wertschätzung, die den (Primär- und Sekundär-)Funktionen eines Sachgutes bzw. einer Dienstleistung entgegengebracht wird.

Um einen nachhaltigen Nutzen für Anbieter wie Kunden erreichen zu können, sind in einem formalisierten Entwicklungsprozess die ökonomischen, ökologischen und sozialen Auswirkungen eines Leistungsangebots (inkl. Verpackung) über den gesamten Lebenszyklus systematisch zu analysieren und zu konzipieren (Life-Cycle Thinking). In den letzten Jahren sind dazu verschiedene Entwicklungsmethoden und -konzepte mit unterschiedlichem Fokus wie Design for Manufacture and Assembly (DFMA), Design-to-Cost (DTC), Target Costing (TC), Eco Design (ED) etc. entstanden. Eine ganzheitliche Vorgehensweise beinhaltet das **Product Life-Cycle Management** (PLM) mit dem Ziel die Merkmale eines Produkts über seinen gesamten Lebenszyklus effektiv und effizient zu erfassen und zu gestalten. Gegenstand einer nachhaltigen Planung von Sachgütern oder Dienstleistungen sind bezogen auf die einzelnen Lebenszyklusphasen (▶ Abb. 48):

1. **Planung und Entwicklung Leistungsangebot** (neues Produkt oder Optimierung bestehendes Produkt): Produktmerkmale (Analyse von Kundenbedürfnissen, Absatzmarkt, Technologieentwicklung); Leistungsangebot und Ertragsmodell über Produktlebenszyklus; Detailspezifikation des Leistungsangebots unter Berücksichtigung der Anforderungen aus den einzelnen Produktlebensphasen; ressourceneffiziente Produktgestaltung; Festlegung der zu beschaffenden produktspezifischen Ressourcen (Rohstoff-/Werkstoffauswahl, Daten/Informationen); …

2. **Planung und Entwicklung Leistungserstellung:** notwendige technische und organisatorische Arbeitsschritte zur Leistungserstellung; erforderliche prozessspezifische Ressourcen; Gestaltung/Konfiguration der Wertschöpfungskette bzw. des Wertschöpfungsnetzwerks; …

3. **Markteintritt und Leistungserstellung:** Ressourceneffektivität (schadstoffarme Produktion) und Ressourceneffizienz (Arbeits-, Maschinen-, Material-, Energieproduktivität) der Leistungserstellung; Standardisierung und Zertifizierung (Sicherstellung der Einhaltung relevanter Normen) des Leistungserstellungsprozesses; Vertriebs- und Logistikkonzept; …

4. **Nutzung und Instandhaltung:** Finanzierungsoptionen (Kauf, Leasing, Miete oder Betreibermodell); Schulung und Unterstützung der Anwender; Instandhaltung (Ferndiagnose, Wartung, Reparatur), Aktualisierung (Modifizierung von Komponenten, Software-Update); Ressourceneffizienz der Produktnutzung; …

5. **Erneuerung und Relaunch:** Überarbeitung/Modernisierung (RetroFit [engl. Nachrüstung/Umrüstung]), Ausbau (Upgrading) oder Ersatz des Produktes zur Erfüllung aktueller Anforderungen und Verlängerung der Nutzungsdauer; …

6. **Marktaustritt und Rückbau:** Sicherstellung der Garantieleistungen; Rücknahme; Wiederverwendung (Upcycling oder Recycling) von Komponenten, Materialien, Rohstoffen; Reststoffverwertung; …

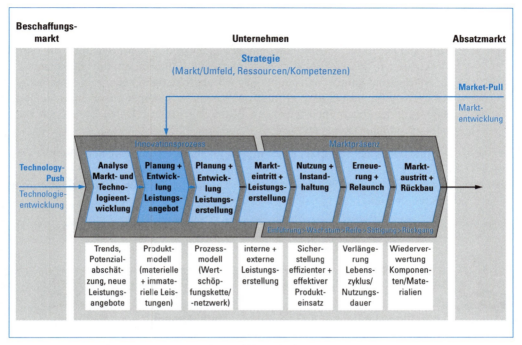

▲ Abb. 48   Planung des Leistungsangebots über alle Phasen des Produktlebenszyklus

Im Rahmen von Lebenszyklusanalysen (Life Cycle Assessments) werden Leistungsangebote anhand ökonomischer, ökologischer und sozialer Kriterien beurteilt. Die Umweltauswirkungen eines Produktes werden in sogenannten Ökobilanzen, auf der Grundlage der Normen ISO 14040/14044, festgehalten.

Ähnliche Lebenszyklus-Überlegungen liegen den Kostenberechnungsverfahren **Total Cost of Ownership** (TCO) und **Life-Cycle Costing** (LCC) zugrunde. Während die TCO vor allem bei kleineren Investitionen (Personal Computer, Software, Verbrauchsgüter, Services etc.) angewendet wird, wird das LCC hauptsächlich bei grösseren Investitionen (Maschinen, Anlagen) verwendet. Beim LCC sind im Gegensatz zur TCO die Transaktionskosten von untergeordneter Bedeutung, da die Betriebs- und Anschaffungskosten um ein Vielfaches höher sind. Durch beide Verfahren soll eine Vollkostenrechnung für ein bestimmtes Produkt erstellt werden, welche neben den Anschaffungskosten auch die Folgekosten (Betrieb, Stilllegung) berücksichtigt. Dadurch können bekannte Kostentreiber, aber auch versteckte Kosten bereits im Vorfeld einer Investitionsentscheidung identifiziert werden.

Reduktion der Time-to-Market durch Simultaneous Engineering

Aufgrund der in den letzten Jahrzehnten zunehmenden Marktdynamik, die durch Merkmale wie den Wandel vom Verkäufer- zum Käufermarkt, die Globalisierung der Märkte und komplexe technologische Entwicklungen gekennzeichnet ist, gewann ein schneller Markteintritt (Time-to-Market) immer mehr an Bedeutung und wurde zu einem entscheidenden Wettbewerbsfaktor. Dabei lassen sich zwei unterschiedliche Trends feststellen:

- Einerseits eine Verkürzung der Marktzyklen durch zunehmenden Wettbewerb und
- andererseits eine Verlängerung der Entwicklungszeiten durch zunehmende Komplexität.

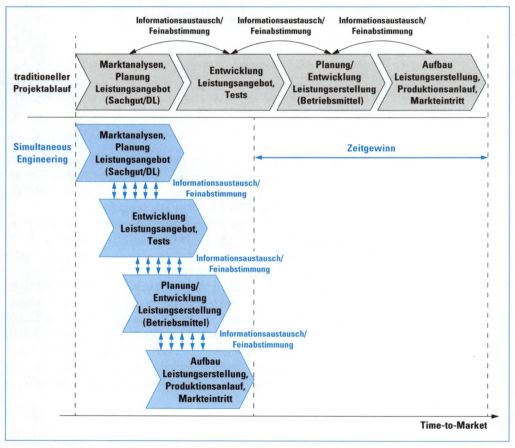

▲ Abb. 49   Sequenzieller vs. simultaner Projektablauf

Dieser Sachverhalt wird auch als Zeitfalle («time-trap») bezeichnet. Für ein Unternehmen, das wegen Verzögerungen im Entwicklungsprozess erst einen späteren Produkteinführungstermin realisieren kann, besteht die Gefahr, dass nur noch ein geringer Marktanteil verbleibt und sich die Entwicklungskosten nicht mehr vollständig amortisieren lassen.

Unternehmen, die eine kürzere **Time-to-Market** – also die Zeitspanne von der Ideengenerierung bis zur Markteinführung des Produktes – realisieren können, haben die Chance, zumindest temporär eine marktführende Position einzunehmen und eine höhere Wertschöpfung zu generieren. Zudem werden durch die kürzeren Entwicklungszeiten die beanspruchten Ressourcen früher für neue Projekte frei und erhöhen somit die Reaktionsgeschwindigkeit des Unternehmens.

Die Forderung nach einem schnelleren Markteintritt kann mit der Parallelisierung der Innovations-Teilprozesse erreicht werden (◀ Abb. 49). Dies wird mit «Simultaneous Engineering» – einem systematischen Ansatz der ganzheitlichen Produktentwicklung – erreicht. Ausgehend von Kundenanforderungen werden interdisziplinär und parallel alle Aufgaben erledigt, die notwendig sind, um ein neues Produkt zeitoptimal am Markt einzuführen. Zu vereinbarten Meilensteinen werden der Entwicklungsstand überprüft, Risiken bewertet, Tätigkeiten synchronisiert und das weitere Vorgehen vereinbart. Damit kann die Zeit bis zur Markteinführung eines neuen Produktes wesentlich (bis zu 50 Prozent) verkürzt werden, spätere Änderungen können vermieden und die Abstimmung zwischen den betroffenen Organisationseinheiten insgesamt verbessert werden.

6.6 Individualisierung des Leistungsangebots durch Modularisierung

Ein wesentlicher Faktor, um die Herstellkosten einer Leistung zu senken, ist die Standardisierung des Leistungsangebots sowie deren Erstellungsprozesse. Das bedingt produktseitig eine Reduktion der Teile- und Variantenvielfalt sowie prozessseitig eine Erhöhung der Effektivität und Effizienz durch Automatisierung und Standardisierung der Leistungserstellung.

Zugleich muss ein an nachhaltigem Erfolg orientiertes Unternehmen die Fähigkeit besitzen, sich stetig ändernden Marktanforderungen und Kundenbedürfnissen anzupassen und mit dem technologischen Wandel Schritt zu halten. Die verstärkte Segmentierung der Absatzmärkte sowie eine zunehmende Individualisierung der Kundenansprüche führen zu einer grossen Programmbreite (Produktvielfalt, Leistungsbreite) bzw. Programmtiefe (Wertschöpfungsstufen, Leistungstiefe). Neben der zunehmenden Variantenvielfalt werden, bedingt durch die rasante Technologieentwicklung, die Produktlebenszyklen verkürzt und die Komplexität der Produkte wie auch der Prozesse erhöht.

Dadurch entsteht ein **Spannungsfeld** zwischen der kostentreibenden **Individualisierung von Leistungsangeboten** sowie der für die Kostenreduktion erforderlichen
Standardisierung und Konzentration auf wenige Angebote mit möglichst grossen
Absatzmengen und dies bei zunehmender Systemkomplexität sowie kürzeren Pro-
duktentwicklungszeiten. Der produktseitige Lösungsansatz dieses Zielkonflikts
ist, neben einer flexiblen Leistungserstellung (siehe 5.2 «Innovative Leistungserstellungssysteme», S. 146), eine intelligente Gestaltung der Produkte.

Durch eine konsequente Modularisierung[1] der Produktstrukturen sowie eine
möglichst späte Variantenbildung kann das Ziel einer kundenindividuellen Massenfertigung (Mass Customization[2]) in Bezug auf das Leistungsangebot und die
Leistungserstellung unterstützt werden (▶ Abb. 50). Die daraus resultierende
Mehrfachverwendung von Baugruppen und Modulen erhöht zudem die Stückzahlen und reduziert zugleich die Vielfalt von Baugruppen/Modulen, mit entspre-

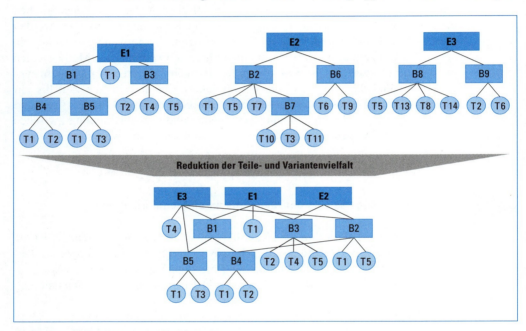

▲ Abb. 50   Modularisierung der Produktstruktur

---

1   Der Begriff «Modularisierung» steht sowohl für Plattformstrategie (Zusammenfassung von mehr-
    fach verwendbaren Strukturen, die für sich noch keine funktionsfähige Einheit bilden), für
    Modulstrategie (Zerlegung des Gesamtprodukts in für sich allein funktionsfähige Einheiten) wie
    auch für Gleichteilestrategie (Mehrfachverwendung von Bauteilen). Vorreiter mit dem heute um-
    fassendsten Modulbaukasten ist Toyota, die schon 1992 über 300 Komponenten in verschiedenen
    Marken und Modellen einsetzten.
2   B. Joseph Pine II definierte 1993 in seinem Buch «Mass Customization» erstmals das Konzept
    und den entsprechenden Begriff.

chenden wirtschaftlichen Vorteilen. Dabei ist zu beachten, dass diese Prinzipien sowohl für materielle wie auch für immaterielle Leistungen (digitale Güter, Dienstleistungen) angewendet werden können.

Die Realisierung einer entsprechenden Produktarchitektur stellt hohe Anforderungen an die Konzeption des Leistungsangebots wie auch an die Gestaltung des Innovationsprozesses, da nicht mehr einzelne Produkte, sondern Produktfamilien und deren Komponenten im Fokus stehen.

Im Weiteren können durch die Nutzung der (informations-)technischen Potenziale während dem auf Kundenbedürfnissen basierenden Konfigurationsprozess wertvolle Informationen gewonnen werden, welche zum Aufbau einer dauerhaften, individuellen Kundenbeziehung genutzt werden können. Das heisst, Mass Customization ist auch ein effektives Instrument zur Kundenbindung.

6.7 Erhöhung der Wertschöpfung durch hybride Leistungsangebote

Angesichts einer wachsenden Nachfrage nach Komplettlösungen sowie massgeschneiderten Produkten bearbeiten viele Unternehmen, mit dem Ziel einer verstärkten Kundenorientierung/-bindung, vermehrt grössere Anteile der kundenrelevanten Wertschöpfungskette. Dadurch werden immer mehr Unternehmen zum Anbieter kompletter Leistungsangebote, bestehend aus materiellen (Sachgüter) und immateriellen (Dienstleistungen, digitale Güter) Leistungen (▶ Abb. 51). Das wird als hybride Wertschöpfung bezeichnet und hat zur Folge, dass viele Unter-

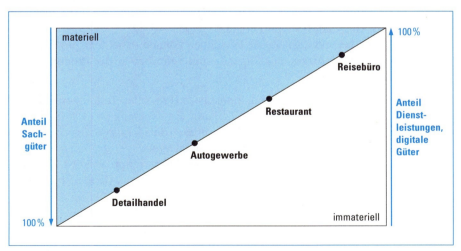

▲ Abb. 51   Kombination von Sach- und Dienstleistungen bei bestimmten Branchen

nehmen nicht mehr reine Industrie- oder Dienstleistungsunternehmen sind. Entsprechende Geschäftsmodelle (siehe 1.4.3 «De-Konstruktion von Wertschöpfungsketten», S. 36) sind heute noch in der Minderheit; empirische Untersuchungen (Kempermann/Lichtblau 2012) zeigen aber, dass sie überdurchschnittlich erfolgreich sind.

Hybride Leistungsangebote, bestehend aus Leistungen über den gesamten Produktlebenszyklus (siehe 6.4 «Bedeutung der Planungs- und Entwicklungsphase für den Produktlebenszyklus», S. 175), bieten den Unternehmen folgende Chancenpotenziale:

- **Grössere Differenzierung** gegenüber Mitbewerbern.
- **Stärkere Kundenbindung** durch bessere Erfüllung der Kundenbedürfnisse und den regelmässigen Kontakt durch die Erbringung von After-Sales-Dienstleistungen.
- **Erhöhung der Wertschöpfung** durch zusätzliche Erträge (Cross-Selling-Effekte).
- **Hinweise für neue Leistungsangebote** durch einen intensivierten Kundenkontakt und vertieften Einblick in die Nutzungssituation beim Kunden.
- Möglichkeiten zum **Ausgleich von Nachfrageschwankungen**. Geht zum Beispiel konjunkturbedingt die Nachfrage nach neuen Produkten zurück, steigt die Nachfrage nach Ersatzteilen, Reparaturen, Modernisierungsleistungen und Service-Hotlines.

In der Industrie können umfassende Angebote aus leistungsfähigen Maschinen/ Anlagen sowie begleitenden Dienstleistungen wie zum Beispiel Planung, Finanzierung, Schulung, Wartung, Modernisierung bestehen.

Bei Dienstleistungsunternehmen können die Kernleistungen mit begleitenden Sachgütern (z.B. Mobiltelefon zu Telekommunikations-Abonnement), Beratung und After-Sales-Support ergänzt werden.

Die begleitenden Zusatzleistungen können dabei, entsprechend dem Kundenbeziehungsprozess, auf folgende drei Teilprozesse des Produktlebenszyklus aufgeteilt werden:

- Anregungs- und Informationsphase (Pre-Sales-Teilprozess): z.B. Bedarfsanalyse, Lösungsfindung, Konzeption, Entwicklung.
- Vereinbarungs- und Erfüllungsphase (Sales-Teilprozess): z.B. Finanzierungsvermittlung, Montage und Inbetriebnahme.
- Nutzungs- und Treuephase (After-Sales-Teilprozess): z.B. Anwenderunterstützung, Verbrauchsmaterial, Instandhaltung, Erneuerung/Modernisierung, Rücknahme, Wiederverwertung.

6.8	Praxisbeispiele Produktgestaltung aus betriebswirtschaftlicher Sicht
6.8.1	Swatch

1967 präsentierten fast zeitgleich die Firmen Seiko in Suwa (Japan) und das Centre Electronique Horloger (CEH) in Neuenburg die weltweit ersten Quarzarmband-uhr-Prototypen, welche bis zu fünfzigmal genauer als der damals beste mechanische Chronometer waren. Das Patent der Ébauches SA, erteilt für eine quarzgesteuerte mechanische Armbanduhr, wird bis zum Ablauf jedoch nicht genutzt.

Im Jahr 1970 führt Seiko die erste Generation von Quarz-uhren im Markt ein. Der Preis von präzisen Uhren sinkt vom vierstelligen in den zwei-stelligen Bereich und stürzt die Schweizer Uhrenindustrie in eine schwere Krise.

Zwischen 1975 bis 1982 schliessen dreihundert Firmen der Uhrenbranche und Zehntausende (von 90 000 auf 30 000) von Arbeitsplätzen verschwinden. Zu diesem Zeitpunkt glaubt niemand mehr daran, dass man in der Schweiz noch Uhren herstellen kann.

Anfang 1980 erhält Nicolas Hayek von den defizitären Uhrenkonzernen Asuag (Allgemeine Schweizerische Uhren AG) und SSIH (Société Suisse pour l'Industrie Horlogère) den Auftrag, die marode Uhrenindustrie zu analysieren. Der Sanierungs-plan von Hayek sieht die Fusion von SSIH und Asuag zur SMH (heute Swatch Group) und die Zentralisierung der Uhrwerkherstellung für 14 Marken bei der ETA in Grenchen vor. Die Fusion der beiden Firmen zur SMH (Société de Microélectronique et d'Horlogerie SA) wird im Mai 1983 bekannt gegeben.

Parallel dazu werden ab 1980 beim Uhrwerkhersteller ETA die ersten Prototypen einer Kunststoff-Uhr «Vulgaris Popularis» mit dem Ziel, «eine Uhr in grossen Stückzah-len zu sehr tiefen Kosten zu fabrizieren», entwickelt. Um den angestrebten Marktpreis erreichen zu können, werden die vorhandenen produktionstechnischen Möglichkei-ten (integrale Bauweise, geringe Anzahl Einzelteile, grösstmögliche Automatisierung) konsequent ausgenutzt. Eine erste Markteinführung 1982 in den USA misslingt, was in Hayeks Analysebericht als «unprofessionelle Vermarktung» kritisiert wird.

Am 1. März 1983 werden die ersten zwölf Modelle der Swatch (Verkaufspreis 39 bis 50 CHF) durch den ETA-Direktor Ernst Thomke den Schweizer Medien vorgestellt und bis Ende Jahr 1 Million Stück verkauft. 1985 übernimmt Nicolas Hayek zusammen mit weiteren Investoren 51 Prozent der neugebildeten SMH. Ab diesem Jahr werden monatlich 1 Million Swatch produziert und die SMH kehrt in die Gewinnzone zurück. Auch die anderen Marken erholen sich langsam. 1987 schreibt auch Omega zum ersten Mal wieder Gewinn – nach fünfzehn Jahren mit Verlusten.

Im Mai 2006 wird die 333-millionste Swatch hergestellt, die Produktion beträgt inzwischen 11 Millionen Stück pro Jahr. Die Swatch hat sich zur erfolgreichsten

Armbanduhr aller Zeiten entwickelt und die Swatch Group ist der weltweit grösste und dynamischste Uhrenkonzern. Um die Qualität und das Label «Swiss-made» zu garantieren, konzentriert SWATCH die gesamte Uhrenherstellung in der Schweiz.

Weitere Informationen unter www.swatch.com[1]

6.8.2 Thermoplan

Das Unternehmen Thermoplan AG wurde 1974 von Domenic Steiner in Küssnacht am Rigi gegründet mit dem Geschäftszweck der Planung und Ausführung von Lüftungsanlagen, vorwiegend im Hotellerie- und Gastronomiebereich.

1983 fokussiert sich die Firma auf die Entwicklung und Fertigung von Spezialgeräten für die Gastronomie und verlegt zwei Jahre später den Geschäftssitz in ein neues Firmengebäude nach Weggis. Mit der Entwicklung und Markteinführung des ersten Schlagrahmautomaten wird die Firma weltweit Marktführer und baut ihr Produktsortiment weiter aus.

1994 wird mit der Entwicklung einer vollautomatischen Kaffeemaschine mit «integrierter Milchlösung» begonnen.

Ein Jahr später erfolgt die Markteinführung des Kaffee-Vollautomaten, basierend auf einem (für die Branche) einzigartigen, modularen System. Die Modularisierung ermöglicht einerseits eine effiziente Produktion mit kurzen Lieferfristen und andererseits einer Unterbrechung von maximal zwanzig Minuten für die Behebung von Störungen.

1996 wird die Firma in eine Aktiengesellschaft, mit den Hauptaktionären Esther und Dominic Steiner, umgewandelt. Thermoplan konzentriert sich nun auf die Entwicklung, Produktion und Wartung von gewerblichen Kaffeemaschinen und Zusatzgeräten.

Der Durchbruch gelingt der Firma 1999, nach einem zweijährigen Evaluationsprozess mit dreizehn Mitbewerbern, mit dem Entscheid von Starbucks für Thermoplan als Exklusivlieferant für vollautomatische Espressomaschinen und der Unterzeichnung eines Fünfjahresvertrages, der inzwischen mehrmals erneuert wurde.

Den Hauptausschlag zugunsten von Thermoplan gab der modulare Aufbau der Kaffeemaschine, welche eine hohe Flexibilität bezüglich Maschinenkonfigurierung und vor allem kurze Reparatur- und Wartungszeiten ermöglicht.

---

1   Quellen: Unternehmens-Website mit Medienmitteilungen, Presseartikeln und -interviews

Neben Starbucks (heute noch rund ein Drittel) generieren weitere Grosskunden (wie beispielsweise Ikea, McDonald's, Nespresso, Costa) einen Umsatz von über 130 Mio. CHF. Mit jährlich rund 20 000 Automaten, hergestellt von rund 220 Mitarbeitenden, ist Thermoplan inzwischen Weltmarktführer bei den professionellen, vollautomatischen Kaffeemaschinen. Bei 95 Prozent Exportanteil werden über 80 Prozent der Komponenten in der Schweiz hergestellt.

Weitere Informationen unter www.thermoplan.ch[1]

---

1   Quellen: Unternehmens-Website mit Medienmitteilungen, Presseartikeln und -interviews

Kapitel 7

Planung und Steuerung der Leistungserstellung

In diesem Kapitel wird erläutert, wie die Leistungserstellung eines Unternehmens geplant und gesteuert wird. Dabei leiten sich die Vorgaben für die Planung der Leistungserstellung direkt aus der Geschäftsplanung respektive der Verkaufs- und Produktionsplanung ab. Im Rahmen der Produktions-, der Materialbedarfs- und der Kapazitätsplanung werden die erforderlichen Aktivitäten sukzessive verfeinert. Dabei kommt auch der Ermittlung der optimalen Losgrössen und der Reihenfolgenplanung eine grosse Bedeutung zu. Ebenfalls muss sich jedes Unternehmen die Frage stellen, wie dieser Prozess durch den gezielten Einsatz von IT-Instrumenten unterstützt werden kann.

7.1 Unternehmerische Ziele der Planung und Steuerung der Leistungserstellung

Die optimale Gestaltung einer effektiven und effizienten Auftragsabwicklung mit einer ausgeprägten Kundenorientierung, hoher Flexibilität und Qualität ist ein wesentlicher Erfolgsfaktor einer Organisation. Entsprechend ist der primäre Zweck einer effektiven Planung und Steuerung der Leistungserstellung die **kosten-, termin- und qualitätsgerechte Abwicklung von Aufträgen** sowie die **Allokation der dazu erforderlichen Ressourcen,** und dies bei geringen Lagerbeständen, kurzen Durchlaufzeiten, hoher Termintreue, optimaler Auslastung sowie minimalen Stillstandszeiten. Diese Zielgrössen sind entsprechend der Unternehmensstrategie zu gewichten und zu priorisieren.

Dabei ist zu beachten, dass speziell bei Unternehmen mit geringer Leistungstiefe, bei denen also ein wesentlicher Teil der Leistungserstellung ausser Haus erfolgt, zumindest die Schlüssellieferanten/-dienstleister bei der Planung und Steuerung der Leistungserstellung mit berücksichtigt werden müssen.

Die Planung und Steuerung einer effektiven und effizienten Transformation von Informationen und Material im Rahmen der Leistungserstellung ist eine anspruchsvolle Aufgabe, welche in der Praxis durch entsprechend qualifizierte Mitarbeitende, üblicherweise in Funktionsbereichen wie Arbeitsvorbereitung (AVOR) oder Disposition, durchgeführt wird.

Wesentliche Einflussfaktoren für eine zielgerichtete Planung und Steuerung der Leistungserstellung sind einerseits der zeitliche Planungshorizont sowie andererseits die Art des jeweiligen Leistungserstellungsprozesses (reproduzierbare Leistungsangebote gegenüber kundenindividuelle Einzelprodukte).

7.1.1 Aufgaben der Planung und Steuerung der Leistungserstellung

Der Prozess zur Planung und Steuerung der Leistungserstellung besteht aus einer mehrstufigen Vorgehensweise, welche sich im Grad der Abstraktion bezüglich Zeit, Ressourcen und Prozess unterscheidet (▶ Abb. 52).

Ein effektiver und effizienter Planungsprozess zeichnet sich durch einen wirksamen Kommunikationsprozess aus, der sowohl «top-down» wie auch «bottom-up» reibungslos funktioniert. Dabei erfolgen Vorgaben bezüglich Zeitraum, Ressourcen und Prozess top-down sowie Rückmeldungen zu Zielerreichung und -abweichung, Störungen usw. bottom-up.

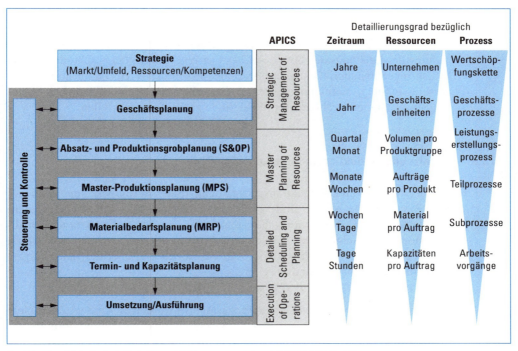

▲ Abb. 52   Mehrstufiger Planungs- und Steuerungsprozess (mit APICS-Prozessen
für Production and Inventory Management)

7.1.2   Geschäftsplanung

Die Geschäftsplanung basiert auf den strategischen Vorgaben bezüglich Markterschliessung, Leistungsangebot und Ressourcen und findet üblicherweise einmal
jährlich im Rahmen des Budgetprozesses statt. Dabei wird festgelegt, welches die
wesentlichen Geschäftsziele für den entsprechenden Planungszeitraum sind und
mit welchen Ressourcen diese Ziele erreicht werden sollen.

Der Geschäftsplan wird aus mehreren Teilplänen wie dem Absatzplan, dem
mittelfristigen Produktionsprogramm, dem Produktentwicklungsplan und dem
Investitionsplan aggregiert. Der Absatzplan wird auf Basis der Nachfragepro-
gnose erstellt. Er gibt an, welche Leistungen zu welchem Zeitpunkt in welchen
Mengen auf welchen Absatzmärkten verkauft werden sollen. Das Produktionsprogramm aggregiert die gesamte Nachfrage an Leistungen, die von aussen an das
Unternehmen herangetragen wird. Die zur Bedarfserfüllung notwendigen Ressourcen sind daraus abzuleiten und deren Verfügbarkeit sicherzustellen. Dies können interne Ressourcen oder Leistungen von Dritten sein. Der Produktentwick-

lungsplan basiert auf Trends und Prognosen bezüglich Marktbedürfnissen (Market-Pull) und Technologieentwicklung (Technology-Push). Er stellt dar, welche Leistungsangebote neu respektive weiterentwickelt werden sollen (siehe 6.3 «Gestaltung des Leistungsangebots», S. 174). Der Investitionsplan beschreibt, welche Investitionen in materielle und immaterielle Ressourcen (z. B. Organisations-/Prozessentwicklung, Kernkompetenzen, Infrastruktur, Personalbestand, Qualifizierungsmassnahmen) während der Planperiode getätigt werden sollen.

7.1.3 | Absatz- und Produktionsgrobplanung (S&OP)

Bei der Absatz- und Produktionsgrobplanung (Sales and Operations Planning, S&OP) werden der Absatz- und Vertriebsplan (demand plan, sales plan) mit dem Beschaffungs- und Produktionsplan (supply plan, operations plan) monatlich abgestimmt und synchronisiert. Dieser Koordinationsprozess wurde in den 1980er Jahren von Oliver Wight (Sheldon 2006) entwickelt und über die Jahre hinweg kontinuierlich verbessert und erweitert.

Der typische S&OP-Prozess besteht aus folgenden fünf Prozessschritten[1]:

1. **Sales Revenue Planning:** In ersten Prozessschritt werden die strategischen Ziele der Absatz- und Produktionsplanung bezüglich Termine, Kosten, Bedarf, Beschaffung sowie Kapazitäten und Ressourcen verifiziert und mit den Unternehmenszielen abgeglichen. Dazu gehört auch die Aufbereitung der relevanten Informationen für die nachfolgenden Teilprozesse. Die Verantwortung für diesen Prozessschritt liegt primär beim Produktmanagement.
2. **Demand Planning:** Im zweiten Prozessschritt werden die generierten aktuellen Prognose- und Verkaufszahlen analysiert und für die nächsten zwölf Monate ein aktualisierter Absatzplan erstellt. Die Verantwortung für diesen Prozessschritt liegt primär bei Marketing & Verkauf.
3. **Supply Planning:** In diesem Prozessschritt werden Differenzen zwischen Absatz, Lagerbeständen und den verfügbaren Kapazitäten und Ressourcen für die Leistungserstellung angepasst und ein aktualisierter Produktionsplan erstellt. Die Verantwortung für diesen Prozessschritt liegt primär bei der Produktion (Operations).
4. **Supply & Demand Balancing:** Im Rahmen dieses Abstimmungsprozesses werden die Ergebnisse der beiden vorangehenden Prozessschritte, unter Berücksichtigung der finanziellen Zielvorgaben, in einen integrierten Absatz- und Produktionsplan zusammengeführt und bei Differenzen Szenarien/Varianten für den Abgleich erstellt. Die Verantwortung für diesen Prozessschritt liegt primär bei den S&OP-Verantwortlichen.

---

1   Je nach Informationsquelle werden die fünf S&OP-Prozessschritte unterschiedlich bezeichnet, inhaltlich sind sie jedoch identisch.

5. **Management Review:** Der letzte Prozessschritt beinhaltet die Entscheidung bezüglich allfälliger Szenarien/Varianten sowie die Verabschiedung des definitiven Absatz- und Produktionsplans inkl. Kennzahlen. Die Verantwortung für diesen Prozessschritt liegt primär beim Executive Management des Unternehmens bzw. der Geschäftseinheit.

Vor allem bei Leistungserstellungsprozessen mit entsprechend erforderlicher Vorlaufzeit für Rohstoffbeschaffung und Umstellung der Produktionsanlagen (beispielsweise Produkt-/Chargenwechsel in der Prozessindustrie) ist S&OP ein bedeutender Bestandteil des Planungsprozesses für die Leistungserstellung.

Bei einer überbetrieblichen Absatz- und Produktionsplanung kann durch kollaborative Planung (Collaborative Planning, Forecasting and Replenishment CPFR) eine höhere Planungsgenauigkeit erreicht werden kann.

7.1.4	**Master-Produktionsplanung (MPS)**

In der Master-Produktionsplanung (Master Production Scheduling, MPS) wird auf der Basis der erwarteten Kundenaufträge (Leistungserstellung nach Kundenauftrag) oder von Absatzprognosen (Leistungserstellung auf Lager) das kurzfristige Produktionsprogramm festgelegt. Durch die Konkretisierung der Nachfrage und Ableitung der erforderlichen Ressourcen wird im Rahmen einer Grobplanung der Aufträge definiert, welche Leistungen zu welchem Zeitraum erbracht werden sollen und welche Kapazitäten einzelner Ressourcen dazu erforderlich sind. Ebenso sind die im langfristigen Bereich getroffenen Abmachungen zur Sicherstellung des Ressourcenbedarfs zu präzisieren und allenfalls zu korrigieren. Dabei ist zu berücksichtigen, ob im Unternehmen Auftragsproduktion (Make-to-Order) oder Lagerproduktion (Make-to-Stock) vorherrscht.

Planung bei Leistungserstellung auf Lager (Make-to-Stock)

Vordringliches Ziel der mittelfristigen Produktionsplanung bei der Leistungserstellung auf Lager ist die **Festlegung der Produktionsmengen für jedes Standardprodukt innerhalb der Planperiode.** Da die vom Markt diktierte Lieferzeit bei einem Standardprodukt meist viel kürzer ist als die erforderliche Auftragsdurchlaufzeit beziehungsweise da die bestellte Menge in der erforderlichen Lieferzeit nicht rentabel produziert werden kann, werden bestimmte Mindestmengen auf Lager (Make-to-Stock) produziert.

Die Produktionsplanung basiert dabei auf der **Absatzplanung,** welche für ein Produkt oder eine Produktfamilie den Primärbedarf vorgibt und damit auch das gesamte Planungssystem antreibt. Die Produktion verläuft dabei mit einer gewissen Regelmässigkeit und innerhalb eines relativ dauerhaften organisatorischen Gefüges. Bei einem produktionsreifen Standardprodukt sind die Entwicklungstätigkeiten meist abgeschlossen und daher nicht mehr Bestandteil der Planungsaktivitäten; die Planung konzentriert sich hier auf die eigentliche Fertigung. Des Weiteren handelt es sich hierbei meist um Produktionsaufträge mit grossen Stückzahlen und einer Linien- oder Fliessorganisation.

Im Zentrum der Produktionsplanung steht bei der Lagerfertigung die **mittelfristige Programmplanung (Primat von Material- und Kapazitätsplanung).** Deren Aufgabe ist es, aus einer bestehenden Angebotspalette jene Produkte zur Herstellung vorzuschlagen, die unter den gegebenen Rahmenbedingungen (Produktionsorganisation, Kapazitätsangebot, prognostizierte Nachfrage etc.) den höchsten Deckungsbeitrag versprechen.

Durch den gezielten Einsatz von Marketinginstrumenten kann der Vertrieb auf einen Ausgleich zwischen den Marktanforderungen und den Möglichkeiten der Produktion hinwirken.

Planung bei Leistungserstellung nach Kundenauftrag (Make-to-Order)

Die Anforderungen an die Produktionsplanung sind bei der Kundenauftragsfertigung anders gewichtet als bei der Lagerfertigung. Anstoss für die Produktionsplanung sind bei der Kundenauftragsfertigung nicht primär Nachfrageschätzungen und eine daraus abgeleitete Programmplanung, sondern Offertanfragen und vor allem die eingegangenen **Kundenbestellungen.**

Die Produktionsaufträge in der Kundenauftragsfertigung haben in sehr vielen Fällen den Charakter des Einmaligen. Dabei sind oft auch **kundenindividuelle Anpassungen** in Form von Entwicklung oder Konstruktion (Engineer-to-Order/ Design-to-Order) erforderlich. Dadurch wird dieser Teilprozess integrierter Bestandteil des Kundenauftrages und muss daher in die Produktionsplanung miteinbezogen werden.

Untersuchungen haben gezeigt, dass die Durchlaufzeit von Aufträgen in Unternehmen der Einzelfertigung zu etwa 80 Prozent auf die indirekt produktiven Teilprozesse Planung des Leistungsangebots sowie Planung und Steuerung der Leistungserstellung entfällt. Die Beeinflussung der Durchlaufzeit durch Anstrengungen in der Leistungserstellung (direkt produktive Teilprozesse) ist daher eher klein.

Bei der Produktionsplanung stehen bei der Auftragsfertigung die Instrumente und Verfahren der **Projektplanung und Projektkontrolle (Primat von Terminplanung und Kostenkontrolle)** im Vordergrund. Ein vordringliches Planungsziel ist die möglichst präzise Beantwortung der Frage, wann ein Auftrag (Projekt) mit den verfügbaren Ressourcen frühestens fertiggestellt werden kann.

Planung bei Leistungserstellung von Varianten (Assemble-to-Order)

Die Produktionsplanung bei einer anbieter- oder kundenspezifischen Variantenfertigung **kombiniert die Methoden der Lagerfertigung mit jenen der Auftragsfertigung.**

Während auf der Ebene der Standardkomponenten die Instrumente der Lagerfertigung (Make-to-Stock) zum Tragen kommen, wird die Montage der variantenabhängigen Endprodukte mit den Instrumenten der Kundenauftragsfertigung (Make-to-Order) geplant. Typischerweise kommt dabei das Konzept der absatzgesteuerte Leistungserstellung (siehe 7.2.2 «Absatzgesteuerte Leistungserstellung (Pull-Prinzip)», S. 207) zum Einsatz.

7.1.5	**Materialbedarfsplanung**

Eine präzise Bedarfsplanung des erforderlichen Materials wie auch der notwendigen Informationen ist für jede Leistungserstellung von grundlegender Bedeutung. Bei der Materialbedarfsplanung (Material Requirements Planning, MRP) wird grundsätzlich nur der **unabhängige Bedarf** («independent demand» oder Primärbedarf) geplant, da der **abhängige Bedarf** («dependent demand» oder Sekundärbedarf) sich direkt vom unabhängigen Bedarf ableiten lässt. Insofern reicht es im Normalfall aus, wenn Absatzprognosen erstellt und anhand von Stücklisten die erforderliche Anzahl Komponenten abgeleitet wird.

Die effektiven Verkaufszahlen hängen von den folgenden zwei Dimensionen ab:

- **Aktiv:** Ein Unternehmen versucht, durch gezielte Marketingmassnahmen (z.B. Werbung, Preisreduktion, Promotion) aktiv Einfluss auf die Kaufentscheidung der Kunden auszuüben.
- **Passiv:** Ein Unternehmen versucht, so gut wie möglich den Bedarf der Kundschaft zu befriedigen, ohne aktiv den Absatz zu bearbeiten. Dies gilt insbesondere, wenn die Nachfrage nicht beeinflusst werden kann (z.B. Notfallaufnahme) oder wenn aufgrund gesetzlicher oder ethischer Gründe eine Beeinflussung nicht vertretbar ist.

Unabhängiger und abhängiger Bedarf sowie der Einfluss von aktiven Verkaufsmassnahmen müssen sauber getrennt werden, da ansonsten keine sinnvolle Absatzprognose erstellt werden kann.

Grundsätzlich kann die **Prognose** anhand von vier verschiedenen Instrumentgruppen erstellt werden:

1. qualitative Schätzmethoden (z.B. Marktforschung, Delphi-Befragung);
2. Zeitreihenanalyse (z.B. gleitender Durchschnitt, Regressionsanalyse);
3. Kausalmodelle (z.B. ökonometrische Modelle) und
4. Simulation.

Der Materialbedarf wird einerseits anhand der Produktstruktur und Stückliste sowie andererseits aufgrund der verfügbaren Lagerbestände festgelegt. Daraus wird der **Primär- und Sekundärbedarf** sowie der **Tertiärbedarf** (erforderliche Hilfs- und Betriebsstoffe für die Leistungserstellung) ermittelt.

Wie in ▶ Abb. 53 dargestellt, erfolgt die Berechnung des Nettobedarfs in mehreren Schritten. Als Erstes wird der **Bruttoprimärbedarf** anhand der Marktnach-

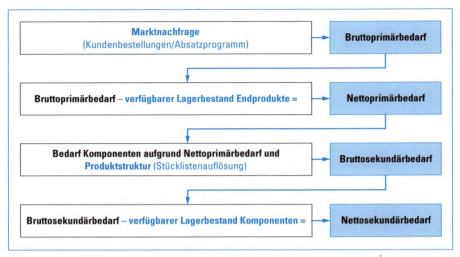

▲ Abb. 53   Herleitung Nettosekundärbedarf aus Bruttoprimärbedarf

frage (Kundenbestellungen und Absatzprogramm) bestimmt. Als Differenz zwischen diesem und den verfügbaren Lagerbeständen an Endprodukten ergibt sich der Nettoprimärbedarf. Anhand der Produktstruktur (Stücklistenauflösung) der herzustellenden Endprodukte wird der erforderliche Bruttosekundärbedarf der einzelnen Komponenten ermittelt. Auch hier muss der verfügbare Lagerbestand berücksichtigt werden. Nach Abzug der vom Lager bezogenen Komponenten resultiert der **Nettosekundärbedarf,** welcher der erforderlichen zu beschaffenden oder herzustellenden Menge der einzelnen Komponenten zur Befriedigung des Primärbedarfs entspricht.

Zusätzlich ist bei der jeweiligen Umrechnung von Brutto- auf Nettobedarf zu berücksichtigen, dass für einzelne Materialien **Zuschläge** aufgrund von Ausschuss, Verlust usw. einkalkuliert werden müssen.

7.1.6 | **Ermittlung der optimalen Losgrösse**

Bei einer Fertigung von Gütern müssen die Nettobedarfe der erforderlichen Materialien zu einem bestimmten Zeitpunkt bereitgestellt werden. Dazu ist für jede Planperiode die **optimale Losgrösse** zu bestimmen, das heisst jene Menge, die unter Berücksichtigung der fixen und variablen Kosten mit einem Minimum an Aufwand produziert bzw. beschafft werden kann.

Da die Stückzahl einen wesentlichen Einfluss auf die Kosten eines Produktes hat, sind eine Reihe von Verfahren entwickelt worden, mit denen sich optimale Losgrössen bestimmen lassen. Dabei unterscheidet man zwischen statischen Verfahren und dynamischen Verfahren.

Das klassische statische Losgrössenverfahren ist die sogenannte Andler-Formel[1], welche auf folgenden Überlegungen basiert:

«Soll nach einer produzierten Menge eine neue Serie (‹Los›) aufgelegt werden, so muss der eigentliche Fertigungsprozess unterbrochen werden und die Produktionsanlagen neu eingerichtet werden (Einrichtungs-/Rüstzeit). Der Unterbruch des Produktionsprozesses als auch das Umrüsten der [betrieblichen] Produktionsmittel verursachen Fixkosten, die von der eigentlichen Losgrösse unabhängig sind. Je grösser das Fertigungslos ist, desto grösser ist die Gesamtstückzahl, auf die sich die auflagenfixen Kosten verteilen, wodurch die auflagenfixen Kosten pro Einheit sinken. Zugleich haben grosse Fertigungslose höhere Lagerbestände zur Folge, welche wiederum hohe Lagerkosten sowie Zinskosten auf das gebundene Kapital verursachen.»

(Andler 1929)

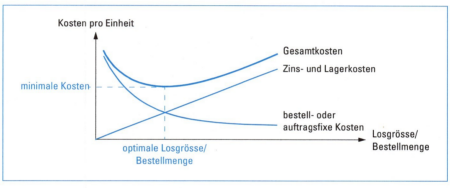

▲ Abb. 54   Ermittlung der kostenoptimalen Losgrösse basierend auf der Andler-Formel

Optimale Losgrösse (Fertigungssicht):	Optimale Bestellmenge (Beschaffungssicht):
$$x_{opt} = \sqrt{\dfrac{2 \cdot 100 \cdot M \cdot (H_{fix} + L_{fix})}{h_{var} \cdot q}}$$	$$x_{opt} = \sqrt{\dfrac{2 \cdot 100 \cdot M \cdot a}{p \cdot q}}$$
X = Anzahl Einheiten pro Fertigungslos M = Bedarf eines bestimmten Produkts pro Planperiode H_{fix} = fixe Herstellkosten eines Fertigungsloses L_{fix} = fixe Lagerkosten eines Fertigungsloses h_{var} = variable Herstellkosten für eine Einheit q = Zins- und Lagerkostensatz pro Planperiode (%)	X = Anzahl Einheiten pro Bestellung M = Bedarf eines bestimmten Produkts pro Planperiode a = Beschaffungsfixkosten pro Bestellung p = Einstandspreis einer Einheit q = Zins- und Lagerkostensatz pro Planperiode (%)

▲ Abb. 55   Andler-Formel für die Berechnung der optimalen Losgrösse und Bestellmenge

---

1 Die nach dem deutschen Ingenieur Kurt Andler benannte Formel wurde 1929 von ihm publiziert (Rationalisierung der Fabrikation und optimale Losgrösse). Der Ansatz wurde jedoch ursprünglich 1913 von Ford W. Harris entwickelt (How Many Parts to Make at Once Factory).

Die Summe der Zins- und Lagerkosten sowie der auftragsfixen Kosten hängt somit von der Losgrösse ab (◄ Abb. 54). Man kann sie als eine Funktion der Losgrösse darstellen und ihr Minimum mit Hilfe der Andler-Formel berechnen.

Zwischen der optimalen Losgrösse (Fertigungssicht) und der optimalen Bestellmenge (Beschaffungssicht) besteht nur ein marginaler Unterschied. Entsprechend gelten dieselben Überlegungen (◄ Abb. 55).

Dabei ist zu berücksichtigen, dass die Andler-Formel als theoretischer Ansatz auf folgenden vereinfachenden Annahmen bezüglich Datengrundlagen basiert:

- Bedarf: vorgegebener Jahresbedarf; konstanter Materialbedarf pro Zeiteinheit; keine Fehlmengen zulässig; konstante Materialqualität; offene Planungsperiode.
- Beschaffung: konstante Netto-Materialpreise, d.h. keine Mengenrabatte; isolierte Beschaffung, d.h. keine Verbundbeziehungen der Bestellkosten; konstante Kosten pro Bestellung; beliebig teilbare Beschaffungsmengen; beliebig bestimmbare Lieferzeiten.
- Lager: keine Begrenzung der Lagerkapazität; keine Sicherheitsbestände; Zeitbedarf für die Einlagerung kann vernachlässigt werden; keine Mengenverluste am Lager; die Lagerkosten verhalten sich proportional zu den Lagerbeständen und der Lagerdauer.

Entsprechend sind die resultierenden Ergebnisse zu relativieren bzw. als Richtwerte zu verwenden. Im Gegensatz dazu betrachten dynamische Losgrössenverfahren einen variierenden Bedarf über bestimmte Planperioden. Sie sind damit grundsätzlich präziser, jedoch entsprechend aufwändiger.[1]

| 7.1.7 | Termin- und Kapazitätsplanung |

Im Rahmen der Termin- und Kapazitätsplanung wird entschieden, welche Leistungen in welcher Reihenfolge mit welchen Ressourcen erbracht werden. Es wird sichergestellt, dass die Aufträge so abgearbeitet werden, dass keine Kapazitäten überschritten werden und zum erforderlichen Zeitpunkt die benötigten Materialien und Informationen sowie die notwendigen Ressourcen (Mitarbeitende, Betriebsmittel) zur Verfügung stehen.

Erst mit der Konkretisierung der Terminplanung wird deutlich, welche Betriebsmittel- und Personenkapazitäten zu welchem Zeitpunkt einer Auftrags-

---

1 Zu dieser Gruppe von Losgrössenverfahren gehören beispielsweise das Wagner-Whitin-Verfahren, das Verfahren von Leinz/Bossert/Habe, das Groff-Verfahren, das Stück-Perioden-Ausgleichsverfahren (Part-Period-Verfahren), das Stückkostenverfahren. Die Menge unterschiedlicher dynamischer Verfahren erklärt sich daraus, dass bisher niemand in einer Formel die Realität wirklich exakt abbilden konnte. Insofern stellen alle Losgrössenverfahren mehr oder weniger präzise Näherungslösungen dar. (Kemmer 2010)

abwicklung benötigt werden. Entsprechend ist die Termin- und Kapazitätsplanung, das heisst das **zeitliche Einplanen des Auftrages** bzw. der damit verbundenen **Arbeitsschritte** und deren kapazitätsmässige **Belegung der Arbeitssysteme,** immer ein zusammengehörender Planungsprozess.

Dieser Planungsprozess der Leistungserstellung wird stark von der Art des Leistungserstellungsprozesses beeinflusst. Die Planung eines Einzelauftrages (z. B. Anlagenbau) weist andere Merkmale bezüglich Ressourceneinsatz auf als die Massenproduktion am Fliessband.

Die Informationsgrundlagen für die Bestimmung der Durchlaufzeit und der zur Leistungserstellung erforderlichen Ressourcen werden in **Stücklisten** (siehe 6.2.2 «Stückliste», S. 173) und **Arbeitsplänen,** auch Operationspläne genannt, festgelegt (▶ Abb. 56). Laut REFA[1] wird ein Arbeitsplan wie folgt beschrieben:

«Im Arbeitsplan ist die Vorgangsfolge zur Fertigung eines Teiles, einer Gruppe oder eines Erzeugnisses beschrieben; dabei sind mindestens das verwendete Material sowie für jeden Arbeitsgang der Arbeitsplatz, die [betrieblichen] Produktionsmittel, die Vorgabezeiten und gegebenenfalls die Lohngruppe anzugeben.» (REFA 1985)

Ein **Arbeitsvorgang** ist ein Prozessschritt, der zur Erbringung einer bestimmten Leistung erforderlich ist. Beispiele für Arbeitsvorgänge sind «bohren», «schneiden», «stanzen» oder «biegen» im industriellen Bereich, aber auch «bedienen», «erfassen», «pflegen», «beraten» oder «reparieren» im Dienstleistungsbereich.

Arbeitsplan	Bolzen – Teile-Nr. 581		Firma AG
erstellt am: 4. Juli von B. Müller	Stücklisten-Nr. BS-1251	Auftrags-Nr. …	Arbeitsplan-Nr. B 841
geprüft am: 7. Juli von K. Meyer	Rohform und -abmessungen: Rundstahl Ø 60	Werkstoff: St 70-2	Auftrags-Stückzahl:
Stückzahlbereich: 1–50			

Arbeitsvor-gangs-Nr.	Arbeitsvorgang	Kosten-stelle	Maschinen-gruppe	Werk-zeug	Rüstzeit (min)	Stückzeit (min)	Lohn-gruppe
01	Ablängen auf L = 195 und entgraten	1412	010	SB 40	2,00	0,80	04
02	NC-Drehen, NC-Programm 1033	1510	114	–	8,00	2,50	10
03	Bohren, 4x Ø 10	1314	012	B Ø 10	14,50	1,20	06
04	Rundschleifen	1120	251	S 45	10,00	2,40	05
05	Nut fräsen und Fräsnaht entgraten	1240	140	FS 21-4	6,50	2,30	07
…	…	…	…	…	…	…	…

▲ Abb. 56   Beispiel eines Arbeitsplans

---

1 Der REFA-Verband für Arbeitsgestaltung, Betriebsorganisation und Unternehmensentwicklung e. V. wurde 1924 in Deutschland als Reichsausschuss für Arbeitszeitermittlung gegründet. Er knüpfte damals an den von Taylor beschriebenen Grundsätzen der wissenschaftlichen Betriebsführung an. Heute handelt es sich um einen gemeinnützigen Verband mit rund 30 000 Mitgliedern.

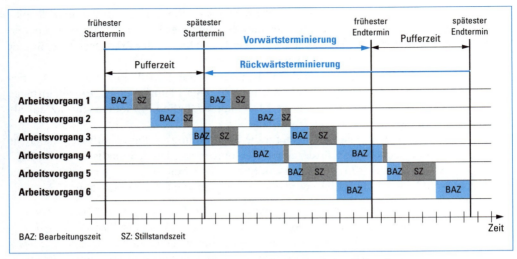

▲ Abb. 57   Vorwärts- und Rückwärtsterminierung eines Auftrags anhand eines Balkendiagramms

Die Termin- und Kapazitätsplanung wird oft in einem **zweistufigen Planungsprozess** durchgeführt: Sobald die zu produzierenden Mengen bekannt sind, wird mit der Terminplanung begonnen. Mittels der Durchlaufterminierung werden früheste und späteste Start- bzw. Endtermine für die Durchführung einzelner Arbeitsschritte geplant. Anschliessend wird abgeklärt, ob die erforderlichen Kapazitäten für das Produktionsprogramm vorhanden sind bzw. allfällige Kapazitätsengpässe bestehen. Falls dies der Fall ist, müssen die entsprechenden Arbeitsschritte in andere Zeiträume oder externe Kapazitätsplätze verschoben werden. Nachdem diese Abklärungen erfolgt sind, kann der grob terminierte Auftrag im Detail geplant werden.

Die für eine **Terminplanung** notwendigen Aussagen zum Zeitgerüst sind im Arbeitsplan enthalten. Daraus lässt sich ein Durchlaufplan ableiten, in dem die einzelnen Arbeitsvorgänge zusammen mit den zugewiesenen Kapazitätsplätzen (Mitarbeitende, Team oder Betriebsmittel) dargestellt werden.

Im Rahmen der Terminplanung werden mittels der Vorwärtsterminierung die frühestmöglichen Termine und mittels Rückwärtsterminierung die spätestmöglichen Termine ermittelt (◄ Abb. 57). Daraus können verschiedene Puffer errechnet werden. Diese geben an, inwieweit Vorgänge verschoben werden können, ohne die geplante Fertigstellung des gesamten Auftrags zu beeinträchtigen.

Eine Terminplanung erfolgt nach heuristischen oder mathematisch-analytischen Methoden. Bei den heuristischen Methoden werden basierend auf Erfahrungen die Vorgänge so angeordnet, dass ein plausibler Ablaufplan (z.B. Balkendiagramm) entsteht. Die mathematisch-analytischen Verfahren basieren auf der Graphentheorie (z.B. Netzplantechnik). Terminpläne können auf vier Arten dargestellt werden:

- **Terminliste:** In der Terminliste werden die Vorgänge mit den geplanten Terminen tabellarisch geordnet. Die Terminliste wird oft für die Meldung von Ist-Terminen im Rahmen der Terminüberwachung verwendet (▶ Abb. 58).
- **Balkenplan:** Beim Balkenplan, auch Gantt-Diagramm genannt, werden die Vorgänge in einer Spalte übereinander geschrieben. Die Vorgangsdauern werden massstabsgerecht durch einen Balken repräsentiert, die entlang der horizontal aufgetragenen Zeitachse positioniert werden. Die Vorgänge werden meistens so sortiert, dass oben die Vorgänge stehen, die früh anfangen, und unten jene, die spät beginnen. Dadurch wird der Balkenplan sehr übersichtlich. Er ist die am häufigsten verwendete Darstellung und zeichnet sich durch eine gute Übersichtlichkeit aus (▶ Abb. 59).
- **Weg-Zeit- oder Liniendiagramm:** Ein Weg-Zeit- oder Liniendiagramm ist eine spezielle Darstellung des Ablaufs bei sogenannten Linienbaustellen (z.B. Strassenbau, Leitungsbau). Auf der Abszisse werden die Stationen der Baustelle aufgetragen. Durch eine Linie wird der Lauf einzelner Arbeits- und Gerätegruppen dargestellt. Die Linie repräsentiert somit die Geschwindigkeit, mit der sich die Maschinen- oder Arbeitsgruppe entlang der Baustelle vorarbeitet (▶ Abb. 60).
- **Netzplan:** Ein Netzplan basiert auf der Graphentheorie mit Knoten und Kanten als Elemente. Es sind verschiedene Darstellungsformen möglich: der Vorgangspfeil-Netzplan (CPM: Critical Path Method), der Ereignisknoten-Netzplan (PERT: Project Evaluation and Review Technique) und der Vorgangsknoten-Netzplan (MPM: Metra Potential Method) (▶ Abb. 61).

Vorgänge	Anfang	Abschluss	Verantwortlich
Erstellung Prototyp	13.2.201X	20.3.201X	F&E
Marktakzeptanztest	15.3.201X	1.4.201X	Marketing
«proof of concept»	1.4.201X	1.4.201X	Geschäftsleitung
Optimierung Produkt	1.4.201X	1.5.201X	AVOR/Produktion
«go live»	1.5.201X	1.5.201X	Geschäftsleitung
Markteinführung	1.5.201X	3.5.201X	Marketing

▲ Abb. 58   Terminliste

Kennung	Aufgabenname	Anfang	Abschluss	Dauer	Feb 201X 17.2.	24.2.	Mrz 201X 3.3.	10.3.	17.3.	24.3.	31.3.	Apr 201X 7.4.	14.4.	21.4.	28.4.
1	Erstellung Prototyp	13.2.201X	20.3.201X	26T											
2	Markt-akzeptanztest	15.3.201X	1.4.201X	12T											
3	«proof of concept»	1.4.201X	1.4.201X	0T											
4	Optimierung Produkt	1.4.201X	1.5.201X	23T											
5	«go live»	1.5.201X	1.5.201X	0T											
6	Markt-einführung	1.5.201X	3.5.201X	3T											

▲ Abb. 59   Balkendiagramm

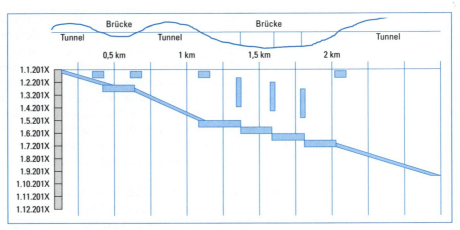

▲ Abb. 60   Weg-Zeit-Diagramm

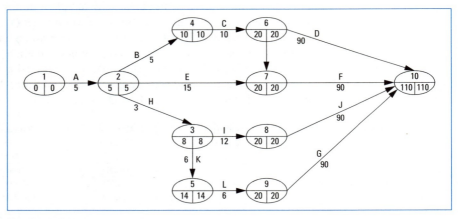

▲ Abb. 61   Netzplantechnik

Das Zeitmodell für einen Auftrag setzt sich aus **verschiedenen Zeitelementen** zusammen (▶ Abb. 62). Dabei ist zu beachten, dass diese nur teilweise planbar sind:

- Auftragszeit (AZ): Geplante Zeit zur Durchführung eines Auftrags, basierend auf den Arbeitsplandaten. Sie errechnet sich aus der Bearbeitungszeit pro Einheit multipliziert mit der Auftragsmenge zuzüglich der geplanten Rüstzeit.
- Durchlaufzeit (DLZ): Differenz zwischen Auftragsstart und Auftragsende. Sie schliesst die Belegungszeit sowie die Liege- und Transportzeit ein.
- Belegungszeit (BLZ): Zeit, während der ein Kapazitätsplatz (Maschine, Maschinengruppe, Arbeitsplatz, Mitarbeitendengruppe) für die Auftragsbearbeitung belegt ist.
- Transportzeit (TZ): Zeit, die für den Transport zwischen Kapazitätsplätzen oder zum/vom Lager benötigt wird.

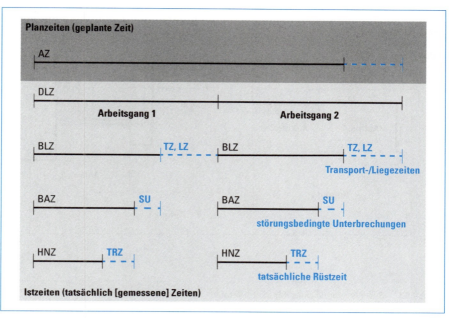

▲ Abb. 62   Zeitmodell für einen Fertigungsauftrag (nach VDMA-Norm 66412-1)

■ Liegezeit (LZ): Zeit, in der ein Auftrag weder bearbeitet noch transportiert wird.

■ Bearbeitungszeit (BAZ): Zeit für die Vorbereitung und Ausführung eines Auftrags.

■ Stillstandszeit (SZ): Die Stillstandszeit ist die Zeit, in der die Maschine nicht mit Aufträgen belegt ist, obwohl sie dafür zur Verfügung steht.

■ Störungsbedingte Unterbrechungen (SU): Zeit von Störungen, die während der Auftragsbearbeitung ungeplant auftreten und dadurch ungewollt die Belegungszeiten verlängern.

■ Hauptnutzungszeit (HNZ): Zeit, in der ein Kapazitätsplatz direkte Wertschöpfung generiert.

■ Tatsächliche Rüstzeit (TRZ): Zeit, die für die Vorbereitung zur Ausführung eines Auftrags aufgewendet wird.

■ Zwischenzeit: Summe der nicht direkt produktiven Zeiten TZ, LZ, SZ, SU und TRZ.

Die Differenz zwischen der geplanten und tatsächlichen Auftrags-Durchlaufzeit kann insbesondere bei Aufträgen, welche stark von nicht planmässigen Unterbrüchen beeinflusst werden, stark variieren.

So kann bei einem Auftrag die Summe der nicht produktiven Zeiten mehr als 50 Prozent der gesamten Durchlaufzeit umfassen, was bedeutet, dass die **zeitlichen Optimierungspotenziale vor allem auch in den Zwischenzeiten** eines Auftrages versteckt sind.

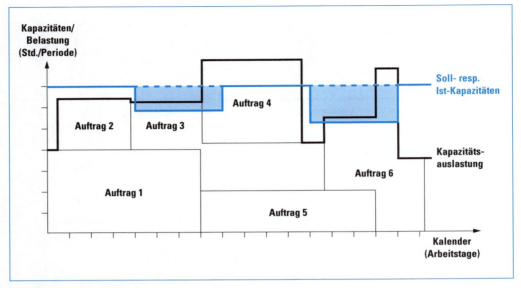

▲ Abb. 63   Belastungsprofil eines Kapazitätsplatzes

Die langfristige Abstimmung der Auslastung verfügbarer Kapazitäten ist eine Voraussetzung für ein funktionierendes Terminwesen. Entsprechend liegt die Herausforderung der Kapazitätsplanung in der **optimalen Ressourcennutzung** (erforderliche vs. verfügbare Ressourcen).

Die Grundaufgaben der **Kapazitätsplanung** sind

- das Durchrechnen von Varianten der Leistungserstellung für mehrere Aufträge mit den verfügbaren Kapazitäten der erforderlichen Ressourcen (Personal, Betriebsmittel) und
- die zeitliche und belastungsmässige Anpassung der erforderlichen Ressourcen aufgrund der Termin- und Kapazitätsplanung.

Dabei besteht oft wenig Handlungsspielraum, sodass im Rahmen der Kapazitätsplanung häufig «nur» **Kapazitätsengpässe oder Kapazitätsüberschüsse** zu ermitteln und zu optimieren sind.

Anhand eines Belastungsprofils lässt sich die Auslastung eines Kapazitätsplatzes mit den Über- oder Unterkapazitäten, bezogen auf eine bestimmte Zeitachse, darstellen (◀ Abb. 63).

Falls sich bei einzelnen Produkten oder Produktionslinien unregelmässige Kapazitätsengpässe abzeichnen, können folgende arbeitsorganisatorischen Massnahmen in Betracht gezogen werden:

- Verschieben von Aufträgen in Perioden mit Unterlast.
- Ändern der Losgrössen und bilden von Teilaufträgen, welche separat bearbeitet werden.

- Überzeit oder Kurzarbeit anordnen.
- Vergabe von (Teil-)Aufträgen an externe Leistungserbringer bzw. Einsatz von Temporär-Mitarbeitenden.
- Flexibilisierung der Ressourcen durch flexible Arbeitszeitmodelle (bzw. «Geisterschichten»[1]) und Erhöhung der Polyvalenz von Personal oder Betriebsmitteln.

Die Herausforderungen der Termin- und Kapazitätsplanung liegen vor allem in kurzfristigen Änderungen bezüglich Auftragslage oder verfügbaren Kapazitäten, wie zum Beispiel ein ungeplanter Ausfall erforderlicher Ressourcen oder ein unvorhersehbarer Kundenauftrag mit höchster Priorität.

| 7.1.8 | **Steuerung und Kontrolle der Leistungserstellung** |

In der abschliessenden Phase der Steuerung und Kontrolle der Leistungserstellung werden die geplanten Aufträge freigegeben, gesteuert und überwacht. Für den Bereich der Fertigung (und Montage) spricht man auch von Fertigungssteuerung. Die Überwachung erfolgt durch geeignete zeitnahe Rückmeldesysteme wie BDE/MDE (Betriebs- und Maschinendatenerfassung). Das Ziel der Steuerung ist das korrigierende Eingreifen bei Abweichungen bezüglich Menge, Terminen und Qualität.

Bei der Gestaltung der Planung und speziell der Steuerung der Leistungserstellung ist zu berücksichtigen, dass ein enger Zusammenhang zwischen Auftragstyp und Produktstrukturen sowie der Organisation der Leistungserstellung besteht (siehe 5.1 «Merkmale von Leistungserstellungssystemen», S. 138):

- Kundenindividuelle Leistungen und komplexe Leistungsstrukturen treten tendenziell zusammen mit Baustellen- und Inselorganisation bzw. Einzel- und Kleinserienproduktion auf, während
- reproduzierbare Leistungen und einfache Leistungsstrukturen tendenziell zusammen mit Linien- und Fliessorganisation bzw. Massenproduktion auftreten.

Diese Abhängigkeiten beeinflussen stark den Grad der Einflussnahme auf die betroffenen Kapazitätsplätze und sind bei der Festlegung der Planungs- und Kontrollverantwortung unbedingt zu berücksichtigen. Während bei der Linien- oder Fliessorganisation eine zentrale Planung und Steuerung, beispielsweise mit Hilfe von Manufacturing-Execution-Systemen, bis auf die einzelnen Betriebsmittel (Maschinen, Anlagen) erfolgt, ist bei der Baustellen- und Inselorganisation eine an den Qualifikationen der Mitarbeitenden ausgerichtete zentrale Grobplanung und dezentrale Feinplanung und -steuerung der adäquate Lösungsansatz (▶ Abb. 64).

---

1 Eine «Geisterschicht» ist ein Arbeitszeitintervall, in dem ausschliesslich Maschinen arbeiten, d.h. Produkte wie von Geisterhand entstehen, wobei Mitarbeitende in Störungsfällen auf Abruf verfügbar sind (Pikettdienst).

	Linien- oder Fliessorganisation: zentrale Planung und Steuerung	Baustellen- oder Inselorganisation: zentrale Grobplanung, dezentrale Feinplanung und -steuerung
Freiheitsgrade auf Abteilungsebene	■ minutengenaue Terminvorgaben für den Start der einzelnen Arbeitsgänge (Zeitpunkt) ■ minutengenaue Zeitvorgaben für die Dauer der einzelnen Arbeitsgänge (Zeitdauer)	■ Angabe des kompletten Terminrasters ■ Angabe von Liefermengen mit Toleranzbereich ■ Angabe von Zielen zur Durchführung ■ Angabe vor- und nachgelagerter Bereiche
Flexibilität	■ exakte Vorgabe der Ressourcen ■ exakte Vorgabe der Produktionstechnik und -verfahren ■ detaillierte Vorgabe des Fertigungsablaufs auf Basis von Arbeitsplänen	■ Beschreibung des zu fertigenden Teils 　□ als Bestandteil von Baugruppe oder Produkt 　□ in Funktion, Aufbau, Massen und Toleranzen
Transparenz, Übersicht	■ umfassende Informationen (Arbeitspläne, Meldescheine usw.) ■ ständige Überwachung Soll-Ist-Differenz ■ kein oder minimaler Kundenbezug	■ nur erforderliche Informationen, der Rest ist «Holschuld» ■ kurze Regelkreise ■ Kundenbezug ■ breites Wissen

▲ Abb. 64　　Planung und Steuerung bei der Linien- oder Fliessorganisation und der Baustellen- oder Inselorganisation

Neben der Überprüfung der auftragsspezifischen Zielvorgaben sind, im Rahmen des Controllings, auch periodisch die Effektivität und Effizienz der Leistungserstellung zu beurteilen (siehe 8.7 «Beurteilung der Leistungsfähigkeit von Prozessen», S. 234).

Da die Zusammenhänge der Planungs- und Steuerungsaktivitäten mehrdimensional und komplex sind, werden die erforderlichen Aufgaben vermehrt mit entsprechender Anwendungssoftware, wie beispielsweise einem PPS- oder ERP-System, durchgeführt. Diese erlauben, nur die genannten Aufgaben unter Einhaltung der Rahmenbedingungen effizient auszuführen, sie ermöglichen zudem eine hohe Transparenz über den aktuellen Belegungs- und Terminzustand.

7.2　Konzepte zur Planung und Steuerung der Leistungserstellung

Zur Leistungserstellung sind verschiedene materielle und immaterielle produkt- und prozessspezifische Ressourcen erforderlich (siehe 2.4 «Ressourcen zur Leistungserstellung», S. 59). Entsprechend wichtig ist die Planung und Steuerung der notwendigen Ressourcen, damit diese im geforderten Umfang zum richtigen Zeitpunkt am richtigen Ort zur Verfügung stehen und die Leistungen gegenüber den Kunden zeitgerecht erbracht werden können.

Zur Planung und Steuerung der erforderlichen Ressourcen wird grundsätzlich zwischen zwei Konzepten unterschieden:

- **Plangesteuerte Leistungserstellung (Push-Prinzip):** Der geplante Bedarf, basierend auf einer Prognose der Nachfrage, steuert («schiebt») die erforderlichen Ressourcen zur Leistungserstellung. Daraus resultiert eine Leistungserstellung auf Lager (Make-to-Stock).
- **Absatzgesteuerte Leistungserstellung (Pull-Prinzip):** Der reale Verbrauch, basierend auf dem tatsächlichen Absatz, steuert («zieht») die erforderlichen Ressourcen zur Leistungserstellung. Daraus resultiert eine Leistungserstellung auf Kundenbestellung (Build-to-Order).

Beide Steuerungskonzepte haben ihre Vor- und Nachteile. Entscheidend für die Wahl des optimalen Steuerungskonzepts sind die «Varianz/Individualität der Leistung» sowie die «Wiederholfrequenz Leistungserstellung» (siehe 5.1 «Merkmale von Leistungserstellungssystemen», S. 138). Das Push-Prinzip eignet sich vor allem für kundenindividuelle/-spezifische Leistungen, die einmalig bzw. sporadisch nachgefragt werden, während das Pull-Prinzip speziell für Standardleistungen mit/ohne Varianten, die regelmässig nachgefragt werden, geeignet ist.

Im Weiteren ist zu beachten, dass das eingesetzte Steuerungskonzept ein wesentliches Kriterium bei der Evaluation einer Standardsoftware zur Ressourcenplanung bildet (siehe 7.3 «Potenziale IT-gestützter Planung und Steuerung», S. 211).

7.2.1 | Plangesteuerte Leistungserstellung (Push-Prinzip)

Mit dem Ende des Zweiten Weltkrieges entstand weltweit ein Nachfrageüberhang bezüglich Konsum- wie auch Investitionsgütern. Um die geforderten Güter ohne Produktionsstillstand herstellen zu können, musste neben den erforderlichen Produktionskapazitäten der Materialnachschub zuverlässig organisiert werden. In diesem reinen Verkäufermarkt wurde zur Bewirtschaftung des Materials das Konzept Material Requirements Planning (MRP) (Orlicky 1975) entwickelt (siehe 7.1.5 «Materialbedarfsplanung», S. 193) (▶ Abb. 65).

Mit der Befriedigung der grundlegenden Marktbedürfnisse entstanden Absatzschwankungen und der Bedarf nach einer weiterhin optimalen Auslastung der zur Verfügung stehenden Produktionskapazitäten, jedoch ohne die Materialbestände und Durchlaufzeiten zu erhöhen. Zur Planung und Steuerung der Produktionsabläufe waren Methoden zu entwickeln, welche bei einer hohen Kapazitätsauslastung die Lagerbestände begrenzten und die Durchlaufzeiten reduzierten. Basierend auf diesen Anforderungen entstand Ende der späten 1960er Jahre in Nordamerika das **MRP-II-Konzept** (Manufacturing Resource Planning) (Wight 1983). Diese Planungsmethode wurde unter der Führung der American Production and

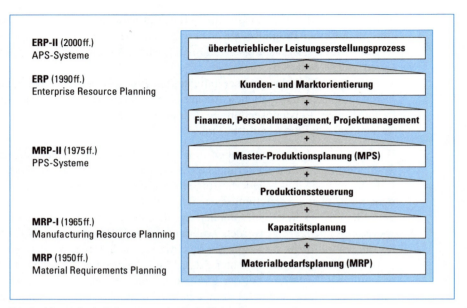

ERP-II (2000 ff.)   überbetrieblicher Leistungserstellungsprozess
APS-Systeme

ERP (1990 ff.)   Kunden- und Marktorientierung
Enterprise Resource Planning

                         Finanzen, Personalmanagement, Projektmanagement

MRP-II (1975 ff.)   Master-Produktionsplanung (MPS)
PPS-Systeme

                         Produktionssteuerung

MRP-I (1965 ff.)   Kapazitätsplanung
Manufacturing Resource Planning

MRP (1950 ff.)   Materialbedarfsplanung (MRP)
Material Requirements Planning

▲ Abb. 65   Von der Materialbedarfsplanung zur überbetrieblichen Ressourcenplanung

Inventory Control Society (APICS)[1] entwickelt. APICS definiert MRP-II wie
folgt:

> *«MRP-II ist eine Methode, um alle Ressourcen eines Produktionsunter-*
> *nehmens zu planen. Im Idealfall erfolgt die betriebliche Planung in Mengen-*
> *einheiten, die wertmässige Planung in Dollar. Zur Beantwortung der Frage*
> *‹Was wäre wenn?› verfügt sie über Simulationsfähigkeiten. MRP-II besteht*
> *aus einer Anzahl miteinander verknüpfter Funktionen: Geschäftsplanung*
> *(business planning), Absatz- und Produktionsgrobplanung (sales and opera-*
> *tions planning), Produktionsplanung (production planning) und Fertigungs-*
> *planung für Material und Kapazität (execution support systems for capacity*
> *and material). Die Ergebnisse dieser Systeme sind eingebunden in den*
> *Geschäftsplan, den Beschaffungsplan, den Transportkostenplan und die Be-*
> *standshochrechnungen, alles ausgedrückt in Dollar. MRP-II ist eine direkte*
> *Erweiterung von MRP-I, der um die Kapazitätsplanung erweiterten MRP.»*
>
>   *(APICS Dictionary 2011)*

Das MRP-II-Konzept stammt aus Branchen mit gleichartigen Produktstrukturen,
wie zum Beispiel Maschinen-, Automobil- und Flugzeugbau, und basiert auf dem
Grundgedanken der dreistufigen Fristigkeit (langfristig, mittelfristig, kurzfristig)

---

1   Seit 2014 APICS SCC, Association for Operations Management and Supply Chain Council.

der Planung und Steuerung (siehe 7.1.1 «Aufgaben der Planung und Steuerung der Leistungserstellung», S. 188).

Das Konzept von MRP-II wurde bereits früh über die Belange der Produktion hinausgehend angewendet. Entsprechend wurde in den 1990er Jahren, in der Absicht, alle Unternehmensressourcen zu planen und zu steuern, MRP-II zum **ERP-Konzept** (Enterprise Resource Planning) weiterentwickelt sowie in den 2000er Jahren, unter Einbezug der Ressourcen der Kernlieferanten, zum **ERP-II-Konzept** erweitert. Dabei liegt der Fokus von ERP-II vor allem in der zusätzlichen Unterstützung überbetrieblicher Informations- und Materialflüsse. ERP-II-Systeme ermöglichen somit eine simultane, engpassorientierte Planung der inner- und überbetrieblichen Ressourcen zur Leistungserstellung unter Berücksichtigung zeitlich schwankender Produktions- und Absatzmengen.

Der Vorteil einer plangesteuerten Leistungserstellung ist die zentrale Planung und Steuerung aller Ressourcen und Aufträge an einem Ort. Die Nachteile sind ein hoher Planungsaufwand (inkl. IT-System), zunehmende Lagerbestände aufgrund ungenauer Prognosen sowie eine geringere Flexibilität (beispielsweise bei Störungen) aufgrund der minimalen Eigenverantwortung der einzelnen Teams.

7.2.2 Absatzgesteuerte Leistungserstellung (Pull-Prinzip)

Mit einer zunehmend nachfrageorientierten Leistungserstellung sowie Variantenvielfalt erhöhen sich der Planungsaufwand und das Risiko, dass der ermittelte Bedarf nicht der realen Nachfrage entspricht und in der Folge Fehlmengen bzw. Lagerbestände von Endprodukten oder einzelnen Komponenten resultieren.

Eine Alternative zum Push-Prinzip bietet die Planung und Steuerung nach dem Pull-Konzept. Während beim Push-Prinzip die Ressourcen auf Prognosen basierend aufwändig geplant werden, wird beim Pull-Prinzip von einem optimalen Leistungserstellungsprozess ausgegangen. Das heisst, einzelne Artikel (One-Piece Flow) werden abhängig von der Kundennachfrage termingerecht hergestellt und ausgeliefert. Um dieses anspruchsvolle Ziel zu erreichen, sind die für die Leistungserstellung erforderlichen Teilprozesse entlang der Zulieferkette zu synchronisieren. Konkret bedeutet dies (▶ Abb. 66), dass die letzte Stufe der Leistungserstellung (beispielsweise die Endmontage), ausgelöst durch Kundenbestellungen, für eine «Just-in-Time»-Lieferung verantwortlich ist. Die jeweils erforderlichen Vorleistungen werden in einem mehrstufigen Kanban-Verfahren (siehe 4.7.2 «Kanban», S. 126) erstellt. Dabei ist zu beachten, dass auch die überbetrieblichen Beschaffungs-/Lieferprozesse synchronisiert werden müssen. Dies erfolgt in Zusammenarbeit mit den betroffenen Lieferanten (siehe 3.4 «Supply Chain Management», S. 85).

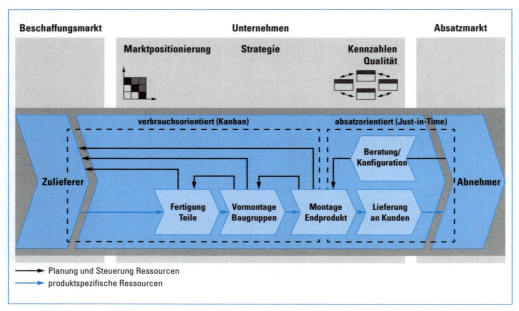

▲ Abb. 66   Absatzgesteuerte Leistungserstellung nach dem Pull-Prinzip

Um ein effektives und effizientes Zusammenspiel aller Teilprozesse und involvierten Organisationseinheiten zu erreichen, muss das Leistungserstellungssystem so gestaltet werden, dass die einzelnen Teams als eigenverantwortliche JiT-Lieferanten möglichst autonom und flexibel agieren können. Voraussetzung dazu sind die Zuteilung möglichst umfassender Verantwortung und Zuständigkeiten in die einzelnen Teams sowie deren direkte Anbindung an übergeordnete Planungs- und Steuerungssysteme.

Dies bedeutet, dass die absatzgesteuerte Leistungserstellung vor allem auch eine Philosophie ist, in der für eine erfolgreiche Umsetzung organisatorische, technische und qualifikatorische Massnahmen im Sinne von ganzheitlichen Produktionssystemen (siehe 5.3 «Ganzheitliche Produktionssysteme», S. 159) erforderlich sind.

Die Vorteile der absatzgesteuerten Leistungserstellung ist das einfache und transparente Steuerungsprinzip, die schnelle Reaktionszeit bei minimalen Lagerbeständen sowie eine hohe Flexibilität basierend auf der dezentralen, eigenverantwortlichen Planung und Steuerung durch die einzelnen Teams. Die Nachteile sind die reduzierten zentralen Steuerungsmöglichkeiten sowie der erforderliche Aufwand (v. a. für Mitarbeitendenqualifikation und für Prozessorganisation) zur Realisierung eines synchronen Leistungserstellungssystems.

7.2.3 | Praxisbeispiel Mettler-Toledo

Die Firma Mettler wurde 1945 vom Ingenieur Dr. Erhard Mettler in Küsnacht am Zürichsee als Feinmechanikunternehmen gegründet. Mettler entwickelte eine einschalige Analysewaage, welche aufgrund eines neuen Wägeprinzips wesentlich präziser war als konventionelle Zweischalenwaagen. 1973 lancierte die Mettler Instrumente AG eine neuartige vollelektronische Präzisionswaage, die als erste weltweit für die höchste Genauigkeitsklasse zugelassen wurde. 1989 akquirierte Mettler die Toledo Scale Corporation, den grössten US-amerikanischen Hersteller von Industriewaagen.

Seitdem hat sich Mettler-Toledo auf Präzisionswaagen für den professionellen Gebrauch spezialisiert und ist der weltgrösste Hersteller von

Wägesystemen, die einen Wägebereich von einem zehnmillionstel Gramm bis tausend Tonnen abdecken. Das Unternehmen beschäftigt weltweit rund zehntausend Mitarbeitende und erzielt einen Umsatz von rund 2 Milliarden USD.

Mitte der 1980er Jahre geriet die Mettler-Toledo-Niederlassung in Albstadt (Deutschland) in eine wirtschaftliche Krise. Der Markt hatte sich immer weiter aufgesplittert, die Kunden wünschten Waagen, die auf ihre ganz speziellen Bedürfnisse zugeschnitten waren. Auf solche Sonderwünsche war die Produktion des Werkes nicht eingerichtet. Im Lager stapelten sich Waagen im Wert von 18 Millionen DM (bei einem Umsatz von 45 Millionen DM), während die von den Kunden bestellten Typen nicht geliefert werden konnten. Diese Krise war der Auslöser zu einer grundlegenden Erneuerung aller Denkweisen und Abläufe im Unternehmen.

Unter der Leitung des damaligen Geschäftsführers Johann Tikart wurde eine Organisation entwickelt, in der alle wichtigen betrieblichen Funktionen direkt vom Markt gesteuert werden. Das heisst, künftig sollte nur das produziert werden, was der Vertrieb bereits verkauft hatte. Zudem sollte jede Bestellung innerhalb von wenigen Tagen ausgeliefert werden können.

Dieses Konzept der absatzgesteuerten Produktion zeichnet sich durch folgende Merkmale aus:

- Vollständiger Verzicht auf die Erarbeitung einer Absatzvorhersage (Forecast): Flexibilität besitzt die höchste Priorität. Produziert wird nur auf Kundenauftrag.
- Kurze Durchlaufzeiten: Je kürzer die Durchlaufzeiten, desto geringer ist das Risiko für Störungen. Die Standardlieferzeit beträgt vier Tage, 20 Prozent des täglichen Auftragsvolumens wird innerhalb von 24 Stunden ausgeliefert.

- Losgrösse-1-Fähigkeit (one-piece flow): Da das Bestellverhalten des Kunden unbekannt ist und es eine Vielzahl von Varianten gibt, muss die Produktion in der Lage sein, auch Einzelaufträge zu bearbeiten.
- Reduktion der Fertigungstiefe auf eine einstufige Endmontage. Die Materialbedarfsplanung wurde ersetzt durch Kanban-Regelkreise mit wenigen, zuverlässigen Lieferanten, die «just in time» anliefern.
- Die Kapazitäts- und Personalbedarfsplanung wurde ersetzt durch ein flexibles Arbeitszeitmodell mit 50 bis 200 Prozent Auslastungskapazität. Jeder Mitarbeiter muss zwischen 6.30 und 19.00 Uhr mindestens vier Stunden im Haus sein. Wann er kommt und wann er geht, bestimmt er selbst. Die Anwesenheit wird auf einem Zeitkonto festgehalten; ein negativer wie positiver Saldo muss innerhalb eines halben Jahres ausgeglichen werden.
- Der Kundenauftrag ist der Produktionsauftrag, welcher in der Logistik auf Plausibilität geprüft und dann unverzüglich ohne Materialverfügbarkeitsprüfung elektronisch an die Produktion weitergegeben wird. Dort werden die Kundenaufträge ausgedruckt und in einer Korbablage nach Tagen abgelegt. Die Mitarbeiter entscheiden selbst über den Montageplatz und die Auftragsreihenfolge.
- Informatiksysteme sind zwar vorhanden, werden aber für die Planung und Steuerung der Produktion nicht eingesetzt.

Da nicht bekannt ist, welches Produkt und welche Variante ein Kunde wann bestellt, ist eine hohe Flexibilität erforderlich. Da Regeln nur in planbarer Umgebung sinnvoll sind, wurden folgende Verhaltensprinzipien definiert:

1. Qualität geht vor Liefertermin!
2. Liefertermin geht vor Arbeitszeit!
3. Der Kunde geht vor!
4. Das Team entscheidet eigenverantwortlich!

Als die absatzgesteuerte Produktion 1986 eingeführt wurde, erwirtschaftete Mettler-Toledo in Albstadt mit 240 Mitarbeitenden einen Umsatz von 45 Millionen DM. Innerhalb von acht Jahren konnte der Umsatz (mit 200 Mitarbeitern) mehr als verdoppelt werden. Die (gemäss Geschäftsführer J. Tikart) «Blindleistungen», das heisst Leistungen, die nicht dem Produkt und dessen Qualität zugutekommen, also nichts zur Wertschöpfung beitragen, konnten reduziert werden. Nach der Neuorganisation arbeiteten bei Mettler-Toledo noch ein Achtel (25 von 200) der Mitarbeitenden in indirekt produktiven Prozessen, was Kosteneinsparungen von 20 bis 40 Prozent zur Folge hatte!

Parallel zur absatzgesteuerten Produktion wurde die synchrone Produktentwicklung eingeführt, welche eine Reduktion der Entwicklungszeit von 2 bis 3 Jahren auf 6 bis 9 Monate zur Folge hatte.

In den Jahren 1988 bis 1992 wurde die absatzgesteuerte Produktion auch bei Mettler-Toledo in Greifensee eingeführt. Im Jahr 2000 erhielt die Firma den International Best Factory Award.

Weitere Informationen unter www.mettler-toledo.ch[1]

---

1 Quellen: Unternehmens-Website mit Medienmitteilungen, Presseartikeln und -interviews

7.3 Potenziale IT-gestützter Planung und Steuerung

Mit zunehmender Datenmenge (Anzahl Aufträge, Losgrössen, Komplexität und Vielfalt des Leistungsangebots, kurze Durchlauf- und Lieferzeiten) gewinnt die IT-gestützte Planung und Steuerung der Leistungserstellung an Bedeutung. So wurden parallel zur Entwicklung der Informationstechnik schon relativ früh Programme zur Unterstützung der Planung und Steuerung der erforderlichen Ressourcen entwickelt.

7.3.1 IT-Systeme für die Planung und Steuerung der Ressourcen

Bereits in den 1960er Jahren entwickelte IBM ein PPS-System unter dem Namen Communication-Oriented Production Information and Control System (COPICS), welches die weitere Entwicklung auf diesem Gebiet lange Zeit prägte. Nicht zufälligerweise waren die Gründer von SAP zuvor bei IBM tätig. PPS- respektive ERP-Programme sind heute weitverbreitet: Sie werden gemäss verschiedenen Marktstudien von über 80 Prozent der Unternehmen eingesetzt.

Die verbreitetsten PPS- und ERP-Lösungen basieren auf dem MRP-II-Konzept, wobei auch Just-in-Time, variantenorientierte und verfahrensorientierte Konzepte

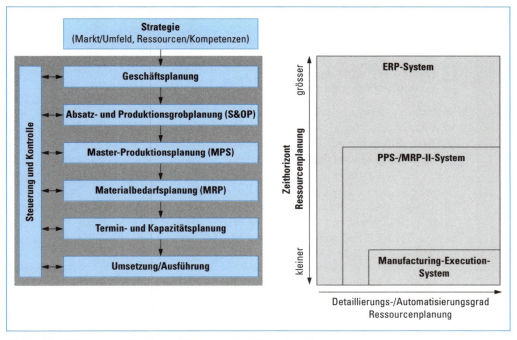

▲ Abb. 67 IT-Systeme zur Planung und Steuerung der Leistungserstellung

vermehrt berücksichtigt werden. Mit der rasanten Entwicklung der Informationstechnologie wurden auch die IT-Systeme zur Unterstützung der betriebswirtschaftlichen (PPS/ERP) und technischen (CAE/CAD) Aktivitäten ständig verbessert und die Entwicklung von Standardsoftware auf breiter Basis vorangetrieben.

Ein wesentlicher Evolutionsschritt seitens der IT-Systemanbieter war Anfang der 1990er Jahre die Weiterentwicklung von **PPS-** zu **ERP-Systemen,** mit dem Ziel der **informationstechnischen Unterstützung der Planung und Überwachung aller Ressourcen eines Unternehmens.**

Als ERP-Systeme bezeichnet man zentrale, integrierte Informationssysteme, welche die vorwiegend produktionsbezogenen Funktionalitäten der MRP-II- bzw. PPS-Programme auf alle Kernbereiche eines Unternehmens erweitern und in einem ganzheitlichen Ansatz vereinen (◄ Abb. 67). Im Unterschied zu PPSbilden ERP-Systeme nicht nur den Produktionsprozess eines Unternehmens ab, sondern definitionsgemäss alle relevanten Bereiche. Somit finden ERP-Systeme in Unternehmen aller Branchen Verwendung. Ein ERP-System unterstützt dabei die Integration durch eine zentrale Datenhaltung und unterstützt möglichst alle Geschäftsprozesse eines Unternehmens. Neben der Planung erfüllen diese Softwaresysteme vor allem auch Steuerungs- und Kontrollaufgaben. Typische Funktionsbereiche eines ERP-Systems sind:

- Materialwirtschaft,
- Produktion,
- Finanz- und Rechnungswesen,
- Controlling,
- Forschung und Entwicklung,
- Verkauf und Marketing,
- Personalwirtschaft und
- Stammdatenverwaltung.

Allerdings unterscheiden sich die angebotenen Systeme sehr stark. So decken gerade Systeme für kleine Unternehmen nicht alle genannten Funktionsbereiche ab bzw. differieren bezüglich Funktionalitäten stark.

Bei der Evaluation der passenden ERP-Software haben Unternehmen die Qual der Wahl aus nahezu dreihundert verschiedenen Anbietern.[1] Die ERP-Systeme unterscheiden sich hauptsächlich in ihrer fachlichen Ausrichtung (Zielbranchen), der fokussierten Unternehmensgrösse und den zum Einsatz kommenden Technologien (Datenbanken, Programmiersprache, unterstützte Software-Plattformen usw.). Bei ERP-Software handelt es sich üblicherweise um modular strukturierte

---

1 Marktführer ist seit einigen Jahren die deutsche Firma SAP, deren Gründer von der Firma IBM kommen. SAP entwickelte ihr PPS-System für Grossrechner (SAP/R2) und Grossunternehmen zum ERP-System für PC-Server (SAP/R3) und mittlere Unternehmen. Weitere in der Schweiz verbreitete ERP-Systeme sind unter anderem Abacus, Baan, iFAS, Infor, MS Dynamics NAV, OpacOne, P2plus, ProConcept, PSIpenta, Sage Sesam etc. Anbieterübersicht für den Schweizer Markt findet sich unter www.topsoft.ch.

Standardanwendungssoftware: Je nach Bedarf des Unternehmens können entsprechende Module kombiniert und im System verwendet werden. Dazu werden sie an die jeweiligen betriebsspezifischen Anforderungen angepasst (sogenanntes Customizing).

Je mehr ein Unternehmen mit externen Leistungserbringern zusammenarbeitet, das heisst eine geringe eigene Leistungstiefe hat, umso bedeutender wird die unternehmensübergreifende Planung und Steuerung der Ressourcen zur Leistungserstellung. Traditionelle PPS- und ERP-Systeme sind dazu jedoch nur bedingt geeignet. Der Ansatz, über die Unternehmensgrenzen hinaus zu planen und zu agieren, ist der Grundgedanke von **ERP-II-Systemen.** Mit dem Begriff ERP-II werden heute ERP-Systeme bezeichnet, welche die wichtigsten Wertschöpfungspartner sowohl interaktiv als auch automatisiert in Geschäftsprozesse einbinden und hierzu das Internet nutzen. Die Herausforderung wie auch der Nutzen solcher Planungssysteme liegt im optimalen Zusammenspiel zwischen den einzelnen betrieblichen ERP-Systemen und dem übergeordneten ERP-II-System.

Das Bindeglied zwischen ERP-System und Produktionsprozess bilden **Manufacturing-Execution-Systeme (MES).** Ein MES stellt im Sinne der vertikalen Integration die Verbindung zwischen einem ERP-System (Planungs- und Steuerungsebene) und der Betriebs- und Maschinendatenerfassung (BDE/MDE) der Fertigungsebene her. Während ERP-Systeme typischerweise über eine breite Funktionsvielfalt für nahezu alle Unternehmensbereiche entlang der operativen Auftragsabwicklungskette verfügen, werden MES eingesetzt, um schnell auf Ereignisse im Produktionsprozess zu reagieren und gegenzusteuern sowie kurzfristige Änderungen im Sinne einer reaktiven Feinplanung und -steuerung durchzuführen. Technische Einflussgrössen aus der Fertigung (Maschinenausfälle, längere/kürzere Bearbeitungszeiten als geplant, Personalverfügbarkeit etc.) können über geeignete Einrichtungen wie Terminals, Personal Computer oder Maschinennetze direkt in der Produktion erfasst werden. Die Fertigung wird auf diese Weise für den Anwender transparent. Engpässe, die dem ERP-System aufgrund der fehlenden detaillierten Sicht auf einzelne Fertigungsmaschinen häufig verborgen bleiben, lassen sich so frühzeitig identifizieren und durch geeignete Massnahmen korrigieren.

| 7.3.2 | **Zielsetzung contra Zielerreichung** |

Im Rahmen des schweizerischen CIM-Aktionsprogramms (1991–1996) wurde das Projekt[1] **GRIPS** (Gestaltung rechnerintegrierter Produktionssysteme) durchgeführt, welches die Erreichung der gesetzten unternehmerischen Ziele durch die Einführung von PPS-Systemen untersuchte.

---

1 GRIPS-Projektgesamtleitung: Institut für Arbeitspsychologie der ETH Zürich in Zusammenarbeit mit regionalen CIM-Zentren, wie zum Beispiel das CIM-Zentrum Zentralschweiz in Horw.

Im Konzept einer rechnerintegrierten Produktion (Computer-Integrated Manufacturing CIM) werden die mehr betriebswirtschaftlichen Aufgaben durch ein PPS-System wahrgenommen, während die mehr technischorientierten Aufgaben von diversen CAx-Systemen[1] übernommen werden.

In diesem Projekt wurden während dreier Jahre 257 Betriebe der schweizerischen Investitionsgüterindustrie untersucht. Die wichtigsten Ergebnisse zeigt ▶ Abb. 68.

▶ Abb. 69 zeigt die Probleme, welche die Zielerreichung trotz Einsatz rechnerintegrierter Produktionssysteme verhinderten.

Diese Projektergebnisse werden durch diverse andere, thematisch ähnliche Studien[2] bestätigt. Daraus kann abgeleitet werden, dass der erfolgreiche Einsatz von Informatiksystemen neben IT-spezifischen wesentlich von organisatorischen und qualifikatorischen Massnahmen beeinflusst wird. Die genannten empirischen Untersuchungen weisen nach, dass

- nur ganzheitliche ERP-Konzepte, welche neben Informationstechnik auch Aspekte von Organisation (Prozessgestaltung) und Personal (Qualifikation) berücksichtigen, mittel- und langfristig Erfolg haben,
- die Erreichung von Unternehmenszielen, wie eine effiziente und kundenorientierte Auftragsabwicklung in Kombination mit hoher Flexibilität und Qualität, hauptsächlich von der optimalen Gestaltung der Geschäftsprozesse sowie einer adäquaten Arbeitsorganisation beeinflusst werden.

Diese Erkenntnisse führten am Institut für Arbeitspsychologie der ETH Zürich, unter der Leitung von Prof. Dr. Eberhard Ulich, zum **MTO-Konzept** (Mensch, Technik, Organisation) mit folgenden Grundprinzipien:

- **Organisation vor Automation:** Das technische Teilsystem hat sich am arbeitsorganisatorischen Teilsystem auszurichten.
- **Qualifizierung als strategische Investition:** Eine effiziente und effektive Auftragserfüllung mit einem flexiblen Umgang mit Störungen und Schwankungen, wie auch ein zielgerichteter Einsatz von Technik, ist nur mit qualifizierten und motivierten Mitarbeitenden möglich. Dies erfordert den Aufbau von Fach- und Sozialkompetenz zur Erhöhung der Flexibilität (Polyvalenz) und Kooperation im Team.

---

1   CAx-Systeme ist ein Sammelbegriff für CAE Computer-Aided Engineering, CAD Computer-Aided Design, CAM Computer-Aided Manufacturing.

2   Laut SAP-Beratungsunternehmen Arthur Andersen (heute Ernst & Young und Accenture) geraten ein Viertel aller SAP-Projekte in der Schweiz im Verlaufe der Umsetzung in Schieflage und müssen teils gar abgebrochen werden (Meierhans 2000). Gemäss IT-Beratungsunternehmen Advellence läuft bei einem Drittel aller Software-Einführungsprojekte irgendetwas schief. Häufigste Fehlerursachen: technische Probleme, Verzögerungen und Kostenüberschreitungen. Die Stärken von SAP kommen erst dann zum Tragen, wenn die betrieblichen Abläufe an die Software angepasst sind. Oft vernachlässigt wird auch die Schulung (Schilliger 2012).

Mit der Einführung von PPS-Systemen anvisierte Ziele:	wichtig für	erreicht zu
Steigerung der Termintreue	68%	29%
Verringerung der Durchlaufzeit	65%	27%
Erhöhung der Flexibilität am Markt	51%	27%
Reduzierung der Lagerbestände	48%	14%
Erhöhung der Produktqualität	42%	36%
verbesserte Kapazitätsauslastung	41%	31%
verbesserte Kalkulationsgrundlagen	40%	41%
Erhöhung der innerbetrieblichen Flexibilität	39%	28%

▲ Abb. 68　Erreichung von Zielen durch den Einsatz von PPS-Systemen (Strohm et al. 1993)

Problem:	Häufigkeit:
Technik	63%
Qualifikation	55%
Arbeitsorganisation	49%
Akzeptanz/Motivation	30%
Personalwirtschaft	23%
Wirtschaftlichkeit	21%

▲ Abb. 69　Probleme beim Einsatz von PPS-Systemen (Strohm et al. 1993)

- **Funktionale Integration:** Möglichst viele Teilaufgaben sollten innerhalb einer Organisationseinheit zusammengeführt werden.
- **Lokale Selbstregulation:** Jeder Organisationseinheit sind möglichst ganzheitliche Aufgaben mit planenden, ausführenden und kontrollierenden Tätigkeiten zu übertragen.

Basis für das MTO-Konzept ist der soziotechnische Ansatz[1], der auf der systemischen Erkenntnis basiert, dass Mensch, Technik und Organisation in ihrer gegenseitigen Abhängigkeit und ihrem optimalen Zusammenwirken (Mensch-Maschine-Funktionsteilung) verstanden werden müssen.

1　Das Konzept des soziotechnischen Systems wurde in den 1950er Jahren von Erich Trist und Ken Bamforth am Tavistock-Institut in London entwickelt (Sydow 1985). Ein soziotechnisches System besteht aus einem technischen (z.B. Maschinen entlang einer Produktionsstrasse oder Computer, übrigens auch Daten) und einem sozialen (z.B. Mitarbeiter, welche die technische Teilkomponente bedienen und nutzen, übrigens auch Informationen) Subsystem. Die Teilsysteme sind voneinander nicht trennbar, sondern es bestehen verschiedene Abhängigkeiten. Beide Subsysteme profitieren von der Zusammengehörigkeit im soziotechnischen System dadurch, dass menschliche Kommunikation und Mensch-Maschine-Interaktionen wechselseitig aufeinander verweisen und sich unterstützen.

Kapitel 8

Prozessqualität und Prozessoptimierung

Qualität liegt dann vor, wenn das Leistungsangebot den Kundenerwartungen entspricht. Dazu stehen den Unternehmen verschiedene Ansätze zur Verfügung, die in diesem Kapitel vorgestellt werden. Während die Ansätze Total Quality Management, EFQM-Modell und die Qualitätsmanagementnorm ISO 9001 weitgehend den Fokus auf das Unternehmen respektive auf innerbetriebliche Aspekte legen, wird heute vermehrt auch die gesellschaftliche und ökologische Verantwortung als Qualitätsaspekt mitbetrachtet. Um die Qualität sukzessive zu verbessern, ist es notwendig, dass entsprechende Leistungskennzahlen definiert werden und die Prozesse anschliessend zielorientiert ausgewertet und optimiert werden.

8.1   Qualitätssysteme in der Leistungserstellung

Seit Beginn der industriellen Produktion bilden Qualitätssicherungssysteme ein wichtiges Element zur Einhaltung der definierten Produktqualität. Während mit der Verbreitung der industriellen Massenproduktion die Sicherstellung der Qualität im Aussortieren schlechter Teile am Ende des Leistungserstellungsprozesses bestand, hielten um 1930 erste statistische Verfahren Einzug in die Qualitätssicherung. Mit zunehmender Sättigung der Märkte bestimmten seit den 1950er Jahren die Käuferbedürfnisse vermehrt das Qualitätsverständnis, und erste Ansätze eines präventiven Qualitätsmanagements (QM) entstanden.

Aus der zunehmenden Zahl von Standards entstand 1987 der erste internationale Qualitätsstandard in Form der Normenreihe ISO 9001. Darin wurden Massnahmen zur Sicherstellung einer gleichbleibenden Qualität beschrieben, und die Reproduzierbarkeit der Leistungserstellung konnte dadurch sichergestellt werden. Während in Europa ISO 9001 eine führende Rolle im Qualitätsmanagement einnahm, entwickelten japanische Unternehmen Qualitätsmanagementsysteme, basierend auf Demings[1] systemischem Qualitätsverständnis, welche die Erfüllung der Kundenwünsche und die Verpflichtung zur kontinuierlichen Verbesserung beinhalteten.

Die Qualität des Leistungsangebots und der Leistungserstellung ist, speziell für exportorientierte Schweizer Unternehmen, ein entscheidender Wettbewerbsfaktor. Gemäss Studien[2] zum Einsatz von Qualitätsmanagementsystemen in Schweizer Produktionsunternehmen setzen 90 Prozent der Firmen mindestens ein Qualitätsmanagementsystem oder -instrument – wie z.B. ISO 9001, Qualitätsaudit durch Kunden, Qualitätszirkel, TQM/EFQM – ein, wobei ganzheitliche QM-Systeme, basierend auf der TQM-Philosophie (siehe 8.4 «Total Quality Management», S. 221), zunehmend Verbreitung finden.

---

1   William Edwards Deming (1900–1993) lehrte, dass die Produktion ein System darstellt (ein Ganzes, das aus verschiedenen Elementen besteht, von denen jedes das Verhalten des Ganzen beeinflussen kann). Zugleich zeigte er auf, dass Qualitätsverbesserungen zu Kosteneinsparungen, erhöhter Produktivität und dadurch zu Marktwachstum führen.

2   European Manufacturing Survey – Schweiz (www.produktionsinnovation.ch), Institut für Betriebs- und Regionalökonomie der Hochschule Luzern – Wirtschaft.

8.2 Definition von Qualität

Der Begriff Qualität wird in der betrieblichen Praxis sehr unterschiedlich definiert. International hat sich jedoch die Definition nach ISO 8402[1] durchgesetzt.

> **«Qualität** ist die Gesamtheit von Merkmalen einer Einheit bezüglich ihrer Eignung, festgelegte und vorausgesetzte Erfordernisse zu erfüllen.»

Einheiten sind dabei Produkte, Konzepte, Entwürfe, Software, Arbeitsabläufe, Verfahren und Prozesse; Qualität ist eine Funktion in Relation zu Ansprüchen.

Philip B. Crosby[2] definierte Qualität mit folgenden vier Eckpfeilern:

1. «quality is conformance to requirements»: Qualität bedeutet Erfüllung der Anforderungen.
2. «get it right first time»: Qualität wird durch Vorbeugung und nicht durch Prüfung erreicht.
3. «zero defects»: Qualität hat den Leistungsstandard null Fehler.
4. «quality is free»: Qualitätskosten sind die Kosten für die Nichterfüllung der Anforderungen.

Während Qualität früher traditionell als eine Eigenschaft von Produkten verstanden wurde, also die Produktanforderungen der Kunden im Vordergrund standen, erstreckt sich der Qualitätsbegriff im Rahmen von sogenannten Total-Quality-Konzepten, als umfassende Variante des Qualitätsmanagements, über alle Unternehmensbereiche. Die Erfüllung dieser Gesamtqualität wird anhand der Anforderungen nicht nur der Kunden, sondern auch der Mitarbeitenden, Kapitalgeber und Öffentlichkeit beurteilt.

---

1 ISO 8402 wurde durch die ISO-Normenreihe 9000:2000 abgelöst. Darin wird Qualität etwas abstrakter als «Grad, in dem ein Satz inhärenter Merkmale Anforderungen erfüllt» definiert.
2 Philip Bayard Crosby (1926–2001) führte Begriffe wie «zero defects» (null Fehler), «get it right first time» (mach's gleich richtig) und «quality is free» (Qualität gibt's umsonst) ein und war neben William E. Deming einer der Pioniere einer ganzheitlichen Betrachtung von Qualität.

8.3   Qualitätsmanagement-Norm ISO 9001

Im Jahr 1979 wurde durch die British Standards Institution (BSI) mit der Norm BS 5750 der erste Standard für Qualitätsmanagementsysteme geschaffen. Diese Norm gilt als Vorläufer der ISO-Normenreihe[1] 9000, welche in einer ersten Version 1987 international eingeführt wurde. Die daraus entstandene ISO 9001 ist die heute meistakzeptierte Norm im Qualitätsmanagement.

Die internationale Normenreihe ISO 9001 legt Standards für Massnahmen zum Aufbau eines Qualitätsmanagementsystems (QMS) fest, welche ein einheitliches Qualitätsverständnis aller involvierten Organisationen in der Leistungserbringung auf nationaler und internationaler Ebene erleichtern soll.

Qualitätsmanagementsysteme nach ISO 9001 sind nicht – wie oft unkorrekt interpretiert – produkt-, sondern **prozessorientiert**. Sie können daher unabhängig von der Branche und den spezifischen Leistungsangeboten einen ähnlichen Aufbau haben.

Mit der Überarbeitung der Norm im Jahr 2000 (ISO 9001:2000[2]) wurde diese prozessorientiert aufgebaut, während die Vorgängernorm (ISO 9001:1994) auf zwanzig Elementen basierte, welche auf produzierende Unternehmen ausgerichtet und für Dienstleistungsunternehmen wenig geeignet waren.

Für die Einführung eines Qualitätsmanagementsystems nach ISO 9001 sprechen vor allem folgende Gründe:

- Der **Nachweis der Qualität** der Leistungserstellung, mittels eines international anerkannten Zertifikats, gegenüber Kunden. Dies ist speziell für Hersteller und Zulieferer relevant, die Aufträge von bestimmten Branchen (z.B. Automobilindustrie, Medizinaltechnik) oder staatlichen Institutionen nur bei Vorliegen eines Zertifikats bekommen.
- **Standardisierung und Zertifizierung** der eigenen Qualitätsanstrengungen. Die Erfassung und Dokumentation der Prozesse im Rahmen der Zertifizierung bildet zugleich eine gute Grundlage für die Analyse und die Optimierung der Geschäftsprozesse.
- Die **Dokumentation des Leistungserstellungsprozesses** (Rückverfolgbarkeit) nach einem international definierten Standard, insbesondere bei der Produkthaftung.

Zu beachten ist jedoch, dass die Norm ISO 9001 ein Mindeststandard ist und für Unternehmen, welche Best Practice anstreben, kein Differenzierungsmerkmal im Wettbewerb darstellt.

---

1   Die International Organization for Standardization ist eine internationale Vereinigung von Normungsorganisationen. Sie ist zuständig für internationale Normen in allen Bereichen, mit Ausnahme der Elektrik und der Elektronik (IEC) und der Telekommunikation (ITU).

2   Es ist üblich, zusammen mit der jeweiligen ISO-Norm die Version, nach der das Unternehmen zertifiziert wurde, mit anzugeben. Die neueste Version ist ISO 9001:2015, wobei die zweite Zahl die Jahreszahl der aktuellen Version der aktuell geltenden Norm darstellt.

Eine Zertifizierung nach ISO 9001 bildet oft die Basis für umfassendere Qualitätsmanagementsysteme wie TQM oder EFQM, aber auch weitere branchenspezifische Normen und Spezifikationen, wie zum Beispiel:

- OHSAS 18001: Occupational Health and Safety Assessment Series, internationaler Standard für Arbeitssicherheit und Gesundheitsschutz.[1]
- ISO 14001: Umweltmanagement (siehe 8.6.2 «Instrumente zur Implementierung und Beurteilung von Nachhaltigkeit», S. 228).
- ISO 50001: Standard für Energiemanagementsysteme.
- ISO 10006: Leitfaden Qualitätsmanagement in Projekten.
- ISO 13485: Medizinprodukte.
- ISO 15189: Medizinische Laboratorien.
- EN[2] 15224: Dienstleistungen in der Gesundheitsversorgung.
- ISO/TS 16949: Automobilindustrie.
- ISO 22001: Lebensmittel.
- ISO/IEC 90003: Software- und Systemtechnik.
- EN 9100, AS 9100: Luft- und Raumfahrt.
- EN 12507: Dienstleistungen im Transportwesen.

Eine aktuelle Übersicht über alle ISO-Normen findet sich unter www.iso.org.

8.4 Total Quality Management

Das Konzept und die Philosophie von Total Quality Management (TQM) wurde 1940 vom US-Amerikaner William E. Deming entwickelt und ab 1950 in Japan erstmals angewendet. Aufgrund des Exporterfolges der japanischen Automobilindustrie übernahmen westliche Firmen TQM als Führungskonzept und passten es ihren lokalen Rahmenbedingungen an.

Total Quality Management wurde als umfassendes Führungssystem konzipiert, stellt Führungskräfte und Mitarbeitende in den Mittelpunkt und will ihre Leistungen laufend verbessern. Es enthält auch Aspekte der Struktur, des systematischen Vorgehens und der Absicherung einer umfassenden Gesamtqualität. Deshalb kann TQM auch ein ISO-9001-System beinhalten.

---

1 Mit der Umsetzung und Zertifizierung nach der Norm OHSAS 18001 werden diesbezügliche gesetzliche Forderungen, wie beispielsweise in der Schweiz Arbeitsgesetz (ArG), Unfallversicherung (UVG) und EKAS-Richtlinie 6508, eingehalten.
2 Europäische Normen (EN) sind Regeln, die von einem der drei europäischen Komitees für Standardisierung (Europäisches Komitee für Normung CEN, Europäisches Komitee für elektrotechnische Normung CENELEC und Europäisches Institut für Telekommunikationsnormen ETSI) ratifiziert worden sind.

Total Quality Management wird in der Norm ISO 8402 definiert als «eine auf die Mitwirkung aller ihrer Mitglieder gestützte Managementmethode, die Qualität in den Mittelpunkt stellt und durch das Zufriedenstellen der Kunden auf langfristigen Geschäftserfolg sowie auf Nutzen für die Mitglieder der Organisation und für die Gesellschaft abzielt».

Der Inhalt des TQM-Konzepts basiert auf einer Philosophie, die man in sechs Punkten zusammenfassen kann:

1. Vorrangig sollen die **Bedürfnisse aller Anspruchsgruppen** erfüllt werden, insbesondere diejenigen der Kunden. Kundenorientierung ist das oberste Ziel des Unternehmens – damit soll Kundenloyalität gefördert werden. Aber nicht nur die Kunden, auch Mitarbeiter, Öffentlichkeit und Eigentümer sind eine Anspruchsgruppe.
2. Die Organisation muss laufend hinzulernen. Für den Lernprozess sind Fehler besonders geeignet. Fehlerursachen müssen beseitigt, mögliche Fehlerquellen schon im Voraus eliminiert werden. Bei repetitiven Tätigkeiten sollen alle Fehler vermieden werden **(Nullfehlerprinzip)**.
3. «Ständig besser werden» ist ein sehr wichtiges Motto. Man sollte immer alle Mitarbeiter in **kontinuierliche Verbesserungsaktivitäten** einbeziehen. Dadurch verändert sich ihre Haltung. Die Japaner nennen dieses Vorgehen Kaizen, im deutschsprachigen Raum hat sich der Begriff KVP (Kontinuierlicher Verbesserungsprozess) eingebürgert.
4. Jeder **Mitarbeiter** hat Qualitätsverantwortung. Deshalb müssen Prozesse beherrscht und durch ständiges Messen von Ergebnissen und Prozessparametern kontrolliert werden.
5. Unternehmen sollen TQM nicht als Ersatz für bisherige Stärken verwenden, sondern es als **Führungssystem** betrachten, das auf den Stärken des Unternehmens aufbaut.
6. TQM stellt den **Menschen in den Mittelpunkt.** Damit der Mensch aber gute Ergebnisse erzielen kann und gleichzeitig Befriedigung bei seiner Arbeit empfindet, sind funktionierende Systeme, Strukturen und Abläufe wichtig. Ebenso eine passende Firmenkultur, ein guter Führungsstil und ein allgemeines Qualitätsbewusstsein. Dies lässt sich nur erreichen, wenn die Geschäftsleitung voll hinter Total Quality Management steht.

Basierend auf diesen Grundsätzen wurde von der European Foundation for Quality Management (EFQM)[1] das Modell für nachhaltigen Erfolg entwickelt.

---

1 Die EFQM (www.efqm.org) wurde 1988 von vierzehn führenden europäischen Unternehmen (u.a. Nestlé, Ciba) gegründet, um Unternehmen bei der Entwicklung nachhaltiger Managementsysteme zu unterstützen. Nationale Partnerorganisationen sind unter anderen DGQ-DEC (www.dgq.de) in Deutschland, Quality Austria (www.qualityaustria.com) in Österreich und SAQ (www.saq.ch) in der Schweiz.

8.5 Das Modell für nachhaltigen Erfolg der EFQM

Das Konzept von «Business Excellence» geht davon aus, dass exzellente Unternehmen bessere Leistungen erbringen und wettbewerbsfähiger sind. Exzellente Organisationen sollen an ihrer Fähigkeit gemessen werden, herausragende Leistungen für ihre Interessengruppen zu erfüllen. Als Interessengruppen werden dabei verstanden: Geldgeber, Mitarbeitende, Kunden, Partner und die Gesellschaft als Ganzes.

Die European Foundation for Quality Management (EFQM) will nachhaltigen Unternehmenserfolg anerkennen, fördern und allen Interessenten Mittel und Wege zu Spitzenleistungen aufzeigen. Dabei greifen drei Komponenten ineinander:

- Die **Grundkonzepte der Excellence,** dies sind die Grundprinzipien, auf denen nachhaltige Exzellenz basiert.
- Das **EFQM-Modell für Excellence,** die Grundstruktur, mit der die Grundkonzepte der Excellence und die RADAR-Logik praktisch umgesetzt werden.
- Die **RADAR-Logik,** ein einfach anzuwendendes und dabei äusserst effizientes Bewertungsinstrument. Der Massstab für alle ambitionierten Organisationen, die nachhaltige Exzellenz anstreben.

Diese drei ineinandergreifenden Komponenten sind der Bezugsrahmen, in dem Organisationen jeder Grösse und Branche ihre eigene Reife überprüfen und entwickeln, aber auch mit den individuellen Charakteristiken, Qualitäten und Leistungen nachhaltig erfolgreicher Organisationen vergleichen können.

8.5.1 Grundkonzepte der Excellence

Die Grundkonzepte der Excellence definieren, was grundsätzlich erforderlich ist, um nachhaltige Excellence zu erreichen. Sie zeigen auf, welche **Merkmale eine exzellente Organisation** auszeichnen.

- Ausgewogene Ergebnisse erzielen: Exzellente Organisationen erfüllen ihre Mission und entwickeln sich in Richtung ihrer Vision. Dabei gehen sie geplant vor und erreichen ausgewogene Ergebnisse in all den Bereichen, die durch die kurz- und langfristigen Bedürfnisse ihrer Anspruchsgruppen bestimmt sind. Sie übertreffen diese Bedürfnisse dort, wo es relevant ist.
- Nutzen für Kunden schaffen: Exzellente Organisationen wissen, dass Kunden der Hauptgrund für ihre Existenz sind, und streben innovativ nach Wertschöpfung für sie. Dies erreichen sie durch Verständnis und Antizipation der Kundenbedürfnisse und -erwartungen.

- Mit Vision, Inspiration und Integrität führen: Exzellente Organisationen haben Führungskräfte, die die Zukunft konsequent gestalten und verwirklichen. Sie agieren als Vorbilder für Werte und Moral.
- Mit Prozessen managen: Exzellente Organisationen werden mittels strukturierter und an der Strategie ausgerichteter Prozesse gemanagt. Sie treffen faktenbasiert Entscheidungen, um ausgewogene und nachhaltige Ergebnisse zu erzielen.
- Durch Mitarbeitende erfolgreich sein: Exzellente Organisationen achten ihre Mitarbeiterinnen und Mitarbeiter und schaffen eine Kultur der aktiven Mitwirkung, um einen angemessenen Ausgleich von Organisations- und persönlichen Zielen zu erreichen.
- Innovation und Kreativität fördern: Exzellente Organisationen schaffen Mehrwert und steigern ihre Leistung durch kontinuierliche und systematische Innovation, indem sie die Kreativität all ihrer Anspruchsgruppen nutzbar machen.
- Partnerschaften gestalten: Exzellente Organisationen suchen, entwickeln und unterhalten vertrauensvolle Partnerschaften mit verschiedenen Partnern, um gemeinsamen Erfolg sicherzustellen. Diese Partnerschaften können unter anderem mit Kunden, gesellschaftlichen Gruppen, Schlüssellieferanten, Bildungsinstitutionen oder Nichtregierungsorganisationen eingegangen werden.
- Verantwortung für eine nachhaltige Zukunft übernehmen: Exzellente Organisationen schliessen eine ethische Haltung, klarte Werte und die höchsten Verfahrensstandards als integrale Bestandteile ihrer Kultur mit ein, was sie dazu befähigt, ökonomische, soziale und ökologische Nachhaltigkeit anzustreben.

8.5.2	**EFQM-Modell for Excellence**

Als Grundstruktur für eine ganzheitliche Bewertung und Steuerung von Organisationen wurde 1992 das «EFQM-Modell for Excellence»[1] eingeführt (▶ Abb. 70). Das EFQM-Modell bildet die Bewertungsbasis für den European Excellence Award (EEA) und dessen länderspezifische Pendants wie den ESPRIX Swiss Award for Excellence, den Austrian Excellence Award sowie den deutschen Ludwig-Erhard-Preis.

Alle Elemente, die für das Funktionieren einer Organisation relevant sind, werden in Beziehung zueinander gesetzt und darauf überprüft, ob sie reibungslos ineinandergreifen. Das Excellence-Modell ist eine offene Grundstruktur mit neun gewichteten Kriterien, bestehend aus fünf Befähiger- und vier Ergebniskriterien.

---

1   Im Zusammenhang mit der Umsetzung von TQM wurden verschiedene Modelle entwickelt, welche eine Bewertung und einen Vergleich mit andern Unternehmen ermöglichen. Die verbreitetsten TQM-Modelle liegen den grossen Qualitätspreisen zugrunde, in Japan dem Deming Prize, in USA dem Malcolm Baldrige National Quality Award und in Europa dem EFQM Excellence Award.

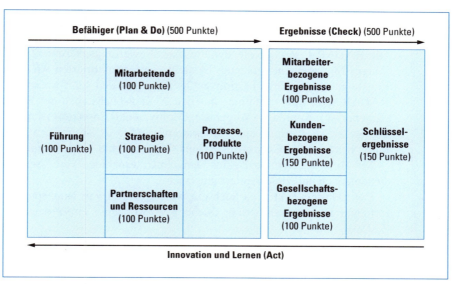

▲ Abb. 70   Excellence-Modell – EFQM 2010

Die Befähigerkriterien beschäftigen sich damit, was eine Organisation tut. Die Ergebniskriterien beschäftigen sich damit, welche Ergebnisse eine Organisation erzielt. Diese neun Kriterien sind weiter unterteilt in insgesamt 32 Teilkriterien. Jedem Teilkriterium ist eine Aufzählung sogenannter Ansatzpunkte zugeordnet. Ansatzpunkte dienen dazu, gezielte Nachweise für das jeweilige Teilkriterium erbringen zu können. Darauf basierend werden im Rahmen von Assessments Stärken und Verbesserungspotenziale identifiziert sowie die erforderlichen Massnahmen initiiert.

Das Excellence-Modell ist ein Werkzeug, das Hilfestellung für den Aufbau und die kontinuierliche Weiterentwicklung eines umfassenden Managementsystems gibt. Es soll helfen, eigene Stärken, Schwächen und Verbesserungspotenziale zu erkennen und die Unternehmensstrategie darauf auszurichten.

Dabei ist zu beachten, dass im Kriterium «Prozesse, Produkte» die Aktivitäten im Zusammenhang mit ISO 9001 sowie im Kriterium «Gesellschaftsbezogen Ergebnisse» die Anstrengungen im Zusammenhang mit «Corporate Responsibility» enthalten sind.

8.5.3	**RADAR-Logik basierend auf dem PDCA-Zyklus**

Die RADAR-Logik ist ein dynamisches Bewertungsinstrument und leistungs-
fähiges Managementwerkzeug. Es stellt einen strukturierten Ansatz dar, um die
Leistungen einer Organisation zu hinterfragen und zu verbessern. Das Wort
RADAR setzt sich zusammen aus den Anfangsbuchstaben der Begriffe Results
(Ergebnisse), Approach (Vorgehen), Deployment (Umsetzung) sowie Assessment
und Refine (Bewertung und Verbesserung). RADAR ist eine erweiterte Interpretation des Plan-Do-Check-Act-Zyklus (PDCA-Zyklus) von Deming (▶ Abb. 71).

Mit Hilfe des Deming-Zyklus kann ein Unternehmen Verbesserungsinitiativen
systematisch und zielorientiert umsetzen.

Der Deming-Zyklus ist auch ein wichtiger Teil von Konzepten zur kontinuierlichen Prozessoptimierung (siehe 8.8 «Konzepte zur Prozessoptimierung»,
S. 239).

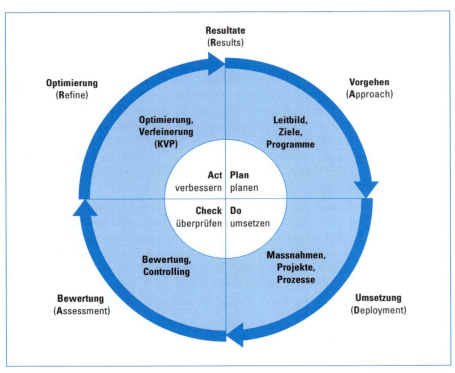

▲ Abb. 71   RADAR-Logik im Rahmen des PDCA-Zyklus (Deming-Rad)

8.6 Gesellschaftliche Verantwortung von Unternehmen

Mit zunehmender Internationalisierung der Wertschöpfungsketten steigt die gesellschaftliche Verantwortung von Unternehmen bezüglich der Einhaltung sozialer und ökologischer (Mindest-)Standards entlang der globalen Zulieferketten.

So schliessen gemäss EFQM (2013) «exzellente Organisationen ethische Haltung, klare Werte und die höchsten Verhaltensstandards als integrale Bestandteile in ihre Kultur mit ein, was sie dazu befähigt, ökonomische, soziale und ökologische Nachhaltigkeit anzustreben». Die entsprechenden Aktivitäten werden im Kriterium «Gesellschaftsbezogene Ergebnisse» des Excellence-Modells (◄ Abb. 70) explizit bewertet.

Um die Wahrnehmung der gesellschaftlichen Verantwortung von Unternehmen zu konkretisieren, wurden in den letzten Jahren eine Vielzahl von Konzepten entwickelt. Diese lassen sich unter dem Begriff «Corporate Social Responsibility» (CSR) oder «Corporate Responsibility» (CR) zusammenfassen. Die konsequente Umsetzung der gesellschaftlichen Verantwortung von Unternehmen beinhaltet eine ganzheitliche Unternehmensführung basierend auf dem Dreisäulenmodell der Nachhaltigkeit.

8.6.1 Nachhaltigkeit

1987 publizierte die 1983 gegründete Weltkommission für Umwelt und Entwicklung (World Commission on Environment and Development, WCED) den nach ihrer Vorsitzenden Gro Harlem Brundtland bezeichneten Bericht mit dem Titel «Our Common Future». In ihm wurde Nachhaltigkeit wie folgt definiert:

> *«Dauerhafte Entwicklung, die den Bedürfnissen der heutigen Generation entspricht, ohne die Möglichkeiten künftiger Generationen zu gefährden, ihre eigenen Bedürfnisse zu befriedigen und ihren Lebensstil zu wählen.»*
>
> *(Brundtland 1987)*

Der Brundtland-Bericht betonte die Vernetzung von wirtschaftlichen, gesellschaftlichen und ökologischen Vorgängen und bildet in Form eines Drei-Säulen-Modells die Grundlage der 1992 beschlossenen UN-Agenda 21 wie auch des Konzepts der Corporate Responsibility (CR).

Das Drei-Säulen-Modell der Nachhaltigkeit setzt sich aus folgenden Dimensionen zusammen:

- **Ökonomische Nachhaltigkeit:** Eine Gesellschaft sollte wirtschaftlich nicht über ihre Verhältnisse leben, da dies zwangsläufig zu Einbussen der nachkommenden Generationen führen würde. Allgemein gilt eine Wirtschaftsweise dann als nachhaltig, wenn sie dauerhaft betrieben werden kann.

- **Ökologische Nachhaltigkeit:** Sie orientiert sich am stärksten am ursprünglichen Gedanken, keinen Raubbau an der Natur zu betreiben. Ökologisch nachhaltig wäre eine Lebensweise, die die natürlichen Lebensgrundlagen nur in dem Masse beansprucht, wie diese sich regenerieren.
- **Soziale Nachhaltigkeit:** Ein Staat oder eine Gesellschaft sollte so organisiert sein, dass sich die sozialen Spannungen in Grenzen halten und Konflikte nicht eskalieren, sondern auf friedlichem und zivilem Wege ausgetragen werden können.

Global begrenzte Ressourcen und ein erweitertes Qualitätsbewusstsein der Kunden werden für zukunftsorientierte Unternehmen zu einer Verpflichtung, nachhaltig zu produzieren. Im Sinne der TQM-Philosophie bedeutet dies, den eigenen Qualitätsmassstab in der gesamten Wertschöpfungskette, von der Rohstofferzeugung bis zum Endkunden, zum Wohle aller Beteiligten (Stakeholder) durchzusetzen. Das heisst, ein qualitativ hochwertiges Produkt muss in der Konsequenz auch nachhaltig sein.

8.6.2	**Instrumente zur Implementierung und Beurteilung von Nachhaltigkeit**

Als Orientierungsrahmen für die Beurteilung der gesellschaftlichen Verantwortung von Unternehmen wurden in den letzten Jahren eine Vielfalt von Instrumenten, wie Standards, Verhaltenscodes, Richtlinien usw., entwickelt. Sie betreffen einzelne Themen oder sind umfassend, branchenspezifisch oder branchenübergreifend, regional oder global gültig. Dabei sind zu unterscheiden:

- **Generelle Leitlinien** wie beispielsweise der UN Global Compact (UNGC)[1], die OECD-Guidelines for MNEs[2], die Business Social Compliance Initiative (BSCI)[3], das Eco Management and Audit Scheme (EMAS), die Global Reporting Initiative (GRI).
- **Internationale Normen** zur Beurteilung der Nachhaltigkeit wie beispielsweise ISO 26000 (Gesellschaftliche Verantwortung), ISO 14001 (Umweltmanage-

---

1   Der UN Global Compact (UNGC) deckt die Bereiche Menschenrechte, Arbeitsnormen, Umweltschutz und Korruptionsbekämpfung ab und ist eine weltweite integrative Bewegung zur Entwicklung freiwilliger Beiträge von Unternehmen für eine nachhaltigere und gerechtere Weltwirtschaft. Weitere Informationen unter www.unglobalcompact.org.

2   Die OECD-Leitsätze für multinationale Unternehmen sind ein Verhaltenskodex für weltweit verantwortliches Handeln von Unternehmen und stellen Empfehlungen von Regierungen an die Wirtschaft dar. Weitere Informationen unter mneguidelines.oecd.org.

3   BSCI ist eine von Unternehmen getragene Initiative zur Verbesserung der Arbeitsbedingungen in Fabriken und Farmen in globalen Lieferketten. Der BSCI Code of Conduct basiert auf den Konventionen der International Labor Organization (ILO), den UN-Menschenrechts-Deklarationen, dem UN Global Compact und den OECD-Richtlinien. Der BSCI-Standard beinhaltet keine Verpflichtungen und auch keine unabhängigen Verifizierungsmassnahmen. Weitere Informationen unter www.bsci-intl.org.

mentsystem), SA8000 (Soziale Verantwortung), ISO 28000 (Sicherheitsmanagementsystem), ISO 50001 (Energiemanagement).

- **Branchen-/Sektorspezifische Labels** wie beispielsweise Bio-Knospe (Bio Suisse), FairTrade (Fairtrade Labelling Organizations International), FWF (Fair Wear Foundation), FSC (Forest Stewardship Council), MSC (Marine Stewardship Council), TCO (Nachhaltigkeitszertifizierung für IT-Produkte).

Damit ein Nachhaltigkeitsstandard glaubwürdig ist, muss sichergestellt werden, dass die Leistungserstellung nach nachhaltigen Kriterien erfolgt und ein Produkt bis zum Ursprung transparent zurückverfolgt werden kann. Die Beurteilung erfolgt anhand von drei Dimensionen:

- **Nachhaltigkeitskriterien:** Welche ökonomischen, ökologischen und sozialen Kriterien werden sichergestellt?
- **Nachvollziehbarkeit (Chain of Custody):** Transparente, dokumentierte Rückverfolgbarkeit der Wertschöpfungskette. Dazu gehört unter anderem eine Mengenbuchhaltung, das heisst der Nachweis, dass nicht mehr nachhaltige Komponenten die Wertschöpfungsstufe verlassen, als ihr zugeführt wurden.
- **Qualität der Umsetzung und Überprüfung (Governance):** Beinhaltet alle organisatorischen Anforderungen sowie methodische Hilfsmittel, mit denen sichergestellt wird, dass die Anforderungen (Nachhaltigkeitskriterien und Nachvollziehbarkeit) eingehalten werden.

Um die inzwischen grosse Anzahl unterschiedlicher Nachhaltigkeitsstandards nach einheitlichen Regeln zu bewerten und weiterzuentwickeln, wurde die **ISEAL**

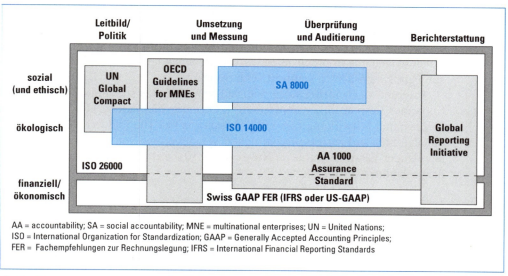

AA = accountability; SA = social accountability; MNE = multinational enterprises; UN = United Nations; ISO = International Organization for Standardization; GAAP = Generally Accepted Accounting Principles; FER = Fachempfehlungen zur Rechnungslegung; IFRS = International Financial Reporting Standards

▲ Abb. 72　Konzepte zur Wahrnehmung der gesellschaftlichen Verantwortung von Unternehmen nach World Business Council for Sustainable Development, erweitert um Standards zur Rechnungslegung

Alliance[1] gegründet. Eine Auswahl von internationalen Leitlinien und Normen zur Wahrnehmung der gesellschaftlichen Verantwortung von Unternehmen zeigt ◄ Abb. 72.

8.6.3	**Internationale Normen zur Beurteilung der Nachhaltigkeit**

Mit Hilfe der Norm **ISO 14001** werden die umweltrelevanten Bereiche eines Unternehmens systematisch erfasst und kontinuierlich verbessert. Die internationale Norm 14001 wurde 1996 erstmals veröffentlicht und definierte (in Verbindung mit EMAS[2]) zum ersten Mal begrifflich und inhaltlich den Bereich Umweltmanagement. Mit ISO 14001 wird der Umweltschutz nach einem weltweit gültigen Standard in Organisationen verankert. Die Unternehmen erhalten somit ein wirkungsvolles Instrument, mit dem Umweltbelastungen systematisch erfasst und die Umweltsituation laufend verbessert werden kann. Ebenso werden Umweltrisiken bewertet und Notfallpläne für Störfälle ausgearbeitet. Ergänzend dazu wird mit der Norm ISO 50001 der Aufbau eines umfassenden Energiemanagements beschrieben. Diese Norm beruht auf einer Erfassung der Energieflüsse (Energiequellen, Energieeinsatz, Energieverbraucher) zur Verbesserung der Energieeffizienz in einem Unternehmen.

Der **Standard for Social Accountability SA8000**[3] umfasst die Sozialstandards eines Unternehmens. Er wurde von einer Nichtregierungsorganisation (Council for Economic Priorities) entwickelt und basiert auf einer Vielzahl von bestehenden internationalen Deklarationen über Menschenrechte, einschliesslich der Konventionen der Internationalen Arbeitsorganisation (ILO), der UN-Menschenrechtserklärung und der UN-Konvention für die Rechte der Kinder. Die SA8000 übernimmt die Verantwortung für die Umsetzung und Kontrolle von sozialen Mindeststandards in produzierenden Unternehmen und ist für die Zertifizierung von Fabrikationsstätten weltweit verantwortlich.

Aufgrund der zunehmenden Vielzahl von Verhaltensrichtlinien zum Thema Corporate Responsibility entwickelte ISO, unter Einbindung aller Interessensgruppen und Mitwirkung von 450 Experten aus fast 100 Ländern, einen internationalen Standard zur gesellschaftlichen Verantwortung von Unternehmen. Nach jahrelanger Vorarbeit wurde im November 2010 die «**ISO 26000 Guidance on Social Responsibility**» veröffentlicht.

---

1   ISEAL: International Social and Environmental Accreditation and Labelling Alliance. Weitere Informationen unter www.isealalliance.org.

2   Eco Management and Audit Scheme ist ein europäisches System für nachhaltiges Umweltmanagement, erstmals veröffentlicht 1993. Weitere Informationen unter www.emas.de.

3   Social Accountability International (SAI) ist eine nichtstaatliche Multi-Stakeholder-Organisation mit der Mission, die Arbeitsbedingungen durch die Förderung der Arbeitnehmerrechte, der sozialen Verantwortung von Unternehmen sowie den sozialpartnerschaftlichen Dialog zu verbessern. Weitere Informationen unter www.sa-intl.org.

Mit der Norm ISO 26000 wurden keine neuen sozialen oder ökologischen Standards geschaffen. Vielmehr werden anerkannte Standards wie die Allgemeine Erklärung der Menschenrechte (AEMR, UN-Menschenrechts-Charta) und die Konventionen der Internationalen Arbeitsorganisation (ILO) übernommen. Auf bestehende Initiativen wie ISO 14001, den UN Global Compact (UNGC), die OECD-Leitsätze für multinationale Unternehmen, die Global Reporting Initiative (GRI) und andere wird als Umsetzungshilfen verwiesen. Mit wichtigen Akteuren wurden Abkommen zum gegenseitigen Einbezug und zur gegenseitigen Anerkennung der Initiativen unterzeichnet (◄ Abb. 72).

Die Norm **ISO 26000** definiert gesellschaftliche Verantwortung als die

«Verantwortung einer Organisation für die Auswirkungen ihrer Entscheidungen und Aktivitäten auf die Gesellschaft und die Umwelt durch transparentes und ethisches Verhalten, das zur nachhaltigen Entwicklung, Gesundheit und Gemeinwohl eingeschlossen, beiträgt, die Erwartungen der Anspruchsgruppen berücksichtigt, anwendbares Recht einhält und im Einklang mit internationalen Verhaltensstandards steht, in der gesamten Organisation integriert ist und in ihren Beziehungen gelebt wird».

Die Basis und Voraussetzung der Norm ISO 26000 bilden sieben übergeordnete **Grundsätze:**

- Rechenschaftspflicht: Das Handeln von Organisationen hat Auswirkungen auf Gesellschaft, Wirtschaft und Umwelt. Darüber sollen sie nachweisbar Rechenschaft ablegen.
- Transparenz: Eine Organisation soll ihre Entscheidungen und Aktivitäten in einer glaubwürdigen, nachvollziehbaren Weise kommunizieren.
- Ethisches Verhalten: Das Handeln einer Organisation soll auf den Werten der Ehrlichkeit, der Gerechtigkeit und der Rechtschaffenheit beruhen.
- Achtung der Interessen von Anspruchsgruppen (Stakeholder).
- Achtung der Rechtsstaatlichkeit.
- Achtung internationaler Verhaltensstandards (ILO, UN, OECD).
- Achtung der Menschenrechte (AEMR).

In der Norm ISO 26000 werden sieben **Kernthemen** genannt, die eine Organisation berücksichtigen soll:

- Führung der Organisation (Prozesse und Strukturen).
- Menschenrechte (Diskriminierungsverbot).
- Arbeitspraktiken (Mindestlöhne, Gesundheitsschutz).
- Umwelt (Ressourcennutzung/Ökoeffizienz, Schutz von Lebensräumen).
- Faire Betriebs- und Geschäftspraktiken (keine Korruption, fairer Wettbewerb).
- Konsumentenanliegen (Produktinformationen, Schutz von Kundendaten).
- Einbindung und Entwicklung der Gemeinschaft (Investitionen zugunsten des Gemeinwohls, regionale Anbindung).

Die einzelnen Kernthemen sind wiederum in verschiedene Handlungsfelder unterteilt. ISO 26000 wurde nach kontroversen nationalen und internationalen Diskussionen nicht als Managementnorm, sondern ausdrücklich als nicht zur Zertifizierung vorgesehener Leitfaden («guidance standard») veröffentlicht. Entsprechend ist eine Zertifizierung nach ISO 26000 aktuell nicht möglich bzw. sind zu diesem Zweck Auditierung und Zertifizierungen nach SA8000, ISO 14001 (EMAS) bzw. die Überprüfung der Einhaltung von Nachhaltigkeitsstandards durch unabhängige Organisationen erforderlich.

8.6.4   Berichterstattung

Zu nachhaltigem Wirtschaften und unternehmerischer Verantwortung (Corporate Responsibility) gehört unabdingbar Transparenz. Das bedeutet die Offenlegung jener Informationen, die für die Anspruchsgruppen/Stakeholder einer Organisation wichtig sind. Zur Beurteilung der Einhaltung von Sozial- und Umweltstandards durch ein Unternehmen ist die rein ökonomische Berichterstattung nicht ausreichend. Entsprechend wird (integriert oder ergänzend) zum Geschäfts-/Jahresbericht jährlich ein **Nachhaltigkeitsbericht** erstellt, in dem über die Zielerreichung im Bereich Nachhaltigkeit informiert wird. Diese Nachhaltigkeitsberichte orientieren sich an den Leitlinien der Global Reporting Initiative (GRI)[1] und dienen als Fortschrittsbericht im Sinne des UN Global Compact.

GRI basiert auf dem Ansatz der «Triple Bottom Line», welche Ende der 1990er Jahre vom Briten John Elkington (1997) eingeführt wurde. Die «Bottom Line» ist das Ergebnis unter dem Schlussstrich einer Gewinn-Verlust-Rechnung. Elkington hat diesen Begriff erweitert, um den Mehrwert, den ein Unternehmen ökonomisch, ökologisch und sozial schafft, zu quantifizieren.

Basierend auf dem «Cradle to Cradle»-Konzept wurde 2002 von Braungart & McDonough der Begriff «Triple Top Line» eingeführt. Ziel dieses Konzepts ist es, Sach- und Dienstleistungen zu entwickeln, die die Umwelt erhalten, die soziale Gerechtigkeit fördern und gleichzeitig einen wirtschaftlichen Wert schaffen. Der wesentliche Unterschied zu «Triple Bottom Line» ist die Beurteilung des Ressourcenverbrauchs. Entsprechend dem «Cradle to Cradle»-Konzept wird dabei die Ressourceneffektivität priorisiert (siehe 4.4 «Effiziente und effektive Nutzung materieller Ressourcen», S. 111).

---

1   GRI ist ein standardisierter Berichtsrahmen, der neben ökonomischen Aspekten auch die Verantwortung und Leistung der Unternehmen in Umwelt- und Sozialbereichen berücksichtigt. Mit Hilfe eines Leitfadens und der Vorgabe von Berichtsprinzipien sollen Transparenz, Einheitlichkeit und Vergleichbarkeit der Daten sichergestellt werden. Die Vorgaben werden regelmässig weiterentwickelt, unter anderem auch um sogenanntes Greenwashing zu verhindern. Weitere Informationen unter www.globalreporting.org.

8.6.5	**Praxisbeispiel Mammut**

Die Mammut Sports Group AG ist ein Schweizer Hersteller von Bergsport- und Outdoor-Ausrüstung. Das Unternehmen wurde 1862 von Kaspar Tanner in Dintikon als Seilerei gegründet und stellte unter anderem Kletterseile her. Nach mehreren Namens- und Eigentümerwechseln wird die Firma im Jahr 2003 in Mammut Sports Group umbenannt, abgeleitet vom Namen des ursprünglichen Hauptprodukts «Mammut-Seile». 2008 verpflichtet sich Mammut als erstes Unternehmen der Outdoor-Bekleidungsbranche auf den Code of Conduct und das Kontrollsystem der Fair Wear Foundation (FWF).

Mit dem 150-jährigen Bestehen im Jahr 2012 beschäftigte die Mammut Sports Group knapp 500 Mitarbeitende, davon über die Hälfte in der Schweiz. Das Unternehmen erwirtschaftet 70 Prozent des Umsatzes im Ausland und erzielt einen Gesamtumsatz von über 200 Millionen Franken. Rund 50 Prozent des Umsatzes entfällt auf Bekleidung, die andere Hälfte auf Rucksäcke, Kletterseile und Gurte, Lawinenverschütteten-Suchgeräte, Stirnlampen sowie Schlafsäcke.

Vor allem aufgrund der Erfahrungen in der Herstellung ihrer textilen Produkte in China hat sich Mammut zum Ziel gesetzt, ihre unternehmerische Tätigkeit nach den Grundsätzen der Nachhaltigkeit auszurichten. Dabei versteht Mammut unter Corporate Responsibility (CR), dass neben der ökonomischen Logik auch soziale und ökologische Verantwortung zur Unternehmensstrategie gehört. Die erste Priorität liegt dabei in den sozialen und ökologischen Belangen (Coporate Social Responsibility CSR und Corporate Ecological Responsibility CER) im Kerngeschäft.

2010 vergleicht die Nichtregierungsorganisation Erklärung von Bern bei 77 Modelabels die Standards der Arbeitsbedingungen in den Produktionsländern. Mammut wird dabei in die höchste von fünf Kategorien eingestuft.

Leitbild der Mammut Sports Group (gemäss Mammut-Website 2012):

- «CR ist integrierter Bestandteil unserer Unternehmenskultur und wird Mammut-intern auf allen Ebenen gelebt.
- CR ist ein relevanter Innovations-Treiber und bringt neue Business-Chancen. Nachhaltigkeit wird deshalb nebst Preis, Performance und Ästhetik als gleichwertiges Design-Kriterium beachtet.
- Wir orientieren uns am Kundenbedürfnis und -nutzen sowie an der Marktrelevanz. Investitionen in soziale und ökologische Projekte schaffen langfristig auch einen ökonomischen Mehrwert.
- Wir suchen auch im CR-Bereich eine Differenzierung gegenüber unseren Mitbewerbern, glauben aber, dass wir einige Themen nicht alleine lösen können. Deshalb

engagieren wir uns für branchenübergreifende Lösungen und übernehmen in der neu geschaffenen ‹Sustainability Working Group› der European Outdoor Group (EOG) eine Führerrolle und kooperieren mit den relevanten internen und externen Anspruchsgruppen. CR ist ein globaler Teamsport!

■ CR ist ein kontinuierlicher Verbesserungs- und Umdenkprozess. Darüber berichten und kommunizieren wir auf transparente Weise.

■ Wir stehen für langfristige, ehrliche, ganzheitliche und glaubwürdige Lösungen und Engagements ein.»

Weitere Informationen unter www.mammut.ch[1]

8.7 Beurteilung der Leistungsfähigkeit von Prozessen

Um die Leistung einer Organisation verbessern zu können, muss neben der qualitativen auch die quantitative Leistung der einzelnen Produkte bewertet werden. Im Rahmen des **Prozess-Monitorings und -Controllings** wird anhand von Kennzahlen die Prozessleistung gemessen und mit internen Anforderungen (strategische Zielvorgaben) wie auch externen Referenz-Messgrössen (Benchmarking) verglichen. Durch periodische Ermittlung und Vergleich der relevanten Prozesskennzahlen wird eine zielgerichtete Steuerung und Optimierung der Geschäftsprozesse ermöglicht.

8.7.1 Process Performance Management (PPM)

Das Process Performance Management (PPM) basiert auf William E. Demings Überlegungen zum Qualitätsmanagement und einer prozessorientierten Unternehmensbetrachtung. In Demings PDCA-Zyklus (◄ Abb. 71) übernimmt das Process Performance Management das regelmässige Monitoring und das Controlling der Leistung der Schlüsselprozesse.

Folgende Massnahmen werden im Rahmen des Process Performance Management durchgeführt:

■ Automatisierte Analyse und Visualisierung der Prozessabläufe.

■ Aufzeigen von Abweichungen in der Zielerreichung, durch den Vergleich der vordefinierten Soll-Werte mit den gemessenen Ist-Werten.

■ Zeitnahe Entwicklung eines Massnahmenkataloges zur Optimierung der Prozessleistung.

1 Quellen: Unternehmens-Website mit Medienmitteilungen, Presseartikeln und -interviews

Zur Unterstützung des Process Performance Management wurden mehrstufige Reifegradmodelle[1] erarbeitet, welche ihren Ursprung im Software-Engineering haben.

So werden im internationalen Standard ISO/IEC 15504 Kriterien für die Messung der Prozessleistung angegeben. Die ermittelte Leistungsstufe wird als ein wesentlicher Indikator für den Grad der Implementierung und des Nutzens der Geschäftsprozesse für eine Organisation angesehen. Dabei geht ISO 15504 in der Prozessbeurteilung tiefer als ISO 9001.

Der Reifegrad von Geschäftsprozessen wird anhand von mehreren Stufen beurteilt:

- Level 0: Unvollständig (Incomplete).
- Level 1: Prozesszweck erreicht (Performed).
- Level 2: Prozesslenkung (Managed).
- Level 3: Dokumentiert und implementiert (Defined); entspricht dem durchschnittlichen Level von ISO 9001.
- Level 4: Zielgerichtet und messbar (Quantitatively Managed).
- Level 5: Optimiert (Optimized).

Zielsetzung des Process Performance Management ist eine systematische, mehrdimensionale Leistungsmessung, -steuerung und -kontrolle sowie Verbesserung der Leistung auf allen Unternehmensebenen (Mitarbeiter, Teams, Abteilungen, Unternehmen). Als Datenbasis dient ein Performance Measurement System (PMS) zur Unterstützung einer ausgewogenen Leistungserfassung.

8.7.2 Wertstromanalyse

Die Wertstromanalyse (Value Stream Mapping) ist eine erweiterte Form der Prozessanalyse mit dem Zweck, den Leistungserstellungsprozess von den Vorleistungen bis zum Endprodukt zu analysieren. Die Wertstromanalyse ermöglicht einen Überblick, wie die Leistung für den Kunden erzeugt wird, welche Aktivitäten tatsächlich wertschöpfend sind und welche Aktivitäten lediglich interner Aufwand, das heisst nicht wertschöpfend sind. Ebenso ermöglicht die Wertstromanalyse, die Stärken und Schwächen eines Prozesses sowie die Ursachen für Verzögerungen, unnötigen Zeitaufwand oder Kostentreiber zu erkennen.

Ziel der Wertstromanalyse ist es, die nichtwertschöpfenden Tätigkeiten, also die Verschwendung, zu reduzieren bzw. zu minimieren. Die Vermeidung von Verschwendung (jap. *muda*) ist auch Bestandteil des Toyota-Produktionssystems. Dabei wird, beim TPS wie bei der Wertstromanalyse, zwischen folgenden sieben Verschwendungsarten unterschieden:

---

1 Beispielsweise CMMI (Capability Maturity Modell Integration), BOOTSTRAP (Software Process Assessment) oder SPICE (Software Process Improvement and Capability dEtermination).

- Materialbewegungen (Transportation),
- Lagerbestände (Inventory),
- überflüssige Bewegungen (Motion),
- Wartezeiten (Waiting),
- Verarbeitung (Over-Processing),
- Überproduktion (Over-Production),
- Korrekturen und Fehler (Defects).

Die Wertstromanalyse erfolgt üblicherweise durch eine Mitarbeitendengruppe vor Ort. Das Analyse-Team setzt sich aus Mitarbeitenden mit Prozessüberblick und solchen mit Detailkenntnissen zusammen. Die Wertstromanalyse beginnt immer am Prozessende, das heisst vom Prozess-Output (Senke) Richtung Prozess-Input (Quelle). Dabei werden die Material- und Informationsflüsse auf einer Zeitleiste erfasst und beurteilt.

Im Rahmen eines nachfolgenden Wertstromdesigns wird der Soll-Zustand für einen bestimmten Prozess entwickelt und die Optimierungsschwerpunkte bestimmt.

| 8.7.3 | **Prozess-Benchmarking** |

Quantitative Leistungsvergleiche zwischen Unternehmen – insbesondere mit führenden Mitbewerbern (Best Practice) – sind heute relativ weitverbreitet. Die betriebswirtschaftliche Anwendung von Benchmarking (Messen/Beurteilen durch Vergleich mit Bezugs-/Richtgrössen) geht zurück auf die US-Firma Xerox Corporation, welche Ende der 1970er Jahre einen Produktevergleich mit dem kostengünstigeren japanischen Hersteller Canon durchführte. Xerox erwarb dazu Konkurrenzkopierer und zerlegte diese in ihre Bestandteile, um Kostenoptimierungspotenziale zu finden. Der Erfolg veranlasste Xerox, das Benchmarking unternehmensweit, inklusive Führungs- und Supportprozesse (Gemeinkostenbereiche), einzuführen.

Bei der Art des Benchmarkings wird eine Differenzierung nach den zu vergleichenden Organisationen sowie den im Fokus stehenden Objekten (Strategie, Produkt, Prozess) vorgenommen. Bei den Organisationen wird zwischen drei Grundtypen von Benchmarking unterschieden (▶ Abb. 73):

- intern – Benchmarking innerhalb eines Unternehmens, zum Beispiel zwischen Geschäftsbereichen oder Niederlassungen,
- wettbewerbsorientiert – Benchmarking von Betriebsvorgängen und Leistungen im Vergleich zu jenen der direkten Konkurrenten,
- funktional – Benchmarking von ähnlichen Prozessen in einem breiten Spektrum von Branchen oder Unternehmen.

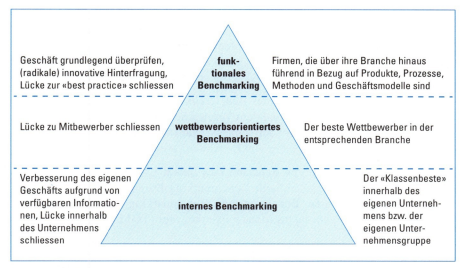

▲ Abb. 73   Benchmarking-Arten

Zusätzlich kann in der Praxis beobachtet werden, dass für Benchmarking Daten von statistischen Ämtern, Branchenerhebungen etc. verwendet werden. Dieses Vorgehen, oft auch als allgemeines Benchmarking bezeichnet, ist aufwandmässig sehr attraktiv, ermöglicht jedoch nur beschränkte Einsichten.

Am häufigsten wird ein Vergleich von Betriebsvorgängen mit direkten Mitbewerbern gesucht. Dabei besteht die Gefahr, dass innerhalb der Branche «nur» kopiert wird und keine wirklichen Prozessinnovationen stattfinden. Dieser Nachteil kann durch ein (zusätzliches) funktionales oder allgemeines Benchmarking vermieden werden, da diese Vergleiche nicht nur auf Branchendaten basieren, sondern Anregungen über die Grenzen einzelner Industriesparten hinweg suchen. Damit wird nicht nur die Gefahr eines unerwünschten Einblicks durch Mitbewerber abgewendet, sondern es werden auch wertvolle Impulse aus andern Branchen gewonnen.

Die **Vorteile** eines Benchmarkings sind im Speziellen:

- **Aufdecken von Optimierungspotenzialen:** Ein Vergleich ergibt Hinweise, bei welchen Objekten (Strategie, Produkte, Prozesse) in welchem Umfang Verbesserungen möglich sind.
- **Objektivität der Beurteilung:** Durch den Vergleich mit anderen Organisationen lässt sich objektiv feststellen, wie gut das eigene Unternehmen positioniert ist und was die Ursachen dafür sind.
- **Effiziente Entscheidungsfindung:** Durch das Benchmarking kann eine aufwändige interne Entscheidungsfindung durch Feststellen der wesentlichen Unterschiede beschleunigt werden.

- **Verbesserung der Innovationskultur:** Durch regelmässiges Benchmarking wird eine offene und kompetitive Unternehmenskultur gefördert.
- **Beurteilung der Wertschöpfungspartner:** Die Wettbewerbsfähigkeit von externen Organisationseinheiten in der Wertschöpfungskette kann über regelmässiges Benchmarking frühzeitig erkannt und beurteilt werden.

Der **effektive Nutzen** eines Benchmarkings entsteht jedoch nicht aus dem Ermitteln der Kennzahlen und dem Vergleichen mit anderen Unternehmen, sondern aus den daraus resultierenden **Verbesserungsmassnahmen.**

Die Schwierigkeiten von Benchmarking liegen vor allem in:

- **Verfügbarkeit von Benchmarking-Daten:** Oft sind keine oder zu wenige vergleichbare und aktuelle Benchmarking-Daten vorhanden.
- **Einbettung des Benchmarkings:** Benchmarking macht nur Sinn, wenn dieses in ein übergeordnetes Managementkonzept (TQM/EFQM, KVP etc.) eingebettet ist.
- **Grenzen des Benchmarkings:** Benchmarking ermöglicht eine Annäherung an die Spitze der Vergleichsorganisationen, jedoch nicht neuartige Lösungen.

Das heisst, innovative Unternehmen geben sich nicht damit zufrieden, dass die anderen nicht besser sind, sondern setzen durch permanente Weiterentwicklung selber neue Massstäbe. Denn primär gilt: «Orientierung an den Sternen und nicht an den Positionslichtern der anderen Schiffe!»

Beim **Prozess-Benchmarking** werden die eigenen Geschäftsprozesse systematisch gemessen und mit entsprechenden Prozessen von anderen Unternehmen

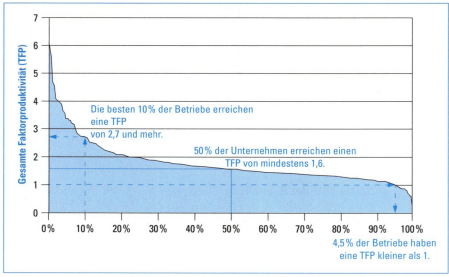

▲ Abb. 74   Gesamte Faktorproduktivität (TFP) bei Schweizer Produktionsunternehmen (2008)
(Quelle: European Manufacturing Survey – Schweiz, www.produktionsinnovation.ch)

verglichen mit dem Ziel, innovative Lösungen zur Gestaltung der eigenen Prozesse zu finden. Untersucht werden dabei die Teilprozesse mit Subprozessen und Arbeitsschritten, die eingesetzten Methoden und Instrumente (inkl. IT-Systeme) sowie die Arbeitsorganisation (inkl. Aufbauorganisation).

Voraussetzung für ein effektives und effizientes Prozess-Benchmarking ist, dass die zu vergleichenden Prozesse präzise definiert werden und eine Quantifizierung anhand von strategierelevanten Messgrössen erfolgt. Dabei wird zwischen primären Messgrössen, die den Benchmark bilden, und sekundären Messgrössen, die zur Erklärung der Unterschiede dienen, differenziert. Zum Beispiel können die Produktivität als primäre Messgrösse und der Eigenleistungsanteil sowie der Personal- und Maschinenaufwand als sekundäre Messgrössen dienen (◀ Abb. 74).

Speziell das Prozess-Benchmarking eignet sich für ein branchenunabhängiges Benchmarking, da für einen Vergleich der Geschäftsprozesse nicht die Branche, sondern die Prozessmerkmale (beispielsweise kundenspezifische Aufträge mit Stückzahl eins vs. Aufträge für Standardprodukte in grossen Stückzahlen) relevant sind.

<table>
<tr><td>**8.8**</td><td>**Konzepte zur Prozessoptimierung**</td></tr>
</table>

Die Neugestaltung der Geschäftsprozesse (Prozessinnovationen) wird, analog zu Produktinnovationen, durch veränderte Marktbedürfnisse (Market-Pull) oder neue Technologien (Technology-Push) ausgelöst. Dabei umfassen Prozessinnovationen sowohl materielle wie auch immaterielle Aspekte.

- **Materielle Prozessinnovationen:** Neue technische Lösungen für
  - Informationsfluss: Informations- und Kommunikationstechnologie-Anwendungen, welche schnellere und spezifischere B2C- und B2B-Beziehungen ermöglichen.
  - Herstellverfahren: firmenspezifische Betriebsmittel (wie z. B. Spezialmaschinen, Software), welche Teilprozesse der Leistungserstellung effizienter und effektiver machen.

- **Immaterielle Prozessinnovationen:** Neue Organisationskonzepte für
  - überbetriebliche Zusammenarbeit: beispielsweise im Rahmen von Supplier Relationship Management (SRM) oder Customer Relationship Management (CRM).
  - innerbetriebliche Zusammenarbeit: zum Beispiel Aufgabenintegration (funktionale Integration) und lokale Selbstregulation (ganzheitliche Aufgaben mit planenden, ausführenden, kontrollierenden Tätigkeiten) bzw. Einführung von Gruppenarbeit.

Für die Optimierung von Prozessen (Business Process Improvement BPI) existiert eine Vielzahl an bekannten Methoden. Im Rahmen der MIT-Studie «The Machine that Changed the World» wurde Anfang der 1990er Jahre aufgezeigt, dass eine Vielzahl von Einzelmethoden im konsequenten Zusammenspiel den Erfolg des Toyota-Produktionssystems (TPS) erbrachten (siehe 5.2.2 «Toyota-Produktions-system», S. 150). Bei den TPS-Methoden steht grundsätzlich das Prinzip der Vermeidung von Verschwendung im Vordergrund, wobei darunter alle Aktivitäten verstanden werden, die am Produkt keinen Wertzuwachs erbringen.

In der Phase der Prozessoptimierung kommen unterschiedliche Ansätze zur Anwendung: zum einen der radikale Ansatz des Business Process Reengineering (BPR), mit dem bestehende Prozesse von Grund auf neu gestaltet werden; zum anderen der inkrementale Ansatz des Continuous Process Improvement (CPI) (kontinuierliche Prozessoptimierung), in dessen Rahmen die bestehenden Prozesse basierend auf veränderten Kundenbedürfnissen und Unternehmenszielen kontinuierlich weiterentwickelt werden.

8.8.1   Business Process Reengineering (BPR)

Michael Hammer und James Champy (1993) definierten Business Process Reengineering als «fundamentales Überdenken und radikale Neugestaltung von Geschäftsprozessen mit dem Ziel, dramatische Verbesserungen bei Kosten, Qualität, Service und Geschwindigkeit» zu erreichen. Dabei wird eine völlige Neugestaltung der Prozesse, ungeachtet bestehender Strukturen und Verfahrensweisen, angestrebt.

Für jedes Reengineering-Projekt sind **vier wichtige Regeln** zu beachten:

1. Vor der Umgestaltung die Strategie festlegen.
2. Vom Primärprozess (Kernprozess) als Basis ausgehen.
3. Die Verwendung der Informationstechnologie optimieren.
4. Organisationsstruktur und Führungsmodelle müssen mit dem Primärprozess vereinbar sein.

Die Erfahrung zeigt, dass selbst nach einer optimalen Einführung neu konzipierter Geschäftsprozesse die angestrebten Prozessziele oft nicht erreicht werden. Neben Umsetzungsschwächen liegt die Ursache häufig auch bei sich verändernden Rahmenbedingungen.

Soll die Organisation eines Unternehmens nachhaltig verändert werden, muss aus dem Business Process Reengineering ein umfassendes Prozessmanagement werden (siehe 2.1 «Prozessmanagement», S. 46). Das heisst, das Prozessdenken ist im gesamten Unternehmen zu verankern. So können die neu konzipierten Geschäftsprozesse, nach einer Phase der Konsolidierung, weiterentwickelt und optimiert werden. Entsprechend ergänzt die kontinuierliche Prozessverbesserung den BPR-Ansatz.

8.8.2 Kontinuierlicher Verbesserungsprozess (KVP)

Die bekannteste Methode zur kontinuierlichen Prozessoptimierung ist der **kontinuierliche Verbesserungsprozess** (KVP), welcher auf dem japanischen Kaizen (jap. für «Veränderung zum Guten») basiert und erstmals im Toyota-Produktionssystem (siehe 5.2.2 «Toyota-Produktionssystem», S. 150) eingesetzt wurde.

> Der **Grundgedanke des KVP** liegt darin, die Qualität von Produkten oder Prozessen durch kleine, aber stetige Veränderungen unter Einbezug der Mitarbeitenden zu verbessern, um langfristig Wettbewerbsvorteile zu erzielen.

Die kontinuierliche Durchführung von inkrementellen Veränderungen anstelle von radikalen Umgestaltungen ist ein wesentlicher Bestandteil des KVP. Dabei kommen folgende Kernpunkte zum Tragen:

- Eliminierung von Verschwendung,
- Fokussierung auf Prozesse,
- Orientierung an Kunden,
- Einbezug der Mitarbeitenden,
- Teamarbeit.

Unter Verschwendung werden Behinderungen, Fehler, Abweichungen, Mängel, Schwachstellen und Probleme verstanden oder, in anderen Worten ausgedrückt, alles, was für den Kunden keinen Wert hat und wofür er nicht zu zahlen bereit ist. Konkrete Verbesserungsvorschläge werden von einzelnen Mitarbeitern oder ganzen Teams erarbeitet, die meist auch zur direkten Umsetzung ihrer Ideen ermächtigt werden. Die Vorgehensweise für resultierende Verbesserungsmassnahmen erfolgt nach dem PDCA-Zyklus von Deming (siehe 8.5.3 «RADAR-Logik basierend auf dem PDCA-Zyklus», S. 226).

Ein wesentlicher Erfolgsfaktor des KVP ist die Einbindung der Prozessbeteiligten in den Verbesserungsprozess und dadurch die Nutzung des Erfahrungswissens der Mitarbeitenden zur Realisierung effektiver und effizienter Geschäftsprozesse. Zugleich werden durch den Einbezug der Mitarbeitenden die Akzeptanz für erforderliche Veränderungsmassnahmen sowie die Erfolgschancen zur Erreichung der angestrebten Ziele erhöht.

8.8.3	Six Sigma

Der auf dem mathematischen Modell der Gauss'schen Normalverteilung beruhende Six-Sigma-Ansatz ist ein statistisches Qualitätsziel wie auch eine Methode zur Qualitätsverbesserung.

Der griechische Buchstabe Sigma wurde 1860 von Francis Galton als Begriff in der Statistik und Wahrscheinlichkeitsrechnung eingeführt, um die Streuung einer Variablen um ihren Mittelwert zu beschreiben. Die Wurzeln des Six-Sigma-Ansatzes lassen sich auf Carl Friedrich Gauss und seine Publikationen zur Normalverteilung zurückführen (Brussee 2005). Eine Abweichung von sechs Sigma vom Mittelwert einer Normalverteilung bedeutet, dass als statistisches Qualitätsziel maximal 34 Fehler auf 10 Millionen Arbeitsvorgänge (99,99966 % fehlerfrei) zulässig sind.

Nachdem Six Sigma erstmals in der japanischen Industrie eingesetzt wurde, entwickelte der amerikanische Elektronikkonzern Motorola in den 1980er Jahren den Six-Sigma-Ansatz zur Qualitätsverbesserung. Inzwischen arbeiten viele Unternehmen, auch aus dem Dienstleistungssektor, mit dem Six-Sigma-Ansatz.

Das Six-Sigma-Konzept beinhaltet folgende Hauptmerkmale:

- Die Einführung von Six Sigma erfolgt mit der gezielten Ausbildung von ausgewählten Mitarbeitenden (1 pro 100), die im Auftrag der Unternehmensleitung als Experten für die Umsetzung von Six Sigma verantwortlich sind. Die Rollendefinitionen orientieren sich an den Rangkennzeichen (Gürtelfarbe) japanischer Kampfsportarten wie Black Belt und Green Belt.
- Die Vorgehensweise für Verbesserungsprojekte erfolgt gemäss dem **DMAIC-Zyklus** (Define – Measure – Analyse – Improve – Control). Im Rahmen der einzelnen Phasen werden verschiedenste Methoden aus der Qualitätsmanagement-Praxis übernommen, so beispielsweise Quality Function Deployment (QFD), Failure Mode and Effects Analysis (FMEA) und Value Stream Management (VSM) bzw. Wertstromanalyse.
- Die Qualitätsbeurteilung und -verbesserung erfolgt, basierend auf statistischen Methoden, anhand der erzielten Kostenreduktionen und der Erfüllung von Kundenanforderungen auf Prozessebene.

Die Stärke des Six-Sigma-Ansatzes liegt in der dauerhaften Verankerung einer kontinuierlichen Prozessoptimierung. Die Schwächen liegen in einem ausgeprägten Top-down-Ansatz und einer starken Ergebnisorientierung, welche mittel-/langfristige Überlegungen bezüglich Strategie, Führung und Mitarbeitende tendenziell ignoriert. Insofern ist Six Sigma, ähnlich ISO 9001, stark prozessorientiert und Teil bzw. erster Schritt in Richtung eines ganzheitlichen Qualitätsverständnisses wie beispielsweise «Total Quality Management».

Kapitel 9

Berechnung ausgewählter Leistungskennzahlen

Im Rahmen der Steuerung und Kontrolle von Leistungserstellungsprozessen kommt den Leistungskennzahlen eine zentrale Bedeutung zu. Im Folgenden werden die wichtigsten Leistungskennzahlen definiert, indem einerseits die Kennzahl erklärt und anderseits die genaue Formel zur deren Berechnung angegeben wird.

Der Begriff Leistungskennzahlen (Key Performance Indicators, KPI) bezeichnet in der Betriebswirtschaftslehre Kennzahlen, anhand derer der Erfüllungsgrad hinsichtlich wichtiger Zielsetzungen oder kritischer Erfolgsfaktoren innerhalb einer Organisation gemessen und/oder ermittelt werden kann (siehe 2.6 «Kennzahlen zur Beurteilung der Leistungserstellung», S. 62).

Der Verband der deutschen Maschinen- und Anlagenbauindustrie (VDMA) hat in der Norm VDMA 66412-1 zwanzig Schlüsselkennzahlen für den Leistungserstellungsprozess in der Industrie beschrieben, welche inzwischen, um weitere dreizehn Indikatoren ergänzt, als «Key Performance Indicators for Manufacturing Operations Management» in die internationale Normenreihe ISO 22400-2 aufgenommen wurden.

Mitarbeiterproduktivität
[%]

Die Mitarbeiterproduktivität stellt die auftragsbezogene Arbeitszeit der Mitarbeiter in Bezug zu der Gesamtanwesenheitszeit der Mitarbeiter dar. Sie gibt Hinweise auf den Grad des effektiven Einsatzes von Arbeitskräften.

$$\frac{\text{Auftragsbezogene Arbeitszeit}}{\text{Anwesenheitszeit}} \cdot 100$$

Gesamte Faktorproduktivität
(Total Factor Productivity, TFP)

Die Gesamte Faktorproduktivität ist das Verhältnis der eigenen Wertschöpfung zu den Kosten für die Produktionsfaktoren Mitarbeitende und Betriebsmittel. Dabei wird der Faktoreinsatz in Form des Aufwandes der eingesetzten personellen (Lohnsumme) und maschinellen (Abschreibungen und Rückstellungen für Betriebsmittel) Prozessressourcen berücksichtigt.

$$\frac{\text{Umsatz} - \text{Vorleistungen}}{\text{Personalaufwand} + \text{Betriebsmittelaufwand}}$$

Kapazitätsauslastung
[%]

Die Kapazitätsauslastung ist das Verhältnis der für die Auftragsabwicklung genutzten Kapazitäten (z.B. Arbeitsstunden) zu den theoretisch verfügbaren Kapazitäten.

$$\frac{\text{Eingesetzte Kapazität [Einheiten/Std.]}}{\text{Theoretische Kapazität [Einheiten/Std.]}} \cdot 100$$

First-Pass Yield (FPY)
[%]

Der FPY ist eine Kennzahl für die direkte Prozessqualität in Bezug auf Arbeitsplatz und Produkt. Wird das Ergebnis der Kennzahl grösser, erhöht sich die sogenannte Ausbeute; Fehlerkosten und Materialverschwendung werden vermieden, die Ausbringungsmenge wird erhöht.

$$\frac{\text{Anzahl guter/korrekter Teile/Produkte}}{\text{Anzahl geprüfter Teile/Produkte}} \cdot 100$$

Qualitätsrate
[%]

Die Qualitätsrate ist das Verhältnis der Gutmenge zur produzierten Menge.

$$\frac{\text{Anzahl brauchbarer/korrekter Produkte}}{\text{Anzahl hergestellter Produkte}} \cdot 100$$

Ausschussquote
[%]

Die Ausschussquote ist der prozentuale Anteil an Ausschuss im Verhältnis zur produzierten Menge. Sie ist somit auch eine Kennzahl für Materialverschwendung.

$$\frac{\text{Anzahl unbrauchbarer Produkte}}{\text{Anzahl hergestellter Produkte}} \cdot 100$$

Nacharbeitsquote
[%]

Die Nacharbeitsquote ist der prozentuale Anteil an Produkten mit Nacharbeit im Verhältnis zur produzierten Menge. Sie ist somit auch eine Kennzahl für zusätzliche Aufwendungen in der Produktion.

$$\frac{\text{Anzahl nachbearbeiteter Produkte}}{\text{Anzahl hergestellter Produkte}} \cdot 100$$

Fehlerkostenrate
[%]

Die Fehlerkostenrate ist der prozentuale Anteil der Fehlerkosten (Nacharbeit + Ausschuss) im Verhältnis zum erzielten Umsatz des entsprechenden Produkts.

$$\frac{\text{Kosten für Ausschuss}}{\text{Umsatz in der jeweiligen Periode}} \cdot 100$$

Durchlaufzeit (DLZ)
[Zeiteinheit]

Die Durchlaufzeit ist die interne Dauer zwischen Auftragsauslösung und Auftragsfertigstellung.

Zeitpunkt Fertigmeldung − Zeitpunkt Auftragseinlastung

Lieferzeit [Zeiteinheit]

Die Lieferzeit ist die Dauer zwischen Kundenbestellung und Leistungsübergabe an Kunden.

Zeitpunkt Auslieferung − Zeitpunkt Kundenauftragseingang

Terminzuverlässigkeit
[%]

Die Terminzuverlässigkeit (oder Zeiterfüllungsgrad) ist eine Kennzahl für die Einhaltung der vereinbarten Liefertermine gegenüber den Kunden. Eine gute Terminzuverlässigkeit liegt bei 98 Prozent.

$$\frac{\text{Anzahl termingerecht erstellter Aufträge}}{\text{Anzahl Aufträge}} \cdot 100$$

Prozessgrad

Der Prozessgrad ist ein Mass für die Wirtschaftlichkeit und den Wirkungsgrad der Fertigung. Er ist die zentrale Kennzahl, die sich bei Wertstromanalysen (Lean Management) ergibt. Ein niedriger Prozessgrad sagt aus, dass noch erhebliche nichtwertschöpfende Zeitanteile (z.B. Liegezeiten) im Auftrag enthalten sind.

$$\frac{\text{Hauptnutzungszeit}}{\text{Durchlaufzeit}}$$

Rüstgrad

Der Rüstgrad ist ein Mass für den Rüstanteil bezogen auf die Bearbeitungszeit an einer Maschine. Je grösser der Wert wird, desto höher ist der Rüstanteil der Zeit, während der ein Fertigungsauftrag an der Maschine angemeldet ist. Für ein Unternehmen bedeutet ein hoher Rüstgrad einen Verbrauch von wertvoller Zeit, der nicht im eigentlichen Sinne wertschöpfend ist.

$$\frac{\text{Rüstzeit}}{\text{Bearbeitungszeit}}$$

Servicegrad

Der Servicegrad (oder Anforderungsbereitschaftsgrad) ist ein Mass für die Lieferfähigkeit bezogen auf die gesamte Anzahl Anforderungen. Dabei werden als Anforderungen die Anzahl Bestellungen oder Bestellpositionen, die Mengen oder der Umsatz eingesetzt.

Ein guter Servicegrad beträgt 0,98, wobei ein Servicegrad von 1 nicht angestrebt wird, da die Lagerhaltungskosten für das Abdecken von aussergewöhnlichen Anforderungen zu hoch wären.

$$\frac{\text{Anzahl der sofort ausgeführten Anforderungen}}{\text{Anzahl der Anforderungen pro Zeiteinheit}}$$

Durchschnittlicher Lagerbestand

Der durchschnittliche Lagerbestand gibt an, wie hoch die Vorräte durchschnittlich im Laufe eines Geschäftsjahres sind. Er kann als Mengengrösse oder als Wertgrösse errechnet werden.

$$\frac{\text{Anfangsbestand} + 12\,\text{Monatsendbestände}}{13}$$

Falls nur die veröffentlichten Bilanzen eines Unternehmens zur Verfügung stehen bzw. die Zu- und Abgänge relativ gleichmässig sind, kann man die folgende, weniger genaue Formel verwenden. Diese Formel betrachtet nur die am Bilanzstichtag vorhandenen Bestände und weist somit eine erhebliche Ungenauigkeit auf. Sie wird vor allem von externen Analysten in der Bilanzanalyse verwendet.

$$\frac{\text{Anfangsbestand} + \text{Endbestand}}{2}$$

Lagerumschlagshäufigkeit

Die Lagerumschlagshäufigkeit gibt das Verhältnis aus Verbrauch pro Zeiteinheit und dem durchschnittlichen Lagerbestand an, und zeigt daher wie oft ein Lager innerhalb einer bestimmten Zeiteinheit komplett gefüllt und geleert wurde. Die Kennzahl kann mengen- oder wertmässig ermittelt werden. Geringe Werte bedeuten eine lange Verweildauer des Materials im Lager und sind ein Indiz für hohe Sicherheitsbestände. Zugleich führen diese zu einer höheren Kapitalbindung.

$$\frac{\text{Lagerabgang pro Zeitperiode}}{\text{Durchschnittlicher Lagerbestand}}$$

Durchschnittliche Lagerdauer [Zeitperiode]

Die durchschnittliche Lagerdauer gibt Auskunft über die Situation im Lager bzw. die Entwicklung der Kapitalbindung im Lager. Sie zeigt also auf, wie lange die Vorräte – und damit natürlich auch das dafür benötigte Kapital – durchschnittlich im Lager gebunden sind. Je kürzer die Lagerdauer eines Produktes oder einer Komponente, desto besser, da das Lagern laufende Kosten verursacht, Platz benötigt und dies die Produkte verteuern kann.

$$\frac{\text{Zahl der Tage pro Zeitperiode}}{\text{Lagerumschlagshäufigkeit}}$$

Auf ein Jahr berechnet:

$$\frac{\text{Durchschnittlicher Lagerbestand pro Jahr}}{\text{Lagerabgang pro Jahr}} \cdot 360$$

F&E-Quote
[%]

Die F&E-Quote bezeichnet den relativen Anteil an Investitionen in Forschung und Entwicklung für neue Produkte im Verhältnis zum Umsatz. Diese Kennzahl ist bezüglich Branche und Positionierung in der Wertschöpfungskette (Zulieferer oder Endproduktanbieter) sehr unterschiedlich.

$$\frac{\text{Aufwand F\&E}}{\text{Umsatz}} \cdot 100$$

Produktneuheiten
[%]

Die Kennzahl Produktneuheiten stellt den relativen Umsatzanteil von für das Unternehmen neuen Produkten im Verhältnis zum Gesamtumsatz dar.

$$\frac{\text{Umsatz mit für das Unternehmen neuen Produkten}}{\text{Umsatz}} \cdot 100$$

Marktneuheiten
[%]

Die Kennzahl Marktneuheiten stellt den relativen Umsatzanteil mit nicht nur für das Unternehmen, sondern auch für den Markt neuen Produkten im Verhältnis zum Gesamtumsatz dar.

$$\frac{\text{Umsatz mit für den Markt neuen Produkten}}{\text{Umsatz}} \cdot 100$$

Innovationsquote
[%]

Die Innovationsquote bezeichnet den Umsatz mit Produkt- und Marktneuheiten im Verhältnis zu den Investitionen in Forschung und Entwicklung.

$$\frac{\text{Umsatz Produkt- und Marktneuheiten}}{\text{F\&E-Investitionen}} \cdot 100$$

Technologieintensität Produkt
(Hightech-Eigenschaft Produkte)

Die Kennzahl Technologieintensität Produkt bezeichnet den Anteil der Investitionen in Forschung und Entwicklung für neue Produkte im Verhältnis zu den Herstellkosten der entsprechenden Produkte.

$$\frac{\text{Investitionen für Produktinnovationen}}{\text{Herstellkosten}}$$

Technologieintensität Prozess
(Hightech-Eigenschaft Prozesse)

Die Kennzahl Technologieintensität Prozess bezeichnet den Anteil der Investitionen in Forschung und Entwicklung für neue Prozesse im Verhältnis zu den Herstellkosten eines entsprechenden Produkts.

$$\frac{\text{Investitionen für Prozessinnovationen}}{\text{Herstellkosten}}$$

Glossar

1st-Tier/2nd-Tier Supplier

Positionierung eines Zulieferunternehmens in der Zulieferkette bzw. im Zuliefernetzwerk. Gibt aus Sicht des Abnehmerunternehmens die Position oder Stufe (engl. *tier*: Reihe, Lage, Rang, Stufe) des Lieferanten innerhalb der Zulieferkette an. Somit ist der direkte Lieferant auf Stufe 1, dessen Lieferant auf Stufe 2 etc. Geläufig sind auch die Benennungen Tier-1, Tier-2, … Tier-N (siehe 3.1 «Leistungserstellung in Wertschöpfungsnetzwerken», S. 72).

3D-Druck

▷ Additive Fertigung

5S/5A-Methodik

Die 5S- oder (deutschsprachig) 5A-Methodik ist eine im Rahmen japanischer Produktionssysteme entwickelte systematische Vorgehensweise zur Gestaltung des Arbeitsplatzes und der Arbeitsumgebung mit dem Ziel, Verschwendung zu vermeiden sowie Qualität und Produktivität zu erhöhen. Die 5S bzw. 5A stehen für «Seiri»/«Aussortieren», «Seiton»/«Aufräumen (Arbeitsmittel ergonomisch anordnen)», «Seiso»/«Arbeitsplatzsauberkeit», «Seiketsu»/«Anordnung zur Regel machen», «Shitsuke»/«Alle Punkte einhalten und verbessern». Durch Hinzufügen von «Shukan»/«Alles läuft von selbst» wird das Konzept zu 6S/6A.

ABC-Analyse

Die ABC-Analyse ist ein Managementverfahren zur Klassifizierung von Objekten aller Art. Sie unterscheidet zwischen wichtigen und weniger wichtigen Handlungsfeldern, erleichtert die Konzentration auf Objekte mit hoher ökonomischer Bedeutung und erhöht damit die Effizienz des Managementhandelns (siehe 4.5 «Klassifizierung mittels ABC- und XYZ-Analyse», S. 115).

Absatzplan

Der Absatzplan beinhaltet das Leistungsangebot eines Unternehmens und wird für einen bestimmten Zeitraum, typischerweise ein Geschäftsjahr oder Produktlebenszyklus-Phasen, aufgestellt. Für die langfristige Planung gilt ein Zeitraum von drei Jahren. Der Absatzplan basiert auf Kundenaufträgen und/oder Absatzprognosen (siehe 7.1.1 «Aufgaben der Planung und Steuerung der Leistungserstellung», S. 188).

Absatzprognose

Mit der Absatzprognose werden die Absatzmöglichkeiten hinsichtlich Art, Menge, Zeitraum und Ort von Fertigprodukten vorausgesagt. Erfahrungswerte aus vergangenen Perioden werden mit aktuellen Marktdaten abgeglichen und in die Zukunft fortgeschrieben. Diese Fortschreibung erfolgt mit verschiedenen Prognoseverfahren. Absatzprognosen bilden die Voraussetzung für die Unternehmensplanung (siehe 7.1.1 «Aufgaben der Planung und Steuerung der Leistungserstellung», S. 188).

Absatzsynchrone Produktion
▷ Synchrones Produktionssystem (SPS)

Additive Fertigung
Additive Fertigung bzw. generative Fertigung sind Verfahren zur Herstellung von Produkten auf der Basis von digitalen 3D-Konstruktionsdaten. In einem chemischen und/oder physikalischen Prozess wird durch den schichtweisen Aufbau von Material (Metalle, Kunststoffe, Verbundwerkstoffe als Flüssigkeit, Pulver, Band, Draht) ein Teil aufgebaut. Zu den additiven Verfahren gehören – neben 3D-Druck – Stereolithografie, selektives Laserschmelzen, selektives Lasersintern, Fused Deposition Modeling, Laminated Object Modelling sowie Kaltgasspritzen.

A-Güter
Materialien mit niedrigem Anteil an der Gesamtmenge der Güter und hohem Anteil am Gesamtwert (70–90%). A-Güter haben bei der Materialdisposition, insbesondere bei der Ermittlung der Bedarfsmengen höchste Priorität (siehe 4.5 «Klassifizierung mittels ABC- und XYZ-Analyse», S. 115).

APICS SCC
Die Association for Operations Management, ursprünglich American Production and Inventory Control Society, ist eine 1957 in den USA gegründete Organisation zur Verbesserung der Wettbewerbsfähigkeit von Industrieunternehmen. 2014 fusionierte APICS mit dem Supply Chain Council (SCC) zu APICS Supply Chain Council (APICS SCC). Das Ziel von APICS SCC ist die Förderung von Spitzenleistungen im operativen Management durch Entwicklung von Standards und international anerkannten Zertifizierungen sowie Ausbildungsangeboten.

Arbeit
Betriebswirtschaftslehre: Alle geistigen und körperlichen Tätigkeiten von Personen, die Sach- oder Dienstleistungen produzieren.
Volkswirtschaftslehre: Arbeit ist ein Produktionsfaktor wie Boden und Kapital. Arbeit ist menschliche Beschäftigung, welche Bedürfnisse anderer Personen befriedigt und mit einem Einkommen belohnt wird.

Unentgeltliche private und öffentliche (ehrenamtliche) Tätigkeiten gehören nicht dazu (siehe 2.4 «Ressourcen zur Leistungserstellung», S. 59).

Arbeitsplan (Operationsplan)
Arbeitspläne geben Auskunft darüber, welche Arbeitsgänge (Operationen) in welcher Reihenfolge zur Herstellung eines bestimmten Produktes notwendig sind. Der Arbeitsplan enthält auch das zeitliche Ausmass der einzelnen Arbeitsgänge (Bearbeitungszeit sowie Rüstzeit) und die Zuteilung der erforderlichen materiellen, immateriellen und personellen Ressourcen zu den jeweiligen Arbeitsgängen (siehe 7.1.7 «Termin- und Kapazitätsplanung», S. 196).

Arbeitssystem
Ein Arbeitssystem ist eine organisatorische Einheit, in der jeweils eine einzelne Arbeitsaufgabe (Teilprozess) einer Leistungserstellung von Produkten (Sachgüter oder Dienstleistungen) ausgeführt wird. Es wird mit Hilfe der folgenden sieben Systembegriffe beschrieben: Arbeitsaufgabe, Arbeitsablauf, Betriebsmittel, Humanressourcen, Eingabe (Input), Ausgabe (Output), Umwelteinflüsse (siehe 7.1.7 «Termin- und Kapazitätsplanung», S. 196).

Arbeitsteilung
Arbeitsteilung ist die Teilung einer Arbeit nach Menge und Art auf mehrere Mitarbeitende bzw. Betriebsmittel. Dabei wird unterschieden zwischen Mengenteilung (gesamter Arbeitsablauf für eine Teilmenge), Artteilung (Teil eines Arbeitsablaufes für eine Gesamtmenge), Objektteilung (gesamter Arbeitsablauf für ein bestimmtes Produkt) (siehe 5.1.10 «Organisation der Leistungserstellung», S. 145).

Assemble-to-Order
Im Gegensatz zu Make-to-Order erfolgt hier nur die Endmontage auf Kundenauftrag, während die einzelnen Komponenten nach Bedarf (▷ Make-to-Stock) vorproduziert werden (siehe 3.6.3 «Praxisbeispiel Dell», S. 102).

Auflagengrösse
▷ Losgrösse

Auftrag
Ein Auftrag ist eine Anweisung, die sich auf die Herstellung oder Lieferung einer bestimmten Menge einer oder mehrerer Leistungen gegen eine bestimmte Ge-

genleistung bezieht. Beispiele: Kundenauftrag, Beschaffungsauftrag, Produktionsauftrag (siehe 7.1.7 «Termin- und Kapazitätsplanung», S. 196).

Auftragsabwicklung

Auftragsabwicklung ist die Koordination aller auftragsbezogenen Tätigkeiten von der Erfassung der Auftragsdaten über deren Weiterleitung an die Planung und Steuerung der Leistungserstellung bis zur Auslieferung und Fakturierung, einschliesslich Kontrolle Zahlungseingang (siehe 7.1 «Unternehmerische Ziele der Planung und Steuerung der Leistungserstellung», S. 188).

Auftragsfertigung

▷ Make-to-Order

Auslastung

Kennzahl, welche den Output in Relation zur vorhandenen Kapazität setzt (siehe Kapitel 9 «Berechnung ausgewählter Leistungskennzahlen», S. 245).

B2B

▷ Business-to-Business (B2B)

Balanced Scorecard (BSC)

Die Balanced Scorecard ist ein Konzept zur quantitativen Messung, Dokumentation und Steuerung der Aktivitäten einer Organisation. Basierend auf der Vision und Strategie einer Organisation werden die relevanten Kennzahlen und Messgrössen festgelegt und deren Zielerreichung regelmässig beurteilt. Die Balanced Scorecard geht auf Arbeiten von Robert S. Kaplan und David P. Norton Anfang der 1990er Jahre an der Harvard University zurück. Die Dimensionen der Balanced Scorecard sind für den jeweiligen Zweck bzw. die jeweilige Organisation individuell festzulegen (siehe 8.7 «Beurteilung der Leistungsfähigkeit von Prozessen», S. 234).

Baukastenstückliste

Baukastenstücklisten sind eine Variante der Strukturstückliste. Sie erfassen alle Teile, die direkt in eine übergeordnete Baugruppe eingehen, sie sind also immer einstufig. Für jede Baugruppe gibt es demnach eine separate Stückliste (siehe 6.2.2 «Stückliste», S. 173).

BDE

▷ Betriebsdatenerfassung (BDE)

Bearbeitungszeit

Die Bearbeitungszeit umfasst die Zeit für die einmalige Ausführung einer Aktivität innerhalb eines Prozesses und für allfällige Wiederholungen einer Aktivität, die nötig sind, wenn Fehler auftreten (Nacharbeit). Die Bearbeitungszeit misst somit die durchschnittliche Zeit für die Ausführung einer Aktivität innerhalb eines Prozesses (siehe 7.1.7 «Termin- und Kapazitätsplanung», S. 196).

Bedarfsermittlung

Bei der verbrauchsgesteuerten Bedarfsermittlung orientiert sich die Ermittlung der erforderlichen Menge an Material an den in der Produktion verbrauchten Mengen. Bei der auftragsgesteuerten Bedarfsermittlung dienen die einzelnen Kundenaufträge als Grundlage zur Ermittlung des Materialbedarfs (siehe 7.1.5 «Materialbedarfsplanung», S. 193).

Bedarfsverlauf, konstanter (horizontal)

Der Bedarf schwankt um einen gleichbleibenden Mittelwert. Die Schwankungen, die keiner Gesetzmässigkeit unterliegen, sind kurzfristig und gleichen sich langfristig aus (siehe 4.7 «Bestandsmanagement», S. 124).

Bedarfsverlauf, saisonabhängiger

Der Bedarf verändert sich in gleichmässigen Zeitabständen. Die Gründe für die Schwankungen sind bekannt (Jahreszeiten, Kollektionswechsel, Weihnachtsgeschäft) (siehe 4.7 «Bestandsmanagement», S. 124).

Bedarfsverlauf, trendmässig steigender/fallender

Der Bedarf schwankt um einen Mittelwert, der langfristig linear steigt oder fällt. Die Schwankungen sind kurzfristig und gleichen sich langfristig aus (siehe 4.7 «Bestandsmanagement», S. 124).

Beschaffungskonditionen

Unter Beschaffungskonditionen werden die Liefer- und Zahlungsbedingungen für den Besteller zusammengefasst. Aus logistischer Sicht interessieren vor allem die Lieferbedingungen. Diese beinhalten die Transportkosten sowie den Zeitpunkt und den Ort, an dem der Gefahrübergang (Übergabe Verantwortung) zwischen Lieferant und Abnehmer stattfindet (siehe 3.5 «Zusammenarbeit mit Lieferanten (Supplier Relationship Management)», S. 90).

Beschaffungsmarketing

Beschaffungsmarketing bezeichnet alle Aktivitäten
zur Analyse und Gestaltung des Beschaffungsmarktes
(siehe 3.5.1 «Evaluation und Bewertung von Zulieferunternehmen», S. 92).

Beschaffungsmarktforschung

Beschaffungsmarktforschung ist die systematische Ermittlung des aktuellen und zukünftigen Lieferangebots
hinsichtlich aller relevanten Merkmale (Sortiment, Bestellmenge, Preis, Know-how, Konditionen). Beschaffungsmarktforschung ist ein Teilgebiet des Beschaffungsmarketings. Sie erstreckt sich insbesondere auf
die zu beschaffenden Güter, die Lieferanten, die Branchen, Einflüsse des Weltmarkts sowie die Konkurrenz-
situation.

Beschaffungsplan

Die Informationen aus dem Produktionsplan werden
in den Beschaffungsplan übernommen. Im Beschaffungsplan wird für das zu beschaffende Material Art,
Menge, Zeitpunkt und Ort der Beschaffung festgelegt.
Die Menge entspricht dem Nettobedarf. Der Zeitpunkt
ergibt sich aus den Lieferzeiten. Der Ort gibt an, wo
das Material beschafft wird (siehe 7.1.5 «Materialbedarfsplanung», S. 193).

Bestand (Inventar)

Als Bestand wird die Menge (oder der Wert) an Einheiten bezeichnet, die sich zu einem bestimmten Zeitpunkt in einem Prozess befindet (siehe 4.7 «Bestandsmanagement», S. 124).

Bestandsreservierung

Um auf eine erwartete Nachfrage kurzfristig reagieren
zu können, wird in bestimmten Fällen im Voraus die
erforderliche Menge an Material oder Fertigprodukten
reserviert (siehe 4.7 «Bestandsmanagement», S. 124).

Bestellung

Die Bestellung ist eine verbindliche Aufforderung des
Abnehmers an den Lieferanten, bestimmte Materialien
zu den vereinbarten Bedingungen zu liefern (siehe
5.1.5 «Initiierung der Leistungserstellung», S. 141).

Betrieb

Ein Betrieb entspricht einem Produktionsstandort. Ein
Unternehmen kann mehrere Produktionsstandorte
haben.

Betriebsdatenerfassung (BDE)

Betriebsdatenerfassung ist ein Sammelbegriff für die
elektronische Erfassung von Daten über Zustände und
Prozesse in Betrieben. BDE-Systeme bestehen aus
Terminals und Gruppenrechnern die über Interfaces an
einen BDE-Leitrechner angebunden sind.

Betriebsmittel

Betriebsmittel sind materielle Ressourcen (wie z.B.
Maschinen, Computer, Transportmittel), die zur
Durchführung der Leistungserstellung erforderlich
sind. Sie sind die technischen Voraussetzungen für den
Transformationsprozess (siehe 2.4 «Ressourcen zur
Leistungserstellung», S. 59). Betriebsmittel sind eine
Teilgruppe der (volkswirtschaftlichen) ▷ Produktions-
mittel.

Betriebsstoffe

Betriebsstoffe sind notwendig zur Aufrechterhaltung
des Leistungserstellungsprozesses, gehen jedoch nicht
in das Endprodukt ein (siehe 4.3 «Materialarten»,
S. 109).

B-Güter

Güter mit einem mittleren Anteil sowohl an der Gesamtmenge als auch am Gesamtwert. Der Aufwand für
Dispositionsaktivitäten bei B-Gütern ist geringer als bei
A- und höher als bei C-Gütern (siehe 4.5 «Klassifizierung mittels ABC- und XYZ-Analyse», S. 115).

BPR

▷ Business Process Reengineering (BPR)

Break-even(-Point)

Der Break-even-Point (Gewinnschwelle) ist der
Schnittpunkt der Erlös- und der Gesamtkostenkurve in
einem Preis-Mengen-Diagramm. An diesem Punkt
lassen sich der Break-even-Preis und die Break-even-
Menge ablesen. Die Break-even-Menge ist jene Stückzahl, ab der die Erlöse die Gesamtkosten decken.

Bringprinzip

Der Auftragsfluss kann nach dem Bring- oder dem
Holprinzip organisiert und gesteuert werden. Das
Bringprinzip bedeutet, dass die im Leistungserstel-
lungsprozess vorgelagerte Stelle das Ergebnis ihrer
Leistung der nachgelagerten Stelle bringt (▷ Holprin-
zip).

Bruttobedarf

Der Bruttobedarf ergibt sich aus dem Nettobedarf plus Lagerbestände und Reservierungen (siehe 7.1.5 «Materialbedarfsplanung», S. 193).

BSC

▷ Balanced Scorecard (BSC)

Build-to-Order

Erbringung von Leistungen ausgelöst durch Kundenauftrag. Oft gleichgesetzt mit ▷ Make-to-Order. Bei differenzierter Betrachtung ist Build-to-Order der Zusammenbau auf Kundenbestellung, während Make-to-Order die Fertigung und Assemble-to-Order die Endmontage auf Kundenauftrag ist (siehe 5.1.5 «Initiierung der Leistungserstellung», S. 141).

Bullwhip Effect

Der Bullwhip Effect (auch Peitscheneffekt, Forrester-Aufschaukelung oder Whiplash Effect) ist ein zentrales Problem im Management einer dynamischen Lieferkette (Supply Chain). Er beschreibt das Phänomen, dass die unterschiedlichen Bedarfsverläufe bzw. kleine Veränderungen der Endkundennachfrage zu Schwankungen der Bestellmengen führen, die sich entlang der logistischen Kette aufschaukeln können (siehe 3.4.2 «Bullwhip Effect», S. 87).

Business Process Reengineering (BPR)

Der Begriff wurde 1993 von Michael Hammer und James Champy geprägt. Sie definierten ihn als fundamentales Überdenken und radikale Restrukturierung von Geschäftsprozessen, um drastische Verbesserungen in kritischen Leistungsgrössen wie Kosten, Qualität und Geschwindigkeit zu erzielen. Grundidee des BPR ist, dass Geschäftsprozesse definiert, optimiert und so weit als möglich durch Informationstechnologie unterstützt werden sollen (siehe 8.8 «Konzepte zur Prozessoptimierung», S. 239).

Business-to-Business (B2B)

Business-to-Business steht allgemein für Beziehungen zwischen (mindestens zwei) Unternehmen, im Gegensatz zu Beziehungen zwischen Unternehmen und Konsumenten (Business-to-Consumer, B2C). Mit dem Aufkommen des Internets hat sich der Begriff B2B für die Bezeichnung elektronischer (meist internetbasierter) Kommunikationsbeziehungen zwischen Unternehmen etabliert (siehe 3.6.1 «Electronic Business», S. 100).

CAD

▷ Computer-Aided Design (CAD)

CAE

▷ Computer-Aided Engineering (CAE)

CAM

▷ Computer-Aided Manufacturing (CAM)

CAP

▷ Computer-Aided Process Planning (CAP)

CAQ

▷ Computer-Aided Quality Assurance (CAQ)

C-Güter

Güter mit hohem Anteil an der Gesamtmenge der Güter und niedrigem Anteil am Gesamtwert (5–15%). Der Dispositionsaufwand für C-Güter wird wegen ihres geringen Verbrauchswertes bewusst klein gehalten (siehe 4.5 «Klassifizierung mittels ABC- und XYZ-Analyse», S. 115).

Chain of Custody (CoC)

Nachvollziehbarkeit der Nachhaltigkeit von Wertschöpfungsketten von der Rohstoffgewinnung bis zum Verkauf an den Endkunden durch dokumentierte Rückverfolgbarkeit und transparente Mengenbuchhaltung (siehe 8.6.2 «Instrumente zur Implementierung und Beurteilung von Nachhaltigkeit», S. 228).

Chaotische Lagerung

Bei der chaotischen Lagerung handelt es sich um eine Lagerungsform. Wo ein Platz frei ist, wird gelagert, d.h. es gibt keine fest zugeteilten Lagerplätze. Der Computer merkt sich, wo gelagert wurde. Es gibt Belegungslisten für die Lagerplätze und Lagerteile. Die Lagerung wird dadurch sehr flexibel (siehe 4.6 «Lager», S. 119).

Charge

Synonym für Los, d.h. eine Gütermenge mit gleichen Eigenschaften, die in einem zusammenhängenden Produktionsprozess hergestellt wird. In Handel und Logistik Bestellmenge, die bei einer gemeinsamen Bestellung beschafft wird (siehe 5.1.9 «Umfang/Menge (Losgrösse)», S. 144).

Chargenproduktion

Die Chargenproduktion ist eine Sonderform der diskontinuierlichen Produktion bzw. Serienfertigung. Qualitative Unterschiede zwischen verschiedenen Fertigungslosen sind, aufgrund der unterschiedlichen Rohstoffspezifikationen oder Fertigungsverfahren, unvermeidlich (siehe 5.1.9 «Umfang/Menge (Losgrösse)», S. 144).

CIM
▷ Computer-Integrated Manufacturing (CIM)

Cleantech
Cleantech ist gemäss dem Wirtschaftsverband Swiss-Cleantech (2014) «ein Qualitätsmerkmal für ressourceneffizientes, emissionsarmes sowie sozial förderliches Wirtschaften und damit als Beitrag zu einer nachhaltigen Entwicklung zu verstehen. (…) Cleantech umfasst demnach branchenübergreifend alle Produkte, Dienstleistungen und Prozesse und vorgelagerte Wertschöpfungsstufen, die einen entscheidenden Beitrag zu einer nachhaltigen Wirtschaft leisten.»

Collaborative Planning, Forecasting and Replenishment (CPFR)
Beim Collaborative Planning, Forecasting and Replenishment planen Handel, Hersteller und Zulieferer gemeinsam den Bedarf aus Planungs-, Prognose- und Bevorratungsebene (siehe 3.6 «IT-Einsatz im überbetrieblichen Leistungserstellungsprozess», S. 98).

CNC
▷ Computerized Numerical Control (CNC)

Computer-Aided Design (CAD)
Computer-Aided Design steht für computergestützte Konstruktion mit Hilfe spezifischer Software. CAD-Systeme werden für das Erstellen von Konstruktionsunterlagen für mechanische, elektrische oder elektronische Produkte, aber auch in der Architektur und Bauwesen sowie im Modedesign eingesetzt (siehe 3.6 «IT-Einsatz im überbetrieblichen Leistungserstellungsprozess», S. 98).

Computer-Aided Engineering (CAE)
Computer-Aided Engineering steht für computergestützte Entwicklung mit Hilfe spezifischer Software. CAE bezeichnet die rechnergestützte Lösung technischer und wissenschaftlicher Probleme vor und während des ingenieurmässigen Entwicklungs- und Konstruktionsprozesses. CAE umfasst alle rechnergestützten konstruktiven Anwendungen, von der Berechnung, Prüfung, Dimensionierung bis hin zum Funktionstest (siehe 3.6 «IT-Einsatz im überbetrieblichen Leistungserstellungsprozess», S. 98).

Computer-Aided Manufacturing (CAM)
Computer-Aided Manufacturing steht für computergestützte Fertigung mit Hilfe spezifischer Software. CAM bezieht sich dabei auf die direkte Steuerung von Produktionsanlagen sowie der unterstützenden Transport- und Lagersysteme (siehe 3.6 «IT-Einsatz im überbetrieblichen Leistungserstellungsprozess», S. 98).

Computer-Aided Process Planning (CAP)
Computer-Aided Process Planning steht für computergestützte Arbeitsplanung mit Hilfe spezifischer Software. Diese Planung baut auf konventionell oder mittels CAD erstellten Konstruktionsdaten auf, um Daten für die Planung und Steuerung der Fertigung und Montage zu erzeugen (siehe 3.6 «IT-Einsatz im überbetrieblichen Leistungserstellungsprozess», S. 98).

Computer-Aided Quality Assurance (CAQ)
Computer-Aided Quality Assurance steht für computergestützte Qualitätsprüfung mit Hilfe spezifischer Software. CAQ-Systeme umfassen computergestützte Massnahmen zur Planung und Durchführung der Qualitätssicherung. Dabei werden im Rahmen der Leistungserstellung qualitätsrelevante Daten analysiert, dokumentiert und archiviert (siehe 3.6 «IT-Einsatz im überbetrieblichen Leistungserstellungsprozess», S. 98).

Computer-Integrated Manufacturing (CIM)
Computer-Integrated Manufacturing steht für computerintegrierte Produktion. Mit CIM sollen alle computergestützten Teilsysteme (CAD, CAP, CNC, CAQ, CAM, PPS, BDE) eines Produktionsunternehmens informationstechnisch integriert werden. Dazu werden alle für die Entwicklung, Produktion, Qualitätssicherung und Wartung/Service benötigten Daten in einer integralen Datenbank verwaltet. Diese Datenbank bietet die Voraussetzung für eine computerintegrierte Leistungserstellung (siehe 7.3.2 «Zielsetzung contra Zielerreichung», S. 213).

Computerized Numerical Control (CNC)
CNC basiert auf Numerical Control (NC) und bezeichnet die rechnergestützte Steuerung von Fertigungsmaschinen. CNC-Maschinen bearbeiten Werkstücke in optimierten Bahnen, die das CNC-Programm aus Kreisen, Linien oder Splines (Kurven) errechnet. Die Steuerung der Werkstücke und Werkzeuge erfolgt mit Servo- und Linearmotoren, mit denen eine hochpräzise Positionierung möglich ist.

Controlling

Das Controlling unterstützt das Management bei der Entscheidungsfindung (Zielfindung, Planung und Steuerung) und dient zur nachträglichen Bewertung von getroffenen Entscheidungen (siehe 8.7 «Beurteilung der Leistungsfähigkeit von Prozessen», S. 234).

Coopetition

Coopetition setzt sich aus den englischen Begriffen «cooperation» und «competition» zusammen und bezeichnet eine Kooperation von Wettbewerbern in bestimmten Geschäftsbereichen bzw. Teilen der Wertschöpfungskette. In allen anderen Bereichen treten die Kooperationspartner als eigenständige Wettbewerber am Markt auf.

Corporate Responsibility (CR)/ Corporate Social Responsibility (CSR)

Corporate Responsibility, oft auch Corporate Social Responsibility genannt, umschreibt den Beitrag von Unternehmen zu einer nachhaltigen Entwicklung, der über die gesetzlichen Forderungen (Compliance) hinausgeht. Corporate Responsibility steht für eine Unternehmensphilosophie, die Transparenz, ethisches Verhalten und Respekt vor den Stakeholdern in den Mittelpunkt unternehmerischen Handelns stellt (siehe 8.6 «Gesellschaftliche Verantwortung von Unternehmen», S. 227).

CPFR

▷ Collaborative Planning, Forecasting and Replinishment

CR

▷ Corporate Responsibility (CR)/Corporate Social Responsibility (CSR)

Cradle to Cradle

Das «Cradle to Cradle»-Konzept wurde durch Michael Braungart und William McDonough entwickelt (vgl. Braungart/McDonough 2008) und zeigt einen Weg, wie durch intelligente Konstruktion und Produktion die Zurückgewinnung von Ressourcen ermöglicht werden kann. Mittels «Cradle to Cradle»-Design werden Produkte und Prozesse so entworfen, dass die Regeneration und Erhaltung der genutzten biologischen und technischen Ressourcen gefördert wird (siehe 4.4.1 «Cradle to Cradle», S. 113).

Creating Shared Value (CSV)

▷ Shared Value

CSR

▷ Corporate Responsibility (CR)/Corporate Social Responsibility (CSR)

Daten

Daten bilden die Grundlage für die Informationsverarbeitung mit Computern (siehe 4.2 «Informationslogistik», S. 107).

De-Konstruktion

Bei der De-Konstruktion von Wertketten geht es in einem ersten Schritt darum, die bestehende Wertkette in einzelne Aktivitäten zu unterteilen (Destruktion). In einem zweiten Schritt werden die Wertaktivitäten kreativ neu zusammengefügt. Dies erlaubt den Aufbau von neuen Geschäftsmodellen (Konstruktion) (siehe 1.4.3 «De-Konstruktion von Wertschöpfungsketten», S. 36).

Design for Manufacture and Assembly

Design for Manufacture and Assembly (DFMA) oder Design for Manufacture, Assembly and Service (DFMAS) ist eine Produktentwicklungs-Methodik zur fertigungs- und montagegerechten Gestaltung eines Produkts. Dies basierend auf der Erkenntnis, dass 70 bis 80 Prozent der Produktkosten im Verlauf der Entwicklung festgelegt werden (siehe 6.4 «Bedeutung der Planungs- und Entwicklungsphase für den Produktlebenszyklus», S. 175).

Design-to-Cost

Design-to-Cost (DTC) ist ein systematisches, schrittweises Vorgehen zur Entwicklung eines Produkts, um die Gesamtkosten so zu steuern, dass die festgesetzten Zielkosten (▷ Target Costing) erreicht werden. Dabei werden alle Kosten, die ein Produkt über den gesamten Lebenszyklus verursacht, berücksichtigt.

Design-to-Order

▷ Engineer-to-Order

Dezentraler Einkauf

Im Falle des dezentralen Einkaufs beschaffen die Bedarfsträger selbst, das heisst, es gibt so viele Beschaffungsstellen wie (für die Beschaffung autorisierte) Bedarfsträger (siehe 4.7 «Bestandsmanagement», S. 124).

Direct Numerical Control (DNC)

DNC ist eine Weiterentwicklung der Computerized Numerical Control (CNC). Eine DNC ist eine direkte numerische Steuerung, die ein Kommunikationsnetzwerk zur Übertragung von Programmen von einem Computer an eine numerische Steuerung (NC) benutzt. Sie wird zur Steuerung von Werkzeugmaschinen benutzt, mit der die vom Fertigungsrechner übermittelten Datensätze in Bewegungsänderungen der Werkzeugmaschine umgesetzt werden. Die einzelnen Datensätze werden nacheinander abgearbeitet.

Dispositive Faktoren

Dispositive Faktoren ergänzen die Elementarfaktoren zu einer produktiven Einheit. Dispositive Faktoren bilden den planerischen und strategisch-operativen Einsatz der Elementarfaktoren im Unternehmen ab. Es handelt sich also um immaterielle Güter, welche nur in begrenztem Umfang substituiert werden können (siehe 2.4 «Ressourcen zur Leistungserstellung», S. 59).

DLZ

▷ Durchlaufzeit (DLZ)

DNC

▷ Direct Numerical Control (DNC)

Double Sourcing

Beim Double Sourcing bilden zwei Lieferanten, die permanent im Wettbewerb stehen, die Bezugsquelle. Der Lieferant mit den günstigeren Konditionen oder der besseren Qualität erhält ein entsprechend grösseres Auftragsvolumen (siehe 3.5 «Zusammenarbeit mit Lieferanten (Supplier Relationship Management)», S. 90).

Drop Shipping

Drop Shipping, auch Streckengeschäft oder Streckenhandel genannt, ist ein Logistikkonzept, in dem ein Anbieter Waren von Lieferanten erwirbt und weiterverkauft, ohne physischen Kontakt mit der Ware zu haben. Das heisst, die Lieferung der Ware erfolgt direkt vom Lieferanten an den Endkunden. Alternativen zur Streckenlieferung sind die Lagerlieferung, Cross Docking und Flow-Through (siehe 4.8.1 «Warenumschlag und Transportstufen», S. 130).

Durchlaufzeit (DLZ)

Die Durchlaufzeit umfasst die Zeitspanne, die von Beginn der Bearbeitung bis zur Fertigstellung eines Produktes benötigt wird. Im Einzelnen setzt sich die Durchlaufzeit zusammen aus Rüstzeit, Bearbeitungszeit und Liegezeit. Die Durchlaufzeit bestimmt im Wesentlichen die Lieferzeit gegenüber dem Kunden (siehe 7.1.7 «Termin- und Kapazitätsplanung», S. 196).

EAN

European Article Number (siehe 6.1.2 «Globales Identifikationssystem GS1», S. 168).

EcoDesign

EcoDesign oder Ökodesign ist ein Konzept zur Produktgestaltung mit dem Ziel, möglichst frühzeitig ökologische Aspekte in die Produktplanung und -entwicklung einzubinden. Dadurch soll über den gesamten Produktlebenszyklus hinweg eine minimale Menge an Ressourcen, Energie und Fläche benötigt werden, bei gleichzeitiger Minimierung des Schadstoffeinsatzes und -ausstosses. Seit 2005 gibt es dazu eine – inzwischen aktualisierte – Ökodesign-Richtlinie, welche den europäischen Rechtsrahmen für die Festlegung von Anforderungen an die umweltgerechte Gestaltung energieverbrauchsrelevanter Produkte definiert.

Eco Management and Audit Scheme (EMAS)

Das Eco Management and Audit Scheme, auch bekannt als Öko-Audit, wurde von der Europäischen Union entwickelt und ist ein umfassendes System aus Umweltmanagement und Umweltbetriebsprüfung für Organisationen, die ihre Umweltbilanz verbessern wollen. EMAS ist weltweit das anspruchsvollste System für nachhaltiges Umweltmanagement (siehe 8.6 «Gesellschaftliche Verantwortung von Unternehmen», S. 227).

E-Commerce

Electronic Commerce bezeichnet den Handel/Verkauf mittels elektronischer Hilfsmittel, heute hauptsächlich Internet/WWW. E-Commerce steht im Rahmen der informationstechnischen Automatisierung von Geschäftsprozessen für einen Teilbereich des E-Business (siehe 3.6.1 «Electronic Business», S. 100).

Economies of Scale

Economies of Scale oder Skaleneffekte sind Grössen- bzw. Mengenvorteile. Es handelt sich hierbei um Kostenersparnisse, die bei steigendem Output durch Lernprozesse, den Kapazitätsgrössenvorteil und die Chancen der Spezialisierung entstehen.

ECR

▷ Efficient Consumer Response (ECR)

EDI
▷ Electronic Data Interchange (EDI)

Effektivität
Effektivität bezeichnet das Verhältnis von erreichtem Ziel zu definiertem Ziel (Zielerreichungsgrad). Effektivität ist das Ausmass, in dem beabsichtigte Wirkungen erreicht werden (siehe 2.5 «Effektivität und Effizienz von Prozessen», S. 62).

Efficient Consumer Response (ECR)
Von Lieferanten und Handel gemeinsam betriebene Initiative zur Optimierung der gesamten Versorgungskette mit dem Ziel, zusätzlichen Kundenwert im Sinne niedrigerer Kosten, besserer Kundendienstleistungen, höherer Qualität und grösserer Vielfalt zu schaffen (siehe 3.4.3 «Efficient Consumer Response», S. 89).

Effizienz
Effizienz bezeichnet das Verhältnis zwischen Nutzen und Aufwand. Effizienz ist der im Verhältnis zum Ergebnis geringe Mitteleinsatz (siehe 2.5 «Effektivität und Effizienz von Prozessen», S. 62).

EFQM
▷ European Foundation for Quality Management (EFQM)

Electronic Data Interchange (EDI)
Electronic Data Interchange bezeichnet als Sammelbegriff alle elektronischen Verfahren zum asynchronen, vollautomatischen Austausch von strukturierten Nachrichten zwischen Anwendungssystemen (z. B. ERP-Systeme) verschiedener Institutionen, basierend auf dem internationalen Standard UN/EDIFACT. Verantwortlich für den EDIFACT-Standard, welcher im Rahmen der UNTDID (United Nations Trade Data Interchange Directory) publiziert wird, ist die UN/CEFACT. Seit 1987 ist EDIFACT auch als ISO-Standard 9735 festgelegt (siehe 3.6.2 «Electronic Data Interchange», S. 101).

Elementarfaktoren
Elementarfaktoren ergänzen die dispositiven Faktoren zu einer produktiven Einheit. Elementarfaktoren umfassen alle Werkstoffe, Betriebsmittel sowie objektbezogene Arbeit, die zur Herstellung eines Produktes erforderlich sind (siehe 2.4 «Ressourcen zur Leistungserstellung», S. 59).

EMAS
▷ Eco Management and Audit Scheme (EMAS)

Engineer-to-Order
Engineer-to-Order bzw. Design-to-Order bedeutet, dass bei einem Kundenauftrag die zu erbringende Leistung den kundenspezifischen Anforderungen entsprechend zuerst entwickelt oder angepasst werden muss (siehe 5.1.5 «Initiierung der Leistungserstellung», S. 141).

Engpass
Als Engpass wird jener Teil des Produktionssystems bezeichnet, der die höchste Auslastung aufweist. In einem Prozess kann demnach nicht mehr produziert werden, als der Ressourcenpool (Kapazitätsplatz, bestehend aus personellen und technischen Ressourcen) mit der geringsten Kapazität ermöglicht. Dieser Ressourcenpool wird auch als theoretischer Engpass bezeichnet (siehe 7.1.7 «Termin- und Kapazitätsplanung», S. 196).

Enterprise Resource Planning (ERP)
Enterprise Resource Planning bezeichnet die unternehmerische Aufgabe, die in einem Unternehmen vorhandenen Ressourcen möglichst effizient für den betrieblichen Ablauf einzusetzen. ERP wird oft als Synonym für ein ERP-System verwendet, was wiederum eine komplexe Anwendungssoftware zur Unterstützung der Ressourcenplanung eines gesamten Unternehmens ist (siehe 7.2 «Konzepte zur Planung und Steuerung der Leistungserstellung», S. 204).

E-Procurement
Unter dem Begriff E-Procurement werden alle Systeme zusammengefasst, die durch Nutzung der Informationstechnik die Beschaffung unterstützen. Electronic Procurement ist ein Teilbereich des E-Business (siehe 4.7.3 «E-Procurement», S. 126).

ERP
▷ Enterprise Resource Planning (ERP)

European Foundation for Quality Management (EFQM)
Die European Foundation for Quality Management wurde 1988 von vierzehn führenden europäischen Unternehmen geschaffen, um die Philosophie von TQM in Europa zu verbreiten. EFQM hat sich zum Ziel gesetzt, die Umsetzung von TQM durch Instru-

mente und Qualifizierungsmassnahmen zu fördern, um globale Wettbewerbsvorteile für europäische Firmen/Institutionen zu erreichen (siehe 8.5 «Das Modell für nachhaltigen Erfolg der EFQM», S. 223).

Extensible Markup Language (XML)

XML dient der Beschreibung sowie dem Austausch von komplexen Datenstrukturen und beschreibt dokumentenspezifische Parameter, wie die Anordnung von Elementen, die Attribute und deren Verwendung usw. Es handelt sich um eine Untermenge der Standard Generalized Markup Language (SGML), die 1998 vom World Wide Web Consortium (W3C) als Metasprache festgelegt wurde.

Fabrik

Eine Fabrik ist eine mit Betriebsmitteln ausgerüstete Produktionsstätte, die eine grössere Anzahl unterschiedlicher Arbeitsvorgänge vereinigt und in der mit Hilfe von Ressourcen und einer industriellen Betriebsführung (Operations Management) Sachgüter hergestellt werden. Der Begriff wird auch für einen Gebäudekomplex, in der ein Produktionsbetrieb untergebracht ist, verwendet.

Fabriklayout

Unter Fabriklayout versteht man die Anordnung der Produktions- und Lagerflächen zueinander, einschliesslich der Anordnung der Maschinen und Arbeitsplätze. Die Planung des Fabriklayouts verfolgt das Ziel eines möglichst geradlinigen, ununterbrochenen Material- und Warenflusses (siehe 5.1.10 «Organisation der Leistungserstellung», S. 145).

Failure Mode and Effects Analysis (FMEA)

Failure Mode and Effects Analysis: Fehlermöglichkeits- und Einflussanalyse oder kurz Auswirkungsanalyse. Analytische Methode der Zuverlässigkeitstechnik, um potenzielle Schwachstellen zu finden. Im Rahmen des Qualitätsmanagements bzw. Sicherheitsmanagements wird die FMEA zur Fehlervermeidung und Erhöhung der technischen Zuverlässigkeit vorbeugend eingesetzt.

F&E

▷ Forschung und Entwicklung (F&E)

Fehlmengenkosten

Fehlmengenkosten (Out-of-Stock-Kosten) sind Kosten, die entstehen, wenn Produkte fehlen bzw. nicht an Lager und damit nicht verfügbar sind. Beispiele: Konventionalstrafe, entgangener Deckungsbeitrag, entgangener Gewinn, Nachlieferungskosten (siehe 4.6.3 «Aufwand eines Lagers», S. 121).

Fertigungssegmentierung

Fertigungssegmentierung bedeutet die Aufteilung der Leistungserstellung in einzelne Produktionsbereiche. Ein Fertigungssegment ist eine teilautonome, sich möglichst selbst regulierende Produktionsinsel, die mehrere Herstellungsstufen bis zur kompletten Bearbeitung eines Produktes umfasst.

Fertigungtiefe

▷ Leistungstiefe

FIFO

▷ First In – First Out (FIFO)/Last In – First Out (LIFO)

First In – First Out (FIFO)/Last In – First Out (LIFO)

«first in first out» bezeichnet jegliche Verfahren der Lagerung (Speicherung), bei denen diejenigen Elemente, die zuerst eingelagert wurden, auch zuerst wieder aus dem Lager entnommen werden. Das gegenteilige Prinzip wird als «last in first out» (LIFO-Verfahren) bezeichnet (siehe 4.6.5 «Lagerstrategien bzw. -verfahren», S. 123).

Flexibilität

Ein Unternehmen ist dann flexibel, wenn es auf kurzfristige Änderungen der Anforderungen seitens Absatzmarkt oder Beschaffungsmarkt reagieren kann. Dabei wird zwischen Produktflexibilität (Flexibilität beispielsweise bezüglich Produktspezifikation, Variantenvielfalt) und Prozessflexibilität (Flexibilität beispielsweise bezüglich Lieferfrist/-termin oder Volumen/Menge) differenziert.

Fliessgüter

Ungeformte Fliessgüter sind weder in Breite noch in Höhe noch in Länge determiniert (z.B. Flüssigkeiten). Bei geformten Fliessgütern sind lediglich die Breite und Höhe, nicht aber die Länge festgelegt (z.B. Papierproduktion) (siehe 5.1.9 «Umfang/Menge (Losgrösse)», S. 144).

FMEA
▷ Failure Mode and Effects Analysis (FMEA)

Fördermittel
Fördermittel sind Einrichtungen zur Rationalisierung der innerbetrieblichen Transportleistung bei Bewegungen von zu bearbeitenden Teilen zwischen Werkplätzen und Werkstätten. Beispiele: Warenlifte, Krane, Paletten, Hubstapler (siehe 4.8 «Logistischer Fluss», S. 129).

Forrester-Aufschaukelung
▷ Bullwhip Effect

Forschung und Entwicklung (F&E)
Forschung und Entwicklung, oft auch R&D (Research and Development) genannt, ist die Zusammenfassung von anwendungsorientierter Forschung und ingenieurtechnischer Entwicklung. Durch eine Koppelung der beiden Bereiche sollen Innovationen gefördert werden.

Gefahrübergang
Der Gefahrübergang ist Bestandteil eines Vertrages zwischen Lieferant und Unternehmen. Er regelt den Übergang des Risikos vom Lieferanten auf den Kunden auf einen bestimmten Zeitpunkt an einem bestimmten Ort. Dies ist für den Fall eines Verlusts oder einer Verschlechterung der Ware wichtig.

Generative Fertigung
▷ Additive Fertigung

Geschäftsprozess
▷ Prozess

Global Sourcing
Unter Global Sourcing ist eine systematische Ausdehnung der Beschaffungspolitik auf internationale Beschaffungsquellen zu verstehen. Das Ziel ist es, die im eigenen Land knappen bzw. nicht vorhandenen oder zu teuren Güter, Dienstleistungen oder Verarbeitungskapazitäten in der gewünschten Qualität und Menge preisgünstig und termingerecht aus dem Ausland zu beziehen (siehe 3.5 «Zusammenarbeit mit Lieferanten (Supplier Relationship Management)», S. 90).

Graue Energie
Umfasst die gesamte Energiemenge, die für den gesamten Lebenszyklus eines Produkts benötigt wird. Graue Energie besteht aus dem direkten Energiebedarf, der während der Nutzung eines Produkts ent-

steht, und dem indirekten Energiebedarf, der für die Erzeugung und Entsorgung dieses Produkts benötigt wurde bzw. wird (siehe 6.3 «Gestaltung des Leistungsangebots», S. 174).

Greenwashing
Greenwashing betreibt ein Unternehmen, wenn es zu Unrecht nachhaltiges Engagement für sich in Anspruch nimmt. Der international etablierte Begriff bezieht sich auf Organisationen, die sich mit ökologischen oder sozialen Leistungen brüsten, die nicht vorhanden bzw. im Verhältnis zu negativen ökologischen und sozialen Auswirkungen des Kerngeschäfts minimal sind.

Gruppenarbeit
Gemäss REFA (1984, S. 116) wird Gruppenarbeit wie folgt definiert: «Bei Gruppenarbeit wird die Arbeitsaufgabe eines Arbeitssystems teilweise oder ganz durch mehrere Arbeitspersonen erfüllt. Gruppenarbeit im engeren Sinn liegt vor, wenn bei einem oder mehreren Ablaufabschnitten gleichzeitig mehrere Menschen am selben Arbeitsgegenstand zusammenwirken.» In dieser Definition wird nicht zwischen «Gruppenarbeit» (teilautonome/strukturinnovative Gruppenarbeit) und «Arbeit in Gruppen» (standardisierte/strukturkonservative Gruppenarbeit) unterschieden. Es fehlt das Kriterium der eigenverantwortlichen (autonomen) oder einer direkte Führung durch Vorgesetzte. Erst die Partizipation der Gruppenmitglieder in der Zuweisung der einzelnen Aufgaben zeichnet die Gruppenarbeit im hier definierten Sinne aus. Häufig wird Gruppenarbeit auch mit Teamarbeit gleichgesetzt. Doch dieser Begriff ist nicht trennscharf, weil er auch für projektbezogene und fachübergreifende Teamarbeit benutzt wird (siehe 5.2.3 «Gruppenarbeit bei Volvo Uddevalla», S. 153).

GS1
Global Standard One ist eine internationale Organisation, die globale Standards zur Verbesserung von Wertschöpfungsketten gestaltet und weltweit für die Vergabe der EAN-Codes zuständig ist. GS1 ist seit 2005 der gemeinsame Name der heute zusammengeschlossenen Standardisierungsorganisationen EAN International und Uniform Code Council (UCC). Die GS1 hat in über hundert Ländern nationale Organisationen wie beispielsweise in der Schweiz. Die beiden Hauptsitze von GS1 sind in Brüssel (Belgien) und Lawrenceville, New Jersey (USA) (siehe 6.1.2 «Globales Identifikationssystem GS1», S. 168).

Halbfabrikatelager
Ein Halbfabrikatelager ist ein Zwischenlager für unfertige Produkte, die entweder für den Verkauf oder für die Weiterproduktion bestimmt sind (siehe 4.6.1 «Arten von Lagerbeständen», S. 119).

Handlingkosten
Unter Handlingkosten werden alle Kosten zusammengefasst, die bei Umschlagvorgängen anfallen. Damit werden jene Vorgänge bezeichnet, bei denen eine Übergabe von Material, Waren oder Fertigprodukten zwischen Lager und Transportmittel oder zwischen verschiedenen Transportmitteln stattfindet (siehe 4.6.3 «Aufwand eines Lagers», S. 121).

HIFO
▷ Lowest In – First Out (LOFO)/Highest In – First Out (HIFO)

Hilfsstoffe
Stoffe, die unmittelbar, aber nur mit einem geringen mengen- bzw. wertmässigen Anteil in das Endprodukt eingehen, werden als Hilfsstoffe bezeichnet (siehe 4.3 «Materialarten», S. 109).

Höchstbestand
Es ist üblich, den Lagerbestand auch nach oben zu limitieren, also einen Höchstbestand zu fixieren. Für die Fixierung des Höchstbestandes sprechen sowohl Kostengründe (Raumkosten, Kapitalkosten etc.) als auch physische Beschränkungen der Lagerkapazität (siehe 4.6.4 «Lagerhaltungsmodelle», S. 122).

Holprinzip
Der Auftragsfluss kann nach dem Bring- oder Holprinzip organisiert und gesteuert werden. Das Holprinzip bedeutet, dass die im Leistungserstellungsprozess nachgelagerte Stelle die für ihre Leistung erforderlichen Ressourcen bei der vorgelagerten Stelle holt (▷ Bringprinzip).

IKT/ICT
Sammelbegriff für Informations- und Kommunikationstechnologien bzw. Information and Communication Technologies.

Industrie 4.0
Industrie 4.0 ist die Bezeichnung für eine «intelligente Fabrik» (Smart Factory), in der durch die automatische Identifikation (2D-/QR-Code oder RFID) und Ver-

netzung (M2M) von Objekten (Produkte oder Maschinen) eine selbststeuernde, flexibel konfigurierbare Leistungserstellung ermöglicht wird. Industrie 4.0 steht für die vierte industrielle Revolution, wobei in derselben Logik Industrie 1.0 die industrielle Revolution im 18. Jahrhundert (Mechanisierung mit Wasser- und Dampfkraft), Industrie 2.0 die Fliessbandfertigung Anfang des 20. Jahrhunderts (Automatisierung mit Hilfe elektrischer Energie) und Industrie 3.0 die digitale Revolution (Einsatz von Elektronik und IT) ab Mitte des 20. Jahrhunderts meint.

Informationen
Informationen sind verarbeitete Daten zu Sachverhalten und Vorgängen.

Inputeinheiten
Inputeinheiten eines Leistungserstellungsprozesses sind entweder nach klassischer Sichtweise die Produktionsfaktoren Arbeit, Betriebsmittel und Werkstoffe oder nach prozessorientierter Sichtweise sämtliche für die Leistungserstellung erforderlichen materiellen und immateriellen Ressourcen (siehe 2.3 «ITO-Konzept», S. 57).

Insourcing
Unter Insourcing versteht man die Integration von Prozessen, welche bisher von Lieferanten/Dienstleistern ausgeführt wurden, ins eigene Unternehmen (siehe 3.2.1 «Make-or-Buy oder Out-/Insourcing», S. 59).

International Organization for Standardization (ISO)
Die ISO (internationale Vereinigung von Normungsorganisationen) erarbeitet internationale Normen in allen Bereichen mit Ausnahme der Elektrik und der Elektronik, für die die Internationale elektrotechnische Kommission (IEC) zuständig ist, sowie der Telekommunikation, für die die Internationale Fernmeldeunion (ITU) zuständig ist. Gemeinsam bilden diese drei Organisationen die WSC (World Standards Cooperation) (siehe 8.3 «Qualitätsmanagement-Norm ISO 9001», S. 220).

Internet der Dinge
Internet der Dinge bedeutet, dass sämtliche Objekte mit dem Internet verbunden sind und durch die integrierte Informations- und Kommunikationstechnik (IKT) befähigt werden, online und autark Informationen mit anderen Objekten auszutauschen, Aktionen auszulösen und sich wechselseitig zu steuern. Der Be-

griff wurde erstmals 1999 im Rahmen eines Projekts am Massachusetts Institute of Technology (MIT) zur Entwicklung einer firmenübergreifenden RFID-Infrastruktur publiziert.

Inventor Visibility

Bestandes- und Auftragsdaten des Herstellers können, zum Zweck der frühzeitigen Disposition und Realisierung von Zulieferaufträgen, durch Kernlieferanten online eingesehen werden (siehe 3.6 «IT-Einsatz im überbetrieblichen Leistungserstellungsprozess», S. 98).

ISO

▷ International Organization for Standardization (ISO)

Jidoka (Autonomation)

Das Prinzip der Autonomation ist eine Weiterentwicklung der Automation. Es eliminiert den Überwachungsaufwand für automatisierte Prozesse, indem es die Maschinen mit Mechanismen ausstattet, die bei Abweichungen vom normalen Prozess die Maschine selbsttätig anhalten und dann das Überwachungspersonal informieren (z.B. bei «Geisterschichten»). Dieses Konzept zum Bandstopp kann auch auf ganze Fertigungsbereiche ausgedehnt werden. In diesem Fall wird jeder Arbeitnehmer mit der Möglichkeit ausgestattet, bei mangelnder Qualität, fehlenden Teilen etc. das Band und damit den Leistungserstellungsprozess zu stoppen (siehe 5.2.2 «Toyota-Produktionssystem», S. 150).

JiS

▷ Just-in-Sequence (JiS)

JiT

▷ Just-in-Time (JiT)

Just-in-Sequence (JiS)

Just-in-Sequence-Konzepte sind eine Weiterentwicklung des Just-in-Time-Gedankens. Bei der Bereitstellung nach dem JiS-Verfahren sorgt der Zulieferer nicht nur dafür, dass die benötigten Module rechtzeitig in der notwendigen Menge am richtigen Ort, sondern auch in der erforderlichen Einbau-/Montagereihenfolge (sequenzgerecht) angeliefert werden (siehe 4.7.1 «Just-in-Time und Just-in-Sequence», S. 125).

Just-in-Time (JiT)

Just-in-Time bedeutet zeitgenaue Anlieferung der Produktionsfaktoren zur unmittelbaren Verwendung im Leistungserstellungsprozess mit dem Ziel der Minimierung von Lagerbeständen. Durch JiT können Lagerbestände und Durchlaufzeiten verringert und dadurch Kosten gesenkt werden (siehe 4.7.1 «Just-in-Time und Just-in-Sequence», S. 125).

Kaizen

Kaizen ist japanisch und bedeutet «Veränderung zum Guten». Dieses ursprünglich im Rahmen des Toyota-Produktionssystems entwickelte Konzept wurde unter dem Namen kontinuierlicher Verbesserungsprozess (KVP) für den deutschsprachigen respektive unter der Bezeichnung «progrès continu» für den französischsprachigen Raum adaptiert. Kaizen dient dazu, kontinuierlich Verbesserungspotenziale zu finden und diese zu erschliessen. Durch das Prinzip der kleinen Schritte wird das Risiko einer einzelnen Fehlentscheidung minimiert. Häufig wird dieses Konzept auch den eigenen Lieferanten vorgeschrieben, um Kostensenkungen zu erzielen (siehe 5.2.2 «Toyota-Produktionssystem», S. 150).

Kanban

Bei einer Produktionssteuerung nach Kanban wird bei jedem Verbrauchsstandort eine genau festgelegte Menge an Material gelagert, die zur Herstellung einer bestimmten Anzahl von Produkten benötigt wird. Wird in diesen Pufferlagern der Mindestbestand unterschritten, wird durch die betroffene Stelle (z.B. mittels Kanban-Karte) bei der vorgelagerten Stelle ein Bestellauftrag ausgelöst. Durch den rückwärtsorientierten Informationsfluss richten sich alle vorgelagerten Stellen auf den Bedarf der jeweils nachgelagerten Stelle aus (siehe 4.7.2 «Kanban», S. 126).

Kapazitätsdaten

Kapazitätsdaten sind Stammdaten über Betriebsmittel (materielle Ressourcen) und Mitarbeiter (personelle Ressourcen). Dazu zählen vor allem die Leistungsfähigkeit der Maschinen und die Qualifikation der einzelnen Mitarbeiter (siehe 7.1.7 «Termin- und Kapazitätsplanung», S. 196).

Kapitalbindung

Die Kapitalbindung ergibt sich aus der Summe der Werte von Material- und Warenbeständen sowie der beanspruchten Infrastruktur (Betriebsmittel, Gebäude, Grundstücke), multipliziert mit der Lagerungszeit (siehe 4.6.3 «Aufwand eines Lagers», S. 121).

Key Performance Indicators (KPI)

Mit Key Performance Indicators (KPI) oder Schlüssel-Leistungskennzahlen wird anhand von strategisch relevanten Erfolgsfaktoren sichtbar gemacht, wie leistungsfähig ein Unternehmen und seine einzelnen Bereiche sind und wie gut die vorgegebenen strategischen Ziele erreicht werden (siehe 2.6 «Kennzahlen zur Beurteilung der Leistungserstellung», S. 62).

Kombinierter Verkehr

Der Begriff «kombinierter Verkehr» beschreibt die Gestaltung des Transportablaufs mittels mehrerer unterschiedlicher Verkehrssysteme (sogenannte intermodale Transporte). Von zentraler Bedeutung ist hierbei vor allem die technische Integration der verschiedenen Verkehrsträger, um den Warenumschlag möglichst reibungslos abwickeln zu können (siehe 4.8 «Logistischer Fluss», S. 129).

Kommissionierung

Zusammenstellung von einzelnen Artikeln zu einem Lagerauftrag oder einem Kundenauftrag. In der Praxis werden parallele, serielle, mehrstufige und weitere Kommissionierungsmethoden angewendet. Ziel ist stets, die Kommissionierleistung bezüglich Effizienz und Effektivität zu optimieren.

Kommissionslager

Form der Lagerhaltung, bei der die Ware vom Lieferanten dem Verkäufer zur Verfügung gestellt und erst entschädigt wird, wenn der Artikel verkauft wird (siehe 4.6.1 «Arten von Lagerbeständen», S. 119).

KPI

▷ Key Performance Indicators (KPI)

Kritischer Pfad

Der kritische Pfad ist der Weg der Aktivitäten, der die theoretische Durchlaufzeit im Leistungserstellungsprozess bestimmt. Der kritische Pfad ist somit der Weg mit der längsten Gesamtbearbeitungszeit ohne Berücksichtigung von Wartezeiten (siehe 7.1.7 «Termin- und Kapazitätsplanung», S. 196).

Lagerlose Fertigung

Bei der lagerlosen Fertigung (auch absatzsynchrone oder fertigungssynchrone Beschaffung genannt) werden Material und Hilfsstoffe möglichst zeitnah vor der Verwendung angeliefert. Das Lager wird auf minimale Sicherheitsbestände beschränkt, was korrekte und laufend aktuell verfügbare Lagerbestands- und Verbrauchsmengen voraussetzt. Meist gibt es Verträge über die Anlieferung, die hohe Konventionalstrafen bei Nichteinhaltung der Fristen mit sich bringen. Beispiele für lagerlose Sofortverwendung sind Just-in-Time und Just-in-Sequence (siehe 4.7.1 «Just-in-Time und Just-in-Sequence», S. 125).

Lean Production

Der Begriff «Lean Production» wird erstmals in der 1984 veröffentlichten MIT-Studie «The Future of the Automobile» erwähnt (Altshuler et al. 1984). Die Autoren bezeichneten damit die bei japanischen Automobilherstellern vorherrschende Produktionsorganisation, welche erstmals im japanischen Toyota-Konzern eingeführt wurde (siehe 5.2.2 «Toyota-Produktionssystem», S. 150).

Leistungsbreite

Die Leistungsbreite – der Grad der horizontalen Integration (Umfang Leistungsangebot) – gibt die Zahl unterschiedlicher Produkte und Leistungen an, die von einem Unternehmen angeboten werden (siehe 1.4.2 «Integration entlang der Wertschöpfungskette», S. 35).

Leistungstiefe

Die Leistungstiefe – der Grad der vertikalen Integration (Umfang Leistungserstellung) – ist die Art und Anzahl der Wertschöpfungsstufen einer bestimmten Leistung, die ein Unternehmen innerhalb der eigenen Organisation abdeckt (siehe 1.4.2 «Integration entlang der Wertschöpfungskette», S. 35).

Lieferantenmanagement

Mit Lieferantenmanagement wird die Summe aller Massnahmen zur Beeinflussung der Lieferanten im Sinne der Unternehmensziele bezeichnet (siehe 3.5 «Zusammenarbeit mit Lieferanten (Supplier Relationship Management)», S. 90).

Lieferantenpolitik

Die Lieferantenpolitik bestimmt die Grundsätze für die Gestaltung der Geschäftsbeziehungen zwischen Abnehmern und Lieferanten (siehe 3.5 «Zusammenarbeit mit Lieferanten (Supplier Relationship Management)», S. 90).

Lieferbedingungen

Im Rahmen der Lieferbedingungen werden die Verteilung der Transport- und Versicherungskosten sowie der Ort, an dem der Gefahrübergang zwischen Lieferant und Unternehmen stattfindet, geregelt (siehe 3.5 «Zusammenarbeit mit Lieferanten (Supplier Relationship Management)», S. 90).

Lieferbereitschaftsgrad

Lieferbereitschaftsgrad oder Servicegrad ist das prozentuelle Verhältnis zwischen der Anzahl der termingerecht ausgelieferten Bedarfsanforderungen im Vergleich zur Gesamtanzahl der Bedarfsanforderungen. Diese Kennzahl zeigt den Prozentsatz der positiv erfüllten Aufträge an (siehe Kapitel 9 «Berechnung ausgewählter Leistungskennzahlen», S. 245).

Lieferbeschaffenheit

Die Lieferbeschaffenheit beschreibt Qualität und Zustand von Material, Waren und Fertigprodukten bei der Ankunft beim Abnehmer (siehe Kapitel 9 «Berechnung ausgewählter Leistungskennzahlen», S. 245).

Lieferflexibilität

Lieferflexibilität ist die Fähigkeit eines Unternehmens, auf kurzfristige Kundenanforderungen zu reagieren.

Lieferzuverlässigkeit

Die Lieferzuverlässigkeit umfasst die optimale Verfügbarkeit von Fertigprodukten für den Kunden hinsichtlich Art, Menge, Zeitpunkt, Ort und Qualität (siehe Kapitel 9 «Berechnung ausgewählter Leistungskennzahlen», S. 245).

Liegezeit

Die Zeit, in der Material, Waren oder Fertigprodukte in der Produktion liegen, ohne eine Veränderung zu erfahren (siehe 7.1.7 «Termin- und Kapazitätsplanung», S. 196).

LIFO

▷ First In – First Out (FIFO)/Last In – First Out (LIFO)

Local Content

Ein bestimmter Anteil der Wertschöpfung (Content) an einem Endprodukt muss im Inland (Local) erzeugt werden, damit das Produkt als im Inland produziert gilt und deklariert werden kann. Dies ist vor allem bei Exportprodukten relevant bei denen eine Herkunftsbezeichnung wie z.B. «Swiss-made» einen Wettbewerbsvorteil bietet (siehe 3.2.2 «Kriterien zur Entscheidungsfindung», S. 74).

LOFO

▷ Lowest In – First Out (LOFO)/Highest In – First Out (HIFO)

Logistik

Logistik ist das Management von Prozessen und Potenzialen zur Realisierung unternehmensweiter und unternehmensübergreifender Material- und Warenflüsse sowie der dazugehörigen Informationsflüsse (Informatik als Koordinationsfunktion) (siehe 4.1 «Funktionsbereich Materialwirtschaft und Logistik», S. 106).

Logistikkosten

Logistikkosten umfassen sämtliche Kosten für Transport, Lager, Verpackung, Auftragsabwicklung und Verwaltung von Material und Waren (siehe 4.6.3 «Aufwand eines Lagers», S. 121).

Lorenzkurve

Mit Hilfe der Lorenzkurve lassen sich die Ergebnisse der ABC-Analyse darstellen. Die Lorenzkurve zeigt die Verteilung des Gesamtwertes auf die einzelnen Materialien in graphischer Form (siehe 4.5 «Klassifizierung mittels ABC- und XYZ-Analyse», S. 115).

Losgrösse

Die Losgrösse, auch Auflagengrösse genannt, bezeichnet die Anzahl auf einer Produktionsanlage ohne Unterbruch hergestellter Produkteinheiten. Ein Los besteht aus einer bestimmten Anzahl konstruktiv und technologisch gleicher oder ähnlicher Produkteinheiten, die unabhängig davon, ob sie zu einem oder mehreren Endprodukten gehören, gemeinsam in einem Fertigungsauftrag hergestellt werden (siehe 7.1.6 «Ermittlung der optimalen Losgrösse», S. 194).

Losgrösse, optimale

Die optimale Losgrösse ist jene produzierte Stückzahl, bei der die entscheidungsrelevanten Gesamtkosten (Fixkosten, Zins, Lagerkosten) ein Minimum bilden (siehe 7.1.6 «Ermittlung der optimalen Losgrösse», S. 194).

Lowest In – First Out (LOFO)/ Highest In – First Out (HIFO)

LOFO und HIFO sind Begriffe des Rechnungswesens in Bezug auf die Materialwirtschaft. Es handelt sich um Bewertungsverfahren des Vorratsvermögens (Verbrauch und Endbestände). Beim LOFO-Verfahren («lowest in first out») werden die geringstwertigen Vorräte zuerst verbraucht. Beim HIFO-Verfahren («highest in first out») werden die höchstwertigen Vorräte zuerst als Verbrauch verrechnet, sodass bei Bewertung des Endbestandes stets die niedrigsten Anschaffungskosten verwendet werden, während die Verbrauchsermittlung zu den höheren Einkaufspreisen durchgeführt wird (siehe 4.6.5 «Lagerstrategien bzw. -verfahren», S. 123).

M2M

▷ Machine-to-Machine (M2M)

Machine-to-Machine (M2M)

M2M steht für die Kommunikation von Maschine zu Maschine als Basis für «Industrie 4.0» und das «Internet der Dinge». Dabei kommunizieren mit Informations- und Kommunikationstechnologie (IKT) bestückte Investitions- oder Konsumgüter über Funk/ Internet mit anderen Objekten, die ebenfalls entsprechende IKT-Funktionen beinhalten und ein dezentrales, selbststeuerndes System bilden.

Make-or-Buy

Beschreibt die Entscheidung, ob eine Leistung oder Teilleistung selbst hergestellt (Eigenproduktion) oder fremdbezogen (Fremdbezug) werden soll (siehe 3.2.1 «Make-or-Buy oder Out-/Insourcing», S. 73).

Make-to-Order

Erbringung von Leistungen ausgelöst durch einen Kundenauftrag. Dabei wird zusätzlich differenziert zwischen Zusammenbau (▷ Build-to-Order) oder Endmontage auf Kundenauftrag (▷ Assemble-to-Order) (siehe 5.1.5 «Initiierung der Leistungserstellung», S. 141).

Make-to-Stock

Produktion auf Lager, ausgelöst durch definierten Mindestbestand an Lager oder Prognose/Absatzerwartungen (siehe 5.1.5 «Initiierung der Leistungserstellung», S. 141).

Manufacturing Execution System (MES)

Mit Manufacturing Execution System wird ein prozessnah operierendes Produktionsleitsystem bezeichnet. Ein MES ist im Gegensatz zu ERP- oder PPS-Systemen direkt mit den computergesteuerten Systemen zur Prozessautomatisierung verbunden und kann dadurch für die Echtzeitsteuerung der Produktion eingesetzt werden (siehe 7.3 «Potenziale IT-gestützter Planung und Steuerung», S. 211).

Manufacturing Resource Planning (MRP-II)

Das von Oliver Wight und anderen entwickelte Manufacturing-Resource-Planning-Konzept stellt der Materialbedarfsplanung (MRP-I) weitere Planungsebenen voran. Dabei wird auf einer groben Ebene (Warengruppenebene, Monatsraster) das Produktsortiment prognostiziert und geplant und mit den groben Kapazitätsdaten abgeglichen. Diese Planungen werden regelmässig überarbeitet und die Planungsdaten aktualisiert (siehe 7.2 «Konzepte zur Planung und Steuerung der Leistungserstellung», S. 204).

Manufaktur

Eine Manufaktur ist ein Produktionsbetrieb mit vorherrschender Handarbeit. Manufakturen stehen in der europäischen Wirtschaftsgeschichte zeitlich zwischen dem mittelalterlichen Handwerk und den neuzeitlichen Fabriken und waren eine Zusammenführung verschiedener Handwerker in einem Gebäude. Der Begriff Manufaktur wird heute im Sinne von Handfertigung verbunden mit hoher Qualität und Exklusivität eingesetzt. So betreibt Mercedes-Benz die Maybach-Manufaktur und Volkswagen fertigt den VW Phaeton in der «Gläsernen Manufaktur» in Dresden.

Mass Customization

Kundenindividuelle, massgeschneiderte Konfiguration und Zusammenbau eines Endproduktes basierend auf standardisierten Komponenten und Baugruppen (siehe 6.6 «Individualisierung des Leistungsangebots durch Modularisierung», S. 179).

Material

Material ist ein Sammelbegriff für alles, was zur Produktion oder Herstellung eines bestimmten Produktes verwendet wird. Abhängig vom Verwendungszweck im Rahmen der Leistungserstellung werden die Materialien unterschiedlich bezeichnet: Roh-, Hilfs- und Betriebsstoffe sowie Halbfabrikate, Fertigprodukte respektive Handelsware (siehe 4.1 «Funktionsbereich Materialwirtschaft und Logistik», S. 106).

Material Requirements Planning (MRP-I)

Material Requirements Planning ist der englische Ausdruck für Materialbedarfsplanung (siehe 7.2 «Konzepte zur Planung und Steuerung der Leistungserstellung», S. 204).

Materialwirtschaft

Innerhalb eines logistischen Systems erstreckt sich ein Materialfluss vom Lieferanten über das Unternehmen bis zum Kunden. Dieser Materialfluss wird innerhalb einer integrierten Materialwirtschaft geplant, realisiert und kontrolliert. Materialwirtschaft ist somit Beschaffung, Transport, Lagerhaltung, Wiederverwendung und Entsorgung aller Materialien (siehe 4.1 «Funktionsbereich Materialwirtschaft und Logistik», S. 106).

Materielle Liquidität

Die materielle Liquidität (Versorgungssicherheit) verlangt die Deckung des Materialbedarfs hinsichtlich der Merkmale: Sortiment (Art und Güte), Menge, Zeit und Ort. Die Sicherung der materiellen Liquidität wird mit dem Servicegrad gemessen (siehe Kapitel 9 «Berechnung ausgewählter Leistungskennzahlen», S. 245).

Meldebestand (Bestellgrenze, kritische Menge)

Eine Bestellung muss spätestens beim Erreichen des Meldebestandes ausgelöst werden. Der Meldebestand fängt die vorhersehbaren Verzögerungen durch den Bestell- und Lieferprozess auf. Er liegt deshalb um jene Menge über dem Mindestbestand, die im Zeitraum zwischen der Bedarfsanforderung und der Verfügbarkeit des Materials verbraucht wird (Verbrauch während Wiederbeschaffungszeit) (siehe 7.1.5 «Materialbedarfsplanung», S. 193).

Mengenplanung

Ausgehend von der Planung des Produktionsprogramms ist der Bedarf der zu beschaffenden Menge an Materialien und Waren zu ermitteln (siehe 7.1.5 «Materialbedarfsplanung», S. 193).

Mengenstückliste

Mengenstücklisten zeigen die Anzahl der Teile, die für die Fertigung eines Produktes benötigt werden. Sie sind unstrukturiert, d.h. lassen die Stellung der Bestandteile innerhalb der Produktstruktur nicht erkennen (siehe 6.2.2 «Stückliste», S. 173).

MES

▷ Manufacturing Execution System (MES)

Mindestbestand (Sicherheitsbestand)

Der Mindestbestand dient zur Abdeckung externer und interner Risikofaktoren, wie etwa unvorhergesehene Lieferschwierigkeiten oder ein unvorhergesehener Mehrbedarf. Seine Höhe hängt unter anderem vom Servicegrad, vom Bedarfsverlauf und seiner Vorhersehbarkeit, von der Wiederbeschaffungszeit und vom Wert des Materials ab. Der Mindestbestand darf nicht unterschritten und somit auch nicht in die laufende Bedarfs- bzw. Bestelldisposition einbezogen werden (siehe 7.1.5 «Materialbedarfsplanung», S. 193).

MNU/MNE

Multinationale Unternehmen/Multinational Enterprises sind international tätige Unternehmen, bestehend aus verschiedenen nationalen Gesellschaften, die das gesamte operative Geschäft und Teile der strategischen Aufgaben für ein einzelnes Land erledigen.
Im Gegensatz dazu sind globale Unternehmen zentralisierte Unternehmen, deren nationale Gesellschaften primär Distributionsaufgaben haben. Die strategischen und der grösste Teil der operativen Entscheidungen werden zentral getroffen.

Modular Sourcing

Beim Modular Sourcing werden statt einer Vielzahl von Einzelteilen von vielen Lieferanten ganze Baugruppen bzw. Systeme von wenigen Lieferanten bezogen, die man Systemlieferanten nennt(siehe 3.5 «Zusammenarbeit mit Lieferanten (Supplier Relationship Management)», S. 90).

MRO-Produkte/-Prozesse

MRO steht für Maintenance, Repair, Overhaul und bezeichnet Prozesse oder Produkte zur Wartung, Reparatur und Erneuerung von Gebrauchsgütern. MRO hat aufgrund der Ressourcenschonung eine zunehmende betriebs- und volkswirtschaftliche Bedeutung. Speziell bei Produkten mit hohen Investitionskosten und langer Lebensdauer wird über entsprechende After-Sales-Services ein erheblicher Teil des Unternehmensgewinns erwirtschaftet.

MRP-I

▷ Material Requirements Planning (MRP-I)

MRP-II

▷ Manufacturing Resource Planning (MRP-II)

Multiple Sourcing

Beim Multiple Sourcing versucht der Abnehmer, Güter mit geringer Komplexität und Spezifität von mehreren, kurzfristig substituierbaren Lieferanten im Hinblick auf einen niedrigen Einstandspreis durch Förderung des Wettbewerbs unter den Lieferanten zu beziehen (siehe 3.5 «Zusammenarbeit mit Lieferanten (Supplier Relationship Management)», S. 90).

Nachhaltigkeit (Sustainability)

Gemäss der UN-Kommission für Umwelt und Entwicklung, veröffentlicht 1987 in ihrem Bericht «Our Common Future», ist Nachhaltigkeit wie folgt definiert: «Dauerhafte Entwicklung, die den Bedürfnissen der heutigen Generation entspricht, ohne die Möglichkeiten künftiger Generationen zu gefährden, ihre eigenen Bedürfnisse zu befriedigen und ihren Lebensstil zu wählen.» Der Bericht betonte die Vernetzung von wirtschaftlichen, gesellschaftlichen und ökologischen Vorgängen und bildet in Form eines Drei-Säulen-Modells die Grundlage der 1992 beschlossenen UN-Agenda 21 wie auch des Konzepts der Corporate Social Responsibility (CSR) (siehe 8.6.1 «Nachhaltigkeit», S. 227).

NC

▷ Numerical Control (NC)

Nearshoring

Nearshore Outsourcing (Nearshoring) ist die Auslagerung von Prozessen an grenznahe Standorte im Ausland (siehe 3.2.1 «Make-or-Buy oder Out-/Insourcing», S. 73).

Nettobedarf

Der Nettobedarf berechnet sich aus dem Bruttobedarf minus Lagerbestände und Reservierungen (siehe 7.1.5 «Materialbedarfsplanung», S. 193).

NGO

Nichtregierungsorganisationen (Non-Governmental Organization) sind nicht-gewinnorientierte Organisationen von Vertretern der Zivilgesellschaft, die sowohl lokal als auch national oder international organisiert und tätig sind. NGOs setzen sich insbesondere für sozial- und umweltpolitische Anliegen ein. Der englische Begriff NGO wurde von den Vereinten Nationen (UN) eingeführt, um die Zivilgesellschaft an den politischen Prozessen der UN zu beteiligen. Beispiele für NGOs sind Rotes Kreuz, Amnesty International, Ge-

sellschaft für bedrohte Völker, WWF, Greenpeace, Friends of the Earth, International Labour Organization (ILO), Transparency International, Attac etc.

Nominalgüter

Bei Nominalgütern handelt es sich um virtuelle Güter, denen ein Wert zugeschrieben wird, beispielsweise Geld, Darlehen etc. (siehe 1.3.4 «Güter», S. 30).

Numerical Control (NC)

NC-Steuerungen sind Computeranwendungen für die Steuerung von Werkzeug- und Produktionsmaschinen. Die Steuerungstechniken berücksichtigen alle für die Produktion erforderlichen Daten der Geräte, Rohstoffe und Werkzeuge. Die Steuerung erfolgt über alphanumerische Zahlencodes, die der Computer aus den Daten für die Geräte, Werkzeuge und Rohstoffe gewinnt und mittels verschiedener Steuerungsinformationen an die Antriebe und Peripherie-Komponenten weiterleitet. NC-Steuerungen sind nach DIN 66025 standardisiert und werden in der spanabhebenden Bearbeitung wie dem Bohren, Schneiden und Fräsen eingesetzt.

Nutzungsfaktoren

▷ Potenzialfaktoren

Obsoleszenz

Obsoleszenz (von obsolet: veraltet) ist eine Marketingstrategie mit dem Ziel, einen Neubedarf zu erzeugen, obwohl der reale Bedarf noch gestillt ist. Das alte Produkt, noch immer funktionstüchtig, soll durch ein neues ersetzt werden (z.B. in der Modebranche). Mit technischer Obsoleszenz wird einem Produkt bewusst eine begrenzte Lebenserwartung vorgegeben, indem diese konstruktiv auf eine durchschnittliche Nutzungsdauer eingeschränkt wird.

OECD

Die Organisation für wirtschaftliche Zusammenarbeit und Entwicklung (Organisation for Economic Cooperation and Development) mit Sitz in Paris ist ein wirtschaftspolitisches Kooperationsgremium westlich orientierter Industrieländer mit drei grundlegenden Zielen: 1. Förderung der ökonomischen Entwicklung der Länder, 2. Förderung des wirtschaftlichen Wachstums sowohl in Mitglieds- als auch Entwicklungsländern und 3. Unterstützung der Ausweitung des Welthandels.

OEM
▷ Original Equipment Manufacturer (OEM)

Offshoring
Offshore-Outsourcing ist die Auslagerung von Prozessen an Standorte im Ausland (siehe 3.2.1 «Make-or-Buy oder Out-/Insourcing», S. 73).

Ökoeffizienz
Der wirtschaftliche Wert eines Produkts im Verhältnis zu seinen Auswirkungen auf die Umwelt. Wenn für die Herstellung eines Produkts weniger Material oder Energie verwendet werden, weniger Schadstoffe entstehen oder es leichter rezyklierbar ist, so steigt die Ökoeffizienz.

One-Piece Flow
Das Konzept des One-Piece Flow ermöglicht, auf Losfertigung zu verzichten und bei jedem Einzelstück die Variante zu wechseln. Dieses Konzept ist in den Branchen Maschinen- und Gerätebau wie auch Automobilindustrie weitverbreitet. Ein entsprechendes Leistungserstellungssystem ist logistisch eine Linienfertigung, bei deren Arbeitsorganisation jedoch teilautonome Gruppenarbeit oder wenigstens Job Rotation eingesetzt wird (siehe 5.1.9 «Umfang/Menge (Losgrösse)», S. 144).

Operationen
Operationen sind Arbeitsgänge (▷ Arbeitsplan).

Operationsplan
▷ Arbeitsplan

Opportunitätskosten
Als Opportunitätskosten werden nicht real entstandene Kosten, die sich durch eine entgangene Nutzungsmöglichkeit knapper Ressourcen ergeben, bezeichnet (z.B. ein entgangener Gewinn oder eine entgangene Zahlung aufgrund einer alternativen Verwendung).

Optimale Bestellmenge
Als optimal gilt jene Bestellmenge, bei der die Summe aus den fixen und variablen Beschaffungs- sowie Lagerhaltungskosten im Planungszeitraum ein Minimum aufweist. Die optimale Bestellmenge hängt von den bestellfixen Kosten, dem Periodenbedarf, dem Einstandspreis sowie den Zinskosten und den Lagerhaltungskosten ab (siehe 7.1.6 «Ermittlung der optimalen Losgrösse», S. 194).

Original Equipment Manufacturer (OEM)
Original Equipment Manufacturer steht für Originalhersteller oder -ausrüster bzw. Erstausrüster. Unter einem Erstausrüster versteht man einen Hersteller von Komponenten oder Produkten, der diese in seinen eigenen Fabriken produziert, sie aber nicht selbst in den Einzelhandel bringt. In etlichen Branchen hat sich jedoch die gegenteilige Bedeutung des Begriffs Erstausrüster etabliert. So versteht man zum Beispiel in der Maschinenbau- und Automobilindustrie (gemäss ISO 16949) unter einem Erstausrüster ein Unternehmen, das Produkte unter eigenem Namen in den Handel bringt (siehe 3.1 «Leistungserstellung in Wertschöpfungsnetzwerken», S. 72).

Output
Output ist der Produktionsausstoss, also das im Rahmen eines bestimmten Herstellvorgangs und Zeitabschnitts durch den Einsatz von betrieblichen Ressourcen erzielte Produktionsvolumen (siehe 2.3 «ITO-Konzept», S. 57).

Outputeinheiten
Outputeinheiten können entweder Gütern oder Dienstleistungen sein. Werden Güter produziert, spricht man von Güterproduktion; steht am Ende des Leistungserstellungsprozesses eine Dienstleistung, spricht man von Dienstleistungsproduktion (siehe 2.3 «ITO-Konzept», S. 57).

Output-Rate
Als Output-Rate wird die Menge (oder der Wert) an Sach- oder Dienstleistungen bezeichnet, die den Prozess pro Zeiteinheit verlässt. Eine andere Bezeichnung für Output-Rate ist Durchsatz.

Outsourcing
Unter Outsourcing versteht man die Auslagerung von Prozessen vom eigenen Unternehmen zu Lieferanten/Dienstleistern (siehe 3.2.1 «Make-or-Buy oder Out-/Insourcing», S. 73).

PDCA
Plan, Do, Check, Act: Der PDCA-Zyklus (auch Deming-Kreis oder Deming-Rad) beschreibt einen iterativen vierphasigen Problemlösungsprozess, der seine Ursprünge in der Qualitätssicherung hat (siehe 8.5.3 «RADAR-Logik basierend auf dem PDCA-Zyklus», S. 226).

Poka Yoke

Die Idee von Poka Yoke (narrensicherer Mechanismus) ist es, das Auftreten von Problemen direkt an der Entstehungsquelle zu verhindern. Poka-Yoke-Vorrichtungen sind mechanische Vorrichtungen, die es unmöglich machen, eine Maschine falsch zu bedienen oder falsch zu bestücken (siehe 5.2.2 «Toyota-Produktionssystem», S. 150).

Potenzialfaktoren

Potenzialfaktoren (auch Gebrauchs- oder Nutzungsfaktoren genannt) sind Ressourcen, welche als Gebrauchsgüter zur Durchführung von Transformationen verwendet werden. Sie setzen sich zusammen aus Betriebsmitteln und Arbeit. Anders als die Repetierfaktoren erfahren sie anstelle einer beabsichtigten Veränderung einen Abnützungsprozess und müssen in regelmässigen Abständen erneuert werden (siehe 2.4 «Ressourcen zur Leistungserstellung», S. 59).

PPS-System

Produktionsplanungs- und -steuerungssysteme sind Anwendungsprogramme zur operativen Planung und Steuerung der Leistungserstellung. Mit Hilfe von PPS-Systemen wird ein Produktionsplan erstellt, der die Informationen über die Absatz-, Produktions- und Beschaffungssituation berücksichtigt. Termine, Mengen und Kapazitäten sind die wesentlichen Plandaten, mit denen die Produktion geplant, überwacht und gesteuert wird (siehe 7.3 «Potenziale IT-gestützter Planung und Steuerung», S. 211).

Primärbedarf

Bedarf an verkaufsfähigen Produkten (Enderzeugnissen). Der Primärbedarf ergibt sich aus der Absatzplanung oder Kundenbestellungen (siehe 7.1.5 «Materialbedarfsplanung», S. 193).

Produkt

Ein Produkt ist gemäss Duden etwas, das als Ergebnis menschlicher Arbeit (auch indirekt mit Hilfe von Maschinen) aus bestimmten Materialien hergestellt wird. Aus betriebswirtschaftlicher Sicht kann ein «Produkt» sowohl materiell, d.h. ein Sachgut (Investitions- oder Konsumgut), oder immateriell, d.h. eine Dienstleistung oder ein ideelles oder digitales Gut, sein (siehe 1.3.4 «Güter», S. 30).

Produktionsfaktoren

Abgeleitet aus den volkswirtschaftlichen Produktionsfaktoren von Adam Smith (Arbeit, Boden und Kapital) definierte Erich Gutenberg 1951 in seinem Buch «Grundlagen der Betriebswirtschaftslehre» die betriebswirtschaftlichen Produktionsfaktoren Arbeit, Betriebsmittel und Werkstoffe für Industrieunternehmen (siehe 2.4 «Ressourcen zur Leistungserstellung», S. 59).

Produktionsmittel

Der volkswirtschaftliche Begriff Produktionsmittel bezeichnet Arbeits- und Betriebsmittel, die als materielle Ressourcen zur Leistungserstellung eingesetzt werden. Dazu gehören beispielsweise Gebäude/ Räume, Verkehrs-/Nutzflächen, technische Anlagen, Maschinen, Computer, Werkzeuge.

Produktionsplan

Die Informationen aus dem Absatzplan werden in den Produktionsplan übernommen. Im Produktionsplan wird für die herzustellenden Produkte Art, Menge, Zeitpunkt und Ort der Produktion festgelegt. Die Menge setzt sich aus dem Bedarf laut Absatzplan und allfällig anfallendem Ausschuss zusammen. Der Zeitpunkt für den Produktionsbeginn ergibt sich aus dem Bedarf laut Absatzplan, den Durchlaufzeiten und den vorhandenen Kapazitäten (siehe 7.1.1 «Aufgaben der Planung und Steuerung der Leistungserstellung», S. 188).

Produktionsprogramm

Ein Produktionsprogramm ist eine Zusammenstellung der Produkte, die ein Betrieb in einem Zeitabschnitt produzieren will. Das Produktionsprogramm weist damit eine qualitative, quantitative und zeitliche Komponente auf (siehe 7.1.1 «Aufgaben der Planung und Steuerung der Leistungserstellung», S. 188).

Produktionssynchrone Beschaffung

Eine produktionssynchrone Beschaffung liegt vor, wenn die Bestellung von Material in Abstimmung mit der Produktion so stattfindet, dass der Zeitraum zwischen Wareneingang und Bereitstellung des Materials für die Produktion so klein wie möglich ist. Dies bewirkt eine Reduzierung der Lagerbestände und somit eine geringere Kapitalbindung (siehe 4.7.1 «Just-in-Time und Just-in-Sequence», S. 125).

Produktivität

Die Produktivität ist eine betriebswirtschaftliche Effizienzkennzahl und misst die Ergiebigkeit der betrieblichen Leistungserstellung. Sie wird berechnet als Verhältnis der eigenen Leistung zum dazu eingesetzten Aufwand an dazu erforderlichen Ressourcen. Die wichtigsten Teilproduktivitäten sind Arbeits- und Maschinenproduktivität, Material- und Energieproduktivität, sowie Kapitalproduktivität (siehe 2.6 «Kennzahlen zur Beurteilung der Leistungserstellung», S. 62).

Produktlebenszyklus

Der Produktlebenszyklus beschreibt die Absatzentwicklung eines Produktes am Markt. Lebenszyklusphasen sind die Einführungs-, die Wachstums-, die Reife- und die Sättigungsphase sowie der Rückgang des Absatzes eines Produktes (siehe 6.3 «Gestaltung des Leistungsangebots», S. 174).

Produktprogramm

Das Produktprogramm umfasst die art- und mengenmässige Zusammensetzung und die zeitliche Gestaltung der angebotenen Güter bzw. des Sortiments. Die Zahl der unterschiedlichen angebotenen Produktarten (Programmbreite) und die Anzahl der angebotenen Be- und Verarbeitungsstufen (Programmtiefe) spielen in diesem Zusammenhang eine wichtige Rolle (siehe Kapitel 7 «Planung und Steuerung der Leistungserstellung», S. 187).

Prozess

Ein Prozess bzw. Geschäftsprozess ist eine verkettete Abfolge von Arbeitsvorgängen (Operationen), die nach vordefinierten Regeln im Rahmen des Informations- und Materialflusses miteinander verbunden sind. Jeder Prozess besteht aus Prozesselementen, die über verschiedene Gliederungsebenen detailliert beschrieben werden. Zentral ist die Leistungsorientierung im Rahmen einer Kunden-Lieferanten-Beziehung, die für die marktgerechte Ausrichtung des Leistungsangebots gegenüber externen Kunden wie auch innerhalb einer Organisation steht (siehe 1.4 «Unternehmensprozesse – Teil eines Wertschöpfungsnetzwerks», S. 32).

Prozessanalyse

Die Prozessanalyse untersucht den Ablauf von Geschäftsprozessen bezüglich Durchlaufzeit, Kapazität und Bestand. Gegenstand der Untersuchung sind die Leistungserstellungsprozesse mit dem Ziel, Schwach-stellen aufzudecken und Verbesserungspotenziale zu identifizieren (siehe 8.7 «Beurteilung der Leistungsfähigkeit von Prozessen», S. 234).

QS

▷ Qualitätssicherungssystem (QS)

QSV

▷ Qualitätssicherungsvereinbarung (QSV)

Qualitätskontrolle

Die Qualitätskontrolle oder Qualitätsprüfung beinhaltet einen Soll-Ist-Vergleich, bei dem festgestellt wird, inwieweit Produkte die an sie gestellten Qualitätsanforderungen erfüllen. Die Qualitätskontrolle beinhaltet die Überprüfung sowohl der Entwurfsqualität als auch der Ausführungsqualität. Die Überprüfung der Ausführungsqualität kann abhängig vom Umfang der durchzuführenden Kontrollmassnahmen in Totalkontrolle und Partialkontrolle unterteilt werden. Bei der Partialkontrolle wird mit Hilfe statistischer Methoden versucht, durch Stichproben Informationen über den Zustand des Produktionsprozesses oder den Ausschussanteil eines gefertigten Loses zu erhalten (siehe 8.1 «Qualitätssysteme in der Leistungserstellung», S. 218).

Qualitätssicherung

Die Qualitätssicherung umfasst als Bestandteil des Qualitätsmanagements alle organisatorischen und technischen Massnahmen, die vorbereitend, begleitend und prüfend der Schaffung und Erhaltung einer definierten Qualität eines Produkts dienen (siehe 8.1 «Qualitätssysteme in der Leistungserstellung», S. 218).

Qualitätssicherungshandbuch

Sichtbarer Ausdruck einer bewussten Qualitätsorganisation ist ein Qualitätssicherungshandbuch, in dem das gesamte Qualitätssicherungssystem eines Unternehmens beschrieben wird. Es enthält sämtliche Grundsätze der Qualitätspolitik des Unternehmens, eine umfassende Beschreibung der Aufbau- und Ablauforganisation und der betrieblichen Zusammenhänge sowie der Verantwortlichkeiten und Kompetenzen.

Qualitätssicherungssystem (QS)

Das Qualitätssicherungssystem bzw. Qualitätsmanagementsystem wird im Besonderen dafür eingesetzt, die Organisation dazu fähig zu machen, Produkte und Dienstleistungen in Übereinstimmung mit den Erfordernissen der Kunden herzustellen. Ein QS/QM-System regelt die qualitätsbezogenen Schlüsselziele und Verantwortlichkeiten einer Organisation (siehe 8.1 «Qualitätssysteme in der Leistungserstellung», S. 218).

Qualitätssicherungsvereinbarung (QSV)

Qualitätssicherungsvereinbarungen (QSV) sind vertragliche Vereinbarungen zwischen einem Abnehmer und seinem Lieferanten, in denen konkret festgehalten ist, was der Lieferant zur Qualitätssicherung leisten muss und an welche Vorgaben er sich zu halten hat. Diese Regelungen werden meist vom Einkauf des Abnehmers vorgegeben. Sie sind vergleichbar mit Einkaufsbedingungen oder Allgemeinen Geschäftsbedingungen (siehe 3.5.1 «Evaluation und Bewertung von Zulieferunternehmen», S. 92).

Qualitätszirkel

Qualitätszirkel basieren auf den Kaizen/KVP-Ansätzen zur Verbesserung von Unternehmen respektive ihrer Geschäftsprozesse. Hierbei werden Gruppen von fünf bis zehn Mitarbeitern gebildet, die ihr arbeitsspezifisches Wissen und ihre Erfahrung einbringen, um Probleme ihrer Arbeit zu analysieren. Durch selbst entwickelte Lösungen sollen die Produkt- und Arbeitsqualität verbessert und die Arbeitszufriedenheit aller Mitarbeiter gesteigert werden (siehe 8.8.2 «Kontinuierlicher Verbesserungsprozess (KVP)», S. 241).

Quality Function Deployment (QFD)

QFD ist eine erstmals Ende der sechziger Jahre in Japan entwickelte und eingesetzte Qualitätsmethode zur Ermittlung der Kundenanforderungen, um diese bei der Konzeption und Erbringung von Leistungsangeboten zu berücksichtigen. Zur gezielten Umsetzung der Kundenwünsche und Qualitätsanforderungen in Form von konkreten Spezifikationen dient dabei das Instrument des «House of Quality» (HoQ). Dies ist ein Analyse-, Kommunikations- und Planungsinstrument für jede Phase der Produktentstehung.

Radio Frequency Identification (RFID)

Unter Radio Frequency Identification (Identifizierung mittels elektromagnetischer Wellen) wird die Identifizierung und Lokalisierung von Gegenständen und Lebewesen mittels elektronischer Systeme verstanden. Ein RFID-System besteht aus einem Transponder (z.B. RFID-Chip) und einem Lesegerät zum Auslesen und Verarbeiten der im Transponder gespeicherten Daten (siehe 6.1.3 «Radio Frequency Identification (RFID)», S. 169).

Rationalisierung

Rationalisierung bedeutet, durch planmässiges, zweckgerichtetes, wissenschaftliches Vorgehen die Vergeudung von Ressourcen und Zeit zu minimieren und so den Ertrag zu optimieren (siehe 5.2 «Innovative Leistungserstellungssysteme», S. 146).

Realgüter

Realgüter lassen sich in materielle und immaterielle Realgüter unterteilen. Zu den materiellen Realgütern zählen Konsumgüter und Investitionsgüter, während immaterielle Realgüter Dienstleistungen und ideelle Güter (Rechte, Patente) zusammenfassen (siehe 1.3.4 «Güter», S. 30).

Rebound-Effekt

Man spricht von Rebound-Effekt, wenn effizienzsteigernde Einsparungen durch vermehrten Gebrauch/Verbrauch kompensiert werden. So führen beispielsweise Energie- oder Materialeinsparungen zu Kostensenkungen in der Herstellung oder Nutzung von Produkten, was wiederum einen erhöhten Konsum auslöst. Derselbe Effekt ist auch im Verkehr (bessere Verbindungen erzeugen mehr Verkehr) und bei Risiken (besserer Schutz oder telefonische Erreichbarkeit erzeugen riskanteres Verhalten) zu beobachten.

Repetierfaktoren (Verbrauchsfaktoren)

Repetier- oder Verbrauchsfaktoren sind Faktoren, welche nach dem Einsatz im Transformationsprozess ihre produktive Wirksamkeit verloren haben. Sei es, dass sie Bestandteil des Endproduktes geworden sind, sei es, weil sie den Leistungserstellungsprozess erst ermöglichten (z.B. Energie). Repetierfaktoren müssen aufgrund ihres Verbrauchs wiederholt beschafft werden (siehe 2.4 «Ressourcen zur Leistungserstellung», S. 59).

Reshoring

Reshoring, auch Backshoring genannt, ist die Rückverlagerung von ins Ausland verlagerten Prozessen ins Heimatland.

Ressourcen

Ressourcen sind die für den Leistungserstellungsprozess erforderlichen materiellen und immateriellen Güter. Darunter fallen Infrastruktur, Kapital, Material, Personen, aber auch Informationen und Know-how. In Managementprozessen und in der Technik wird die Zuteilung von Ressourcen als Ressourcenallokation bezeichnet (siehe 2.4 «Ressourcen zur Leistungserstellung», S. 59).

Ressourcenpool

Als Ressourcenpool wird eine Zusammenfassung bzw. Zusammenlegung von Ressourcen bezeichnet.

Return on Investment (ROI)

Der Return on Investment (ROI) ist eine Kapitalproduktivitätskennzahl und ergibt sich aus einem bestimmten Kapitalertrag im Verhältnis zum dazu eingesetzten Kapital (Investition) während einer bestimmten Periode. Der ROI beschreibt als Oberbegriff für Kapitalrendite sowohl die Eigenkapitalrendite (Return on Equity, kurz ROE) als auch die Gesamtkapitalrendite (Return on Assets, kurz ROA oder RONA). Der ROI ist im Du-Pont-Schema als Spitzenkennzahl durch Multiplikation von Umsatzrendite und Kapitalumschlag definiert. Der ROI ist das Ergebnis des Du-Pont-Kennzahlensystems und resultiert aus der Umsatzrendite (Gewinn durch Umsatz) multipliziert mit dem Kapitalumschlag (Umsatz durch investiertes Kapital). Bei Investitionsentscheiden empfiehlt sich zusätzlich eine «Return on Non-Investment»-Betrachtung, welche die Konsequenzen bezüglich Einfluss auf die Marktposition bei nicht getätigter Investition aufzeigt (siehe 8.7 «Beurteilung der Leistungsfähigkeit von Prozessen», S. 234).

RFID

▷ Radio Frequency Identification (RFID)

Rohstoffe

Bei Rohstoffen wird zwischen Primär- und Sekundärrohstoffen unterschieden. Primärrohstoffe sind natürliche Ressourcen, die bis auf die Lösung aus ihrer natürlichen Quelle noch keine Bearbeitung erfahren haben. Sie werden aufgrund ihres Gebrauchswertes aus der Natur gewonnen und entweder direkt konsumiert oder als Arbeitsmittel und Ausgangsmaterialien für weitere Verarbeitungsstufen in der Produktion, im Bauwesen oder als Energieträger verwendet. Sekundärrohstoffe werden durch Wiederverwertung (Recycling) bereits genutzter Rohstoffe gewonnen (siehe 4.3 «Materialarten», S. 109).

ROI

▷ Return on Investment (ROI)

Rüstzeit

Rüstzeit ist jene Zeit, die zu Beginn und am Ende jedes Arbeitsschritts auftritt und dazu dient, Mitarbeitende, Kapazitätsplatz und Betriebsmittel zur Auftragsausführung vorzubereiten bzw. nach dessen Beendigung

wieder in den ursprünglichen Zustand zu versetzen (siehe 7.1.7 «Termin- und Kapazitätsplanung», S. 196).

Sachgüter

Materielle Produkte, genutzt als Konsum- oder Investitionsgüter (siehe 1.3.4 «Güter», S. 30).

Schüttgüter

Die Menge der Schüttgüter wird nicht durch die Anzahl, sondern durch das Volumen bestimmt. Typische Schüttgüter sind Sand, Salz, Mehl (siehe 5.1.9 «Umfang/Menge (Losgrösse)», S. 144).

SCM

▷ Supply Chain Management

SCOR-Modell

Das SCOR-Modell (Supply Chain Operations Reference Model) ist ein Prozess-Referenzmodell für die unternehmens- und branchenübergreifende Beschreibung, Bewertung und Analyse von Lieferketten (Supply Chains). Dabei werden die SCM-Prozesse Planung (Plan), Beschaffung (Source), Herstellung (Make), Lieferung (Deliver), Rücknahme/Rückgabe (Return) sowie Ermöglichen (Enable) unterschieden. Die Modellierung vollzieht sich über vier Ebenen mit unterschiedlichem Detaillierungsgrad und unterschiedlichen Zielsetzungen (siehe 3.4.1 «SCOR-Modell», S. 86).

Sekundärbedarf

Bedarf an Rohstoffen, Teilen und Baugruppen, die für die Herstellung eines bestimmten Endprodukts benötigt werden. Der Sekundärbedarf ergibt sich aus der Multiplikation des Primärbedarfs mit den Mengenangaben der für ein Endprodukt benötigten Teile (siehe 7.1.5 «Materialbedarfsplanung», S. 193).

Seltene Erden

Zu den Metallen der «Seltenen Erden» gehören die chemischen Elemente der 3. Gruppe des Periodensystems (mit Ausnahme des Actiniums) sowie die Lanthanoide, insgesamt 17 Elemente. Nach den Definitionen der anorganischen Nomenklatur heisst diese Gruppe chemisch ähnlicher Elemente Seltenerdmetalle. «Seltene Erden» sind für praktisch sämtliche Schlüsseltechnologien der Zukunft notwendig, wie zum Beispiel Neodym für Hochleistungsmagnete und Hybridmotoren, Lanthan für Batterien sowie Europium und Thulium für LCD- und LED-Displays (siehe 4.3 «Materialarten», S. 109).

Service-Engineering

Das Service-Engineering umfasst alle Aktivitäten eines Unternehmens, um die Funktion, Merkmale und Qualitätsanforderungen für eine spezifische Dienstleistung zu bestimmen und zu realisieren. Ziel des Service-Engineerings ist die Optimierung der Strukturen und Abläufe im Hinblick auf grösstmögliche Servicequalität bei geringstmöglichen Kosten. So ist das Service-Engineering vergleichbar mit der Produktplanung und Produktentwicklung für Sachgüter.

Servicegrad

▷ Lieferbereitschaftsgrad

Service Level Agreement (SLA)

Ein Service Level Agreement ist eine bilaterale Vereinbarung zwischen Auftraggeber und Leistungserbringer, in der festgelegt wird, welche Eigenschaften die zu erbringende Leistung erfüllen muss. Darunter fallen u.a. Umfang, Preis, Qualität. Die Qualität wird anhand von Service Levels, welche mittels Kennzahlen (z.B. Reaktions-/Lieferzeit, Servicegrad) operationalisiert werden, festgelegt.

Shared Service-Center

Spezialisierte Organisationseinheit, in der die administrativen Supportprozesse mehrerer Firmenstandorte zusammengeführt und als Kerngeschäft betrieben werden. Shared Service-Centers werden oft an kostengünstigeren Offshore-Standorten aufgebaut.

Shared Value

Das Konzept des «Shared Value» beinhaltet Richtlinien und Praktiken, die die Konkurrenzfähigkeit eines Unternehmens erhöhen und zugleich die wirtschaftlichen und sozialen Bedingungen der Gemeinschaft verbessern, in der es tätig ist. Dabei konzentriert man sich darauf, die Verbindungen zwischen gesellschaftlichem und wirtschaftlichem Fortschritt zu identifizieren und zu stärken (siehe 8.6 «Gesellschaftliche Verantwortung von Unternehmen», S. 227).

Sicherheitsbestand

Materialbestand, der dazu dient, Schwankungen bezüglich Verbrauchsmenge und Wiederbeschaffungszeit auszugleichen. Sicherheitsbestände lassen sich bei X- und Y-Artikeln zuverlässig berechnen. Bei Z-Artikeln ist dies nicht zielführend, da keine zuverlässigen statistischen Aussagen gemacht werden können (siehe 4.5 «Klassifizierung mittels ABC- und XYZ-Analyse», S. 115).

Simultaneous Engineering

Simultaneous Engineering (Concurrent Engineering) ist ein systematischer Ansatz der ganzheitlichen Produktentwicklung. Ausgehend von Kundenanforderungen werden interdisziplinär und parallel alle Aufgaben erledigt, die notwendig sind, um ein neues Produkt zeitoptimal am Markt einzuführen (siehe 6.5 «Reduktion der Time-to-Market durch Simultaneous Engineering», S. 178).

Single Sourcing

Unter Single Sourcing wird die Konzentration auf eine Beschaffungsquelle verstanden. Das Unternehmen bezieht ein bestimmtes Einkaufsteil oder eine Dienstleistung von lediglich einem, dem leistungsfähigsten Lieferanten (siehe 3.5 «Zusammenarbeit mit Lieferanten (Supplier Relationship Management)», S. 90).

Six Sigma

Six Sigma (6σ) ist ein statistisches Qualitätsziel und zugleich der Name einer Qualitätsmanagement- Methodik. Six Sigma wird heute weltweit von zahlreichen Grossunternehmen – sowohl in der Industrie wie auch im Dienstleistungssektor – angewandt. Six Sigma lässt maximal 34 Fehler auf 10 Millionen Fehlermöglichkeiten zu (siehe 8.8.3 «Six Sigma», S. 242).

Sourcing

Unter Sourcing wird die Beschaffung einer bestimmten materiellen oder immateriellen Ressource verstanden. Sourcing- bzw. Beschaffungskonzepte sind wesentlicher Bestandteil von Beschaffungsstrategien und lassen sich anhand mehrerer Kriterien in Bezug auf den Träger der Wertschöpfung, den geographischen Beschaffungsraum, die Anzahl Bezugsquellen, die Güterkomplexität/-struktur sowie die Dauer und Intensität der Partnerschaft einteilen (siehe 3.5 «Zusammenarbeit mit Lieferanten (Supplier Relationship Management)», S. 90).

SPC

▷ Statistical Process Control (SPC)

Speditionslagermodell

Speditionslager sind bei einem Spediteur von einem Lieferant und einem Abnehmer gemeinsam eingerichtete Lager. Der Spediteur wird dadurch zu einem der Produktion vorgelagerten Sammelpunkt für Anlieferungen von räumlich unterschiedlich entfernt liegenden Lieferanten. Mit der Einrichtung von Speditionslagern und der Übernahme bestimmter Aufgaben durch einen

Spediteur werden zeitliche Unstimmigkeiten minimiert (siehe 4.6.1 «Arten von Lagerbeständen», S. 119).

SSCM
▷ Sustainable Supply Chain Management

Stammdaten
Stammdaten umfassen die Informationen, die für den Leistungserstellungsprozess benötigt werden. Dazu zählen Stücklisten oder Rezepturen, Arbeitspläne und Kapazitätsdaten (siehe 7.1.1 «Aufgaben der Planung und Steuerung der Leistungserstellung», S. 188).

Statistical Process Control (SPC)
Die von Walter A. Shewhart entwickelte Statistical Process Control wurde erstmals 1931 im Buch «Economic Control of Quality of Manufactured Product» umfassend hergeleitet und beschrieben. Die statistische Prozesslenkung (auch statistische Prozessregelung oder statistische Prozesssteuerung genannt) wird üblicherweise als eine Vorgehensweise zur Optimierung von Produktions- und Serviceprozessen aufgrund statistischer Verfahren verstanden (siehe 8.1 «Qualitätssysteme in der Leistungserstellung», S. 218).

Strukturstückliste
Strukturstücklisten bilden den konstruktions- und fertigungsbedingten Aufbau eines Produktes ab (siehe 6.2.2 «Stückliste», S. 173).

Stückliste
Stücklisten sind Verzeichnisse jener Rohstoffe, Einzelteile, Bauteile und Baugruppen, die in ein Fertigprodukt eingehen. Die wichtigsten Arten sind die Mengenstückliste, die Strukturstückliste und die Baukastenstückliste (siehe 6.2.2 «Stückliste», S. 173).

Substitutionsgut
Das Substitutionsgut ersetzt ein anderes Gut mit der gleichen Nutzung.

Supply Chain
Unter einer Supply Chain versteht man alle Flüsse von Material, Informationen und Geld durch ein Netzwerk von Unternehmen, die an der Entwicklung, Erstellung und Lieferung eines bestimmten Produktes oder einer Dienstleistung beteiligt sind. Die Supply Chain erstreckt sich dabei über alle Wertschöpfungsstufen vom Endkunden zurück bis zum Rohstofflieferanten (siehe 3.1 «Leistungserstellung in Wertschöpfungsnetzwerken», S. 72).

Supply Chain Management (SCM)
Supply Chain Management ist ein strategisches, kooperationsorientiertes und unternehmensübergreifendes Managementkonzept. Die Planung und Steuerung des überwiegenden Teils der Aktivitäten erfolgt nachfrageorientiert (Pull-Prinzip). Es wendet interorganisationale Koordinationsmechanismen mit dem Ziel der Integration aller Wertschöpfungsprozesse an (siehe 3.4 «Supply Chain Management», S. 85).

Sustainable Supply Chain Management (SSCM)
Sustainable Supply Chain Management basiert auf den Prinzipien des Supply Chain Management, berücksichtigt jedoch gleichwertig, neben ökonomischen, auch ökologische und soziale Kriterien über die gesamte Lieferkette (siehe 3.4 «Supply Chain Management», S. 85).

Synchrones Produktionssystem (SPS)
Das Konzept des synchronen Produktionssystems basiert auf dem Toyota-Produktionssystem (siehe 5.2.2 «Toyota-Produktionssystem», S. 150). Dabei werden die Leistungserstellungs- und Beschaffungsprozesse am Absatz ausgerichtet. Das heisst, statt mittels aufwändigen Planungsverfahren optimale Losgrössen zu bestimmen, wird basierend auf dem Kanban-/Pull-Prinzip (siehe 7.2.2 «Absatzgesteuerte Leistungserstellung (Pull-Prinzip)», S. 207) nur jene Menge produziert, welche gerade bestellt wurde.

Target Costing
Die Zielkostenrechnung (Target Costing) ist eine Methodik, um Produkte zu einem wettbewerbsfähigen Marktpreis anbieten zu können. Dabei steht im Vordergrund die Frage «Was darf ein Produkt kosten, um es erfolgreich vermarkten zu können?» anstelle von «Was kostet mich die Entwicklung und Herstellung des Produktes?». Voraussetzung, um die erforderlichen Kostenziele zu erreichen, ist ein entsprechendes Kostenmanagement im Produktentwicklungsprozess (▷ Design-to-Cost).

Tertiärbedarf
Der Tertiärbedarf ergibt sich aus dem Bedarf an Hilfs- und Betriebsstoffen, die für die Herstellung eines Produktes benötigt werden. Die Bedarfsmengen für Hilfsstoffe werden wiederum aus dem Primärbedarf und der Stückliste bzw. (für Betriebsstoffe) aus den technischen Anleitungen der Betriebsmittel ermittelt (siehe 7.1.5 «Materialbedarfsplanung», S. 193).

TFP

▷ Total Factor Productivity (TFP)

Theoretische Durchlaufzeit

Die theoretische Durchlaufzeit eines Prozesses umfasst die kürzestmögliche Durchlaufzeit, die notwendig ist, um eine Auftragseinheit in ein Produkt zu transformieren. Diese beinhaltet ausschliesslich die aktiven Zeiten (Bearbeitungszeiten) des Prozesses und ignoriert die zeitlichen Puffer (Wartezeiten) (siehe 7.1.7 «Termin- und Kapazitätsplanung», S. 196).

Theoretische Kapazität

Die theoretische Kapazität gibt jenen Output an, der mit einem Ressourcenpool pro Zeiteinheit maximal erreicht werden kann (siehe 7.1.7 «Termin- und Kapazitätsplanung», S. 196).

Time-trap

Time-trap bezeichnet den Sachverhalt, der entsteht, wenn einerseits aufgrund zunehmenden Wettbewerbs die Marktzyklen verkürzt werden und andererseits durch zunehmende Komplexität die Entwicklungszeiten verlängert werden (siehe 6.5 «Reduktion der Time-to-Market durch Simultaneous Engineering», S. 178).

Total Cost of Ownership (TCO)

Gesamtkosten eines Produktes oder Prozesses über die Gesamtdauer der Nutzung oder Durchführung (siehe 6.4 «Bedeutung der Planungs- und Entwicklungsphase für den Produktlebenszyklus», S. 175).

Total Factor Productivity (TFP)

Total Factor Productivity steht für die Gesamte Faktorproduktivität, eine Kennzahl, die neben dem Personalaufwand auch den Aufwand für die eingesetzten Betriebsmittel berücksichtigt (siehe 2.6 «Kennzahlen zur Beurteilung der Leistungserstellung», S. 62).

Total Landed Cost (TLC)

Total Landed Cost beinhalten die Herstellkosten plus alle Kosten entlang einer Lieferkette (Lagerwirtschaft, Transport, Handling, Verpackung, Leerguttransport, Zoll, administrative Kosten etc.) ab Entstehungsort bis zum Empfänger/Nutzer.

Total Quality Management (TQM)

Total Quality Management (TQM) ist gemäss der Norm ISO 8402 «eine auf die Mitwirkung aller ihrer Mitglieder gestützte Managementmethode, die Quali-

tät in den Mittelpunkt stellt und durch das Zufriedenstellen der Kunden auf langfristigen Geschäftserfolg sowie auf Nutzen für die Mitglieder der Organisation und für die Gesellschaft abzielt» (siehe 8.4 «Total Quality Management», S. 221).

Toyota-Produktionssystem (TPS)

Das Toyota-Produktionssystem (TPS) ist ein von Toyota in einem Zeitraum von über fünfzig Jahren entwickeltes Produktionskonzept. Es verbindet die Produktivität der Massenproduktion mit der Qualität der Werkstattfertigung. Das TPS wurde massgeblich von den Ingenieuren Taiichi Ohno und Shigeo Shingo entwickelt. Ziel ist eine qualitativ hochwertige Produktion mit möglichst geringer Verschwendung von Ressourcen (siehe 5.2.2 «Toyota-Produktionssystem», S. 150).

TPS

▷ Toyota-Produktionssystem (TPS)

TQM

▷ Total Quality Management (TQM)

Track & Trace

Sendungsverfolgung einer Ware über entsprechende Webseiten. «Track» steht für den jeweiligen Status und «Trace» für die Rückverfolgung einer Sendung.

Transaktionskosten

Transaktionskosten sind Kosten, die am Markt durch Informations- und Interaktionsvorgänge zwischen den Marktteilnehmern entstehen (siehe 3.2.2 «Kriterien zur Entscheidungsfindung», S. 74).

Transformationsprozess

Die Aufgabe des betrieblichen Transformationsprozesses besteht darin, aus am Markt beschafften (Vor-)Leistungen eine Wertschöpfung zu realisieren (siehe 2.3 «ITO-Konzept», S. 57).

TUL-Prozesse

Transport-, Umschlags- und Lagerprozesse inklusive Verpackung sind Prozesse der Logistik (siehe 4.1 «Funktionsbereich Materialwirtschaft und Logistik», S. 106).

Umschlagshäufigkeit

Umschlagshäufigkeit ist eine wichtige betriebswirtschaftliche Kennzahl. Sie gibt an, wie oft sich eine bestimmte Kapitalposition bzw. das gesamte Vermögen in einer bestimmten Periode erneuert. Je höher die Umschlagshäufigkeit, desto kürzer ist die Umschlagsdauer. Daraus ergeben sich bei gleichem Umsatz geringere Vermögensbestände und eine kürzere Kapitalbindung. Geringere Vermögensbestände bedeuten weniger Raumbedarf und damit verbunden weniger Kosten sowie eine Verringerung des Vermögenswagnisses (Schwund, Überalterung) (siehe Kapitel 9 «Berechnung ausgewählter Leistungskennzahlen», S. 245).

Value Stream Mapping (VSM)

Die Wertstromanalyse/-design ist eine Methode zur Optimierung der Geschäftsprozesse einer Organisation anhand der Analyse aller Aktivitäten (sowohl wertschöpfende als auch nicht wertschöpfende) zur Erstellung einer Leistung (siehe 8.7.2 «Wertstromanalyse», S. 235).

Variantenvielfalt

Variantenvielfalt ist die Anzahl der im Sortiment vertretenen Produkte. Sie wird auch als Programmbreite oder Leistungsbreite bezeichnet (siehe 6.3 «Gestaltung des Leistungsangebots», S. 174).

Vendor-Managed Inventory (VMI)

Unter Vendor-Managed Inventory (oft auch als auch lieferantengesteuerter Bestand oder Supplier-Managed Inventory bezeichnet) wird die Bewirtschaftung des Lagers des Kunden durch den Lieferanten bezeichnet. Dadurch lassen sich die Lagerhaltungs- und Logistikkosten optimieren (siehe 3.6 «IT-Einsatz im überbetrieblichen Leistungserstellungsprozess», S. 98).

Verbrauchsfaktoren

▷ Repetierfaktoren

Verbrauchsstruktur

Die Verbrauchsstruktur kann konstant (X-Güter), schwankend (Y-Güter) oder unstetig (Z-Güter) sein. Beim unstetigen Verbrauch ändert sich, im Gegensatz zum konstanten oder schwankenden Verbrauch, der Bedarf schlagartig (siehe 4.5 «Klassifizierung mittels ABC- und XYZ-Analyse», S. 115).

VMI

▷ Vendor-Managed Inventory (VMI)

WAN

▷ Wide Area Network (WAN)

Waren

Güter, die komplett als Endprodukte zugekauft werden, als Ergänzung und Erweiterung der eigenen Produkt(ions)palette dienen und keine weitere (allenfalls geringfügige) Bearbeitung erfahren, werden als Waren bezeichnet (siehe 4.3 «Materialarten», S. 109).

Werkstücke

Werkstücke sind Rohmaterial- oder Halbfabrikateteile, die bearbeitet werden (siehe 4.3 «Materialarten», S. 109).

Wertanalyse

Bei der Wertanalyse werden Produkte oder Prozesse auf ihre wesentlichen Bestandteile oder Funktionen untersucht. Dabei wird angestrebt, die einzelnen Funktionen der Produkte oder Prozesse mit den niedrigsten Kosten zu realisieren. Das heisst, die Wertanalyse ist eine Methode zur Optimierung des Verhältnisses zwischen Nutzen und Kosten.

Wertschöpfung

Die Wertschöpfung ergibt sich als Differenz zwischen dem Wert des Outputs (Absatz) und dem Wert des Inputs (externe Vorleistungen) (siehe Kapitel 9 «Berechnung ausgewählter Leistungskennzahlen», S. 245).

Wertschöpfungskette

Die Wertschöpfungskette umfasst sämtliche Fertigungs- und Absatzstufen von der Rohstoffgewinnung über die Produktion bis zum Kundenservice (siehe 3.1 «Leistungserstellung in Wertschöpfungsnetzwerken», S. 72).

Wertstrom-Engineering

Wertstrom-Engineering ist eine am Fraunhofer-Institut für Arbeitswirtschaft und Organisation (IAO) entwickelte Methode zur Analyse und Optimierung der Produktionsprozesse, basierend auf der Wertstromanalyse und dem Wertstromdesign (siehe 8.7.2 «Wertstromanalyse», S. 235).

Wettbewerbsfaktoren

Wettbewerbsfaktoren (Differenzierungsfaktoren, Erfolgsfaktoren) sind die wichtigsten Schlüsseleigenschaften eines Leistungsangebots, mit denen sich ein Unternehmen im Markt zu profilieren versucht. Sie umfassen die wichtigsten objektiven und subjektiven Leistungsmerkmale, welche die eigenen Leistungen von Mitbewerberangeboten unterscheiden. Neben dem

Preis sind dies typischerweise Zeit, Flexibilität, Qualität, Innovation und Service (siehe 1.4 «Unternehmensprozesse – Teil eines Wertschöpfungsnetzwerks», S. 32).

Wettbewerbsvorteil, strategischer

Vom Unternehmen bewusst aufgebaute Fähigkeit, die es dem Unternehmen erlaubt, nachhaltig Vorteile gegenüber Mitbewerbern im Rahmen eines langfristigen Gesamtplans zu erreichen und dadurch überdurchschnittliche Ergebnisse zu erzielen (siehe 2.2.1 «Unternehmensstrategie und Operations-Management», S. 54).

Wide Area Network (WAN)

Ein Wide Area Network ist ein Rechnernetz, das sich im Unterschied zu einem LAN (Local Area Network) oder MAN (Metropolitan Area Network) über einen überregionalen Bereich erstreckt.

Wirtschaftlichkeit

Kennzahl für die Effizienz des Ressourceneinsatzes. Wirtschaftlichkeit ist die monetär bewertete Ergiebigkeit. Die Wirtschaftlichkeit wird meist als Verhältnis zwischen den Erträgen und Aufwendungen oder zwischen den Leistungen und Kosten definiert. Das Wirtschaftlichkeitsprinzip fordert, dass mit gegebenen Mitteln ein möglichst grosser oder ein gegebener Bedarfsdeckungseffekt mit möglichst wenigen Mitteln erzielt werden soll (siehe 2.6 «Kennzahlen zur Beurteilung der Leistungserstellung», S. 62).

Wissensmanagement (Knowledge Management)

Wissensmanagement umfasst alle möglichen human- und technikorientierten Interventionen und Massnahmen, um die Wissensproduktion, -reproduktion, -distribution, -verwertung und -logistik in einem Unternehmen zu optimieren (siehe 2.4 «Ressourcen zur Leistungserstellung», S. 59).

WTO

Die Welthandelsorganisation (World Trade Organisation) mit Sitz in Genf regelt die Handels- und Wirtschaftsbeziehungen zwischen über 150 Mitgliedsländer. Sie übernimmt die Aufgaben, internationale Vereinbarungen bezüglich des Waren- und Dienstleistungsverkehrs sowie des Schutzes des geistigen Eigentums festzulegen, als Schiedsstelle für aussenwirtschaftliche Konflikte zu fungieren sowie weitere Vereinbarungen zur Verhinderung protektionistischer

Tätigkeiten zu ermöglichen. Die WTO-Vereinbarungen umfassen: 1. Allgemeines Zoll- und Handelsabkommen (GATT), 2. Dienstleistungsabkommen (GATS) und 3. Abkommen über den Schutz des geistigen Eigentums (TRIPS).

X-Güter

X-Güter sind durch konstanten Verbrauch und hohe Voraussagesicherheit gekennzeichnet (siehe 4.5 «Klassifizierung mittels ABC- und XYZ-Analyse», S. 115).

XML

▷ Extensible Markup Language (XML)

XYZ-Analyse

Die XYZ-Analyse ist ein Verfahren zur Klassifizierung von Material und Teilen nach den Kriterien Stetigkeit und Vorhersagegenauigkeit des Verbrauchs. Die Methode beruht auf der Erfahrung, dass circa 50% der Materialien eine hohe Wiederholungshäufigkeit mit relativ stetigem, d.h. nur gelegentlich schwankendem Verbrauch aufweisen, der damit gut vorhersehbar ist. Bei weiteren 20% der Materialarten weist der Verbrauch stärkere Schwankungen und eine mittlere Vorhersagegenauigkeit auf. Bei 30% der Materialien verläuft der Verbrauch unregelmässig und weist eine niedrige Vorhersagegenauigkeit auf (siehe 4.5 «Klassifizierung mittels ABC- und XYZ-Analyse», S. 115).

Y-Güter

Y-Güter sind durch stärkere Schwankungen und mittlere Voraussagesicherheit gekennzeichnet (siehe 4.5 «Klassifizierung mittels ABC- und XYZ-Analyse», S. 115).

Z-Güter

Z-Güter sind durch unregelmässigen Verbrauch und niedrige Voraussagesicherheit gekennzeichnet (siehe 4.5 «Klassifizierung mittels ABC- und XYZ-Analyse», S. 115).

Zulieferteile

Güter, die als eingekaufte eigenständige Komponenten in das zu fertigende Endprodukt eingehen, werden als Zulieferteile bezeichnet (siehe 4.3 «Materialarten», S. 109).

Literaturverzeichnis

AccountAbility (2004): Strategic challenges for business: in the use of corporate responsibility codes, standards, and frameworks. World Business Council for Sustainable Development, Genf.

Altshuler, Alan/Anderson, Martin/Jones, Daniel/Roos, Daniel/Womack, James P. (1984): The future of the automobile: The report of MIT's International Automobile Program. Allen & Unwin, London.

Anderson, Chris (2007): The Long Tail – der lange Schwanz: Nischenprodukte statt Massenmarkt – Das Geschäft der Zukunft. Carl Hanser Verlag, München.

Andler, Kurt (1929): Rationalisierung der Fabrikation und optimale Losgrösse. R. Oldenbourg Verlag, München.

APICS (2011): APICS Dictionary. www.apics.org [aufgerufen am 22.3.2013]

Babbage, Charles (1832): Economy of Machinery and Manufactures. Charles Knight, Pall Mall East, London.

Berggren, Christian (1991): Von Ford zu Volvo – Automobilherstellung in Schweden. Springer-Verlag, Berlin.

Berggren, Christian (1993): Volvo Uddevalla – a dead horse or a car dealer's dream? An evaluation of the economic performance of Volvo's unique assembly plant 1989–1992.

Bleicher, Knut (2011): Das Konzept Integriertes Management. 8. Auflage, Campus Verlag, Frankfurt am Main.

Braungart, Michael/McDonough, William (2008): Einfach intelligent produzieren. Berliner Taschenbuch Verlag, Berlin.

Brundtland, Gro H. et al. (1987): Our Common Future. World Commission on Environment and Development (WCED). Oxford University Press, Oxford.

Brussee, Warren (2005): All about Six Sigma: The Easy Way to Get Started, McGraw-Hill.

Chalupny, Alice (2012): In diesem Jahr schaffen wir in China 500 neue Stellen. In: SonntagsZeitung vom 18. März 2012, S. 59.

Chandler, Alfred D. Jr. (1962): Strategy and Structure: Chapters in the History of the Industrial Enterprise. MIT Press, Cambridge (Massachusetts).

Chase, Richard B./Jacobs, J.R./Aquilano, Nicholas J. (2005): Operations Management: For Competitive Advantage. McGraw-Hill, New York.

D'heur, Michael (2014): CSR und Value Management. Springer Verlag, Berlin.

Drucker, Peter F. (1973): Management: Tasks, Responsibilities, Practices. Harper & Row, New York.

Dyson, James (2004): Sturm gegen den Stillstand. Hoffmann und Campe, Hamburg.

Eccles, R.G. (1991): The Performance Measurement Manifesto. Harvard Business Review, 69. Jg., Heft 1, S. 131–137.

EFQM Excellence Modell 2013, EFQM Publications, Brussels.

Eidenmüller, Bodo (1995): Die Produktion als Wettbewerbsfaktor. Verlag TÜV Rheinland, Köln.

Elkington, John (1997): Cannibals with Forks. The Triple Bottom Line of 21st Century Business. Capstone Publishing, Oxford.

Ellegård, Kajsa/Engström, Tomas/Nilsson, Lennart (1991): Reforming industrial work – Principles and realities in the planning of Volvo's car assembly plant in Uddevalla. Stockholm: Swedish Work Environment Fund.

Engels, Friedrich (1845/2010): Die Lage der arbeitenden Klasse in England. Verlag Nabu Press, Carolina.

European Association of Business Process Management (2014): Business Process Management BPM Common Body of Knowledge – Leitfaden für das Prozessmanagement Version 3.0. Verlag Dr. Götz Schmidt, Giessen.

Fischer, Ulrich/Regber, Holger (2013): Produktionsprozesse optimieren: mit System! Versus Verlag, Zürich.

Fischermanns, Guido (2009): Praxishandbuch Prozessmanagement. Verlag Dr. Götz Schmidt, Giessen.

Fischermanns, Guido/Liebelt, Wolfgang (1997): Grundlagen der Prozessorganisation. Verlag Dr. Götz Schmidt, Giessen.

Ford, Henry/Crowther, Samuel (1923): Mein Leben und Werk. Paul List Verlag, Leipzig.

Friedli, Thomas/Thomas, Stefan/Mundt, Andreas (2013): Management globaler Produktionsnetzwerke. Carl Hanser Verlag, München.

Gaitanides, Michael/Scholz, Rainer/Vrohlings, Alwin (1994): Prozessmanagement: Konzepte, Umsetzungen und Erfahrungen des Reengineering. Carl Hanser Verlag, München.

Gassmann, Oliver/Frankenberger, Karolin/Csik, Michaela (2013): Geschäftsmodelle entwickeln – 55 innovative Konzepte. Carl Hanser Verlag, München.

Glantschnig, Elisabeth (1994): Merkmalgestützte Lieferantenbewertung. Fördergesellschaft Produkt-Marketing e.V., Köln.

Griffin, Emma (2010): A Short History of the British Industrial Revolution. Palgrave Macmillan, Basingstoke.

Gutenberg, Erich (1951): Grundlagen der Betriebswirtschaftslehre. Springer, Berlin.

Gutman, Joachim/Kabst, Rüdiger (2000): Internationalisierung im Mittelstand; Gabler Verlag, Wiesbaden.

Hamel, Gary/Prahalad, Coimbatore K. (1995): Wettlauf um die Zukunft: Wie Sie mit bahnbrechenden Strategien die Kontrolle über Ihre Branche gewinnen und die Märkte von morgen schaffen. Verlag Ueberreuter, Wien.

Hammer, Michael/Champy, James (1995): Business Reengineering – Die Radikalkur für das Unternehmen. Campus Verlag, Frankfurt am Main (englischer Originaltitel: Reengineering the Corporation – a manifesto for business revolution, New York 1993).

Harris, Ford W. (1913): How Many Parts to Make at Once Factory: The Magazine of Management 10(2): 135–136, 152.

Hässig, Kurt (2000): Prozessmanagement. Versus Verlag, Zürich.

Herrmann, Ulrike (2013): Der Sieg des Kapitals – Wie der Reichtum in die Welt kam: Die Geschichte von Wachstum, Geld und Krisen. Westend Verlag, Frankfurt am Main.

Heuskel, Dieter (1999): Wettbewerb jenseits von Industriegrenzen. Aufbruch zu neuen Wachstumsstrategien. Campus Verlag, Frankfurt am Main.

Hill, Terry (1993): Manufacturing strategy: the strategic management of the manufacturing function. Palgrave Macmillan, Basingstoke.

Huxley, Aldous (2007): Schöne neue Welt. Verlag Fischer, Frankfurt am Main (englischer Originaltitel: Brave New World).

IDARio – Interdepartementaler Ausschuss Rio (2000): Umsetzung der Strategie des Bundesrates zur nachhaltigen Entwicklung, Massnahme Nr. 6 «Anerkennung und Förderung von Labels». BBL/EDMZ, Bern.

ISO 8402: www.iso.org [aufgerufen am 22.3.2013]

ISO 9001: www.iso.org [aufgerufen am 22.3.2013]

Johanson, Jan/Vahlne, Jan-Erik (1977): The internationalization process of the firm – a model of knowledge development and increasing foreign market commitment. Journal of International Business Studies, 8, 23–32.

Johanson, Jan/Vahlne, Jan-Erik (2009): The Uppsala internationalization process model revisited: From liability of foreignness to liability of outsidership. Journal of International Business Studies, 40, 1411–1431.

Kaplan, Robert S./Norton, David P. (1992): The Balanced Scorecard – Measures that Drive Performance. Harvard Business Review, Januar-Februar, S. 71–79.

Kaplan, Robert S./Norton, David P. (1997): Balanced Scorecard. Strategien erfolgreich umsetzen. Schäffer-Poeschel Verlag, Stuttgart.

Kemmer, Götz-Andreas (2010): Möglichkeiten und Grenzen der Losgrössenoptimierung. Productivity Management 15, GITO-Verlag, Berlin.

Kempermann, Hanno/Lichtblau, Karl (2012): Definition und Messung von hybrider Wertschöpfung. IW-Trends, Nr. 1, S. 19–36.

Koch, Susanne (2011): Einführung in das Management von Geschäftsprozessen. Springer Verlag, Berlin.

Koppelmann, Udo (2004): Beschaffungsmarketing. Springer Verlag, Berlin.

Kotler, Philip/Bliemel, Friedhelm W. (2001): Marketing-Management. 10. Auflage, Schäffer-Poeschel Verlag, Stuttgart.

Kraljic, Peter (1983): Purchasing Must Become Supply Management. Harvard Business Review, September-Oktober 1983.

Kraljic, Peter (1985): Versorgungsmanagement statt Einkauf. Harvard Business Manager 7-1985.

Lay, Gunter/Neuhaus, Ralf (2005): Ganzheitliche Produktionssysteme (GPS) – Fortführung von Lean Production? Angewandte Arbeitswissenschaft, Nr. 185, S. 32–47.

Lindblom, Charles E. (1959): The science of muddling through. Public Administration Review, 19, pp. 79–88.

Lindblom, Charles E. (1979): Still muddling, not yet through. Public Administration Review, 39, pp. 517–526.

Lombriser, Roman/Abplanalp, Peter A. (2010): Strategisches Management. 5. Auflage, Versus Verlag, Zürich.

Maleri, Rudolf/Frietzsche, Ursula (1997): Grundlagen der Dienstleistungsproduktion. Springer Verlag, Berlin.

Meierhans, Daniel (2000): Vieles in Schieflage. Computerworld, 24. Nov.

Menzel, Frank (2010): Einfach besser arbeiten. KVP und Kaizen – Kontinuierliche Verbesserungsprozesse erfolgreich gestalten. Versus Verlag, Zürich.

Nordsieck, Fritz (1932): Die schaubildliche Erfassung und Untersuchung der Betriebsorganisation. Verlag C. E. Poeschel, Stuttgart.

Ohno, Taiichi (1993): Das Toyota Produktionssystem. Campus Verlag, Frankfurt am Main.

Oliver, Keith R./Webber, Michael D. (1992): Supply-Chain Management. Logistics Catches up with Strategy. In: Logistics. The Strategic Issues, 2. A., S. 63–75.

Orlicky, Joseph (1975): Material Requirements Planning (MRP). 1st edition, McGraw-Hill, New York (3rd edition 2011).

Osterwalder, Alexander/Pigneur, Yves (2011): Business Model Generation – Ein Handbuch für Visionäre, Spielveränderer und Herausforderer. Campus Verlag, Frankfurt am Main.

o. V. (1983): Der Kunde ist König. In: Der Spiegel, Heft 13, S. 168–171.

Oviatt, Benjamin M. & McDougall, Patricia P. (1994): Toward of Theory of International Venture. In: Journal of International Business Studies, 25(1), S. 45–62.

Perlmutter, Howard V. (1969): The Tortuous Evolution of the Multinational Corporation. In: Columbia Journal of World Business 4 (Jan./Feb. 1969), S. 9–18.

Peter, Daniel/Frischherz, Bruno (2015): Betriebswirtschaft und Management in Fallstudien. Versus Verlag, Zürich.

Pfeiffer, Werner/Weiss, Enno (1999): Lean Management – Grundlagen der Führung und Organisation lernender Unternehmen. Erich Schmidt Verlag, Berlin.

Pine, B.Joseph II (1993): Mass Customization: The New Frontier in Business Competition. Harvard Business School Press.

Porter, Michael E. (1986): Changing patterns of international competition. In: California Management Review, Vol. 28, No. 2, S. 9–40.

Porter Michael E. (2013): Wettbewerbsstrategie: Methoden zur Analyse von Branchen und Konkurrenten. 11. Auflage, Campus Verlag, Frankfurt/New York (englischer Originaltitel: The Competitive Advantage: Techniques for Analyzing Industries and Competitors. Free Press 2003).

Prahalad, Coimbatore K./Hamel, Gary (1991): Nur Kernkompetenzen sichern das Überleben. Harvard Business Manager Nr. 2, S. 66–78.

REFA (1984): Methodenlehre des Arbeitsstudiums, Teil 1: Grundlagen. Carl Hanser Verlag, München.

REFA (1985): Methodenlehre der Planung und Steuerung. Bd. 3, Carl Hanser Verlag, München.

Rifkin, Jeremy (2014): Die Null-Grenzkosten-Gesellschaft: Das Internet der Dinge, kollaboratives Gemeingut und der Rückzug des Kapitalismus. Campus Verlag, Frankfurt am Main

Rüegg-Stürm, Johannes (2003): Das neue St. Galler Management-Modell. Verlag Paul Haupt, Bern.

Sandberg, Åke (1993): Volvo am Scheideweg – Effektive und menschliche Fabriken werden ohne triftige Gründe geschlossen. In: Arbeit, Heft 2, S. 175–189.

Savage, Charles M. (1997): Fifth Generation Management. vdf Hochschulverlag an der ETH Zürich.

Scheer, August W. (1987): CIM – Der computergesteuerte Industriebetrieb. Springer-Verlag, Berlin.

Schendel, Dan E./Hatten, Kenneth J. (1972): Business Policy or Strategic Management: A Broader View for an Emerging Discipline. Paper No. 371.

Schilliger, Pirmin (2012): Nervenprobe SAP. In: Handelszeitung, 8. März 2012.

Schumpeter, Joseph A. (1912/2006): Theorie der wirtschaftlichen Entwicklung. Duncker & Humblot, Berlin.

Schumpeter, Joseph A. (1946/2005): Kapitalismus, Sozialismus und Demokratie. UTB, Stuttgart.

Sheldon, Donald H. (2006): World class sales & operations planning: a guide to successful implementation and robust execution. J. Ross Publishing, Fort Lauderdale (US).

Shewhart, Walter A. (1931): Economic Control of Quality of Manufactured Product. D. Van Nostrand Company, Inc., New York.

Simon, Hermann (2012): Hidden Champions – Aufbruch nach Globalia: Die Erfolgsstrategien unbekannter Weltmarktführer. Campus Verlag, Frankfurt am Main.

Smith, Adam (1759/2012): Theorie der ethischen Gefühle. Bastei Lübbe (Quadriga), Köln.

Smith, Adam (1776/2009): Der Wohlstand der Nationen. Verlag Zweitausendeins, Frankfurt am Main.

Steger, Ulrich (1996): Globalisierung der Wirtschaft – Konsequenzen für Arbeit, Technik und Umwelt. Springer Verlag, Berlin.

Strohm, Oliver/Kirsch, Christina/Kuark, Julia K./Leder, Loni/Louis, Eric/Pardo, Olga/Schilling, Axel/ Ulich, Eberhard (1993): Bericht zur zweiten Phase des Forschungsprojekts «Gestaltung rechnerunterstützter integrierter Produktionssysteme (GRIPS)». Eidgenössische Technische Hochschule, Institut für Arbeitspsychologie, Zürich.

Supply Chain Council (2012): Supply Chain Operations Reference Model, Revision 11.0. Supply Chain Council, Inc.

Suter, Andreas/Vorbach, Stefan/Weitlaner, Doris (2014): Die Wertschöpfungsmaschine. Carl Hanser Verlag, München.

SwissCleantech (2014): Zukunft, Swiss made – Wachsen mit Qualität. Swisscleantech, Zürich.

Sydow, Jörg (1985): Der soziotechnische Ansatz der Arbeits- und Organisationsgestaltung. Campus Verlag, Frankfurt am Main.

Taylor, Frederick W. (1895): A Piece Rate System: Being a Step Toward Partial Solution of the Labor Problem. In: American Society of Mechanical Engineers (Ed.): Transactions of the American Society of Mechanical Engineers. New York City: The Society, 1895 (Vol. XXIV). S. 856–903.

Taylor, Frederick W. (1919/1983): Die Grundsätze wissenschaftlicher Betriebsführung. Verlag Raben, München.

Thommen, Jean-Paul (2008): Lexikon der Betriebswirtschaft. Managementkompetenz von A bis Z. Versus Verlag, Zürich.

Thonemann, Ulrich (2005): Operations Management. Pearson Studium, München.

Ulich, Eberhard (1989): Arbeitsform mit Zukunft: ganzheitlich-flexibel statt arbeitsteilig. Verlag Lang, Bern.

Ulich, Eberhard/Cyranek, Günther (1993): CIM – Herausforderung an Mensch, Technik, Organisation. vdf Hochschulverlag an der ETH Zürich.

VDMA: Verband Deutscher Maschinen- und Anlagenbau e.V. (2009): VDMA-Norm 66412-1. Frankfurt/Main (www.vdma.org).

Veyrassat, B. (2008): Industrialisierung. In: Historisches Lexikon der Schweiz (HLS), www.hls-dhs-dss.ch/textes/d/D13824.php

Volvo (2011): Volvo Car Corporation: Pressemitteilung vom 3. Oktober 2011 [www.volvocars.com/ de-ch/top/about/news-events]

Warnecke, Hans-Jürgen (1993): Revolution der Unternehmenskultur – Das fraktale Unternehmen. Springer Verlag, Berlin.

Waser, Bruno R./Hanisch, Christoph (2002ff.): Mitteilungen aus der European Manufacturing Survey – Schweiz. Institut für Betriebs- und Regionalökonomie der Hochschule Luzern – Wirtschaft (Zusammenfassungen und Fachartikel unter www.produktionsinnovation.ch).

Weiss, Gabriela (2012): China ist ein hartes Pflaster. In: NZZ am Sonntag vom 24. Juni 2012, S. 36.

Wight, Oliver (1983): Manufacturing Resource Planning: MRP II – Unlocking America's Productivity Potential. Wiley, New York.

Womack, James P./Jones, Daniel T. (1991): Die zweite Revolution in der Autoindustrie. Campus Verlag, Frankfurt am Main.

Womack, James P./Jones, Daniel T./Roos, Daniel (1990): The Machine That Changed the World: The Story of Lean Production – Toyota's Secret Weapon in the Global Car Wars. Harper Collins, New York.

Abkürzungsverzeichnis

1PL	First-Party Logistics	**CRM**	Customer Relationship Management
2PL	Second-Party Logistics	**CSR**	Corporate Social Responsibility
3PL	Third-Party Logistics	**DFMA**	Design for Manufacture and Assembly
4PL	Fourth-Party Logistics	**DLZ**	Durchlaufzeit
APICS	American Production and Inventory Control Society	**DMAIC**	Define, Measure, Analyse, Improve, Control
ARPA	Advanced Research Project Agency	**DNC**	Direct Numerical Control
B2B	Business to Business	**DSD**	Direct Store Delivery
B2C	Business to Consumer	**DTC**	Design-to-Cost
BPM	Business Process Management	**E-...**	Electronic …
BPR	Business Process Reengineering	**EAN**	European Article Number
BSC	Balanced Scorecard	**ECR**	Efficient Consumer Response
BSCI	Business Social Compliance Initiative	**ED**	Eco Design
CAD	Computer-Aided Design	**EDI**	Electronic Data Interchange
CAE	Computer-Aided Engineering	**EDIFACT**	Electronic Data Interchange for Administration, Commerce and Transport
CAM	Computer-Aided Manufacturing		
CE	Communauté Européenne	**EEA**	European Excellence Award
CERN	Europäische Organisation für Kernforschung	**EFQM**	European Foundation for Quality Management
CIM	Computer-Integrated Manufacturing	**EKR**	Eigenkapitalrendite
CNC	Computerized Numerical Control	**EMAS**	Eco Management and Audit Scheme
CO$_2$	Kohlenstoffdioxid	**EN**	Europäische Norm
CoC	Chain of Custody	**EP**	Efficient Promotion
COPICS	Communication-Oriented Production Information and Control System	**EPI**	Efficient Product Introduction
		EPRG	Ethnozentrisch, Polyzentrisch, Regiozentrisch, Geozentrisch
CPFR	Collaborative Planning, Forecasting and Replenishment	**EQ**	Eigenkapitalquote
CR	Continuous Replenishment	**ER**	Efficient Replenishment

ERP	Enterprise Resource Planning	**PLM**	Product Life-Cycle Management
ESA	Efficient Assortment	**PMS**	Performance Measurement System
FAU	Führungs-, Ausführungs- und Unterstützungsprozesse	**PPM**	Process Performance Management
		PPS	Produktionsplanung und -steuerung
FEFO	First Expire – First Out	**QFD**	Quality Function Deployment
FIFO	First In – First Out	**QSV**	Qualitätssicherungsvereinbarung
FMEA	Failure Mode and Effects Analysis	**RADAR**	Results, Approach, Deployment, Assessment, Refine
FPY	First Pass Yield		
FSC	Forest Stewardship Council	**RFID**	Radio Frequency Identification
FWF	Fair Wear Foundation	**ROA**	Return on Assets
GKR	Gesamtkapitalrentabilität	**ROE**	Return on Equity
GLN	Global Location Number	**ROI**	Return on Investment
GRI	Global Reporting Initiative	**RPT**	Relationship Positioning Tool
GS1	Global Standards One	**SA**	Social Accountability
GTIN	Global Trade Item Number	**SCC**	Supply Chain Council
HIFO	Highest In – First Out	**SCM**	Supply Chain Management
HTTP	HyperText Transfer Protocol	**SCOR**	Supply Chain Operations Reference
IKT	Informations- und Kommunikationstechnologien	**SEDAS**	Electronic Data Interchange in der Konsumgüterindustrie
ILO	International Labour Organization	**SLA**	Service Level Agreement
ISEAL	International Social and Environmental Accreditation and Labelling Alliance	**SMART**	specific, measurable, achievable/ actionable, realistic/relevant, timely
ISO	International Organization for Standardization	**SMI**	Supplier-Managed Inventory
		S&OP	Sales & Operations Planning
IT	Informationstechnologie	**SRM**	Supplier Relationship Management
ITO	Input, Transformation, Output	**SSCC**	Serial Shipping Container Code
JiS	Just-in-Sequence	**SSCM**	Sustainable Supply Chain Management
JiT	Just-in-Time	**SWIFT**	Electronic Data Interchange im Bankensektor
KPI	Key Performance Indicators		
KVP	Kontinuierlicher Verbesserungsprozess	**TC**	Target Costing
LCC	Life Cycle Costing	**TFP**	Total Factor Productivity
LIFO	Last In – First Out	**TLC**	Total Landed Cost
LKW	Lastkraftwagen	**TPS**	Toyota Produktions-System
LLP	Lead Logistics Provider	**TQM**	Total Quality Management
LOFO	Lowest In – First Out	**UNECE**	United Nations Economic Commission for Europe
MES	Manufacturing Execution System		
MNU	Multinationale Unternehmen	**URL**	Uniform Resource Locator
MPS	Master Production Scheduling	**US**	United States
MRO	Maintenance, Repair & Overhaul	**USP**	Unique Selling Proposition
MRP	Material Requirements Planning	**VDMA**	Verband der deutschen Maschinen- und Anlagenbauindustrie
MRP-II	Manufacturing Resource Planning		
MSC	Marine Stewardship Council	**VMI**	Vendor-Managed Inventory
MTO	Mensch, Technik, Organisation	**VOC**	flüchtige organische Verbindungen
NC	Numerical Control	**WEF**	World Economic Forum
NGO	Non-Governmental Organization	**WTO**	World Trade Organisation
ODETTE	Electronic Data Interchange in der Automobilindustrie		
OECD	Organisation for Economic Co-operation and Development		
OEM	Original Equipment Manufacturer		
PDCA	Plan, Do, Check, Act		
PDM	Product Data Management		

Stichwortverzeichnis

Die Autoren

Prof. Bruno R. Waser

Seit 2002: Dozent und Projektleiter an der Hochschule Luzern – Wirtschaft. Dozent für Prozess- und Operations-Management sowie Leiter BSc-Studienrichtung «Value Network & Process Management». Projektleiter «European Manufacturing Survey – Schweiz». Delegierter des Verwaltungsrats der Micro Center Central-Switzerland AG, Mikrotechnologie-Netzwerk/Cluster Zentralschweiz.

Bis 2002: InnovationsTransfer, vormals CIM-Zentrum, Zentralschweiz. Leiter Fachstelle Interdisziplinäre Projekte, ab 1998 Geschäftsführer. Mitbegründer Ecademy, nationales F&E-Konsortium zur Gestaltung von IKT-gestützten Geschäftsmodellen und Geschäftsprozessen.

Bis 1992: Projektleiter in Industrie- und Dienstleistungsunternehmen in den Bereichen Organisation und Informatik.

Prof. Dr. Daniel Peter

Seit 2011: Verschiedene Verwaltungratsmandate in der Immobilien- und Baubranche.

Seit 2002: Leiter Leistungsbereich Master sowie Leiter der Fachgruppe Management an der Hochschule Luzern – Wirtschaft. Dozent für Business Opportunity, Business Design sowie strategische und operative Führung.

Seit 2000: Mitglied diverser Prüfungs- und Expertenkommissionen (u. a. Fachausweis Führungsfachmann/-frau, Führungsexperten, Experten in Rechnungslegung und Controlling).

Die Künstlerin

Susanne Keller

Die Malerin Susanne Keller lebt und arbeitet in Stäfa. In ihrem Atelier entstehen vor allem grossformatige Gemälde, die seit 1980 an zahlreichen Ausstellungen im In- und Ausland zu sehen sind.

www.susannekeller.ch

Die Illustrationen

Die Zeichnungen im vorliegenden Band sind überschrieben mit *wood*. *Wood* korrespondiert mit der Farbgebung des Umschlages, wo auf illustrative Elemente verzichtet wurde. Die kleinformatigen Illustrationen im Buchinnern stehen in einem assoziativen Bezug zu Baum, Wald, Holz – entweder in den Begriffen, die den Zeichnungen zugeordnet sind, oder in den Zeichnungen selber. Assoziativ heisst auch: subjektiv, schräg, doppelbödig, unabhängig vom Buchinhalt.